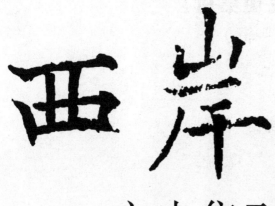

西岸

文史集刊

陈健鹰　主编

XI AN
WEN SHI JI KAN

第一辑

海峡出版发行集团 | 福建教育出版社
THE STRAITS PUBLISHING & DISTRIBUTING GROUP

《西岸文史集刊》

（第一辑）

主　办：中国闽台缘博物馆

主　编：陈健鹰

编　辑（按姓氏笔画）：

王　湛　　庄小芳　　庄清海　　李照斌

林裕竣　　黄晖菲　　黄筱雯

发　刊　词

这是一本综合性的历史和文化研究的学术集刊。

探究闽台区域文化，检视两岸历史关系是本刊的旨趣和目的。

因此，举凡与此相关的历史学、人类学、民俗学、考古学、博物馆学等学科的研究成果，均在本刊的视野之内。

"潮平两岸阔，风正一帆悬"是一幅美好的图景。愿浅浅的一弯海峡波澜不兴，愿我们携手开启一叶文化之舟，载着历史的感知和现实的关怀往来穿行！

目　录

一、历史纵横

一 历史纵横

台湾：流求之名的失落

——关于琉球与台湾历史的一种假说

徐晓望[*]

国际学术界对古代的琉球为何地一直争论不息。台湾著名教授中，方豪主张宋元以前的琉球即为台湾，而梁嘉彬却主张古代琉球从来不是台湾![②] 另有一些学者认为，古人所说的琉球，实际上包括台湾岛与冲绳群岛。学术问题众说纷纭是正常的，笔者本着"大胆假设，小心求证"的精神提供一个新的思考角度：台湾古称流求（或作流球、瑠求、流虬），但在明朝建立后，琉球之名被冲绳群岛的中山诸国所占用，台湾反而被称为"小琉球"，后改鸡笼、东番、北港等地名，最后才被称为台湾。本文试图探讨流求之名在台湾失落的原因和过程。

一、古代闽人眼里的"流求"和"虾夷"

台湾距大陆的福建省最近，所以，古籍中的琉球是否是台湾，首先要看闽人的观点。从福建地方史料来看，古代福建人眼里的"流求"应为日后的台湾。[③]

那么，唐宋元时期的冲绳群岛在史册上是什么国家？我想应是"毛人国"，或是"毛民国"。唐代大文豪韩愈有一篇文章中提到了东海诸

---

[*] 作者单位：福建社会科学院历史研究所。

[②] 梁嘉彬自 1954 年以来发表多篇论文，力主《隋书》的"流求"即为今日的琉球。其代表作有：《隋书流求传逐句考证》，台湾：《大陆杂志》第四十五卷，第 6 期，1972 年 12 月，第 1～38 页。

[③] 关于这个问题，作者撰写过《隋唐宋流求与台湾北部的十三行文化》、《元代瑠求及台湾、彭湖相关史实考》等论文进行考证。

国："其海外杂国若舻浮罗、流求、毛人、夷亶之州。"[①] 在其所列诸国中，流求国和毛人国并列。毛人国的特点在于：其居民身上的体毛较多。去琉球访问的人都会发现：冲绳本岛的男子体毛丰富，手臂上就有很长的汗毛，这是欧罗巴人种的一个特征。《闽书》评明代的琉球人"深目多须"[②]，所以，冲绳古居民应被称为"毛人"，或是"毛民"。《太平御览》记载："毛民国，《山海经》曰：'毛民国，为人身生毛。'今去临海郡东二千余里。毛人在大海中洲岛上。为人短小，面体有毛，如猪熊；穴居，无衣服。晋永嘉四年，吴都司盐都尉戴建云：'在海边得一船，上有男女四人，状皆如此，言语不通。送诸丞相府，未至，路死。有一人在，上赐妇生子，出入市井中，渐晓人语，自说其所在，是此毛民。'"据说，毛民的发展水平较落后："《土物志》曰：'毛人之洲，乃在涨屿。身无衣服，凿地穴。虽云象人，不知言语。齐长五尺，毛如熊豕。众辈相随，逐捕鸟鼠。无五谷，惟捕鸟鼠鱼肉以为食耳。'"[③] 以上记载肯定会有一些夸张，不过，东海之上有一个传说中的毛人国，则是可以肯定的。

东海诸岛上为何会有毛人国？《旧唐书·日本传》介绍日本："东界、北界有大山为限，山外即毛人之国；"《宋书·倭国传》又载："自昔祖祢躬环甲胄跋涉山川，不遑宁处，东征毛人五十五国，西服众夷六十六国，渡平海北九十五国。"这里请注意毛人国的数量不少，竟有55国之多，可见，毛人曾经广泛存在于东北亚。其后，因毛人国被日本消灭，其种族发展受限制，越来越少。今日日本的北海道土著"阿伊努人"的体毛较丰富，被日本人称为"虾夷"，意其体毛较长，像虾的须毛一样。那么，古冲绳群岛会有"虾夷族"吗？日本最早研究琉球人种的鸟居龙藏认为，琉球今日的土著混有阿伊努人的血统。据当代人类学家研究，在绳纹文化时期生活于日本南北诸岛的民族大都是阿伊努人，而到了弥生文化时期，新一波的大陆人渡海到了日本诸岛，渐渐取代了原有的南方人种，而日本境内阿伊努人种的后裔，也就剩下了北海道的虾夷人及冲绳群岛的琉球人。所以，冲绳岛的琉球人被称为虾夷是没有

---

① 韩愈：《昌黎集》卷二十一，送郑尚书序。文渊阁四库全书本。

② 何乔远：《闽书》卷一四六，岛夷志，福建人民出版社，1995年，第43～49页。

③ 李昉等撰：《太平御览》卷七百九十，四夷部十一，南蛮六，文渊阁四库全书本，第10～11页。

问题的。

其实，"虾夷国"很早就出现在东亚的地图上。南宋景定年间的一幅"东震旦地理图"，其上即有"虾蛦"，也有"琉球"，见图一。

图1　东震旦地理图。原出于南宋景定年间志磐所著《佛祖统纪》，其图东南海上有扶桑、日本、虾蛦、流求诸岛名。①

在"东震旦地理图"的东南部海上有扶桑、日本、虾蛦、流求诸岛名。其中"虾蛦"在日本与流求之间，明显是古冲绳群岛。也就是说，今日的琉球（即冲绳）在宋以前是被叫作"虾蛦"的。

在宋代的"古今华夷区域总要图"之上，东海之上的"流求"与"虾蛦"也是分开的两个岛，只是"流求"在上，"虾蛦"在下，与"东震旦地理图"二岛的位置刚好相反。

又，据日本学者青山定雄的《唐宋时代的交通和地志地图的研究》一书，日本僧人白云惠晓于宋代来到中国，宋亡后回到日本，带回一幅约刻于宋末咸淳年间（1265～1274）的"舆地图"，该图在东亚海上绘着流求、毛人、虾蛦诸岛国，它说明流求不同于"毛人国"或是"虾蛦国"。

唐宋时期，中国人多数时间里不知道冲绳群岛之上民众的生活。按

① 引自中国测绘研究院编纂：《中华古地图珍品选集》，第51图。哈尔滨地图出版社，1998年。

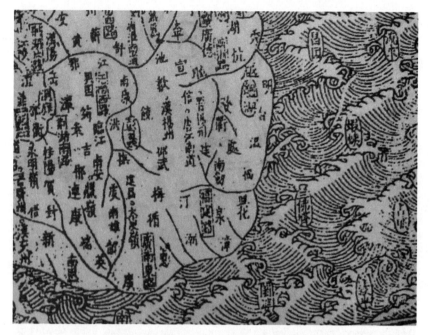

图 2　宋代的"古今华夷区域总要图"①

冲绳的史书记载，冲绳是在宋代末年才有了最初的国家，其国王是舜天。舜天的政权不太稳固，子孙后分为几个国家，相互作战。不过，他们较为重视商业。万历《温州府志·番航》记载了一则往事，约在元朝之时，有一条海船因遭遇台风而失控，漂到温州岸边："元延祐四年六月十七日，黄昏时分，有无舵小船在永嘉县海岛中界山，地名燕宫飘流。内有一十四人，五人身穿青黄色服，九人并白衣。内一人携带小木刻字，长短不一，计三十五根，上刻圈画不成字样，提挈葫芦八枚，内俱有青黄白色成串硝珠。其人语言不辨，无通晓之人。本路彩画人形船只图，差官将各人起解江浙行省。当年十月中书省以事闻，奉旨寻访通晓语言之人，询问得系海外婆罗公管下密牙苦人氏，凡六十余人，乘大小船只二艘，欲往撒里即地面博易货物。中途遇风，大船已坏，惟十四人乘小船飘流至此。有旨命发往泉南，候有人往彼，便带回本国云。"②

　　这条史料表明，当年漂到温州的这条船来自海外不知名的海岛，他们有初步的文字，但没有纸笔，文字刻在小木块上。唐宋时期的纸张是中国的特产，不要说冲绳，就是日本还保留了不少木简文字，著名的有

　　① 盛博：《宋元古地图集成》，星球地图出版社，2008年，第116页。
　　② 刘芳誉等：万历《温州府志》卷十八，番航，中国书店"稀见中国地方志汇刊"，第18册，第528页。

图3　白云惠晓携至日本的《舆地图》局部，上有"琉求"、"毛人"、"虾蛦"诸岛。此图原出于青山定雄的《唐宋时代的交通和地志地图的研究》一书。此处所摄为深圳梁二平先生提供给泉州海交馆2010年7月11日的中国航海日"中外古代海图展"上的展品。

平城宫木简等，大多是奈良时代的遗物。[1] 从当时东海各国的文化来看，日本与朝鲜都使用中国的文字，台湾的先住民没有文字，上述婆罗公手下却有一些"小木刻字，长短不一，计三十五根，上刻圈画不成字样"，可见，这是一种类似日文平假名之类的文字。因而，这些出外贸易的岛民，只能是建立政权不久的冲绳诸岛人。这条史料的发现，具有重要意义。因为，它证明了元朝所说的"瑠求"不是冲绳岛民。元朝在忽必烈至元年间就派人到"瑠求"去招抚当地民众。元成祖继位后，大德元年（1297）十一月，"福建行省遣人觇瑠求国，俘其傍近百人以归"。[2] 次年，元朝廷"遣所俘瑠求人归谕其国，使之效顺"。[3] 可见，元朝对"瑠求"是很熟悉的。如果婆罗公的手下众人是"瑠求"人，《温州府志》会直接记载他们是"瑠求"人，所以，元代的"瑠求"实为台湾人。

从现有证据看，在宋以前，冲绳群岛并不叫流求，或其同音之名。

① 奈良县文化财研究所编：《日本古代木简字典》，八木书店，2008年。
② 《元史》卷十九，成宗纪，第414页。
③ ·《元史》卷十九，成宗纪，第417页。

它被称为"虾夷（虾蛦）"，是东亚毛人国的一种，而流求是台湾的专用名字。明初杨载带"虾夷"人到明朝以琉球之名进贡，是弄错了。

二、明初出使琉球的使者杨载

台湾古称琉球，然而，明初派使者杨载出使琉球，他没有带来台湾岛的贡臣，却到了冲绳群岛的中山诸国，将中山国王察度之弟带到明朝，从此，冲绳岛的中山国得以琉球之名向明朝进贡。杨载所携诏书载于严从简的《殊域周咨录》第四卷，后人将其收入《明太祖实录》第七十一卷及《明史》第二卷时，都作了节录，尤其是《明史》所载，凡有"夷"字，都删去了。以下选择严从简《殊域周咨录》的记载：

"昔帝王之治天下，凡日月所临，无有远迩，一视同仁。故中国奠安，四夷得所，非有意于臣服之也。自元政不纲，天下争兵者十有七年。朕起布衣，开基江左，将兵四征不庭，西平汉主陈友谅，东缚吴王张士诚，南平闽越，勘定巴蜀，北清幽燕，奠安华夷，复我中国之旧疆。朕为臣民推戴，及皇帝位，定有天下之号曰'大明'，建元洪武。是用遣使外夷，播告朕意，蛮夷酋长，称臣入贡。惟尔琉球，在中国东南，远据海外，未及报知，兹特遣使往谕，尔其知之。"[①]

文中直称海外民族为"夷"，难怪清朝正式收入《明史》时删去了。看来当时的冲绳人不太懂中国文字，也许是使者杨载的外交技巧好，他将这么无礼的外交书带到海外，竟然完成了外交，使冲绳的中山国自愿来进贡。因此，要研究台湾、琉球历史的错位，还得了解杨载此人。关于杨载的出使，明初胡翰有一篇名为《赠杨载序》的文章：

"洪武二年，余客留京师。会杨载招谕日本，自海上至。未几，诏复往使其国。四年秋，日本奉表入贡。载以劳获被宠赉，即又遣使流球。五年秋，流球奉表从载入贡。道里所经，余复见于太末，窃壮其行。丈夫生不为将，得为使足矣。缓颊折冲之间，一言得之，足为中国重；一言失之，亦未尝不为夷狄侮笑。东南海中诸夷，国远而险者，惟日本；近而险者，则流球耳。由古以来常负固桀骜，以为中国不足制之。元入中国，所统土宇与汉唐相出入。至元中尝命省臣阿喽罕将兵讨日本，未及其国，而海舟多漂覆不利。其后又议取流球，用闽人吴志斗

① 严从简：《殊域周咨录》卷四，东夷，余思黎点校本，中华书局，1993年，第125页。

之言，不出师而遣使往谕其国。留泉南者虽久之，讫不能达而罢。岂二国果不可制乎？亦中国未有以服其心也。今载以一介行李，冒风涛之险，涉鱼龙不测之渊，往来数万里如行国中。不顿刃折镞而二国靡然。一旦臣服，奉表贡方物，稽首拜，舞阙下，此非人力，盖天威也。天威所加，穷日之所出入，有国者孰不震迭。因其震迭，而怀柔之，行人之事也。非有陆贾之辩、傅介子之勇，莫膺其任。而载慷慨许国，奋不顾身者，吾不知其何所负也。窃求其故，而于驸马王公见之。公在闽中，尝取汉太尉家法，书以遗载，欲其不失为清白吏子孙。意者夷人饶于货宝，恒以此啖中国之使。中国之使受其啖而甘之。鲜不衅于利者。使载不衅于利，则奉天威命，安往而不济。苟衅于利，则虽奇丈夫、检狎小子之不若耳。幸加勉焉。今国家委重，非特使事，盖将授之以政矣。"①

如其所云，杨载为元末明初之人，明初在朝廷做官，曾被派至日本和琉球出使。他的出使相当成功，使长期没有外交的日本、琉球派出使者到中国来进贡。此处有关日本进贡问题，与《明史》的记载略有不同，因不是本文的主题，暂且不论。至于琉球的进贡，始于杨载，则是公认的。不过，关于杨载其人，却始终未能找到可靠的史料。这是因为，杨载之名太普通，而历史上有两个出名的杨载。其一为南宋初年的杨载，他曾奉南宋大臣张浚之名潜入刘豫部下，为南宋通消息。其二是元代中叶的杨载，他是福建浦城籍的杭州人，以诗文震撼京师，曾经在元朝的翰林院奉职。《元史》一百九十卷有传。他在大德年间已经有诗名，后人选元翰林院，与虞集、揭曼斯、范梈号称元诗四大名家。元仁宗延祐二年进士，曾在江西任官多年，仕至翰林院待制。杨载死于元代中叶，泰定帝致和元年（1328），其好友武夷山杜本为其刊刻诗集，另一好友范梈为其写序，所以，此前杨载已经过世很久了。

这样看来，明代初年为明朝出使日本和琉球的杨载，肯定不是元代中叶的杨载。据《明史》的记载，出使琉球的使者其职务为"行人"，这是礼部的职业外交官。明初曾聘用原元朝的许多官员，其中一些人被委出使外国，例如福建古田人张以宁便以出使安南出名，他原来也是元朝廷的官员。这样看来，明初的杨载，也有可能是元朝的旧官员，后被明朝接用，并让他出使远方。杨载两次出使成功，朝廷对他很看重，所以胡翰说："今国家委重，非特使事，盖将授之以政矣。"看来此后杨载

得到升迁。杨载与胡翰交往，看来也是一个文学家。

杨载与杨孟载，应为同一人。杨孟载，名杨基，他是元明之际著名的文学家，与高启、张羽、徐幼文等并称为吴中四杰。不过，不少史料称与高启等人并称的杨孟载，又名杨载。例如：王鏊的《姑苏志》记载陈则其人："陈则，字文度，崐山人。洪武六年秀才，举任应天府治中。迁户部侍郎。左迁大同府同知，进知府。则文词清丽，与高启、杨载同称。"①

又如《江南通志》记载："张羽，字来仪，浔阳人。元季寓吴中，与高启、杨载、徐贲称吴中四杰。洪武初征为太常丞，兼翰林院，同掌文渊阁事。"②

更多的史料称杨孟载与高启、徐贲、张羽并称四杰。例如《四库全书总目》说："臣等谨案，眉庵集十二卷，明杨基撰。基字孟载，其先嘉州人。祖官吴中，因家焉。始为张士诚记室，洪武初起为荥阳县知县，历官山西按察使。寻以事夺官输作。卒于工所。《明史·文苑传》附载高启传中。史称基少以《铁笛歌》为杨维桢所称，与高启、张羽、徐贲号明初四杰。"又如江朝宗的《眉菴集序》："先生读书日记数千言，尤工于诗，与高启、徐贲、张羽为诗友，故时有高、杨、张、徐之称云。"③

李东阳说："国初称高、杨、张、徐，高季迪才力声调远过三人远甚。百余年来亦未见卓然有以过之者，但未见其止耳。张来仪、徐幼文，殊不多见，杨孟载春草诗最传。"④

高启的《大全集》中有一些和杨孟载的诗，如：第十卷的"次韵杨孟载早春见寄"，第十四卷的"次韵杨孟载署令雨中卧疾"。这都说明高启与杨孟载的关系极深。

《明史·姚广孝传》记载："广孝少好学，工诗，与王宾、高启、杨孟载友善。宋濂、苏伯衡亦推奖之。"其中杨孟载作为著名文人与高启、王宾、姚广孝等人并列，应当就是同一人。

---

① 王鏊：《姑苏志》卷五五，卓行。文渊阁四库全书本，第27页。
② 赵宏恩等：《江南通志》卷一百七十二，人物志，流寓。文渊阁四库全书本，第14页。
③ 江朝宗：《眉庵集序》，载杨基：《眉庵集》序。文渊阁四库全书本，第1页。
④ 李东阳：《怀麓堂诗话》，文渊阁四库全书本，第10页。

以上史料表明，与高、徐、张等人并称吴中四杰的杨载，即为杨孟载。那么，明初的杨载为何要改名杨基，字孟载？我想这是因为与名家同名的缘故。浦城杨载是元代诗人四大家之一，杨孟载与其同名，容易被后世之人误会，所以，明初的杨载一定要改名。

杨孟载一生二仕，原为张士诚的记室，入明以后，虽为明朝官员，又曾出使日本。他的历史复杂，虽有《眉菴集》传于后世，但集中有诗无文。据写《眉菴集后志》的张习说："然先生平日之诗甚富，皆率意为之，累不存稿。尝见先生自序一帙云：因吾友方君不得见予全集为恨，故留此以示之尔。则是先生盛年，稿已散失。今流传人间者，十无二三。况皆抄本，又无序志，家异而人殊。后至天顺间，郡人郑教授尝刊行。"由此可见，杨孟载的诗文，在其壮年时就已经散佚。其原因应与其做过张士诚的记室有关。以他这一职务，早年肯定为张士诚写过许多文章，入明以后，这些文章是可作为他的"罪证"的。他有意不收集自己的诗文，应与这一点有关。由于杨孟载诗文散佚过多，在其《眉菴集》中很难找到出使日本、琉球的记载，仅有一些诗可以作为参考。例如，他写过《应制送安南使臣杜相之还国都》的诗①，所谓"应制"，说明此诗是奉帝命而写的。他应在礼部做过官，才会有这类诗留下。他又有《送郑与权之官七闽》一诗："七闽地暖不飞雪，山路早行仍衣绵。黄金结客记昔日，白发上官非壮年。荔子晓风人似玉，桃榔春雨树如烟。还家定跨扬州鹤，流水寒松绕墓田。"②这首诗写福建的自然情况很对位，应有亲历福建的体会；而"黄金结客记昔日，白发上官非壮年"一联，也说明他确实到过福建，并与闽中的高官有交往。他还有《天妃宫赠道士沈雪溪》一诗："帝遣神妃降紫芬，海波摇荡赤霞裙。月明贝阙金银气，日暖龙旗贔屃纹。青册简书天上锡，绀帷灵语夜深闻。方坛露冷三花绕，坐演琅函大篆文。"③明朝学者写到天妃的并不多，所以，这首诗反映了他对天妃信仰的兴趣，这在明代学者中是少有的。那些写天妃诗词的人，多乘过海船。而明代的习俗，出使日本、琉球的使者多会到天妃宫里祭祀。

对杨载历史的探讨，将会有助于我们理解杨载的琉球之行。由于其

---

① 杨基：《眉庵集》卷八，第21页。
② 杨基：《眉庵集》卷八，第20页。
③ 杨基：《眉庵集》卷八，第12页。

人原为张士诚的"记室",而张士诚是朱元璋眼里的大敌。所以,朱元璋虽然没有杀杨载,还任命他做礼部的官,其实不一定安好心。因为,他将出使日本的使命交给了杨载。此前,出使日本的朱元璋使节,已经被日本杀了一个。杨载再次出使,命运不可知。他到了福建后,还被镇守福建的附马王恭告诫:出使之后,不可贪财,以免被"夷人"看轻!这样,发财的路也没有了。可以说杨载到日本出使,完全是一桩苦差,而且危机四伏。看来日本方面也看破朱元璋的动机,不想当明太祖的杀人机器,便放了杨载。这样,明朝与日本建立关系的努力就此成功。也许,这一切都在朱元璋的计算中。对杨载来说,出使日本,可以说是在死神之前转了一圈,通过这次冒险,杨载扭转了自己在明朝的命运。

三、明人长期以为"琉球人"来自台湾

《明史》上的杨载是一个成功的外交家,他出访日本两次,出访琉球一次,都成功地使日本和琉球向明朝进贡。他之所以会在洪武五年被派往琉球,是因为此前他两次访问日本取得很大成功。所以,洪武四年,他刚从日本回来,就被派到琉球去访问。可以想象,他的身上寄托着朝廷很大的希望,这种希望有时会成为很大的压力,就像屡次夺冠的体育明星,旁人以为他只要上场,就能取得胜利,其实未必如此。杨载到琉球访问,他所承受的压力和当代的体育明星一样,只许成功,不能失败。

然而,宋元时期的台湾(即琉球),以不愿和大陆人往来而出名。宋代的《三山志》对琉球(台湾岛)有所记载:"每风暴作,钓船多为所漂,一日夜至其界。其水东流而不返,莎蔓错织,不容转柁。漂者必至而后已。其国人得之,以藤串其踵,令作山间,盖其国刳木为盂,乃能周旋莎蔓间。今海中大姨山,夜忌举火,虑其国望之而至也。"① 当时的台湾土著往往强迫外来人当奴隶耕地,"以藤串其踵,令作山间"。这类例子还可见于其他史料:"宣和间,明州昌国人有为海商,至巨岛泊舟,数人登岸伐薪,为岛人所觉,遽归。一人方溷,不及下,遭执以往,缚以铁缏,令耕田。后一二年,稍熟,乃不复絷。"② 其实也有人

---

① 梁克家编:《三山志》卷六,地理类,第86页。
② 洪迈:《夷坚志》,《夷坚乙志》卷十,昌国商人,中华书局,1981年标点本,第86页。

漂至台湾得到善待，"其一男子，本福州人也，家于南台。向入海，失舟，偶值一木浮行，得至大岛上。素喜吹笛，常置腰间。岛人引见其主。主凤好音乐，见笛大喜，留而饮食之，与屋以居，后又妻以女，在彼十三年"。[1] 从总体而言，台湾奴隶制盛行，是闽人少去台湾的主要原因。宋元时代的台湾南部生活着剽悍的毗舍耶人，他们经常袭击福建沿海岛屿。导致彭湖、唐屿一带的民众，至夜不敢举火，怕的是海上的毗舍耶人看到火光后，便来侵扰。在这种环境下，两岸关系很难大发展。

元朝的统治者兵威及于海外，很想琉球人也来朝廷进贡。大德元年（1297），元朝再一次经营台湾。《元史·成宗纪》记载："改福建省为福建平海等处行中书省，徙治泉州。平章政事高兴言泉州与瑠求相近，或招或取，易得其情，故徙之。"[2] 该年十一月，"福建行省遣人觇瑠求国，俘其傍近百人以归"。[3] 次年，元朝廷"遣所俘瑠求人归谕其国，使之效顺"。[4] 但是，当时的台湾人始终不愿到大陆来进贡。

在杨载之后到台湾招谕的郑和、王景弘一样碰钉子。《闽游偶记》记载："澎湖为台湾门户……曾闻明永乐丁亥命太监郑和、王景弘、侯显三人往东南诸国赏赐宣谕，郑和旧名三保，故云三保太监下西洋；因风过此。"[5] 然而，台湾的土著仍然不愿到明朝来进贡！陈第的《东番记》："永乐初，郑内监航海谕诸夷，东番独远窜，不听约。于是家贻一铜铃，使颈之，盖狗之也。至今犹传为宝。"这段话的内容后被采入《明史·鸡笼传》："虽居海中，酷畏海，不善操舟，老死不与邻国往来。永乐时，郑和遍历东西洋，靡不献琛恐后，独东番远避不至。和恶之，家贻一铜铃，俾挂诸项，盖拟之狗国也。其后人反宝之，富者至掇数枚。曰：此祖宗所遗。"很显然，郑和与王景弘等人到过台湾，但其招抚其人的使命未获成功，因此，相关史载都不记载，以免授人以柄。

从元使及郑在台湾碰壁一事来看，杨载于明初出使名为"琉球"的台湾，肯定也遇到了麻烦。因为台湾土著从来不愿到大陆进贡！台湾土著的固执，肯定让杨载很难堪，而且会让杨载有前途之忧。他本是一

---

① 洪迈：《夷坚志》，《夷坚乙志》卷八，无缝船，第251页。
② 宋濂等：《元史》卷十九，成宗纪，中华书局，1976年标点本，第409页。
③ 宋濂等：《元史》卷十九，成宗纪，中华书局，1976年标点本，第414页。
④ 宋濂等：《元史》卷十九，成宗纪，中华书局，1976年标点本，第417页。
⑤ 吴桭臣：《闽游偶记》，《台湾文献丛刊》第216种，第14页。

个"叛臣",因出使日本成功,才保住自己一命,他对明朝的价值就在于他是个成功的外交家。如果这次他不能带琉球人前来进贡,朝廷对他的评价就会改变。他这时有两种选择:其一是无功而返,其二是选择其附近岛屿的民众到大陆进贡,以顶替"琉球"之名。看来,他做了第二种选择。由于当时的官员对海外情况十分茫然,杨载的冒险被揭穿的可能性很小。实际上,当时出使海外的官员,为了达到目的,时常欺蒙朝廷及进贡者,反正双方语言不通,只要掌握了"通事",便可上下其手了。所谓"胆大有官做",就是这种情况。

由于冲绳之中山国顶替琉球之名进贡,明政府官员长期以为来朝廷进贡的就是琉球人。所以,明代早期的地图一直只绘琉球,一般没有冲绳列岛。例如洪武二十二年的《大明混一图》,又如明英宗天顺五年的《大明一统之图》①,嘉靖五年重刊的杨子器跋《舆地图》,被认为是明代地图中较好的一幅,该图在福州东南的海上绘有琉球,其位置也是在台湾。

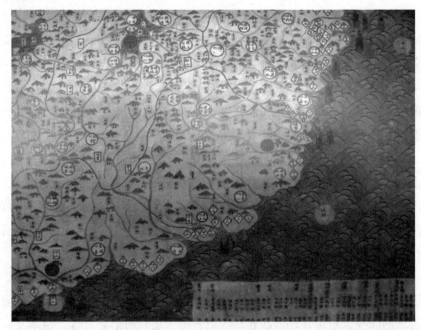

图 4 嘉靖五年重刊的杨子器跋《舆地图》,录自《中华古地图珍品选集》第 68 图。

---

① 夏黎明、王存立、胡文青编著:《台湾的古地图——明清时期》,远足文化有限公司,2005 年,第 3 页。

　　一直到明嘉靖三十四年林希元在龙溪金沙书院重刊的俞时《古今形胜之图》，其图中也只有琉球而没有"虾夷"，而且，琉球的位置是画在福建的东南，面积不小，其位置与台湾相符。

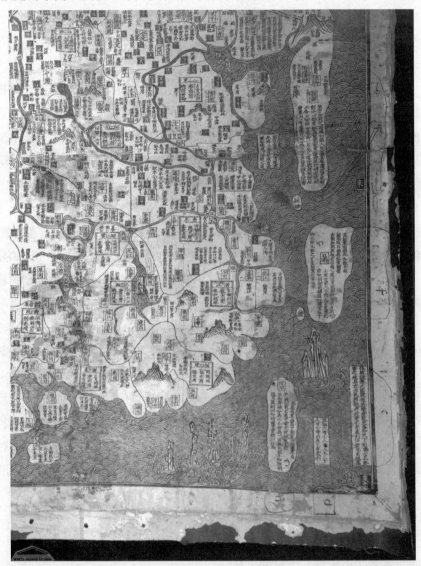

　　图 5　俞时的《古今形胜之图》，据孙果清的介绍，该图现今仍收藏在西班牙塞维利亚市（Sevilla）的印度总档案馆。此图由旅居葡萄牙的金国平先生提供。

　　俞时在《古今形胜之图》中介绍琉球"口口在泉州东海岛中，朝贡由福建来。自汉魏以来不通中华。元使招抚不从。国初其地分为三，今并为一国"。这段话实出于《明一统志》，《明一统志》记载："琉球国，其地在福建泉州东海岛中，其朝贡由福建以达于京师。沿革。古未详何国，汉魏以来不通中华。……唐宋时未尝朝贡。元遣使招谕之，竟不从。本朝洪武中，其国分为三，曰中山王，曰山南王，曰山北王。皆遣使朝贡。永乐初，其国王嗣立，皆受朝廷册封。自后惟中山来朝，至今不绝。其山南、山北二王，盖为所并。"① 二者相比，可知俞时有关琉球的简短介绍节选自《明一统志》。

《明一统志》是官方编纂的政书，代表着官府对琉球的看法。该书提到琉球的"山川"时说："黿鼊屿，在国西水行一日；高华屿，在国西，水行三日；二屿俱隋陈稜率兵过此。彭湖岛，落漈在国西，水行五日。地近福州、泉州、兴化、漳州四郡界。天气晴明，望之隐然若烟雾中。《元史》，水至彭湖渐低，近琉球谓之落漈，漈者，水趋下不回也。凡西岸渔舟到彭湖，遇飓风作，漂流落漈，回者百一二。"②

从《明一统志》中琉球的地理方位来讲，作者眼中的琉球地理位置就是台湾，因为，它离彭湖岛很近，离福建沿海四府州也很近。但《明一统志》记载琉球国的中山及山南、山北诸国的历史，却是属于冲绳的。冲绳最早的政权是建立于南宋后期的"舜天"政权，在明初冲绳一分为三，由三个"按司"统辖。杨载来到冲绳，中部的浦添按司首先向明朝进贡，得封为中山国。其后，冲绳南部的大里按司及北部的羽地按司分别向明朝进贡，被封为山南国和山北国，三国都在冲绳主岛之上，后被中山国统一。从其进贡过程来看，明初使者杨载蒙了明朝廷。他无法将琉球（台湾）的民众带到朝廷来进贡，便跑到冲绳，将当地冲绳之人带到大陆，以琉球之名朝贡。当时的明朝廷不了解情况也就被杨载蒙蔽了。明初的冲绳其实很落后，地方又小，应当不是琉球，或者只是元以前史册上"琉球"之名的一部分。是杨载带其以琉球之名进贡之后，冲绳才以琉球之名闻名东方。

四、台湾"小琉球"之名的出现

冲绳群岛占有"琉球"之名后，对福建沿海民众来说，有一个怎样称呼台湾的问题。一开始，人们仍称台湾为琉球，例如，明初闽县诗人王恭在其《送人游鼓山》一诗中咏及琉球："灵源洞口白云飞，君去凭

---

① 李贤等：《明一统志》卷八九，外夷。文渊阁四库全书本，第8页。
② 李贤等：《明一统志》卷八九，外夷，第9页。

高入翠微。闽越故城关外小，琉球孤屿岛边微。天花寂寂逢僧宇，林吹飘飘飓客衣。若对凤凰池上月，顿令心地亦忘机。"① 鼓山是福州东部的名山，鼓山顶上可以看到台湾，是福建民间流传已久的传说。王恭是明初福州著名诗人，他引用"鼓山望琉球"之谚，诗中的琉球显然是指台湾。直到明中叶弘治年间黄仲昭编纂《八闽通志》，仍然承袭《三山志》的说法，言福清县的大姨山，"每风色晴定，日未出之先，于山上东望，见一山如空青，微出海面，乃琉球国也"。② 其中在福建沿海可以望见的琉球国，肯定是台湾。

杨载引中山国人以琉球之名到明朝进贡，福建民众一开始不明真相，时间久了，亲历冲绳的人多了，肯定就知道此"琉球"不是彼"琉球"，尤其是琉球船只经常到达的福州港的民众。于是有了一个怎样称呼古代琉球的问题。明代正德十五年，福州太守叶溥和福州籍的名士共同编纂《福州府志》，就其所列参考书而言，本书参考了明朝弘治年间编纂的《一统志》，但对琉球国的解释有所变动。正德《福州府志》在介绍了大琉球国之后，又有对"小琉球国"的记载："不通往来，不曾朝贡。"③ 这段解释虽然简短，其功绩是将冲绳群岛和台湾岛分开来，让人知道这不是一个地方。而后，台湾的"小琉球"之名开始流行起来。正德嘉靖年间的大儒、晋江人蔡清在注释《论语》时说："小邾，小邾国也。与邾子益来朝之邾不同，故言小，以别之。犹言小琉球之类。"④ 蔡清讲课的对象是泉州一带的书生，他们应对小琉球很熟悉，所以，蔡清引用了"小琉球"之名来解释历史上的"小邾国"。至此，小琉球成了台湾的正式称呼。而且，这一称呼在明朝延续很长的时间。明代后期郑晓的《吾学编》说："正南偏东，大琉球，朝贡不时，王子及陪臣之子皆入大学读书，礼待甚厚。小琉球，不通往来。"⑤ 其中大小琉球区分很清楚。何乔远《名山藏》记载："高帝既平定天下，诏谕诸夷君长，或使或身悉随使者来朝贡，则高丽、日本、大小琉球、安

---

① 王恭：《草泽狂歌》卷四，文渊阁四库全书本，第27页。
② 黄仲昭：弘治《八闽通志》卷五，地理志，福建人民出版社，1990年，第85页。
③ 叶溥等：正德《福州府志》卷三，地理志，海风出版社，2001年，第67页。
④ 蔡清：《四书蒙引》卷七，颜渊第十二。文渊阁四库全书本，第61页。
⑤ 郑晓：《吾学编》卷六七，皇明四夷考，第1页。

南、真腊、暹罗、占城、苏门答剌、西洋、爪哇、彭亨、百花、三佛
齐、浡泥凡十五国臣服最先而最恭顺，高祖作祖训，列诸不征。"① 文
中的"大小琉球"，将"大琉球"与"小琉球"并列。在相关史籍中，
福建沿海可以看到琉球的传说，也改成了可以看到"小琉球"，郑晓的
《吾学编》说："又有小琉球，近泉州，闽人言霁日登鼓山可望而见。入
国朝未尝朝贡。"②

　　嘉靖三十四年（1555）经台湾、冲绳赴日本的郑舜功在其《日本一
鉴·桴海图经》一图中记载了台湾和冲绳群岛，他称冲绳群岛为大琉球
国，台湾为"小东岛"，其解说是："小东岛，即小琉球，彼云大惠国。"
在其图上，大琉球与小琉球都是群岛，不分大小。③

　　嘉靖四十年（1561）郑若曾绘《万里海防图》上的海上诸岛中，
"大琉球"的面积比"小琉球"略大一些。④

　　嘉靖四十一年，胡宗宪的幕僚郑开阳编纂《筹海图编》，搜集了大
量史料，并绘制了海疆地图。这幅地图明确地将大小琉球分开，但令人
好笑的是，他将位于冲绳的"大琉球"画得很大，位于台湾的"小琉
球"画得较小。实际上情况刚好相反。

　　元代的朱思本《广舆图》是中国地图中较为杰出的一部，后在明代
多次重刻，不过，重刻者往往加上自己对地理的理解，因而反映了明朝
学者的地理观念。钱岱重绘的朱思本《广舆图》，刊刻于万历七年。图
上有大琉球、小琉球及彭湖岛。反映了明代后期明人的观点。此图上的
大小琉球一样大，也和日本列岛一样大，看来只是起一个示意作用。

　　台湾之"小琉球"的称呼也在江南民间流行，《江南通志》上记载
了这样一条史料："李遇文，字克显，世袭宣州卫指挥，升刘河游击。
时小琉球三十六人风潮漂至，把总陈嘉谟欲指为倭，斩首报功。遇文召
通事讯实，遂遣归。"⑤ 《异域志》云："大琉球国，在建安之东，去海
五百里。其国多山洞，各部落酋长皆称小王，至生分，彼此不和。常入
中国贡。王子及陪臣皆入太学读书。""小琉球国，与大琉球国同，其人

---

　　① 何乔远：《名山藏》不分卷，王享记，续修四库全书本，第1页。
　　② 郑晓：《吾学编》卷六七，皇明四夷考，第26页。
　　③ 鞠德源：《钓鱼岛正名》，昆仑出版社，第108页。
　　④ 鞠德源：《钓鱼岛正名》，昆仑出版社，第114～115页。
　　⑤ 赵宏恩等：《江南通志》卷一百五十二，人物志，武功，第9页。

图 6　郑开阳《筹海图编》上的《舆地全图》。

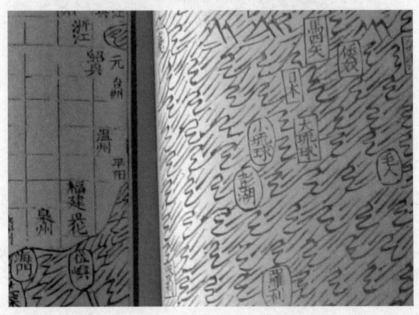

图 7　明代钱岱重绘朱思本《广舆图》，此图刊刻于万历七年。上海图书
馆藏。

粗俗，少入中国。风俗与倭夷相似。"[①] 可见，到了明末，人们慢慢知
道，小琉球与大琉球不是一回事。

——————

　　①　佚名：《异域志》上卷，万历丁酉嘉禾梅墟上人刻本，第26页。

万历年间，西方传教士进入中国，他们带来了欧洲的绘图知识与技巧，中国最早的全球图开始绘制，利玛窦《方舆胜略》一书中出现"西半球图"上有大小琉球的绘制，但将大小琉球弄反了。福建对面的"小琉球"位于北方，而"大琉球"位于南方。这一错误一直延续到王在晋《海防纂要》中的"周天各国图四分之一"中，大小琉球也是相反的。利玛窦的《坤舆万国全图》绘成于万历三十年，其图中只有"大琉球"，北回归线从"大琉球"中部穿过，此处的大琉球应是台湾岛。受利玛窦的影响，于万历三十一年刊刻的《两仪玄览图》中的大琉球，也应是台湾。①

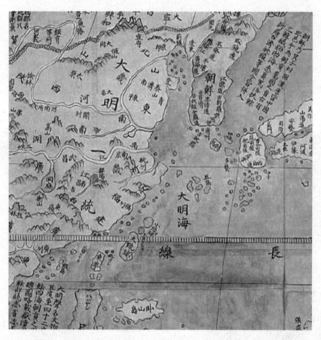

图 8　在利玛窦的世界地图中，台湾本岛被标为"大琉球"。②

在这一系列地图中，台湾有时被称为"小琉球"，有时被称为"大琉球"；冲绳同样是无所适从，有时被称为"大琉球"，有时又被称为"小琉球"。由杨载造成的历史错位导致东亚地图一片混乱，已经很难

---

① 夏黎明、王存立、胡文青编著：《台湾的古地图——明清时期》，第64～67页。

② 这是公示于日本一个网站的利玛窦《坤舆万国全图》。此图为日本人所藏，所以有许多日文注释。图中不仅有大、小琉球，而且还有一个注明为"东宁"的岛屿。按，东宁为郑经时代对台湾的称呼，所以，此图虽是利玛窦原图，但是后人在图上填上了新字。当时地图对琉球之名的混乱，由此可知。

收拾。

　　欧洲人来到东方之后，开始绘制东方的地图。大小琉球之名都出现在西方人的地图上。亚伯拉罕·奥地利斯（Abraham Ortelius）绘制于1570年（或1584年）的东亚及东南亚的地图上，中国东南的海上有一系列岛屿，其中最南部的岛有Lcquio mincr之地名，而中上部的一个岛上有Lcquio maior的地名，这显然是"琉球"的译音。见图九。

　　图9　亚伯拉汉·奥地利斯（Abraham Ortelius）：东亚及东南亚地图。大约绘制于1570年（或是1584年），此图上中国东南海域上，有两个"Lcquio"，这显然是"琉球"的译音。

　　又，亚伯拉罕·奥地利斯绘制于1584年（或1595年）的中国地图上，位于东南的海岛有"Lequeio Parur"之名；杰拉德·梅加度（Gerand Mercator）及祖迪士·汉调斯（Jodicus Hondius）绘制于1606年的中国地图上，其东南部有Lcquio minor的岛名。[1] 这些名字中都有大小琉球的音译。同样，他们也很难分清楚哪个是大琉球，哪个是小琉球？可见，当时的欧洲地理学家受中国地图的影响，也搞不清楚为何会出现两个琉球。见图十。

────────────

　　① 中国第一历史档案馆、澳门一国两制研究中心：《澳门历史地图精选》，华文出版社，2000年，第12～15页。

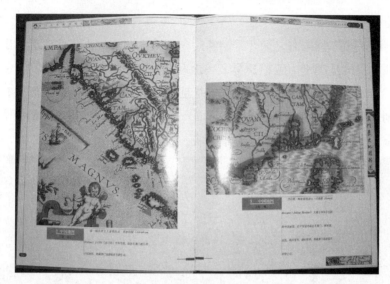

　　图10　1584年及1606年欧洲人绘制的东亚地图。以上两幅地图摘自中国第一历史档案馆、澳门一国两制研究中心的《澳门历史地图精选》。

　　图11　此图为意大利耶稣会士毕方济绘制于1639年的中华地图，图中有两个琉球，而冲绳群岛被标明为大琉球。①

---

　　①　本图转录于许雪姬、吴密察：《先民的足迹——古地图话台湾沧桑史》，南天书局有限公司，第40~41页。

图12　意大利圣方济会士温贞左·克罗内立绘制于1691年的中国南部地图，此图上的台湾被称为"福尔摩沙"，文中注明"福尔摩沙"又称大琉球。①

五、台湾其他名字的出现

大小琉球之名的混乱，带来很多的不便。台湾岛上的民众开始以台湾岛的具体港口名称来称呼台湾。陈第于万历三十年抵达台湾，便将台湾称为"东番"。而张燮撰写《东西洋考》，在"东番考"之下，有北港、鸡笼、淡水之名。唯是张燮未能亲历台湾，对北港的位置不是很清楚。但其人对淡水、鸡笼的描写是清楚的。文中提到有大陆商人前去贸易。这一时期的台湾地图十分有意思。

在晚明的史籍中，出现"北港"一名的古籍有：《东西洋考》、《敬和堂集》、《顺风相送》、《止止斋集》、《露书》等书。这些书籍多发表于荷兰人占据台湾之前，例如，万历年间任福建巡抚的黄承玄曾说，"至于濒海之民，以渔为业；其采捕于彭湖、北港之间者，岁无虑数十百艘"。②荷兰人是在天启年间才进入台湾，很显然，北港之称在荷兰人占

---

① 本图录自许雪姬、吴密察：《先民的足迹——古地图话台湾沧桑史》，南天书局有限公司，第86～87页。

② 黄承玄：《条议海防事宜书》，《明经世文编》卷四七九。

图13　这是陈祖绶：《皇明职方地图表》的台湾，它被分为三个部分：
澎湖、北港、鸡笼和淡水。在这幅图上，小琉球之名已经不见了，台湾岛的
东北方出现了"大琉球"之名。其时，琉球之名应都属于冲绳了。

据台湾之前就已经存在。① 崇祯年间陈祖绶说："近时民多走北港、彭
湖、淡水、鸡笼四屿。四屿之大，足以敌四府，收之以为外屏，又足以
翼四府。"②

　　荷兰人入台之后，最初也称台湾为"北港"。即 Pacan，又作：
Packan；这是大约 1625 年前后的事。其后，荷兰人知道了葡萄牙人曾
经称台湾为 Formosa，便采用了葡萄牙人的命名。将台湾称之为福摩莎
（Formosa）。所以，在 1640 年约翰·芬伯翁绘制的澎湖列岛及台湾岛
图上，台湾已经被称为 Formosa 了。

　　总的来说，琉球原为台湾的专用名。杨载出使琉球，为了完成不可
能完成的使命，将琉球之北冲绳岛上的酋长拉到明朝来进贡，从而蒙蔽
了明朝廷，获得大功。然而，琉球与冲绳从此混淆，弄得明代地图一片
混乱。台湾有时被称为小琉球，有时被称为大琉球。这一错误同样出现
于西方人的地图中。明末福建民间出现称台湾为"东番"、"北港"之类

---

　　① 徐晓望：《论明代北港的崛起》，《台湾研究》2006 年第 2 期。
　　② 陈祖绶：《皇明职方地图表》卷上，玄览堂丛书三集，第 11 册，影印道光
刻本，第 88 页。

的说法，新名字的出现，使台湾不易和其他地区混淆。北港之称还影响了荷兰人的地图。不过，占据台湾的荷兰人最终采用福尔摩沙之名称呼台湾，福建民间也出现了"台湾"之名，从而结束了这一历史地理的混乱。琉球作为台湾的正名，逐渐湮没于历史的尘埃中。

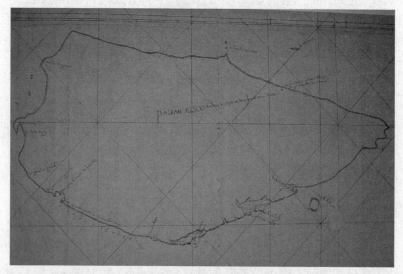

图14　约1625年雅各·埃斯布兰·诺得洛斯绘制的北港图。本图原藏荷兰海牙国家档案馆。文中的台湾岛被标为Packan。①

图15　1640年约翰·芬伯翁绘制的澎湖列岛及台湾岛图，本图原藏荷兰海牙国家档案馆。

①　石守谦等：《福尔摩沙——十七世纪的台湾·荷兰与东亚》，故宫博物院，2003年，第39页。

17世纪荷兰殖民统治下的台湾社会结构和特征

刘彼德[*]

一、前言

荷兰人殖民台湾之前，台湾住民以原住民为主，也有少数汉人居住。例如，明天启初年，颜思齐等人已经在台湾居住。[②] 1623年11月，荷兰入据台湾之前，两个荷兰商务员（J. Constant和B. Pessaert）奉荷兰舰队司令官莱尔森（C. Reyersen）之命到大员附近萧垄村社探查时，听说有超过1000个汉人居住在台湾各地，跟原住民交换商品为生。[③] 荷兰人占据大员后，进驻台湾的荷兰人中，虽然公司员工为主，但是家眷和奴隶人数也不少。以1661年5月初被郑成功围困的热兰遮城为例，城内员工为968人，奴隶及其子女为547人，为员工的56.5%；妇女和小儿为218人，为员工的22.5%。[④] 由于荷兰官方资料中以公司业务为主，女性和婚姻的资料几乎没有，相关的研究也很少。为了筹划2003年台北故宫举办"十七世纪的台湾、东亚与荷兰"特展，欧兰英（Everlyn Oranje）女士偶然发现保存于雅加达的印度尼西亚国家档案馆的两份资料，《热兰遮城婚姻（1650～1661）登录簿》和《热兰遮城洗

---

* 作者单位：厦门大学台湾研究院。

② "台湾在支那东南海中，古无闻焉。明天启初，海澄人颜振泉聚众据之。"见市村赞次郎编：《郑氏关系文书》，附录"海外异传"，台湾文献丛刊第69种，台湾银行经济研究室，1960年，第73页。

③ L. Blusse, N. Everts & E. Frech. The Formosan Encounter Vol. Ⅰ，顺益原住民博物馆，1999年，第21页。

④ 村上直次郎编译：《巴达维亚城日记（三）》，程大学译，台湾省文献委员会，1990年，第291页。

礼（1655～1661）登录簿》。韩家宝和郑维中将这些史料编译，于2005年8月出版，使得本文得以利用这些弥足珍贵的数据，将女性和奴隶的讨论纳入文中。[①] 17世纪荷兰以基督教立国，规定基督徒不得与异教徒通婚，鼓励基督徒的子女出生后受洗成为基督徒。在台荷兰社会成员的婚姻申请和登记由公司的婚姻家事督导官负责审核、认可和登记。热兰遮城婚姻登记簿中只限于记载热兰遮城市民、公司员工和奴隶基督徒间婚配的记录，没有非基督徒的婚姻资料。由于汉人没有基督徒，因此婚姻登记簿中没有汉人的记录。[②]

台湾原住民、汉人和荷兰东印度公司（VOC）的不同群体在殖民地构成一个由多元种族、宗教和文化组成的社会。本文依次讨论荷据台湾殖民地社会的各类成员，包括公司员工、自由市民、员工眷属、奴隶、台湾原住民和汉人，说明群体间的关系，并分析荷据台湾社会的特性。

二、荷兰东印度公司雇员

荷兰东印度公司雇员是在台荷兰社会的主要成员，大致上可以分为以下类别：商务（包括台湾长官、商务员、会计）、军人、教师和其他职位（包括传教士、医护、技工、仓储、行政等）。由于雇员异动频繁，因此官方文书中并没有总人数的确切统计。驻军的人数记载较多，大致是逐渐增加的：1628年有330人，1636年11月讨伐麻豆社时派出500名白人士兵，1649年为984人，1658年在1000人上下。[③] 1661年郑成功攻台前后，在台驻军得到巴达维亚补充援军，包括1661年2月樊德朗留下600名士兵，和8月考乌带去的700名士兵，[④] 最高峰时，台湾荷军可能接近2000人。除了驻军之外，在台其他各类雇员人数也不少。根据1650～1661年婚姻登记资料分析，军人登记共有62人次，商务、

---

① 韩家宝、郑维中译著：《荷兰时代台湾告令集、婚姻与洗礼登录簿》，"曹永和序"，曹永和文教基金会，2005年，第XVI页。

② 韩家宝、郑维中译著：《荷兰时代台湾告令集、婚姻与洗礼登录簿》，第64～67页。

③ 程绍刚译注：《荷兰人在福尔摩沙1624～1662》，联经出版社，2000年，第77、173、509页。

④ C. E. S.：《被忽视的福尔摩沙》，见厦门大学郑成功历史调查研究组编：《郑成功收复台湾史料选编》，福建人民出版社，1982年，第140～141、168～171页。

教师和其他职位雇员登记共有 96 人次，[①] 超过军人登记次数的 1.5 倍，可见军人之外的公司雇员人数也不少。估计 1661 年高峰时期荷兰东印度公司派驻台湾人员（都是男性）应该超过 2000 人。

从婚姻登录簿的出生地分析，男性 181 人中，以欧洲出生 154 人为最多，占 85％，其余有印度出生的 6 人、东南亚出生的 3 人及台湾出生的 4 人。[②] 欧洲出生的男性中，也有很多男性出生在荷兰以外的国家。例如跟台湾原住民女性结婚的德国和比利时裔男性超过 20 人，大约占台湾原住民女性婚配对象的三分之一。17 世纪时荷兰国力强盛，经济繁荣，阿姆斯特丹可能是全世界最好过日子的地方。当时驻荷兰的一个英国领事馆的员工夸张地形容，阿姆斯特丹"穷人收容所像是王子的住家"。即使穷人也很少有人愿意离开荷兰，到远方的殖民地工作。荷兰因此欢迎信奉新教的其他欧洲人加入，宣誓效忠，就等同荷兰公民，可以被派到海外工作。[③] 欧洲裔的外国人在荷兰东印度公司受到相当的重视，升迁似乎没有受到限制，原籍瑞典的揆一能够升任台湾最后一任长官，就是一个很好的例子。[④]

当时荷兰社会按照官职、血统、法律地位和财产划分社会位阶，荷兰东印度公司雇员也是如此。[⑤] 以薪资区分，大约可以将公司雇员分为下列四级：

最高级：月薪大约在 200 到 300 荷盾之间，如最高长官勃尔格（van der Burg）月薪 300 荷盾，揆一任台湾副长官时月薪 200 荷盾；[⑥]

次高级：月薪在 100 荷盾左右，如上尉约 100 荷盾，[⑦] 牧师约

---

① 韩家宝、郑维中译著：《荷兰时代台湾告令集、婚姻与洗礼登录簿》，第 61～63 页。

② 韩家宝、郑维中译著：《荷兰时代台湾告令集、婚姻与洗礼登录簿》，第 61～64、269～315 页。

③ Russell Shorto. The Island at the Center of the World, New York: Random House, 2004，pp. 40～41.

④ 程绍刚译注：《荷兰人在福尔摩沙 1624～1662》，第 554 页。

⑤ 郑维中：《荷兰时代台湾社会》，前卫出版社，2004 年，第 128、312 页。

⑥ 程绍刚译注：《荷兰人在福尔摩沙 1624～1662》，第 177、491 页。

⑦ 中村孝志：《荷兰时代台湾史研究（上）》，吴密察、翁佳音、许贤瑶编译，稻乡出版社，1997 年，第 335 页。

80～140 荷盾，[①] 上席商务员、地方官和牧师月薪相当；

中级：月薪 50 荷盾左右，如下席商务员约 40 荷盾，商务员约 70 荷盾；[②]

下级：月薪在 10 到 30 荷盾间，如士兵 8～10 荷盾，[③] 1637 年麻豆的学校教师比德松（J. Pieterzoon）月薪 16 荷盾，目加溜湾的西门斯（L. Simons）月薪 10 荷盾，萧垄的探访传道欧霍福（H. Olhoff）月薪为 26 荷盾。[④]

公司的最高治理机构是大员议会，基本成员是 5 名公司的最高级职员，包括台湾长官、副长官、最高阶军官和两名上席商务员。[⑤] 士兵在公司雇员中阶级最低，薪水只有最高级职员的三十分之一，可是面对汉人居民时则以统治者的姿态出现。例如 1646 年士兵在赤崁乡下以粗暴的手段检查汉人居民的人头税单，并借机勒索，带走汉人的山羊。官员得知后设法改善，[⑥] 但是士兵骚扰汉人居民的情况并没有改进。1651 年10 月 10 日，几个汉人长老再次到大员议会抱怨此事。[⑦] 派驻原住民村社的学校教师也时常欺负原住民。1654 年一份东印度事务报告中谴责教师的恶劣行径，对于原住民能够忍受这样的虐待而不起来反抗感到吃惊。[⑧] 虽然荷兰士兵和学校教师在荷兰社会中地位不高，风评不佳，可是因为他们代表统治阶级驻扎在原住民村社中，因此跟台湾原住民通婚的案例很多。

荷兰东印度公司派驻台湾的员工位阶和薪资上下差异很大。由于公司员工都是殖民地的统治阶层，因此即使公司最下级员工也可以肆意地欺负身居被统治阶层的汉人居民和原住民。

---

① 甘为霖（William Campbell）编译：《荷据下的福尔摩沙》，李雄辉中译，台北：前卫出版社，2003 年，第 111、141 页。1630 年干治士牧师的月薪是 84 荷盾，1641 年尤罗伯（R. Junius）月薪 140 荷盾。

② Tonio Andrade. How Taiwan Became Chinese-Dutch, Spanish, and Han Colonization in the Seventeenth Century, New York: Columbia University Press, November 2008, Appendix A.

③ 中村孝志：《荷兰时代台湾史研究（上）》，第 335 页。

④ 甘为霖（William Campbell）编译：《荷据下的福尔摩沙》，第 233 页。

⑤ 韩家宝、郑维中译著：《荷兰时代台湾告令集、婚姻与洗礼登录簿》，第 57 页。

⑥ 江树生译注：《热兰遮城日志（二）》，台南市政府，2002 年，第 509 页。

⑦ 江树生译注：《热兰遮城日志（三）》，台南市政府，2003 年，第 268 页。

⑧ 程绍刚译注：《荷兰人在福尔摩沙 1624～1662》，第 393 页。

三、自由市民

台湾的男性自由市民人数很少，从荷兰文件零星的记载推测，至多只有数十人。荷兰自由市民娶原住民为妻有 6 个案例，比传教士还多。所谓的"自由市民"（Burghers），简称"市民"，是在殖民地中生活，但不是荷兰东印度公司雇员的荷兰人。台湾的自由市民多半是跟公司合约期满后，留在台湾生活的前公司雇员，从事贸易，或者提供服务。例如，1624 年有个喇叭手自由人高义肯斯（Meeus Goijkens），计划回到巴达维亚去，高义肯斯同意留下他的奴隶在台，由公司付费，为公司工作一年；① 商人瑟基门（Direk Segerman）于 1644 年 5 月曾经乘他的舢板到台湾南部贸易；商人费尔玫尔（Nicholas Vermeer），1655 年 11 月派一条戎克船到马六甲交易；② 自由人泥水匠西努（Willem Cnoop）于 1643 年 3 月 10 日，跟随公司的上席商务员到新港视察牧师待修的房子。③ 这几个例子说明台湾的自由市民从事不同职业，拥有奴仆，有权决定留在台湾，或者离开。由于自由市民时常到台湾各地贸易，因此接触到原住民的机会较多，增加了跟原住民妇女的通婚机会。

自由市民在殖民地的地位很高。大员议会辖下有四个议会，分别掌理婚姻家事、孤寡、教务和法务，由公司官员和自由市民组合，④ 可见自由市民的地位相当于公司的中高级官员。台湾的自由市民人数很少，却得以参与殖民地政府工作。相较之下，汉人居民在荷据末期超过三万人，负担绝大部分税捐，但是却没有参政权，只有少数汉人"头家"得以为殖民地提供咨询，地位明显低于自由市民。汉人居民是不折不扣的被统治者，具体将在第七节讨论。

台湾另外一类自由市民是从小被荷兰人收养教育的台湾原住民孩童，多半是公司讨伐原住民之后带回的孤儿。例如 1645 年公司到北部的大肚王（Quataongh）讨伐，捉获 15 个儿童，连同先前在麻里麻仑

---

① 江树生译注：《荷兰台湾长官致巴达维亚总督书信集》，南天书局，2007年，第 99 页。

② 江树生译注：《热兰遮城日志（三）》，第 267、313 页。

③ 江树生译注：《热兰遮城日志（二）》，第 53 页。

④ 韩家宝、郑维中译著：《荷兰时代台湾告令集、婚姻与洗礼登录簿》，第 52、56～59 页。大员议会拥有行政、立法和司法三权，由台湾长官、副长官、最高阶军官和两位上席商务员等 5 人组成。

（Vararolangh）捉获的 3 个儿童，都被分配到荷兰人家中做童仆。① 在荷兰家庭中成长人数最多的是小琉球的孤儿，总共有 30 多人，接受荷兰文化，成为基督徒，被公司称为"福尔摩沙裔荷兰自由市民"。② 这将于第六节讨论。

总之，荷据台湾的自由市民人数虽然不多，但是在荷兰社会中地位高，可以参与治理殖民地，是荷兰社会中重要的成员。

四、员工的眷属

荷据末期荷兰驻台员工眷属人数估计在 300 人以上，包括 1661 年 5 月初，被郑成功围困的热兰遮城内眷属 218 人。另外一批荷兰人包括 30 个妇女从北部乘船逃亡，于 6 月抵达长崎。③ 员工眷属来自不同的地方，参考 1650～1661 年婚姻记录中的 171 个妇女，以台湾出生的最多，占 39.8%（68 人），这将于第六节讨论；其他依次为欧洲出生占 21%（36 人），印度出生占 16.4%（28 人），和东南亚出生的占 14.6%（25人）。④

绝大多数欧洲裔的女性应该是以员工眷属的身份抵台。例如海伦娜（Helena Hambroex）于 1659 年 1 月 5 日跟公司首席助理柏区（J. Burch）结婚，他们的女儿安玛丽亚（Anne-Maria）于 1660 年 2 月 8 日受洗时，揆一女士（Helena Coijets）见证。⑤ 从姓氏判断，揆一女士应该是揆一长官的家属，而海伦娜应该是牧师汉布洛克（A. Hambroek，1648～1661 年驻台）的女儿。1661 年，汉布洛克牧师及妻儿被郑成功俘虏后，受命到热兰遮城劝降，揆一要他留在城堡中，他住在城堡中两个女儿也苦苦哀求他留下，但是汉布洛克牧师还是返回郑成功处，告知

---

① L. Blusse, N. Everts. The Formosan Encounter Vol. Ⅱ，顺益原住民博物馆，2000 年，第 542 页。

② Chiu, Hsin-hui. The Colonial "Civilizing Process" in Dutch Formosa 1624～1662，The Netherland：Leiden University，2007. pp. 147.

③ 村上直次郎编译：《巴达维亚城日记（三）》，程大学译，台湾省文献委员会，1990 年，第 291、324 页。热兰遮城被郑成功围困时城内人员共有 1733 人。乘船逃到日本共有 300 个荷兰人。

④ 韩家宝、郑维中译著：《荷兰时代台湾告令集、婚姻与洗礼登录簿》，第 269～315 页。

⑤ 韩家宝、郑维中译著：《荷兰时代台湾告令集、婚姻与洗礼登录簿》，第 306、383 页。

荷兰人拒降，因此被害。据说，汉布洛克另外有一个女儿被郑成功纳入后宫。①

有些长期在台工作的欧洲裔雇员的子女在台湾出生成婚。例如，在台湾服务 25 年的佩德尔上尉（Thomas Pedel）有三个女儿都是在台湾出生。佩德尔 1636 年已经在魍港担任队长，1645 年升任上尉，② 1654 年代表军方出任大员议会议员。③ 1661 年 4 月郑军围困热兰遮城时，佩德尔出城迎战阵亡，《从征实录》中也有记载。④ 根据婚姻登记簿资料，佩德尔三个出生在大员的女儿萨拉（Sara）、伊莉萨白（Elisabeth）和法兰西娜（Francina），分别在 1655 年 8 月 12 日、1659 年 11 月 7 日和 1660 年 9 月 2 日在台湾出嫁。前两个女儿的新生儿受洗时，都是长官揆一做见证。第三个女儿的孩子在 1661 年 7 月 3 日受洗时，热兰遮堡已经被郑成功军队围困了两个多月，佩德尔上尉已经阵亡，揆一没有出席见证。见证人是佩督的儿子威廉（Willem）和女儿萨拉。⑤ 威廉华语流利（可能是闽南语），在热兰遮城被郑军围困后，于 1661 年 5 月 3 日随同两位荷兰谈判代表去面见郑成功，担任翻译工作。⑥ 威廉可能也是出生在台湾。

印度和东南亚妇女占结婚登记女性 30％ 以上，居台人数可能比欧洲妇女还多，大部分应该是以员工家属身份抵台。由于当时荷兰社会以男性为中心，女性没有谋生能力，只能在家负担家务，依赖父亲或丈夫生活，丈夫去世后，需要再嫁。1651 年之中就有 5 个印度或东南亚孀妇登记再婚，其中有些可能是以员工妻子身份抵台。也有新婚妇女身份为初婚的"少女"，可能是员工的子女。婚姻登录簿中有 9 个印度或东南亚男性，其中职位较高的是任会计的印度普利卡人莫里纽斯（Pieter

① 甘为霖（William Campbell）编译：《荷据下的福尔摩沙》，第 115～119、476、567 页。

② 江树生译注：《热兰遮城日志（一）》，台南市政府，1999 年，2002 年，第 273 页。

③ 甘为霖（William Campbell）编译：《荷据下的福尔摩沙》，第 428～429 页。

④ 杨英撰：《从征实录》，台湾文献丛刊第 32 种，台湾银行经济研究室，1958 年，第 187 页。佩德尔上尉被称为"拔鬼仔"。"初三日，宣毅前镇□官兵札营北线尾，夷长揆一城上见我北线尾官兵未备，遣战将拔鬼仔率乌铳兵数百前来冲□，被宣毅前镇督率向敌一鼓而歼，夷将拔鬼仔战死阵中，余夷被杀殆尽。"

⑤ 韩家宝、郑维中译著：《荷兰时代台湾告令集、婚姻与洗礼登录簿》，第 289、308、313、370、386、389 页。

⑥ C. E. S.：《被忽视的福尔摩沙》，第 151、207 页。

Molineus），和任下席商务员的印度马苏利帕南人米尔（J. Meere），米尔娶佩德尔上尉女儿伊莉萨白为妻，是少有的欧洲裔妇女嫁给亚洲人的案例。①

1655～1661 年洗礼登录簿中，在不到六年内，热兰遮城附近荷兰社会出生婴儿总计 139 人，平均每年约 24 人。荷兰人统治台湾总共 38 年，如果只计算荷据后期的 30 年，在台湾出生的荷兰人后代应该超过 700 人，其中包括相当比例的台湾原住民和欧洲混血后代。台湾原住民中有荷兰后裔应该是没有疑问的。② 到荷据后期，应该已经有接近成年的混血后代，可是相关记载却很少。1657 年 5 月 6 日有一个混血少年詹斯（I. Janss）悔罪并宣誓恪遵戒律生活后，接受洗礼，被指派为理发师。记录中说明因为詹斯是"荷兰人父亲与爪哇人母亲所产下的孩子，应在此受教育"，③ 说明荷兰人觉得有责任教育荷兰人混血后裔。台湾原住民女性、荷兰人混血后裔的教育和生活的资料则尚待发掘。

眷属人数虽然不多，但是对长期驻台的荷兰人是一个重要的精神依持，是在台荷兰人社会一个重要的群体。

五、奴隶

1661 年 5 月初，热兰遮城被郑成功围困时，城内人员共有 1733 人，其中奴隶及其子女 547 人，占 31.6%。④ 可见奴隶是当时荷兰社会重要的组成分子。有些奴隶属于公司，例如，1622 年巴城议会决定派一支 12 艘船的舰队前往对岸大陆打开贸易，"配备 1000 名荷兰人，和 150 名奴仆"。⑤ 地位较高的官员也有相当多的私人奴隶。例如，普罗文萨城堡投降郑军的荷兰人主管于 1661 年 10 月 28 日被郑成功遣送到大陆。同行的共有四个家庭，包括地方官法兰廷、牧师李奥纳、两个测量

① 韩家宝、郑维中译著：《荷兰时代台湾告令集、婚姻与洗礼登录簿》，第 272～274、281、296、308 页。
② 韩家宝、郑维中译著：《荷兰时代台湾告令集、婚姻与洗礼登录簿》，第 365～389 页。登记日期自 1655 年 10 月 24 日到 1661 年 7 月 14 日。
③ 韩家宝、郑维中译著：《荷兰时代台湾告令集、婚姻与洗礼登录簿》，第 373 页。
④ 村上直次郎编译：《巴达维亚城日记（三）》，第 291 页。
⑤ 程绍刚译注：《荷兰人在福尔摩沙 1624～1662》，第 7 页。

师，总计 23 人，随行的奴隶和他们的孩子高达 13 人，比例相当高。[①]
驻守在原住民村社的一些荷兰人也拥有奴隶，1661 年 5 月 12 日，一批
驻在原住民村社的白人（计 140 人）带了他们的男女奴隶投降郑成功。
荷兰人投降后，长官揆一想将赤崁、新港等地的奴隶一并带到巴达维
亚，郑成功只允许带走热兰遮城中的奴隶。[②] 由此可见荷兰人相当重视
奴隶，可能视为他们重要的资产。

当时荷兰虽然已经开始在非洲介入黑奴买卖，但是在亚洲奴隶的来
源多半掳获自敌对的所谓"异教徒"。例如 1623 年莱尔森率舰队在中国
沿海胁迫打开贸易时，到处捕捉无辜的百姓。1623 年 4 月 17 日截获 3
条帆船，捉获 800 名中国人，5 月 11 日，截夺一条前往马尼拉的中国
帆船，再俘虏 200 名中国人。这次行动一共捕捉了 1150 名中国百姓，
送到澎湖修筑城堡，其中一半因水土不服和劳累过度而死亡，幸存的
571 人被送到巴城，到达巴城时只有 98 人存活，其中 65 人又因饮水中
毒丧生，最后存活留在巴达维亚的只剩下 33 人。[③] 也有不服荷兰人的
台湾原住民被俘为奴。例如，1640 年 3 月台湾长官给巴城总督的报告
中，提到驻扎在台湾东部的荷兰人韦斯林（Wesselingh）带了士兵和卑
南原住民盟友，到里漏（Linauw，今花莲的吉安）探寻金矿。由于双方
语言不通，发生冲突，荷兰一方开火，杀死四五百名里漏村民，只俘虏
9 个妇女和孩童，向他们学习当地语言。[④]

奴隶地位低下，类似公司的家畜。由于对奴隶罚款或劳役都没有意
义，因此公司对奴隶的惩罚都是加诸肉体的痛苦，并公开执行。1643
年 4 月 6 日布告，规定逃走的奴隶被捉回后需接受鞭刑、烙刑、削去双

---

① 江树生译注：《梅氏日记》，台北：汉声杂志社出版，2003 年，第 60 页。
包括：地方官法兰廷，他的妻子和 3 个孩子，主任医生（L. Bollekens）的孩子，孩
子的老师（A. Gravenbroeck），翻译员（M. Visch），三个士兵，两个男奴，两个女
奴。牧师（Leonaerts），他的妻子、岳母、两个孩子，两个男奴，三个女奴，三个
女奴的孩子，和一个士兵。土地测量师（J. Brommer），他的妻子，和一个女奴。
土地测量师（D. Cotenbergh），他的妻子，儿子，和一个士兵。

② 江树生译注：《梅氏日记》，第 43、76 页。

③ 程绍刚译注：《荷兰人在福尔摩沙 1624～1662》，第 29～30 页。1623 年 12
月 25 日东印度事务报告，有些文章误以为这 1150 名汉人是在澎湖捉到，其实是由
在澎湖的荷兰人在中国沿海捉到的。当时澎湖只有少数渔民居住，远少于被捉获的
汉人数。

④ L. Blusse, N. Everts. The Formosan Encounter Vol. Ⅱ, p. 253.

耳、终身系锁链服劳役等惩罚。[1]

在台湾的奴隶也有受洗的记录。例如阿尔凡女士（Van Alphen）的女奴玛丽亚于 1657 年 7 月 12 日受洗成为基督徒。男女奴隶都有登记结婚的案例。例如 1661 年 3 月 24 日，公司助理西比尔（Hans Sibeers）的两个奴隶弗朗西斯（Francis Nonnes，男，出生于鸡笼）和玛格丽塔（Margrita，女，马六甲人）登记结婚。[2] 玛格丽塔可能来自敌对的马来部落，而弗朗西斯出生于鸡笼，应该是荷兰人带到台湾的奴隶之子。

按照当时荷兰社会习惯，一旦成为奴隶则世代为奴，不得翻身，只有成为基督徒后才有可能成为自由人，因为奴役"异教徒"理所当然，奴役基督徒则不符基督教义。为了解脱枷锁，成为自由人，17 世纪荷兰的纽约殖民地的黑奴都极力争取成为基督徒。[3] 但是从台湾的记录看来，弗朗西斯和玛格丽塔和其他几个案例，登记结婚时必定已经是基督徒，但是仍然维持奴隶的身份。由此看来，在台的奴隶信奉基督教以后，依然不能获得自由，进入荷兰人社会。

六、台湾高山族

台湾高山族是荷据时期人数最多的族群。根据荷兰人的调查，1650 年高峰时期高山族人口总数达到 68657 人。[4] 如果加上居住在荷兰人控制以外地区的人口，荷据时期高山族人数可能超过 10 万人。荷兰人据台之初，曾经于 1625 年 1 月以 15 匹坎甘布（Cangan）的代价向新港村购买一块赤崁的土地。[5] 但是 1635 年 11 月荷兰人将武力强大的麻豆社打败后，麻豆社同意"转让麻豆社及其附近土地给荷兰政府"后，[6] 正式改变了荷兰东印度公司的土地政策，要求每一个归顺的高山族村庄承认荷兰政府对台湾土地的主权。1636 年 2 月 22 日，22 个高山族村社长

---

① 郑维中：《荷兰时代台湾社会》，第 314~315 页。

② 韩家宝、郑维中译著：《荷兰时代台湾告令集、婚姻与洗礼登录簿》，第 314、373 页。

③ John Franklin Jameson（Editor）. Narratives of New Netherland, 1609~1664, New York: Scribner, 1909, p. 330, pp. 408~409.

④ 中村孝志：《荷兰时代台湾史研究（下）》，吴密察、翁佳音、许贤瑶编译，稻乡出版社，2002 年，第 36~37 页。

⑤ L. Blusse, N. Everts & E. Frech. The Formosan Encounter Vol. Ⅰ, pp. 39~42.

⑥ 江树生译注：《热兰遮城日志（一）》，第 222 页。

老到新港，将他们的土地"奉献"给荷兰政府。荷兰东印度公司正式成为台湾高山族的统治者。①

荷兰人积极向高山族传教，大员附近的新港、萧垄、麻豆、目加溜、大目降和大武垄等高山族西拉雅人，是荷兰人传教的重点地区。1636～1638年，荷兰人陆续在这些村社开办学校，教导男女童基督教义，1643年培养了50名高山族教师，驻扎该六村社。② 为了强行传播基督教，1641年12月，荷兰东印度公司在牧师的请求下将大员附近高山族村社的女祭司放逐至诸罗山地区。③ 1652年荷兰人才同意被放逐的女祭司回到原村社，原先被放逐的250名女祭司中，只有48名活着回去。④ 1643年台湾宗教议会报告阿姆斯特丹教区，传教成果丰硕，尤罗伯牧师（R. Junius）已经为6个村落的5400人洗礼。⑤

1627年8月，甘治士牧师（G. Candidius）抵台传教，经过一段时间的探索后，就发现未婚牧师能够娶台湾高山族为妻更好。1629年2月1日，甘治士致函巴达维亚总督，要求回国，建议总督指派一位有能力的牧师接替，"要终身住在这里，并与新港妇女结婚"⑥。驻巴达维亚的荷兰统治当局也广泛支持跟高山族通婚，于1629年指示大员评议会："如果公司雇员愿意跟新港或者其他高山族结婚，不要反对，让他们结婚，希望这样上帝会给我们越来越多的祝福。"⑦ 其原因是荷兰人观察到在葡萄牙统治时期安汶出生的欧洲人混血儿对欧洲殖民当局忠诚，可以增进公司的安全保障。⑧

在台荷兰人男多女少，殖民地当局又鼓励荷兰人跟高山族通婚，台湾高山族改信基督教的人数相当多，成为基督徒的高山族女性应该是荷

---

① L. Blusse, N. Everts. The Formosan Encounter Vol. Ⅱ, p. 37.

② 甘为霖（William Campbell）编译：《荷据下的福尔摩沙》，第196、198、230～234、276页。

③ L. Blusse, N. Everts. The Formosan Encounter Vol. Ⅱ, p. 276.

④ L. Blusse, N. Everts. The Formosan Encounter Vol. Ⅲ，顺益原住民博物馆，2006年，p. 429, pp. 451～452. 包括麻豆、萧垄、新港、目加溜湾和大目降村社的女祭司。

⑤ 甘为霖（William Campbell）编译：《荷据下的福尔摩沙》，第279页。

⑥ 甘为霖（William Campbell）编译：《荷据下的福尔摩沙》，第126、135页。

⑦ L. Blusse, N. Everts & E. Frech. The Formosan Encounter Vol. Ⅰ 1623～1635，p. 149.

⑧ Chiu, Hsin-hui. The colonial "civilizing process" in Dutch Formosa 1624～1662, pp. 145～146.

兰人就近的婚配对象。可是荷据后期11年之间，嫁给荷兰人的高山族女性只有60人次。除了小琉球人的27人次（45%）居首，是特殊案例之外，大员附近西拉雅六村社居次，共19人次。① 西拉雅六村社是荷兰人的重点传教地区，在荷据末期跟荷兰人通婚案例平均一年不到两起，而且目加溜湾社连一个婚配的案例都没有，说明两个事实：第一，两个族群间存在着相当大的隔阂，通婚只是极为少数的例外；第二，荷兰人报告的传教成果可能过分夸大。

小琉球是一个很特别的族群，在荷据台湾结束以后，就从历史中消失。原因是1636年荷兰人大举进攻小琉球，将岛民自小琉球岛迁出，男性岛民被送到巴达维亚做苦工，女性岛民被分配居住到新港村。此外，还前后两次将38个小琉球孩童分配到荷兰人家庭中做仆人，以荷兰方式养育，被荷兰人接受为"优秀的国民"②。小琉球妇女除外，约三分之二的台湾高山族妇女婚配对象是低阶的士兵或教师（33人次中的21人次）。小琉球妇女婚配对象的职位较高，大约三分之二职位比士兵或教师为高。高山族妇女婚配对象中职位最高的可能是南区政务官欧拉留斯（J. Olarios），他的妻子是小琉球人。③ 可见这些小琉球妇女融入荷兰社会的程度最高。

台湾高山族男性在婚姻登录簿登记的三个案例中，都是小琉球人。其中一个是公司士兵克罗克（P. Klock），于1661年跟新港少女丽投（M. Littouw）结婚，两人都是配偶去世后再婚。另外两个案例都是公司士兵法其奥（Vagiauw），他于1658年2月17日，跟印度（克罗曼德尔）人凯瑟琳娜（Catharina）结婚，丧妻后，于1661年1月30日娶来自孟加拉湾的安妮卡（Annica）为妻。④ 法其奥在1636年荷兰人大举进攻小琉球时是个青年，被捕后很快学会了新港语，于1636年9月随荷兰军队到小琉球协助围捕余下的岛民。⑤ 可能由于法其奥学习能力强，得以被公司雇用为士兵，融入荷兰社会。

---

① 包括新港（9）、萧垄（4）、大目降（2）和麻豆（2）、大武垄（2）。

② L. Blusse, N. Everts. The Formosan Encounter Vol. Ⅲ，顺益原住民博物馆，2006年，p. 255.

③ 韩家宝、郑维中译著：《荷兰时代台湾告令集、婚姻与洗礼登录簿》，第269～315页。

④ 韩家宝、郑维中译著：《荷兰时代台湾告令集、婚姻与洗礼登录簿》，第299、313～314页。

⑤ L. Blusse，N. Everts. The Formosan Encounter Vol. Ⅱ，pp. 96～97.

根据高登（Milton Gordon）提出的族群融合的观点，同化包含了七个层面：文化的、心理的（认同）、社会的（结构）、态度的（没有偏见）、行为的（没有歧视）、公民的（没有价值和权力的冲突）和生物的（通婚），其中通婚最难达到，是"同化的最后阶段"。根据这个观点，这群在荷兰家庭生长的小琉球人是跟荷兰人同化程度最高的台湾高山族。[①]

台湾高山族跟荷兰人通婚后被接受为荷兰社会成员毕竟是极少数。大部分高山族，即使成为基督徒，仍然是被统治者，只能留在原村社中，[②] 遵守荷兰人立下的重重限制。欧洲人的种族歧视在 15 世纪西、葡向欧洲以外扩张时就开始形成。当时有欧洲学者根据柏拉图的人性优劣论和天然奴隶论，证明美洲原住民是天生的劣等人，优等的西班牙人享有天然的"宗主权"和"征服权"，有义务去征服印第安人。[③] 其他西欧国家，包括荷兰，为了掠夺世界各地的资源，也乐于沿用种族歧视的论述，以合理化对原住民的压榨行为。

七、汉人居民

汉人居民对大员商馆很重要，荷据末期人数估计超过三万人，仅次于原住民。[④] 荷兰人无论在农渔业、转口贸易、市镇建设和驻台荷兰人的衣食住行等，都需要依赖汉人。荷兰人非常了解汉人对大员商馆的重要性。例如，台湾长官普特曼斯于 1629 年 9 月 15 日写信给阿姆斯特丹商会（Chamber），建议"从爪哇、巴厘岛等地送 20 到 30 个女奴隶到台湾，卖给中国人"，以吸引汉人移居大员。[⑤] 随着汉人移民增加，台湾开垦收到成效，荷兰人陆续强征各种税捐，如人头税、渔捞税、稻米什一税、屠宰税等项目。这些内地诸税在 17 世纪 40 年代逐渐增加，到 1650 年达到接近 40 万盾的高峰，其后虽然下降，依然维持在 20 万～

---

① 王甫昌：《省籍融合的本质——一个理论和经验的探讨》，收录于《族群关系与国家认同》，业强出版社，1994 年，第 60、78 页。

② 江树生译注：《热兰遮城日志（二）》，第 500 页。例如，1646 年 2 月 28 日北部村社会议中规定原住民未得荷兰殖民者许可不得迁徙。

③ 严中平：《老殖民主义史话》，北京出版社，1984 年，第 195 页。该学者是 Peito Pomponazzi（1462～1525）的弟子。

④ 杨彦杰：《荷据时代台湾史》，联经出版社，2007 年，第 169～170 页。

⑤ L. Blusse, N. Everts & E. Frech. The Formosan Encounter Vol. I 1623～1635, pp. 158～159.

30 万盾的水平，对殖民地当局是一个比贸易稳定的收入，到了 1655 年甚至超过贸易收入，成为殖民地政府非常重要的财源。① 可以说没有汉人居民的协助，荷兰人不可能成功地将台湾建设成为一个获利的贸易基地。

美国的安德瑞德（Tonio Andrade）提出 17 世纪荷兰人和汉人"共同殖民"（Cocolonization）台湾的说法。安德瑞德的理由是东印度公司建立行政机构，提供免费土地、税捐减免和其他的补助，制服原住民，阻挡海盗，建立民政和警察机构，将台湾打造成为一个更合适的经商环境，吸引拓荒者渡海前去；汉人移民则为殖民地政府提供开荒、打渔、猎鹿、伐木、造屋、修路、劳务等，繁荣台湾的经济。东印度公司在台湾的经营为汉人统治台湾铺路。② 比利时的韩家宝（Pol Heyns）也附和"共同殖民"的说法，认为"当时的汉人不一定居于被剥削者的地位，反而可能成为该合作关系下的共同受益者"。③ 本文认为这个"共同殖民"的说法是错误的，荷据时期汉人居民明显地被荷兰人统治和受到剥削。试举几个例子说明如下：

荷据末期内地诸税收入日益重要，其中人头税是最重要的税收来源，1656 年、1657 年均占内地诸税的一半以上。④ 根据殖民政府规定，台湾居民中只有"我方辖下所有中国人"需要缴纳人头税。欧洲裔自由市民及员工眷属均不需缴纳，明显地剥削汉人居民。再如，1636 年 3 月 31 日规定："所有中国人不得拒绝公司征用舢板执勤出航；"1641 年 6 月 5 日规定："未经我方发放许可证，所有中国人均不得与任何地方、港口或海湾与本岛当地居民从事交易。"⑤ 汉人居民的婚姻也受到限制。殖民地规定，只有基督徒，或者至少需要接受基督教育，才可以跟原住

---

① 中村孝志：《荷兰时代台湾史研究（上）》，第 322～326 页。

② Tonio Andrade, How Taiwan Became Chinese-Dutch, Spanish, and Han Colonization in the Seventeenth Century, Conclusion p. 6.

③ 韩家宝（Pol Heyns）：《荷兰时代台湾的经济、土地与税务》，郑维中译，播种者文化有限公司，2002 年，第 74 页。

④ 中村孝志：《荷兰时代台湾史研究（上）》，第 319 页。

⑤ 韩家宝、郑维中译著：《荷兰时代台湾告令集、婚姻与洗礼登录簿》，第 147、160、163 页。

民妇女结婚。① 在 1650～1661 年热兰遮城的婚姻登记簿中,完全没有汉人。②

　　所谓"提供免费土地"更是谬误。荷据台湾以前,本来就有许多无主土地,可以免费开垦,荷兰人本没有台湾土地的所有权,哪里有资格提供土地给汉人。所谓"税捐减免"一说也难以令人信服,税捐是荷据台湾以后强加给汉人的,本来不需缴纳任何税捐的汉人在荷据后被迫纳税,哪里谈得上是好处。在收成不好的时期,汉人农人和承包人亏损累累,濒临破产,荷兰人减少本来不应征收的税捐,怕的是杀鸡取卵,断了日后的财源,而不是从汉人居民利益着想。

　　汉人居民也没有参政权。殖民地法令由荷兰人订立,汉人唯有遵行。以村社包税制度为例,首先,无论制度的设计、建立、实施和监督都是荷兰人一手主导,汉人没有机会参与法令制定,贡献意见,维护自己的权益。其次,荷兰东印度公司以武力压制,汉人和原住民都没有不参加村社包税制度的权利。为了在殖民地生存,汉人和原住民只有加入,让荷兰人坐享厚利。

　　由于汉人在大员和赤崁人口占绝大多数,为了管理方便,公司指定10 个左右汉人长老(Cabessa)跟汉人居民沟通。长老没有清楚的任期和职权,不是一个正式的职位,只是作为双方沟通的桥梁。③ 1644 年殖民政府指定 3 位汉人长老和 4 位荷兰人参加市政法庭审理跟汉人有关的民事小案件,是汉人在殖民地政府中担任的唯一比较正式的职位。④ 这个法庭实际组成后只有两名汉人委员 Joctaij 和 Chako。⑤ 1647 年 12 月底法庭重组,荷兰人增加为 7 人,汉人维持 2 人,为商人 Boyko 和 Lacco。⑥ 1653 年在首任地方官(Landdrost)胡格兰(Albert Hoogland)的建议下,荷兰东印度公司正式在赤崁设立一座法庭,⑦ 由

---

　　① 郑维中:《荷兰时代台湾社会》,第 346 页。

　　② 韩家宝、郑维中译著:《荷兰时代台湾告令集、婚姻与洗礼登录簿》,第 65 页。

　　③ 郑维中:《荷兰时代台湾社会》,第 258、262 页。

　　④ 村上直次郎编译:《巴达维亚城日记(二)》,郭辉中译,台北:台湾省文献委员会,1989 年再版,第 428 页。

　　⑤ 郑维中:《荷兰时代台湾社会》,第 246、249 页。

　　⑥ 江树生译注:《热兰遮城日志(二)》,第 700 页。

　　⑦ L. Blusse, N. Everts. The Formosan Encounter Vol. Ⅲ, p. 469.

两名高级市政委员会成员轮流担任法官，仍然只有两名汉人长老参加。[①] 汉人代表居于少数，只参与审理民事小案件，提供咨询意见，参与的形式意义大于实质意义。

根据以上的分析，可以说明虽然荷兰人将汉人视为重要的事业伙伴，但是荷兰人绝对处于统治者的地位，压榨汉人居民，"共同殖民"的说法完全不能成立。殖民地内歧视汉人的做法源于基督教文化。基督教主张普世的一神论，基督教是全人类唯一的真正宗教，全人类都应该接受基督信仰，因此以"我们基督徒"对"他们异教徒"的"二分法"看世界。[②] 他们的逻辑是因为"我们基督徒"比"他们异教徒"优越，因此有权享受更好的待遇；汉人是"异教徒"，没有受到神的眷顾，因此不能成为"自由市民"，不必尊重他们的权益，压榨他们为基督徒或公司谋利是合理的。这种"二分法"的世界观，反映的是荷兰殖民社会对非基督徒的宗教歧视。

八、小结

综上所述，17 世纪殖民统治下的台湾是一个不平等的社会。首先，它是一个阶级不平等的社会，统治阶层包括荷兰东印度公司员工、"自由市民"和眷属，以荷兰人为主，欧洲人占绝大多数。被统治阶层有汉人、台湾原住民和荷兰人的奴隶。其次，它是一个男女不平等的社会，女性不能出外工作，没有谋生能力，一辈子只能做男性的家属。再者，它是一个宗教不平等的社会，独尊基督教，唯有基督徒才能进入荷兰人社会。基督徒享有政治和生活上的特权，中国有自己悠长深厚的文化，没有人接受基督信仰，因此不能得到等同荷兰人的地位，只能处于被压榨和被统治的阶层。最后，它是一个种族不平等的社会，由于台湾原住民不是欧洲人，即使成为基督徒，还是不能得到等同基督徒的地位，大多数原住民仍然属于被统治阶级，受到荷兰人的重重限制。只有极少数跟荷兰人通婚，或者在荷兰家庭中成长的原住民才被接受成为"自由市民"，进入荷兰人社会。

---

① 程绍刚译注：《荷兰人在福尔摩沙 1624～1662》，"1654 年 1 月 19 日东印度事务报告"，第 394 页。

② 杭亭顿：《文明冲突与世界秩序的重建》，黄裕美译，联经出版社，1998年，第 286 页。

个体情绪与清代台湾动乱
——以乾隆四十七年彰化漳泉械斗与乾隆五十一年林爽文起义为中心

周翔鹤*

一、引言

漫长的中国封建社会中，充满了动乱。动乱的研究，成为中国史研究的重要课题。最近，黄志繁的著作《"贼""民"之间：12～18 世纪赣南地域社会》[②] 对海内外中国动乱史的研究做了一个归纳。他认为，1949 年以后，大陆对动乱的研究基本上是以阶级斗争理论为指导的农民战争模式，对历史事实产生了严重的歪曲；至于日本、美国学术界以及 1976 年以后的大陆学术界的动乱史研究，因研究内容、课题繁多，理论运用交叉，黄著无法理出清晰的线索，但基本上，国家与社会，地域社会论，国家与士绅等是比较明显的一些理论范式。黄著，我们从书名上就可以看出，他是比较倾向于地域社会论的。他认为，所谓的"动乱"，是王朝的话语，"地方动乱之所以兴起，重要的不在于阶级矛盾的激化，而在于地方社会与以'朝廷'为代表的中央王朝的矛盾"。他认为地方的动乱是常态的，"通过生态、动乱、教化、族群冲突等因素交织变化、逐渐转变为一个既有自身独特社会文化特征，又认同'正统'王朝观念的'地方社会'的过程"。地域社会论自有其独到的眼光，但从方法论的角度来说，所有的理论范式都有一个共同的特点，即，以尽可能简单的形式，来概括尽可能多的事实。农民战争模式如此，地域社会论也如此。在这样的概括中，个体特征趋向于消失，个体行为则适用

---

* 作者单位：厦门大学台湾研究院。

② 黄志繁：《"贼""民"之间》，三联书店，2006 年 11 月。

于各种理论解释，历史乃失去其生气。黄著声称采用历史人类学方法，本来我们希望历史人类学能给我们带来一些新鲜、精彩的东西，但黄著关心的是社会人类学的重要议题之一，即国家与社会（地域社会）的关系，个人仍然被遮蔽，其喜怒哀乐被淹没于历史洪流之中。

从字面上看，人类学应该是各种学科中最具人文关怀情怀的，人类学进入历史学，将给我们带来一个启示，历史研究应该具备人文情怀，应该关心群体乃至个体的情感。

笔者尤其喜欢黄著的点题——"贼""民"之间。民为何去而为"贼"呢？首先，我们要定义"贼"，何谓"贼"或贼呢？农民战争范式将史籍上记载的"盗贼"通通认定为农民起义，这样，贼就消失了。地域社会论则将"贼"定义为朝廷话语范围内的地方反乱，细细想来，与农民战争范式有异曲同工之妙，"贼"不成其为贼了。本文则认为，封建社会中，贼是有的。大约除了共产主义社会可能没有贼，其他社会都有贼，杀人放火，抢劫偷盗，掳掠妇孺，就是贼；另一方面，从朝廷话语来看，抗官反乱，也是"贼"。这两方面的贼或"贼"，本文都涉及。清代前中期的台湾尚是地多人少，土地问题不突出，[①] 阶级矛盾也不是很明显，因此，本文不涉及农民战争模式的"贼"。

清代台湾有"三年一小反，五年一大反"之称，反清抗官，分类械斗、原住民起义等是反乱的主要内容，这里的讨论主要围绕反清抗官与分类械斗，探讨这之中"贼"或贼的行为原因。具体来说，就是以乾隆四十七年彰化的漳泉械斗与乾隆五十一年的林爽文起义中的一些事实，来探讨民去而为"贼"或贼的行为过程，着重于情绪方面的原因。

彰化的漳泉械斗是清代台湾的一次大规模械斗，也是清代漳泉两籍民人第一次械斗；林爽文起义则是清代台湾最大的起义，在全国范围来讲，也算得上一个大规模的起义，另外，它也是天地会所举行的最大规模的起义，而彰化的漳泉械斗与林爽文起义之间还有一些联系。

本文仿效黄著，尝试人类学方法的运用，当然，我们今日无法做田野，但我们可以通过文献，努力对当日的"贼"与民的行为的原因，做一个主位的理解（Emic Understanding），因此，本文的方法，顶多只

---

① 清代前中期，台湾的土地问题主要体现在原住民与汉人移民之间，以"番地"问题体现出来，因本文只研究汉人移民的动乱问题，就不讨论"番地"问题了。

能称为文献人类学而已。

二、清代台湾民"做贼"的情绪因素

民为何去而"做贼"呢？穷苦、受压迫等等，都是合理的解释,[①]但并不能概括全部原因，官府的欺压榨取；民间的矛盾冲突，也能导致民"做贼"反乱，但从民到"贼"，有个过程，在这个过程中，个体与群体的情绪，比如义气、愤怒、恐惧、惊疑等等起着相当重要的作用，以下分别以两个事件来谈一下，按顺序，先说彰化的漳泉械斗。

愤怒：弗洛伊德认为，本我与愤怒，是人类最难控制的情绪。动乱有时并无明显前奏，愤怒情绪，一触即发，即可形成动乱；动乱之中，到处充满暴力，暴力产生愤怒，愤怒又增进了暴力。清代台湾的动乱，无论是抗官起事或分类械斗，都充满着愤怒。

乾隆四十七年的漳泉械斗起于命案，八月二十三日（本文的日期均取农历）泉州籍民人廖老在刺桐脚庄与漳州府南靖籍黄叫因赌博争闹，被黄叫的堂侄黄璇等人砍死。虽然廖老的亲属投保报官，但彰化知县焦长发未能立即捕获凶手，廖老的亲属、族人等不满，廖诏等遂借口住房位于廖老被打死地点的赖邱氏未加救护为由，对其家进行抢劫，并波及其他漳人。赖邱氏等"赴县呈控",[②] 此时如果官府处置得宜，事态尚可控制，但知县焦长发至一个月后的九月二十二日方将凶手黄璇等捉获，其间"（因）未获正凶，泉民寻衅较闹，漳民亦复会众帮护，二比成仇，互相拦抢"。[③] 事后官方认为廖老家属、族人"藉命生事"。平心而论，死者家属有怨气是难免的，有人藉此闹事亦并非不可能（廖诏并非死者家属，只是廖姓族人而已），此时唯有官方调护得宜，方能无事。但看来知县焦长发没有做到这一点，于是，泉籍民人因人命案而愤怒，漳籍民人因被抢而愤怒，双方的愤怒情绪不断增长，而领头人的愤怒对于械斗将起决定性作用。泉州籍的谢笑（又名谢凑）就是这样一个领头人物。"（八月）二十八日，三块厝庄漳人欲纠大里杙漳人抢杀番子沟各

---

① 清代台湾不乏因穷苦而"做贼"的反乱，譬如吴福生、黄教等游民作乱均可归于这类动乱。

② 乾隆四十八年九月十二日，福建巡抚雅德奏疏。《清宫中档台湾史料》第八册，第585～587页。

③ 乾隆四十八年四月二十九日，福建水师提督黄仕简、按察使衔台湾道杨廷桦奏疏。《清宫中档台湾史料》第八册，第527页。

（泉州）庄，声言遇见泉人尽欲杀死。有泉民吴成虑被抢杀，预筹防御，将前情向谢笑告知，并与商议。该犯（谢笑）闻言气忿，倡议写备传帖与吴成、施卿、苏奇、林兴等，知会附近番子沟各庄，纠约泉民帮助抵敌。二十九日，漳人聚众往斗，焚烧泉民番子沟，泉民出御，互有杀伤。各庄泉民心怀不甘，谢笑复纠庄众于三十日前往械斗，焚杀漳民马芝麟、大肚等庄，亦互有杀伤。谢笑意图报复泄忿，诋漳人愈不肯依，益谋纠斗。"① 谢笑其实只是一时愤怒，过了两三天，在八月底见事情闹大，就心怀畏惧，躲回原籍晋江，此时双方愤怒情绪发展至顶端，械斗全面展开，事态完全无法控制，彰化、诸罗两地从此陷入两三个月的大规模械斗之中。事后谢笑作为泉州籍的械斗首犯被抄家斩首，家属也被缘坐。谢笑为呈一时之忿，代价是沉重的，而漳泉双方许多人参与械斗，未免也不是出于愤怒。

恐惧：恐惧将导致人们的行为反常，并往往通向暴力。漳泉械斗全面爆发后，八月底至九月底的一个月内，彰化县境内被泉州人攻抢的漳州庄共计 81 庄，被漳州人攻抢的泉州庄共计 111 庄。诸罗县也分别各有数十、上百的漳庄、泉庄被互相攻打、焚抢。② "漳、泉各庄，或焚抢杀人，或逞凶掳掠，或截留妇孺，或奸占妇女。无赖棍徒，乘机附和，藉端滋事。"③ 一般老百姓处于这种环境中，惶惶然不可终日，或者奔赴县城躲避，或者小庄居民避入到大庄。台湾镇总兵金蟾在赴彰化办理械斗的途中，见到"途次有男妇老幼接踵而来，询因漳泉庄民械斗，流匪乘机焚抢，自北而南延及诸罗县境，民心惊惶，纷纷逃避。行至下茄冬庄，查知该地左近村庄间有被焚"。④ 在这样的动乱中，不法之徒乘机造谣，焚抢，金蟾说："查漳泉庄民械斗，皆出匪类酿祸。昼则布散流言煽惑人心，夜则乘间放火，于漳庄诈为泉人，于泉庄诈为漳

---

① 乾隆四十七年十二月二十八日，福建巡抚雅德奏疏。《清宫中档台湾史料》第八册，第 423 页。

② 黄仕简、杨廷桦："奏为辩明彰化漳泉匪民分类效尤纠众攻庄焚抢杀命拏获首伙要犯分别究办恭汇总"，《清宫中档台湾史料》第八册，第 527 页；（以下简称"汇总折"）"奏为辩明诸罗漳泉匪民分类效尤纠众攻庄焚抢杀命先后拏获首伙分别究办汇总"，《清宫中档台湾史料》第八册，第 538 页。

③ 庄吉发：《清代台湾会党史研究》，第 130～131 页。

④ "署闽浙总督福长安等为报诸罗漳泉民人械斗及查办情形奏折"，载《历史档案》1996 年第 1 期。

人。庄民见火心慌，小庄避入大庄，大庄互为报复，以致滋蔓两邑。"① 惊恐之余，遂出现了报复，仇杀等等暴力行为，如诸罗埤堵庄庄民罗安"见漳庄被泉众焚杀日甚，心怀不忿，倡首纠众，邀集山仔门、枋仔岸等共十九庄，招翁三才、卢强等及自往附和者，首伙共三十五名，自十月初四起至十六日止，……共攻过鹿仔草、双廊等二十二庄"。②

诸罗笨港的械斗，可以说，惊惧，在其中起了很大的作用。赴台湾镇压械斗的福建水师提督黄仕简以及按察使衔台湾道杨廷桦在奏折中说"（漳泉）二比各不相下，纠众焚抢杀命。九月中延及诸罗，至流匪乘机造谣，遇漳人则称漳之住彰者被泉人焚抢殆尽，过泉人又称泉之在彰者遭漳人残杀无遗。以致各有戒心，小庄居民多有逃依大庄。诸邑笨港之南北二港，南漳北泉，而南港商民鳞集，为诸邑巨镇。（两港民人）皆怀疑惧，两港乡耆集众汇和，南港遂不为备。讵有泉匪吴妹，革生施斌，在北港张俊家言及泉人在彰被漳民残虐太甚，又以南港素强，虑其先发，起意纠众先攻南港，乘众连攻漳庄，可代泉人泄愤报复。……吴妹密招附近南港泉人张宁、陈林、何扬等十四人，先在南港放火内应，……吴妹、施斌等见火起，骑马率众，各持凶械，拥过南港，漳众惊散，匪徒乘机抢掠银钱物件"。③ 从此开始，诸罗在恐惧，惊惶，愤怒，仇恨中，延续了一个多月的械斗，漳泉两籍民众遭受了巨大的损失。

恐惧可能导致一些平常不可思议的行为，清军把总林审被杀，就是一个极端的例子。乾隆四十七年九月九日，泉州庄快官庄人听说大里杙人要来攻庄，正集合众人守护，正好把总林审带领十名兵丁赴汛地经过，庄民张主忠带领其他人拦住林审的马首，跪请林审留住以图保庄。林审留在快官庄后，张主忠等人设宴款待，将其安排在张监的书房内住宿，由郑全陪同。郑全在与林审的谈话中问及林审的乡贯，林审因快官庄是泉州庄，遂说自己是泉人，④ 郑全听其声似漳州音，遂对林审产生怀疑，并告诉张主忠。张主忠即指林审为大里杙的漳人奸细，假冒兵弁来打探消息，遂将林审监禁。林审出逃，正在与他人商讨保庄的张主忠

① "署闽浙总督福长安等为报诸罗漳泉民人械斗及查办情形奏折"，载《历史档案》1996 年第 1 期。
② 黄仕简、杨廷桦、"诸罗汇总折"，《清宫中档台湾史料》第八册，第 540 页。
③ 黄仕简、杨廷桦、"诸罗汇总折"，《清宫中档台湾史料》第八册，第 539 页。
④ 林审是漳人，而敢冒充泉人（虽然后来被识破），是一件奇怪而值得注意的事。一个可能是林审祖籍地是漳泉交界的双语区，另一个可能是，经过一百多年的错居，台湾的"漳泉滥"口音已初步形成。

与郑全等不顾他人劝阻，将林审杀死。事后得知林审确系把总，郑全等人惊惶失措，携眷出逃，张主忠则烧庄并出逃。漳泉械斗平息后，张主忠被凌迟、郑全等人被斩决，并连累许多人及家属，或被正法，或被发配吉林、黑龙江为奴。①

纵观整个事件，张主忠等，先则跪留林审保庄，后则怀疑妄杀，事后又烧庄、出逃，举动失措，显系在巨大的恐惧中思维混乱，导致行为乖张。快官庄距离大里杙不远，大里杙有两三千丁壮，是械斗中漳人的主力，快官庄的泉人害怕，而张主忠等人则从保庄的动机出发，沦为罪同"谋大逆"的凶匪。

从众：从众是一种常见的行为，在一个混乱的环境中，个体难以冷静地思维、判断，在愤怒、恐惧、讲义气等情绪的作用下，从众就成了一种普遍的选择，促进了动乱。无论是在分类械斗中，或起义中，从众都起了重大的作用。上述吴妹攻打笨港之南港漳人，吴妹、施斌、张俊"共招北港，又各招本庄、邻庄泉人林里、颜允等及自往附和并被胁同行计首伙一百六十名"，而鹿仔草泉人柯爽则"效尤"，"纠集鹿仔草许厝蓉等二十八庄······及自往、附和并听招未往计首伙共五十二名"，去焚抢漳庄。黄仕简、杨廷桦认为漳泉械斗中，两方均是"辗转相约，互相攻庄"的，这其中包含了许多从众的行为。

彰化的漳泉械斗是清代台湾重大的械斗之一，清人与今人，都试图解释清代台湾分类械斗的成因。清人认为：一、地方官因循玩忽，办事不公；二、游手匪徒煽惑酿成；三、连堘争水，强割占耕；四、各分气类，积不相能，宿仇不解，积怨已深；等等。今人则认为：一、吏治不修和营伍废弛；二、清廷的分化政策；三、经济利益冲突；四、同乡意识；等等。② 彰化的械斗，与上述解释扯得上的大约是第一点和第二点——地方官因循玩忽以及械斗发生后游手匪徒煽惑。械斗之起因在于突发的命案，而知县焦长发处置不得当引发了械斗，事后清廷以"贻误海疆"的罪名将焦长发斩首。每一个历史事件最终都能够得到解释，但历史学除了解释，还应当体会，体会当时的情景，当时各方的情感等等。彰化械斗因地方官处置命案不得当，泉人愤怒；泉人愤怒而抢劫漳人，

① 黄仕简、杨廷桦："奏为全获杀弁匪凶分别究拟折"，《清宫中档台湾史料》第八册，第487～489页。
② 陈孔立：《清代台湾移民社会研究》，九州出版社，2003年8月，第375页。

漳人也愤怒；双方愤怒升级并延伸，爆发械斗。在械斗爆发到全面升级的过程中，并非不存在消弭或控制的机会。实际上，在此之前官方并非没有成功地消弭械斗的事例。乾隆三十三年，黄教作乱时，发生了闽粤械斗事件，与黄教事件纠缠在一起。当年十二月初，领兵增援台湾镇压黄教之乱的福建水师提督吴必达奏报南路闽粤庄民互相焚杀，而福建巡抚接台湾地方官的禀报，也称"凤山县南路，闽粤居民相错，素有仇隙。此番黄教谋逆，粤庄管事召募乡民防守，称为义民。闽民因其加以不义之名，各怀积愤互相构衅。十一月二十五日，闽民柯有方分赴水师提臣暨道衙门控告，现已派委文武驰赴安抚，并确查严究"。① 十二月十二日，黄教攻打槺仔脚粤庄，其借口就是为闽民复仇，但幸而没有挑起大规模的闽粤械斗。南路自罗汉门起，至水底寮止，闽粤村庄相错相连，绵亘一百余里，倘械斗蔓延，后果不堪设想，因此，吴必达及台湾地方官均不敢怠慢，传齐闽粤双方的"老人"，进行劝解、安抚，虽然双方积怨极深，"或见官至则止，官去仍生衅端；或见官劝谕，则引过于不肖子弟，窥其意不肯遽息。"双方均有"党众焚抢"的事情。械斗与起事（起义）事件纠缠，或起义、械斗、"番变"、盗匪等各种事件的互相纠缠，是清代台湾社会的一个特征。但这一次，在官方反复的劝解与严密的防备之下，终究没有演变成大规模的械斗事件。彰化漳泉械斗时，台湾知府苏泰亦曾出示劝和，"该庄民亦有悔罪具结求息者，"② 但乾隆认为"苏泰罔顾大体，姑息养奸，尤非寻常玩延贻误者可比"，虽然苏泰辩称"出示谕和，意在先事宁息，后严缉捕"，但最后苏泰还是因劝和被革职拿解刑部治罪。

　　一个社会，发生群体性的愤怒并非罕见的事情，关键在于当局如何处理。能消解群体性的怒火，安宁社会，方为上上。在彰化的漳泉械斗中，清廷与地方官均未做到这一点，最后，从福建派大军赴台镇压，虽最终将械斗双方镇压了下去，但漳泉双方均死伤惨重，并且也留下了后遗症，两三年后，彰化爆发林爽文起义，与漳泉械斗不无瓜葛。

　　下面来说林爽文起义的事情。

---

　　① 《台案会录己集》"福建巡抚鄂宁奏，乾隆三十三年十二月初十日"，台湾文献丛刊，第 191 种，第 66 页。
　　② "福建水师提督黄仕简等为遵旨查明苏泰确曾出示劝和已咨督抚题参事奏折"，《历史档案》1996 年第 1 期。

关于起义原因的辨析：漳泉械斗后四年，乾隆五十一年，彰化又爆发林爽文事件，几乎席卷全台（淡水的响应立即被镇压），是清代台湾最大规模的起义。清廷先后派遣了福建、广东、广西、四川、浙江、湖南、贵州七省十余万兵力，在乾隆五十三年年底才将起义镇压下去。为何乾隆盛世时会发生这么大规模的一个起义呢？按照农民战争范式，其原因必定是土地问题。蔡少卿引用连横《台湾通史》所载，称"其时有王世杰、施世榜、张振万、吴洛、林成祖、胡焯猷，都占田千余甲、数千甲，拥资巨万，年收租上万、甚至十数万石"，说明当时台湾土地"大半被地主官绅霸占，农民很少占有土地。广大劳苦农民不得不成为雇农和佃农忍受苛重的地租赋税剥削"。① 这种说法是对当时台湾土地问题的不了解，清代台湾的土地问题是比较特殊的。从康熙后期到乾隆中期，台湾中部、北部的平地得到开发，（彰化位于中部平地）其所采取的模式是由拥有大量资金的人（其中许多是合股）向地方政府请垦大片荒地，并出资兴修水利，成为垦户，而佃户则向垦户瞨耕一小块土地（一般是五、六甲），并自己负担牛、犁、种子等，进行开垦。开垦成功后，佃户每甲田交纳八石大租给垦户（开垦成功后，垦户成为业户）。彰化一带"一年两熟，约计一甲可产稻谷四五十石至七八十石，丰稔之年，上田可收百余石"。② 佃户每甲交纳八石租谷后，所余甚丰，境况很好。后来，佃户将土地再租给现耕佃人，每甲收取二三十石的小租，成为小租主。现今所见最早的现耕佃人向小租主租种土地的"瞨耕字"出现于嘉庆年间，可见，一直到乾隆末，汉人移民内部尚未出现土地问题。③

林爽文起义并不是土地兼并引发的，那么，是什么原因引发这次大规模的起义呢？另一种看法认为是贪官污吏的欺压导致的，因为"秘密会党是下层群众，包括农民、手工业者，以及由破产农民、失业手工业

---

① 蔡少卿：《中国近代会党史研究》增订版，中国人民大学出版社，2009 年9 月，第 53 页。

② 《钦定平定台湾纪略》卷六十五。

③ 康雍乾年间台湾的土地问题存在于汉人移民与平埔族之间，即所谓的"番地"问题。因"番地"问题，平埔族有多次起事。本文不涉及"番地"问题。蔡少卿第一个用档案资料研究天地会，林爽文起义作为天地会最大的起义必定要进入研究范围，而在 20 世纪 60 年代，只有农民战争范式可资利用，而农民战争范式是以土地问题为基础的。20 世纪 60 年代，由于两岸隔绝，在大陆难以看到清代台湾土地问题的相关资料。

者转化来的雇佣劳动者、小商小贩和无业游民（在台湾称罗汉脚）自发组成的社会组织。……最妨碍他们生存与发展的是官府的压迫和贪官污吏的勒索"。①秦宝琦引用清代档案资料记载，台湾镇总兵柴大纪在林爽文起义爆发的前两年时间里就贪污白银五万两，台湾知府孙景燧、诸罗知县唐镒等等也多贪婪。乾隆本人得出结论说当时在台湾的官吏"（皆）贪其土地丰饶，不以涉险为虞，转以得调为幸。而督抚亦不问其才具如何，率多用其私人。此辈莅任后，利欲熏心，遂置地方公事于不问，更或听断徇私，侵蚀任意，小民无可告诉"。又说"此等劣员到台湾，若无所津益，何以视为美缺？而其津益非取之商民，从何而得"？②确实，清廷与乾隆本人一直考虑林爽文事件是不是因某些官员贪腐所激变，并谕示调查。林爽文起义被镇压后，在清廷对于死难地方官的处理中，海防同知刘亨基骂贼被杀、其家十三口死于贼，其女投水自尽，非但没有享受到清廷的抚恤，还被抄家；③台湾府知府孙景燧、台湾县知县程峻、台防同知署诸罗县事董启埏、署诸罗唐镒等遭遇相同，都是因为为官声名狼藉。台湾镇总兵柴大纪，因坚守诸罗而屡受乾隆的奖叙与封赏，后来却被指责为狡诈退缩、骩法营私，贪婪激变，酿成大案而被抄家斩首，其重要原因乃是指柴大纪废弛营伍，纵容营兵在外贸易，收受陋规贿赂，脏私盈千累万。本来，清人曾有言，吏治至福建、台湾而极坏，清代台湾职官贪腐者不少，康熙年间朱一贵起义，就是知府王珍及其儿子贪婪直接激起的，朱一贵起义失败被俘，在被问及为何起义时，即直指王郡贪腐激变，乾隆的怀疑确实事出有因。然而，对被解送到京师的天地会要犯的审问，却很难证实乾隆的怀疑。乾隆五十二年七月初，和珅在审问廖冬等四人时，对廖冬说："地方官平时做官，究竟有无刻薄激变之处，你断无不知，详晰供来。"廖冬的回答是："这地方官如何刻薄百姓，我身充衙役时，常服侍本官，是最知道的，却并不曾见有什么刻薄的事。如何激成这事，我实在不知道，不敢谎供。"问阮赞道："至你们地方官平日有无刻薄你们之处，亦从实说来。"阮赞答道："至我那里的地方官都是好的，并没有刻薄我们处，如何敢诬赖

---

① 秦宝琦：《中国地下社会》"第一卷清前期秘密社会"，学苑出版社，2009年6月，第461页。

② 秦宝琦：《中国地下社会》"第一卷清前期秘密社会"，学苑出版社，2009年6月，第463页。

③ 据连横《台湾通史》，清廷后来曾饬建牌坊以旌表刘亨基之女。

他?"胡番对这问题的回答则是:"就是地方官,若有刻薄百姓的事,我系衙门书办,岂有不知道的?我细细想来,这诸罗县官府,实在并不见有刻薄招冤的事。所供是实。"连清水的回答则是:"至我平日,就在凤山县衙门口测字,知县汤太爷待百姓是极好的。我素所知道,不敢诬赖,是实。"① 林爽文起义被镇压后,大学士阿桂审问刘怀清等人,问刘怀清道:"你供林爽文借天地会名色,招聚贼匪,被俞知县查拿,以致拘捕杀官,究竟当时地方文武官员,是否另有贪劣激变情事,你在彰化县充当书办多年,再无不知道的。据实供来。"刘怀清答道:"至彰化俞知县,到任未久,虽无好处,亦无别项劣迹。且林爽文不过窝贼匪徒,并非殷实富户,地方官亦无从有勒逼银钱之事。台湾道府,亦并无不好声名。惟前署彰化县知县刘亨基,声名操守平常。凡地方上有赌博打架等案,俱要勒索银钱,这是我晓得的。至武职营官,管辖营伍,我未能深知,亦未听见有勒索激变之事。其诸罗、凤山二县,系属隔邑,地方官好否,我更不能知道,不敢妄供,是实。"② 至于直接领导天地会起事的林爽文、陈传、林水返、林领等人的供词,都推说地方官的不好,他们都是听说的。陈传供"至台湾同知刘亨基,他向百姓要钱,这是我听得人说的"。林领供"台湾孙知府,他开造户口册籍,每户俱要几块番钱。刘同知丈量地亩,每亩也要几块番钱,这是我听得人说的"。③ 林爽文则供说:"我住在彰化地方,那俞知县我听得人常抱怨他,至他因何被人抱怨之处,我实在不知道。"④ 就天地会要犯的供词来看,刘亨基是最贪腐的,但也不是直接激变林爽文起事的原因,与朱一贵不同,林爽文等人,均未认同地方官的贪腐是他们起事的原因。清廷要找替罪羊,贪腐的官吏是最适合不过的了。刘亨基等人确实贪腐,但他们不是引发起义的原因。起义,是因为一些人的怒火引发的,清廷和地方官府在搜捕会党的过程中,造成并引发了怒火。

林爽文起事之前官府捉拿会党的行为:天地会是清代最大的会党之一,但在天地会之前,闽台就存在结会之情况。康雍乾年间,台湾异姓

---

① "大学士和珅奏审讯廖冬等情片",《天地会》第三册,第5~7页。
② "大学士阿桂等奏对蒋挺等刑讯片",《天地会》第四册,第346页。
③ 这一条被秦宝琦认为是义军首领受审时的控诉,但林领则说是听人说的,并非身受其害,难以说是起义的原因。
④ "大学士阿桂等奏遵旨向林爽文等讯问台湾地方官情形片",《天地会》第四册,第400~401页。

结拜兄弟、结会等等盛行。早在顺治年间，大陆就有异姓结拜的事情，有些是为了互助或抗暴，有些则是以反清复明相号召。雍正年间，异姓结拜组织向秘密会党转化，雍正、乾隆年间，清廷加强了对异姓结拜、结会树党的刑罚。[①] 清初的台湾，作为一个移垦型的社会，异姓结拜盛行有其客观的背景；而移民的祖籍地闽粤两省是秘密会党盛行的地区，因此，康雍乾年间，台湾的异姓结拜与会党活动频繁，康熙三十五年，吴球在诸罗聚众结盟，谋起事；康熙四十年，刘却又在诸罗"歃血结盟"起事，后兵败逃亡；而朱一贵等大规模起义，一般也先结盟、后起事。康雍年间，台湾又盛行异姓结拜的父母会，清廷曾抓获多起父母会的人员。除了父母会，还有一些因事结会的案例，《诸罗县志》记康熙年间的情况时，说"……尚结盟，不拘年齿，推有能力者为大哥，一年少者殿后，曰尾弟。歃血而盟，相称以行次，家之妇女亦伯叔称之，出入不相避……。近设禁甚严，其风稍戢"。[②] 清廷对结拜防备甚严，凡歃血结盟、焚表均以谋逆论，"定例，异姓歃血定盟，不分人之多寡，照谋叛未行律，为首者拟绞监候，秋后处决，为从者杖一百，流三千里。"雍正年间，台湾地方官抓获多起结拜及组织父母会者。雍正四年五月初五日，诸罗县莲池潭地方的蔡荫、陈卯、林宝、杨派、田妹、廖诚、周变、周添、曾文道、吴结、林元、黄富、董法等十三人拜把结盟（未歃血沥酒），结拜父母会，公推蔡荫为大哥，后来又陆续招得把人入会，并于三月十八日注生娘娘生日当天结拜父母会，后被破获；雍正六年正月十三日，诸罗县茇子林地方，以陈斌、汤完为首，纠约赖妹、阿义、王马四、陈岳、魏迎、魏祖生、方结、吴灶、张寿、吴科、黄富、许亮、黄赞、蔡祖、朱宝、林生、林仁、阿抱、林茂、鬼里长、苏老兴等二十三人歃血沥酒，拜把结盟，结拜异姓兄弟，并准备择日再结拜父母会，但尚未结拜父母会就被破获。因会中并无器械，为首的蔡荫被杖一百，成员都被逐水，交原籍禁管安插。[③] 其实，父母会仅是民间的一

---

① 关于顺、康、雍、乾年间民间异姓结拜及秘密会党的活动及清廷的相应措施，参阅秦宝琦《中国地下社会》"第一卷清前期秘密社会会党篇第一章顺治、康熙年间的异姓结拜组织；第二章雍正年间的异姓结拜组织及其向秘密会党转化；第三章乾隆前半期的秘密会党与清廷的治理对策"。学苑出版社，2009年6月，第358~385页。

② 周钟瑄：《诸罗县志》。

③ 《宫中档雍正朝奏折》，第11辑，转引自庄吉发《清代台湾会党史研究》，南天书局，1999年，第81~83页。

种互助组织，其成员在被抓获后供述"陈斌在汤完家起意招人结父母会，每人出银一两拜盟，如有父母老了（按：老了，闽南语，即死了。）彼此帮助"。这种组织一直存续到近代。①但清廷对任何民间组织都严加防范，福建总督高其倬说："福建风气，向日有铁鞭等会，拜把结盟，奸棍相党，生事害人。后因在严禁，且铁鞭等名骇人耳目，遂改为父母会，乃其奸巧之处。"②高其倬固然是信口开河，但闽台一带，结会形式屡禁不止，乾隆年间，台湾乃有小刀会，与绿营兵丁对抗，且有添弟会、雷公会等，与后来的林爽文起事大有瓜葛。

乾嘉年间，绿营武备废弛，许多兵丁久染恶习，台湾绿营也不例外。清人说："台湾多漳、泉民，漳、泉兵，至非姻亲即同乡，土音相近，声气相通。其上者操练暇日，仍业工商，其次或开小典，或重利放债，即违禁非法，获利倍蓰者，靡所不为。"③台湾绿营既军纪败坏，与民争利，乃经常与民人发生纠纷，欺负百姓。乾隆三十七年正月，绿营兵丁强买、殴打卖槟榔的林达，林达愤怒，遂纠约林六、林水、林全、王锦、叶辨、陈宙、林掌、杨奇、吴照、卢佛、卢骞、林豹、李水、陈倪、李学、林贵、许攀等组织小刀会，随身携带小刀，与兵丁相抗。因他们敢于与兵丁对抗，又被人称为王爷会。④之后，彰化一带民人纷纷仿效，组织小刀会，乾隆三十八年，有林阿骞等五六人结拜小刀会；乾隆三十九年以后，又有陈缠，冯报等结拜小刀会。因官府严禁，小刀会一度收敛，但乾隆后期，兵民斗殴，小刀会乃又抬头。清廷及地方官府均认识到绿营兵丁激起小刀会的缘故，"查台湾一府，地居海中，番民杂处，是以多设兵丁，以资弹压。乃兵丁等反结伙肆横，凌辱民人，强买强卖，打毁房屋，甚至放枪凶斗，以至该处居民，畏其强暴，相约结会，各持小刀，计图抵制，是十余年来小刀会之举，皆系兵丁激成。"⑤官府对斗殴的双方均予严惩，小刀会乃未酿成更大的事端。后来，小刀会的主要成员积极参与彰化的漳泉械斗，被抓获后，或被斩

---

① 日据初期，当局的台湾旧惯调查会对父母会有详细的调查，记录在《台湾私法》中。

② 《官中档雍正朝奏折》，第 11 辑。

③ 陈盛绍《问俗录》，书目文献出版社，1983 年 12 月，第 134 页。

④ 乾隆四十九年四月二十九日，福建水师提督黄仕简奏折，《官中档乾隆朝奏折》第 55 辑，第 859 页。

⑤ 乾隆四十八年七月初一日，多罗质郡王永瑢奏折录副。转引自庄吉发《清代台湾会党史研究》，第 98 页。

首，或被发配伊犁等地充军。①

除了兵丁激起的小刀会，还有因事结拜的各种结会。诸罗地方的添弟会与雷公会事件是乾隆后期的一个大案，该案斩首枭示数十人，起因却是家庭经济纠纷，此案后来与林爽文起事有直接的关系。

乾隆五十一年间，诸罗县九芎林地方的捐职州同杨文麟家道殷实，有一个亲生儿子杨妈世，为监生；又有一个螟蛉子杨光勋，为捐贡生。杨文麟溺爱亲生子杨妈世，让螟蛉子杨光勋另住在相隔数里的石溜班，每年给一定数量的银子、谷子，杨光勋不敷花销。父子、兄弟之间经常为家产之事吵闹。乾隆五十一年六月二十九日，杨光勋纠约数人到杨文麟卧室搬取财物，被杨妈世率人赶走。杨光勋遂起意结会，准备秋收时聚众抢割稻谷。其所结之会取"弟兄日添，则争斗必胜"之意，名为添弟会，并设立会簿，登记先后入会者的姓名。杨光勋给入会者每人银元一元，并答应抢割稻谷后，再分给银米。立会后一个月间，即有七十五人入会，加上杨光勋本人，添弟会共有七十六人。杨妈世听说杨光勋结会后，也结会对抗，以杨光勋凶恶不肖，必被雷劈，其所结的会乃起名雷公会，包括杨妈世本人，雷公会共有二十五人。杨文麟见势不好，遂赴县首告杨光勋结会，杨光勋也讦告杨妈世结会。官府添弟会、雷公会都抓，乾隆五十一年闰七月初四日，兼摄诸罗知县董启埏、北路协左营守备郝辉龙领兵到九芎林、石溜班，抓捕到杨文麟，杨妈世及加入添弟会、雷公会的人员共十四人。闰七月初七日，又抓获加入添弟会的张烈，由石溜班把总陈和领兵四名，解送张烈。杨光勋等人遂决定劫囚。杨光勋率添弟会成员四十七人，乘兵丁在斗六门一家饭店歇息时，先在饭店后放火，然后乘乱劫囚。把总陈和率兵丁抵御，但寡不敌众，把总陈和与三名兵丁被杀，一名兵丁逃脱，张烈被添弟会劫走，乃酿成大案。斗六门汛（这是个大汛）把总陈国忠闻讯后，即率领兵役救援。杨光勋率添弟会抵抗，打死巡检家丁一人。把总陈国忠遂令施放鸟枪，打死添弟会八人，伤十五人，杨光勋遂率众撤退，因天黑夜雨，官兵只抓

---

① 乾隆四十八年四月二十九日，福建水师提督黄仕简与按察使衔台湾道杨廷桦审拟彰化械斗案时，将参与械斗，并攻庄焚杀的小刀会成员林达、林阿骞等斩决，而成员黄添等因是挑起械斗的主犯，在抓获时就立即斩首，为首结拜小刀会的林文韬等人审拟遣送伊犁等处给种地兵丁为奴，参与者发配云贵两广极边烟瘴充军；激起小刀会及用刀剜瞎人眼的兵丁杨祐、曾笃、吴成等遣送伊犁等处给种地兵丁为奴。乾隆本人认为杨祐等剜人眼，凶横已极，且激起小刀会，改拟处绞，黄仕简、杨廷桦等以"轻纵"之过，交部议处。后来吴成、杨祐、曾笃等人被斩立决。

获添弟会成员两人。台湾各级官府闻报后，不敢怠慢，几日间，兼摄诸罗知县董启埏、北路协右营守备郝辉龙、北路协副将赫生额、台湾镇总兵官柴大纪、台湾道永福、台湾府知府孙景燧、镇标中营游击耿世文纷纷带兵赶赴诸罗，分头捉拿，根据在杨光勋家搜查到的会簿，捉拿到添弟会成员二十五人，又捉拿到雷公会成员十一人，先后共抓到添弟会、雷公会成员五十三人。添弟会、雷公会成员基本上都被抓获。经台湾镇、道审拟，据"律载谋叛不分首从皆斩，其拒敌官兵者，以谋叛已行论"。先后将为首结会的杨光勋及劫囚的添弟会重犯二十八名斩首示众；又按"例载闽省人结会树党，不论人数多寡，为首者照凶恶棍徒例，发云贵两广极边烟瘴充军，为从减一等"，将添弟会成员二十五人，雷公会成员二十四人从重发极边充军；杨妈世为首结会，从重改发伊犁充当苦差，杨文麟发云贵两广烟瘴稍轻地方，交地方官管束，家产入官；杨文麟、杨妈世、杨光勋所捐功名缴销。但张烈、蔡福等五个添弟会成员逃脱。添弟会、雷公会一案案情重大，地方官报至朝廷，乾隆严谕捉拿。

官府乱拿会党引发愤怒：就乾隆五十一年的情况而言，地方官与朝廷仅知台湾有异姓结拜的父母会，与绿营兵丁对抗的小刀会（王爷会），以及酿成大案的添弟会、雷公会等等，其实此时天地会已经在台湾传播，清廷则尚不知道有天地会这一回事。地方官仅觉得会党活动纷纷，乃严厉抓捕。地方官打探到添弟会劫囚要犯张烈、赖荣、蔡福、叶省、张员等五人逃入大里杙。十一月初七日，台湾镇总兵柴大纪巡阅各营，行抵彰化，副将赫昇额与知县俞峻向其禀报会党作乱情形，请求派拨官军前往捉拿，柴大纪称回府城调兵，十一月十六日，派游击耿世文、台湾知府孙景燧领兵三百，与副将赫昇额等会合，孙景燧驻彰化县城，耿世文则与赫昇额、俞峻等带领兵壮前往距离大里杙六里地的大墩地方扎营。除了捉拿添弟会要犯，因林爽文"做贼"，"窝贼"，名声在外，官府早就要捉拿他，"文武官都要拿林爽文究治"。[1] 刚上任不久的彰化县知县俞峻对会党及林爽文等匪犯嫌疑人主张严办急治，[2] 乃令大里杙庄民献出添弟会劫囚要犯及林爽文正身，扬言如敢违抗，即烧庄剿洗。仔

---

[1] "大学士和珅等奏呈林家齐供词片"，《天地会》第二册，第204页。

[2] 俞峻的前任焦长发因对命案处理不及时，引发彰化漳泉大械斗，以"贻误海疆重地"之罪名被处斩，这对俞峻不能说没有压力。

细观察官兵的行为，其实是色厉内荏，三四百武装官兵，明知大里杙庄收留劫囚要犯，还有他们要抓的林爽文，却不敢进入庄内抓人，只敢在庄外叫嚣威胁。这一方面当然也是因为大里杙族大丁多，素来强横，另一方面也表明官兵的怯懦，而怯懦者手中的利器往往将引发事端，在这里，利器是官兵手中的权力，他们既怯懦而又为所欲为。大里杙（今台中大里市）是彰化山中一块广阔的平地，早年，漳州府平和县人林恪率领族人在这里开垦，大里杙成为一块富饶的土地，林姓也发展成族大丁多的地方大姓，据说有两三千壮丁。福建水师提督黄仕简在平息彰化漳泉械斗后的奏折里说"大里杙漳庄林姓族大丁多，素属强悍，乡里侧目，住近山脚，分为三庄"。乾隆四十五年三月，有大里杙庄人在内山被杀，该庄怀疑是岸里社熟番所为，林士慊遂率领大里杙等四庄数百人围攻阿里史社，社番四散逃命，岸里社总通事从县告到府，而官府竟然不敢管，彰化县与北路理番同知乃各出银元抚恤番社了事。而漳泉械斗中，大里杙人也成为漳人的主力。大里杙外部形势险要，外人难以进入，唯知大里杙林姓一族富足强大而已。当然，大里杙庄人也不敢公然与官兵对抗，他们将林爽文藏于后山畚箕湖，献出五名"会匪"，希图了事。这五名"会匪"中没有添弟会劫囚要犯张烈、蔡福等人。知县俞峻当场杖杀两人，其他三人解到彰化县关押，仍然要抓林爽文等人。在未捉到林爽文的情况下，乃放火烧庄，其中林泮房屋被烧，愤怒异常，纠合一百多人，到后山找林爽文，坚决要造反。事后林爽文在供认起事原因时说："只因地方官查拿天地会的人，不论好歹，纷纷乱拿，我们实在怨恨他。"其中，林泮因房屋被烧，是最愤怒的。杨振国（杨咏）的供词说："今因彰化文武官同到大墩围拏林爽文并杨光勋案内逸犯，还说要放火烧庄，林爽文才起意纠集多人，劫了大墩营盘。"[1] 杨振国因卖放林爽文，在事发之前就被知县俞峻关押在彰化狱中，虽然他后来参加起义，但对于起义爆发的具体情况并不是很清楚的，对于林泮等人的情况不了解，而把引起起义的怒火归在林爽文身上，但可以说，愤怒，是林爽文起义的直接原因。

林爽文在大里杙后山竖旗起事，立即就有一千多人起而响应，这其中大部分当是大里杙庄民，为什么大里杙庄民纷纷起而响应呢？这和他们在漳泉械斗后受到的严厉镇压当有关系。在械斗事后的审理中，黄仕

---

① "闽浙总督常青奏杨振国供天地会片"，《天地会》，第一册，第64页。

简、杨廷桦认为泉州人番仔沟庄的谢笑（谢凑）为"泉匪"之首，处斩立决，家眷缘坐，财产入官。黄仕简、杨廷桦又认为，在械斗中，大里杙庄的林士慊率大里杙人"共计攻过口庄、秀水庄、鹿仔港等处九十一庄"。将林士慊列为"漳匪首犯"，"斩决枭示"，并且"从重照律缘坐，饬拘各犯之子已及岁者应照律斩决，未及岁者同妻女给付功臣之家为奴。财产抄没入官"。除了林士慊本人，作为"林士慊伙匪"的林明等二十三人，[①] 也被斩决枭示，还有林拐等二十九人则被发遣伊犁给种地兵丁为奴。[②] 黄仕简、杨廷桦共斩决彰化县漳泉两籍参与械斗者一百三十三人（另在诸罗斩决一百六十多人）、发遣伊犁一百三十九人，作为"林士慊伙匪"的大里杙人占了彰化被斩首、被充军的人里面的最大比例。黄、杨的大规模斩杀，符合清廷对械斗"严加惩创"的方针政策，因此被"送部议叙"嘉奖，而被"严加惩创"的大里杙人，不能说心中没有怨气与怒气，因此，几年后林爽文在大里杙加老山竖旗起事时，立即有一千多人起而响应。

各种理论模式都有一个共同点，就是寻求事件的规律与原因。农民战争模式主要在阶级斗争理论指导下寻求起义农民对土地的要求，地域社会论则分析国家与社会的关系对于动乱的主导作用。林爽文起义时，台湾地区尚未有土地兼并之类的社会问题，尚未走出移垦型社会的台湾，也未形成足以对抗朝廷的地域集团，当然，还有其他模式可以用来寻求起义原因，但类似的对于规律的追求，排除了偶然性，而人类的情绪爆发，往往是偶然的。

义气：因林爽文起义被称为天地会起义，所以这里主要围绕天地会来谈谈义气问题。

讲义气是秘密社会的基本信条，尤其像清代初期的天地会这样没有有形的组织形式的秘密社会，[③] 去掉了义气，就失去了号召与动员底层群众的基础与能力。此外，义气，也是基层社会的行为准则，尤其在乾

---

① 在林士慊伙匪内，林姓大约可以看做是大里杙人，其他姓氏的人就无法判断了。

② 上引黄仕简、杨廷桦"彰化汇总折"。

③ 早期闽南和台湾的天地会，都没有会簿，没有组织系统。后来天地会内部出现会簿，也只是记载起会的传说，而并非花名册。天地会成员彼此之间，只靠用三指取烟、吃茶，"五点二十一"的口诀之类的暗号识别、联络。实际上，清廷在镇压天地会的过程中，虽然缴到过誓词盟稿，以及记载起会传说的会簿，却没有缴到过花名册。

隆时期刚要走出移垦社会形态的台湾，义气仍然是基层社会推崇的"品格"。陈盛绍记道光年间台湾社会"边海之难治，闽粤为最。闽粤之难治，漳、泉、惠、潮为最。四府犷悍无赖之徒，内地不能容，"偷渡"台湾与土著匪类结为一气，窝娼、包赌、械斗、抢劫，不知有官刑。一旦乘兴伙党，分股肆出为乱，从者曰旗脚，倡者曰股头。股头，群尊为大哥。其人无勇无谋，树大旗，乘四轿，乌合之众，勉强听号令，实皆为劫仓库、抢殷户，得财计耳。大兵开炮，各鸟兽散。线民觅拿大哥者，价值数千金。赴案时大言不惭，直认不讳。有互争者，谓'彼不过旗脚，不配做大哥，我乃其人也'。坐囚车解京，观者如堵墙。无赖子弟捧送槟榔，且羡慕之，曰'真不愧为大哥。'何愍不畏死若是？盖其习气凶悍，平日复惑于《水浒传》诸小说，竟以大哥为荣。"① 虽然事涉夸张，却也并非空穴来风。道光年间如此，移垦时期的康雍乾嘉年间更是如此。天地会在台湾的传布，就是以讲义气为基础的。将天地会传布到台湾的严烟说："我当时原见林爽文为人慷慨，所以叫他入会。"② 林爽文不是严烟在台湾传布天地会的第一人，但无疑是最重要的一人。林爽文当过捕役，赶过车，虽然林家在彰化大里杙开垦有成，但林爽文不安于农，"交结匪类"，因林爽文"平日原是做贼窝贼，得来银钱肯帮助人，因此人多服他"。③ 林爽文自己也说："我并没有甚么本事，众人因我为人爽直，所以称我做盟主的。"④ 因为林爽文的义气，其传会恐怕比严烟要容易。乾隆五十一年，林爽文等人在彰化大力传授天地会（详后），"结会树党"，终于引起官府注意，"文武官都要拿林爽文究治"。⑤ 加之之前添弟会杨光勋案内戕官劫囚的案犯张烈等五人逃入大里杙，乾隆五十一年十一月二十日，游击耿世文、副将赫昇额、彰化知县俞峻领兵驻扎大墩，要求大里杙献出"会匪"与林爽文正身，林氏家族将林爽文藏于后山畚箕湖，献出五名天地会"会匪"。参与收复彰化县城的丁艰的原彰化县典史李尔和称"闻说也曾送出会匪五名，经俞知

---

① 邓传安、陈盛韶：《蠡测汇钞·问俗录》，第131页，"大哥"。书目文献出版社，1983年12月。

② "大学士和珅奏呈严烟供词并请敕福建等省总督查缉天地会创始人片"，中国人民大学清史研究所，中国第一历史档案馆合编《天地会》，第111页。

③ "高文麟等供单"，中国人民大学清史研究所，中国第一历史档案馆合编《天地会》"闽浙总督常青奏将高文麟等审明解京片"，第249页。

④ "大学士和珅等奏审讯林爽文等人片"，《天地会》第四册，第398页。

⑤ "大学士和珅等奏呈林家齐供词片"，《天地会》第二册，第204页。

县审明，杖毙二名，解回收禁三名，内有一犯名叫侯老，其余都不知他姓名"。[1] 据后来加入起义的原彰化县快役杨振国（即杨咏）被抓获后供"十一月二十九日，林爽文攻入彰化县城，抢夺仓库军械，杀害各官，打开监门，放出监犯有十七八人，内认得天地会的侯老、林赞、杨望，其余都是另案杂犯，并不认得"。[2] 可见大里杙林姓送出五名"会匪"的事情是确实的，侯老、林赞、杨望可能就是那三名被"解回收禁"的天地会成员。我们不知在这件事中，林爽文本人及大里杙林姓族人具体如何考虑、行事，但可以猜测，无论从天地会或从基层民众来看，献出"会匪"这件事都是非常不讲义气的，倘这件事就此了结，则林爽文及天地会都将声誉扫地。因此，当林泮纠合王芬、陈奉先、林领、林水返、陈传、赖子玉、蔡福、李七、刘升（这些人都是后来义军的重要首领）等一百多人到后山来找林爽文，"起意招集各庄民人抗拒官兵"时，林爽文迫于义气，不得不反。遂在加老山树旗起事，"因合庄耆老不令林爽文为首，另推刘升为盟主。……到处张贴安民告示，俱写'大盟主刘'字样。因众人议论，多不服领导，遂公推林爽文为首"。[3] 这说明，林爽文既然起事，其平日讲义气的声誉仍在，"因林爽文为人爽快，有义气，推他做大哥"。正如宋江，被逼上梁山后还坐了头把交椅。南路义军首领庄大田也有这种情况，庄大田家道小康，平日肯接济人，颇有威信。林爽文起事后，庄大田族弟庄大韭也起事响应，但不能服众，请庄大田为首，庄大田不肯造反，逃到台湾县，仍被庄大韭等追回，硬推为大哥。[4]

其实，日常的义气与造反的义气是两回事，《水浒传》所塑造的宋江就是对这种情况的一个归纳。宋江平日最讲义气，人称及时雨，但他无论如何不肯造反，非得到最后要被斩首，被李逵救出，没有退路，才逼上梁山。林爽文同样如此，并不像林泮、王芬等，一心要造反。林爽文被抓获后，福康安遵照乾隆的谕示，"令官兵等排列队伍，将林爽文缚至军前，面加讯问，并令伊父林劝等识认，据该犯跪伏请死，情形极为惶惧，并称拏获我父母时恐已即时正法，又无人带我来投诚，若知我

---

① "闽浙总督常青奏将高文麟等审明解京折"，《天地会》第一册，第254页。

② "闽浙总督常青奏将高文麟等审明解京折"，《天地会》第一册，第253页。

③ 庄吉发：《清代台湾会党史研究》，台北南天书局出版，1999年，第138页。

④ 戚嘉林《台湾史》第二册，农学股份有限公司，1998年，第465页。

一家都在，我就早已投出来了等语。"福康安又"将因何胆敢谋逆及天
地会如何勾结，起自何人反复诘讯，林爽文狡混不吐，惟称谋逆之事系
林泮、王芬、刘升等起意，并不敢擅自倡乱"。福康安认为林爽文"人
甚狡诈，而问及肆逆之处，一味推诿他人，不敢自行承认，系属畏罪惧
刑之意，并不敢如朱一贵之肆无忌惮"。[①] 当年朱一贵被抓获时，"解赴
施世骠军前，朱一贵昂然而立，妄自称孤，"[②] 慷慨之状，与林爽文判
若两人。

林爽文迫于义气而造反，不能不影响到军事行动，第二次围攻诸罗
时，主要是林泮、刘升在指挥，林爽文则常留在大里杙，筑造工事、储
藏粮食，以为退路。

从众：林爽文起义，常常被认为是天地会起义，许多人想当然地认
为起义是天地会组织与发动的。说发动，犹则可，而组织，就很难说
了。大部分起义群众，都是响应、附和的，是一种规模巨大的从众行
为，并非都加入了天地会。林爽文起义到高峰时，陷诸罗、凤山，围府
城，南北呼应，起码得有数万至十数万人。清初定制，台湾驻军水陆官
兵一万人。陆师五营，南北两路各一营，每营千人，除去北路营驻淡水
以外，从彰化到凤山，集中了陆师的大部分兵力。水师五营，两营驻澎
湖，三营驻台湾本岛，因此，不计后来黄仕简的援军的话，初期的义军
所要面对的至少是七八千的清军。起义民众所使用的武器，大半是竹篙
枪、半斩刀、铁钟，甚至木棍，相对来说，清军不但拥有火器等精良武
装，且训练有素，乌合之众的义军，只有在数量上占据优势，才能取得
初期的胜利。要对付七八千清军，义军应该有数万之众才够。那么，数
万的起义群众，是不是天地会组织的呢？

台湾的天地会是由严烟传入的。严烟是天地会的第三代传人，由天
地会创始人洪二和尚亲传弟子陈彪传授入会。[③] 档案资料显示，陈彪与
赵明德等天地会第二代传人仅在漳浦、云霄、诏安等闽粤交界处传会，

---

① "乾隆五十三年三月二十二日批，福康安奏"，洪安全主编："国立故宫博
物院藏清代台湾文献丛编"《清宫中档奏折台湾史料》第九册，第410页。

② "谕钦差协办大学士福康安复奏林爽文缚至军营时情况"，《天地会》第四
册，第365页。

③ 天地会起源时间有康熙说，雍正说，乾隆说，以至郑成功创建说，明朝遗
老创建说等等。20世纪60年代，蔡少卿第一个用档案资料研究天地会，提出乾隆
说，这里援用的是乾隆说。

第三代传人严烟于乾隆四十八年来台湾，在彰化阿密里地方开设布店，并传授天地会，并未引起当局的注意。其时，在台湾"崭露头角"的是父母会、添弟会、雷公会、小刀会（王爷会）等。（这个小刀会不是后来天地会系统的小刀会，只是因为成员都随身佩戴小刀而如此称呼的。）乾隆四十九年，严烟将天地会传授于林爽文，"林爽文又纠约林泮、林领、林水返等都来入会。"[1] 这里没有载明林泮等人入会的具体时间，但乾隆四十九年与五十年，天地会都未引起当局（包括清廷与地方当局）的注意，一直到乾隆五十一年，林爽文等人在彰化大肆传播天地会，才引起官府注意。彰化县当局因林爽文结会树党，又窝藏盗匪，方派快役杨咏（杨振国）捉拿（此时，除了杨咏，官府可能还不知道林爽文结的会是天地会。）。据被抓获解送京师的天地会要犯的供述，彰化的许多天地会骨干，都是林爽文、王芬等人在乾隆五十一年传授的，这些人大都住居在彰化。[2]（参阅下表）

林爽文等人所传授的部分天地会人员

姓名	传授人	传授时间	住址
高文麟	林爽文	五十一年三月	彰化犁头庄
杨轩	林爽文	五十一年五月	
锺祥	林爽文	五十一年五月	彰化埤仔头
张文	王芬	五十一年五月	彰化刺桐脚庄
朱开	王芬	五十一年十月	彰化刺桐脚庄
刘实（王实）	王芬	五十一年十月	彰化咬走庄
林天球	王芬	五十一年十月	彰化下埔姜仑庄
林万	王芬	五十一年三月	彰化县西门大街
林小文	林爽文		淡水

资料来源：《天地会》第一册。

而据林爽文自己的供词，何有志、林领、林水返三人，均是他于五十一年八月纠约入会的。从上表来看，乾隆五十一年三月到十月是林爽

---

[1] 《天地会》第一册，"审讯严烟供词笔录"，第 111 页。

[2] 《天地会》第一册，"高文麟等供单"，第 251、253 页；第 323 页"锺祥等供单"。

文传播天地会的高峰期。鉴于天地会是辗转相传的,因此林爽文等人所传播的对象多限于彰化人,档案所示,林爽文传授天地会居住最远的是淡水的林小文,他是林爽文的族弟。

　　辗转相传也能造成很大的人数,但秘密结会须秘密相传,传播的人数因此受到很大限制,我们不知道台湾天地会的传播人数,从它的发源地闽粤交界处来看,其第二代传人赵明德在生前传授了四五十人,① 同为第二代传人的陈彪、陈丕传授人数不详,但天地会兴起不久,漳浦即有卢茂起义,被清政府严厉镇压,两人遂不敢再传,人数有限。在林爽文起义之前,清政府也一直不知道福建发源了一个天地会。台湾方面,档案资料所见最早只有严烟一个人在传授(严烟以为陈丕也到台湾传授天地会,但陈丕被抓获后供述他没有到过台湾。)一个比较不清楚的事情是台湾南路天地会的情况,庄大田有可能就是天地会(庄大田号称洪号大元帅,福康安问他洪号是什么意思,他称,就是会头的意思。而洪字暗合天地会暗号"五点二十一"之意)。但南路义军首领被捉获后多未解京,福康安戎马倥偬之际,未对南路义军领袖仔细审讯就予斩决,因此我们无法了解南路天地会情况。但从彰化来看,由于重要的义军首领都是在乾隆五十一年三月至十月这一段短短的时间里入会的,即使他们再传会,时间也很有限,何况他们的供述当中并没有证据表明他们再传会(杨轩明白表示他没有再传别人)。林爽文起事时,彰化天地会人数顶多也就数百人。当林泮、王芬等纠合一百多人到大里杙后山崙箕湖找林爽文时,这些人当中可能有许多天地会;当林爽文在加老山树旗起事时,大里杙参加起义的人数已上千,这其中大多数可能并不是天地会;当起义群众攻打彰化城时,人数已达四千之众,绝大部分已不是天地会了;当起义全面展开后,"各村庄多有纠众的事"②,除了南路庄大田,我们完全没有证据表明这些起义群众是天地会,这是一个大规模的从众行为。我们要注意,林爽文自己以及其他义军首领,从未宣称起义为天地会起义,并且未见他们以天地会为号召。这个起义没有纲领,③没有口号(后来陈光爱的天地会起义还有"争天夺国"的口号),没有

---

　　① 《天地会》第一册,第104页。

　　② 林爽文供词,《天地会》第四册,第414页。

　　③ 起义后,义军的告示中有惩治贪官的话语,被认为是义军的纲领。但这只能看做义军为师出有名而提出,义军事前既没有以此为号召,起义后也没有具体的惩治贪官的实例,(刘亨基等乃死于乱军中)很难将惩治贪官看做义军的纲领。

明确目标，这个起义也没有经过秘密的组织、策划，① 而是基于愤怒，一触即发。但它之所以爆发，与清政府的政策与行为也是分不开的。

三、结语——民"做贼"与清政府的行为

一个事件，我们总是要寻找出它发生的原因的。对于林爽文起义，庄吉发认为，地方官在缉拿天地会的事情上处置不当，是激发林爽文等人起事的原因，这是不错的（但其时地方官只是捉拿会党，而不知这些会党是天地会）。他指出，平定乾隆四十七年漳泉械斗的福建水师提督黄仕简认为，大里杙林姓是械斗的"起事首恶"，必须大加惩创。② 而林爽文又结会树党，窝藏逃犯，因此地方官急于捉拿，激起起义。但我们应该还要看到，地方官的行为源自朝廷的压力。乾隆时期封建经济发展到一个高峰，清廷国库充盈，国力强盛，外无强敌，内有劲兵，清朝正如日中天，乾隆本人也踌躇满志，封建专制主义统治发展至极，老百姓略有"不轨"，即严厉镇压，并务求"根株净尽"。对于台湾的动乱，不论是分类械斗或反清抗官，都"严加惩创"。原彰化知县焦长发因处置命案不力，引发大规模械斗，"贻误海疆"，被斩首示众，因此上至福建水师提督黄仕简，下至彰化知县俞峻等，对于镇压械斗、捉拿会党等事都不敢怠慢。俞峻、赫昇额等急着要捉拿"会匪"和林爽文等，终于激发事变。俞峻的行为，虽然可能是他个人经验不足（他到彰化县任上仅两个月），但重压之下，"动作变形"，是可以想见的。

情绪因素历来不在各种理论范式的考虑范围之内，事件史的研究一

---

① 蔡少卿认为"他们（天地会会众）从以下几个方面加紧进行准备：第一，以天地会组织为基础，建立了起义的领导机构。推举林爽文为大哥，充当总头目（我们上面的研究表明，林爽文是被"逼上梁山"的），以林泮、陈奉先、王芬、刘升、刘礼生、严烟、董喜等为谋主，以陈泮、李乞（即李七）、张圆、阮和、蔡福、叶省、赖达、何有志等为羽翼。又以林琴、林水返、林领、林绕等，或经理粮储，或制造器械。此外还有杨轩、高文麟、杨振国等数十人充当各种头目"。（蔡少卿《中国近代会党史研究》，第60页。）但根据清廷档案，义军的这些组织安排都是在义军攻下彰化县之后的事情。上述许多义军首领，并非参与最初的起义，而是起义之后才加入义军的，比如杨振国，起义发生时，他还被知县俞峻关在彰化县的狱中。而严烟则供称，起义爆发后，他因害怕，逃到南路。

② 庄吉发：《清代台湾会党史研究》，第131页。庄吉发又认为台湾天地会是漳籍人的自卫组织，就天地会本身的宗旨来看，它并不是一个地域性组织，这个说法难以成立，但他认为漳泉械斗与林爽文起义交织在一起，在一定程度上则是不错的。林爽文起事后，彰化的漳泉两籍民众继续打来打去，只是漳人为义军，泉人为义民而已。

般也不涉及。清代台湾"三年一小反，五年一大反"，老百姓经常生活在惊疑、恐惧之中，老百姓之间，老百姓与清政府之间，充满了怨恨与怒气，在矛盾激烈之时，只要有人登高一呼，难免不发生动乱。清政府非但不去疏导社会矛盾，反而采取高压政策，使得矛盾更加激烈地爆发。

清代台湾拓垦中的福客关系及其地域分布

庄林丽[*]

　　日本学者伊能嘉矩在其《台湾文化志》中对台湾各族群来台先后有过如下说法："泉州人先至，开发了滨海原野；漳州人后至，开辟了近山地区；客属各籍移民最后来，才进入丘陵山区。"[②] 伊能嘉矩所描绘的台湾各族群地域分布现状是其在日据之初调查所得，其能反映的也只是十九世纪末期以后（日据以后）的福、客移民的聚居分布地域。那么，这一族群地域分布现象能否代表十七、十八世纪台湾拓垦时期的福、客分布情况呢？能否以简单的福先客后顺序来说明福、客分布区域呢？客家人是否真正晚到呢？客家人是否在沿海、近山平原从事拓垦呢？本文拟在前人研究的基础上，通过对福、客关系的梳理，对福、客地域分布的情况作出较恰当的解答。

一、"客人"来台并不迟

　　在大陆人民大规模拓垦经营台湾时，客家人是否比福佬人晚至呢？明代中叶后，我国东南沿海人民的海上走私活动频繁，他们有的与西方殖民者相互勾结，酿成严重的"海盗"、"海寇"问题。澎湖、台湾地处东西洋的交通咽喉位置，是"海寇"、"海贼"临时驻足或贸易中转站的场所。如林道乾（惠来客）、曾一本（诏安客）、林凤（饶平客）等"海盗"团伙都有到过澎湖、台湾的经历。这些"海盗"、"海寇"的部属多

---

　　* 作者单位：福建师范大学社会历史学院。
　　② 曾喜成：《台湾的客家人》，福建漳州市客家文化研究联谊会编，《海峡客家》，2006 年 8 月，第 69 页。

数是客家人，这些部属中是否有些人最后定居台湾呢？揆情度理，这种情况是难免的。在南靖书洋乡的多份《萧姓族谱》中，提供了该族许多族人在明万历年间迁居台湾半线武东堡（今彰化县社头乡一带）、彰化大武郡和社头乡埤斗村等地的资料。明万历年间正是漳、潮海上武装集团活动猖獗、往来台湾频繁的时期，这些萧氏族人可能是武装集团的成员，或随武装集团偷渡入台。① 根据上述史料可知，这些以"海盗"、"海贼"身份或跟随"盗"、"贼"渡台，定居台湾者，可视为客家人渡台的先锋，客家人并不比福佬人晚至台湾。

另外，1898 年，德国历史学家 Albrecht With 在其同时出版的《台湾之历史》中，对客家人入台有如下的说法："在 1650 年（清顺治七年）左右，台湾到处有土人，一直到海边为止。荷兰人的势力能及西南部的土人及东北方的 Kapsulan 平原，大约从 1600 年起（万历二十八年），客家人最早从中国来……"② 客家人从 1600 年开始最早入台，不知 Albrecht With 以何为据，但其所举时间与现存文献史料相吻合，有一定的参考价值。另一位德国史学家 Riess 博士在研究荷兰涉台档案史料后发现，客家人在荷兰人刚抵台与原住民的沟通中充当翻译的角色。"到十七世纪中叶，荷兰人与台湾岛酋长的交涉，由客家族交涉，他们与中国人毫无差别，对台湾的物产与外国的交易也出了大力。"③ 这一来自西方的史料及成果则为明末客家人来台提供了有力证据。

客家人真正成规模地移民至台湾，是郑成功收复台湾之后的事。郑成功经略闽粤时的主要将领张要（耍）又名万礼，自幼为诏安官陂客家人收养，其部众多为漳、潮山区的客家子弟。张要在南京战役中牺牲，但其部众仍在郑军中，郑成功收复台湾，他们必随郑氏到台湾。据学者在官陂的调查，"官陂移民台湾的人数很多，最早是万礼的部众随郑成功到台湾的"。④ 随郑经经略台湾的大将刘国轩则是汀州客，其部属多为客家子弟，他们跟随刘国轩去了台湾。清廷平定台湾后，刘国轩麾下

---

① 谢重光《闽台客家社会与文化》，福建人民出版社，2003 年，第 170 页。
② 曾喜成：《台湾的客家人》，福建漳州市客家文化研究联谊会编，《海峡客家》，2006 年 8 月，第 69 页。
③ 曾喜成：《台湾的客家人》，福建漳州市客家文化研究联谊会编，《海峡客家》，2006 年 8 月，第 70 页。
④ 罗炤：《天地会探源》，转引自谢重光：《闽台客家社会与文化》，福建人民出版社，2003 年 9 月，第 173 页。

的客家子弟当有部分仍留在台湾，在台垦殖开基。在这一大规模的军事移民下，陈孔立教授估计明郑时代汉族移民台湾的人数增加到 10 至 12 万就具有相当的可信度。《重修凤山县志·风土志》亦载："台自郑代挈内地数万人来居兹地，半闽之漳泉、粤之惠潮民，"① 即台湾南部福、客的数量是大致相当。客家人占人数的一半是偏高的，但反验之其人数亦不少。

康熙二十三年（1684），台湾正式归入清廷的版图。清廷奉行多年的迁界政策，也于同年废止，下令复展海疆，开放海禁。一时之间，"数省内地，积年贫穷游手奸宄罔作者，实繁难繁有徒，莫从施巧，乘此开海，公行出入汛口"②。也即在开海之初，清廷对内地人民迁台是不加禁止的，因而沿海和内地省份的许多无以为生的人民纷纷渡台。其中，闽、粤的漳、泉、汀、潮、惠等府的穷苦人民是当时漂洋到台的人数最多的地区。漳、泉、汀、潮、惠之民即福佬人与客家人。可以说，在开台之初，福、客出现了向台移民的小高潮。康熙二十五（1686）至二十六年（1687），一批"四县客"（镇平、平远、兴宁、长乐）来到台湾南部，拓垦下淡水溪东岸流域等地。王瑛曾的《重修凤山县志》卷十《人物志·义民》称居住于淡水港东、西二里的广东人："率粤之镇平、平远、嘉应州大埔等州县人。"③ 此后，由于施琅力行对粤民渡台的限制，客家人只能以偷渡的方式进入台湾。

康熙三十五年（1696）施琅去世，针对惠、潮粤人渡台的禁令也逐渐废弛。在大陆客家地区人多地少的巨大压力，台湾地广人稀、自然条件好、容易谋生的巨大吸引力相互作用下，客家人自康熙后期开始，历经雍、乾、嘉诸朝，掀起了移民台湾的一次又一次高潮。

从以上的推论可知，客家人不算是晚到台湾的族群，其移民人数至清初虽没有福佬人多，但也不少。又根据《台海使槎录》的记载："先时郑逆窃据海上，开垦十无二三"，同书又云："伪郑在台，民人往来至半线而止。自归版图后，淡水等处亦从无人踪"④。从这则史料可知，

---

① （清）王瑛曾：《重修凤山县志》卷三，《风土志》，第 47 页。
② （清）施琅、王铎校注：《靖海纪事》，福建人民出版社，1993 年，第 135 页。
③ （清）王瑛曾：《重修凤山县志》卷十，《人物志·义民》，第 255～256 页。
④ 黄叔璥：《台海使槎录》卷二，《赤嵌笔谈·武备》，台湾文献丛刊第 4 种，第 31 页。

到明郑时期，台湾的开发还是很缓慢的。到台湾归清后，台湾才进入迅速开发阶段，客家移台时，台湾中部、北部的沿海平原地带还未开发完毕。在台湾开发进程特别是中、北部的开发进程中，客家人是参与到近海、平原地区的拓垦事业的，是对台湾的开发做出重大贡献的。我们今天仍可在西部沿海、平原的福佬社区找到客家人的踪迹。

二、台湾福佬社区中的客家人印迹

昔日大陆移民到台讨生活是没有官府的保护，在台立足之初，往往是依靠宗族、同乡的帮助，才能在海岛上生存下去。为移民间提供互相帮助、互相合作的组织是：祠堂、会馆、庙宇等。祠堂结合同宗之人，是血缘组织；会馆是结合同乡，庙宇则结合同乡或不同乡的地缘组织。庙宇作为地缘组织，是需具备一定社会和经济条件，方能兴建起来的。如广福宫，"俗称国王庙。乾隆四十五年粤东潮州九县籍移民捐金数万元兴筑，其宏壮美观，在当时可说是全台第一"①。由于广福宫是"潮州九县"客家移民"捐金数万"合力兴建的，可知广福宫所在地新庄聚居了大量的客家人，这些客家人在当地具有相当的经济实力和社会地位。因此，我们今天追寻客家人在台湾临海、平原地区的拓垦情况，主要通过被视为客家人拓垦指标的"三山国王庙"（粤东客）或"定光古佛庙"（汀州客），辅以昔日客家村落的遗迹及文献、口碑资料，追寻客家拓垦的某段历史。台湾客家学者刘还月先生的《台湾客家族群史·移垦篇》对客家人在台历史上的地域分布进行了详细论述，现择要摘取福佬社区中客家人的分布情况，说明客家人在台的分布相当广泛：

1. 南部的台南地区

南部台湾下淡水地区的六堆组织，是仅次于桃竹苗的台湾第二大客家村落；恒春半岛也是"一半漳泉一半潮"。可是，台南地区在台湾客家研究中，一般被视为非客区，在该地一直没有明显的客家活动。但若溯本追源，我们仍可发现一些客的痕迹，找到客的渊源。台南市西门路三段有一座初建于乾隆七年（1742）的三山国王庙，该庙又称潮汕会馆，是"由知县杨允玺、左营游击林梦熊率粤东商民所建，翌年（1743）竣工。为台湾唯一纯粹的广东式建筑，奉祀潮州揭阳县之独山、

① 《台北厅寺庙调查报告》，转引自尹章义：《台湾开发史研究》，联经出版事业有限公司，1989年，第374页。

明山及巾山之神"。① 该庙不仅是全台保存最完整的中国广东式建筑，庙中还高悬"褒忠"横匾（"褒忠"是清廷在林爽文事件后，赐给客民的），而庙中除了三山国王外，同时还祀有国王夫人，庙的侧殿左为天后祠，右则是韩文公祠，这些充满客家风格的民间信仰，更证明了这座三山国王庙在客家移垦史上，曾经与客家人产生的亲密关系。

台南县境内虽没有客家人大规模入垦的史迹，但我们仍能从一些古地名中，了解到不少客家人零星入垦的记录。如东山乡大客村，合"大庄"、"过沟仔"、"山脚"和"凹仔脚"等四庄为一村，此地初为粤属客家人所垦，自日据时期以来地籍图即以"大客字"为记，乃命名为"大客村"②；白河镇的"客庄内"、"海丰厝"、"诏安厝"等地，也多是客家聚落。

2. 台湾中部地区

客家人在台湾中部地区的拓垦，遍及西部平原。《诸罗县志》曾提到："自下茄冬至斗六门，客庄、漳泉人相半。"但要在八掌溪到朴子溪之间，相关客家人入垦的史迹，并不多。经过台湾学者的艰辛探索，西部平原上客家人的活动史迹被初步揭示出。较明显的记载则是《嘉义管内采访册》所录的"三山国王庙，在大莆林街中，崇祀三山国王，道光元年捐民财建立"。③ 日本人安倍明义的《台湾地名研究》："大林，大正九年大莆林街改为今名，康熙末年垦首薛大有率众入垦……地名的由来，一说是旧时广东省潮州府薛大有率众入垦……地名的由来，一说是旧时广东省潮州府大莆地方的移民移垦而来。"④ 此外，彰化平原有饶平客，西螺七崁有诏安客，斗六地区曾建立"粤籍九庄"；云林、嘉义交界区域曾有西台湾平原最大的客庄"五十三庄"。可见，在西台湾平原历史上却曾有客家人垦殖其间，可是现在却被视为全无客家人的地区。

台中地区的客家人，原本分布于清水、丰原、潭子、台中南屯一

---

① 关山情主编：《台湾古迹全集·第三册》，户外生活杂志社，第130页；转引自刘还月主编：《台湾客家族群史·移垦篇·上》，台湾省文献委员会，第65页。

② 黄文博著：《南瀛地名志——新营区卷》，台南县立文化中心，第307～309页；转引自刘还月主编：《台湾客家族群史·移垦篇·上》，台湾省文献委员会，第67页。

③ 不著撰人：《嘉义管内采访册》，大通书局翻印本，1894年，第17页。

④ 安倍明义：《台湾地名研究》，番语研究会，1938年版，第226页。转引自谢重光：《闽台客家社会与文化》，福建人民出版社，2003年，第199页。

带，后来受到福佬籍移民不断入垦的压力，部分留在原地被同化为福佬客，多数则是往内山迁徙，或者落脚在石冈、新社、东势地区，或者进入埔里盆地，或是流落至南投县的国姓、水里、新义等地区。如今中部地区的客家人聚落，只有在偏远山区的新社、石冈、东势及南投。

3. 北部台湾

台北县的淡水、三芝、石门一带，是历史上汀州客的主要聚居区，其中永定人数最多，武平、上杭也有一部分。淡水鄞山寺以汀州原乡的定光佛为主神，是清代接待汀州客家人最重要的汀州会馆。会馆是拓垦有成的先民，为后来乡亲提供安身之处。汀州会馆的设立，可见这一带曾经是汀州客落脚、拓垦的主要区域。如今连客家族群的认同，在这些地方都很难了，客家人拓垦的故事，渐渐消逝于历史的洪流中。

台北县西部的中和、新店、新庄、泰山、五股、三重、八里、莺歌、土城、三峡等地，历史上都曾有客家人拓垦其间，其中以汀州客、漳州客居多，也有部分潮州大浦、饶平客。台北市内的内湖、松山、景美、北投、士林等处，也可以找到客家人的踪迹。可是，今天讨论北部地区的客家人，大都指桃、竹、苗三县的客家人。其他地区的客家人在势力强大的福佬族群面前，大都退出了台北盆地，逃到桃、竹、苗丘陵地区去寻找安身立命之处。

表一　台湾客家乡镇聚落分布表

县　名	客家乡镇聚落分布
基隆市	
台北县	三重、板桥、中和、永和、土城
台北市	大安区、信义区、文山区、士林区
桃园县	中坜、龙潭、平镇、观音、新屋、杨梅
新竹县	新丰、新埔、湖口、芎林、横山、关西、北埔、宝山、峨眉、竹北市、竹东
新竹市	关东桥、金山面、古贤里
苗栗市	苗栗市、公馆、头份、大湖、铜锣、三义、西湖、南庄、头屋、卓兰、造桥、竹南（贯穿铁路以东至头份区域）、三湾
台中县	东势、石冈、新社、丰原、潭子、沙鹿、清水

台中市	南屯
彰化县	早期：员林、永靖、埔心、社头、北斗、溪州、竹塘、溪湖、田尾、鹿港、和美、埔盐
南投县	国姓、埔里、草屯、鱼池、水里、集集、鹿谷
云林县	早期：二仑、西螺、仑背、东势
嘉义县	早期：新港、溪口、大林、北港、阿里山、梅山
台南县	白河（店仔口）、楠西（鹿陶洋、油车口）、归仁（沙仑）
高雄县	美浓、杉林、六龟、旗山、桥头、甲仙
高雄市	三民区（宝珠里、宝龙里）、鼓山区、楠梓区、盐埕区
屏东县	竹田、万峦、内埔、长治、麟洛、新埤、佳冬、高树、车城、恒春、满洲、枋寮
宜兰县	三星、苏澳（潮阳里、南强里）、员山（双连埤）、冬山（广兴、大进）、礁西（三民村）、罗东（北村）、大同
花莲县	花莲市（国富里、主权里）、吉安、寿丰、光复、玉里、瑞穗、凤林、寿丰
台东县	台东市、池上、关山、鹿野、成功、太麻里、卑南、长滨

资料来源：本表格系台湾客家学者刘还月所制，转引自陈逸君：《台湾客家关系书目与摘要》，台中：台湾省文献委员会，1998 年，第 31 页。

根据上述的客家人在今福佬社区的分布来看，客家人在台湾的分布非常广泛，不只是分布于近山地区。与福佬人的比例也不是现在所见的那么低。但上述文献和口碑资料中所见的大部分客家移民分布地，现在却基本都成了福佬人的势力范围，这是什么缘由呢？

三、拓垦中福、客关系及其地域分布的演变

客家人移民台湾，除了康熙二十三年至三十五年（1684～1696）间受施琅禁海令限制外，其他时期都视台湾为对外迁徙的主要目的地之一。他们在台拓垦时没有因籍贯的不同而与福佬人到台时间和分布地区有先后及平原、丘陵、山地之别，而是依据到达的前后依次开发台湾。客家人与福佬人曾杂居共处，互为主佃（客家人为佃农者居多），彼此相安，共同开垦台湾这片沃土。泉州靠海，漳州在平原，客家人在山的这种分布格局，是福、客关系长期演变形成的。

在台湾先开发的西部平原，还是晚开发的宜兰平原。在拓垦进程中，血缘、籍贯并不是福、客相互排斥的原因。在新垦区福、客移民身处番社、荒埔之地，地缘、血缘固然是其考虑的一大因素，但是是最主要的因素吗？《诸罗县志·杂俗》中关于地缘有如下记载："凡流寓，客庄最多，漳、泉次之，兴化、福州又次之。初闻时，风最近古，先至者各主其本郡，后至之人不必斋粮也，厥后乃有缘事波累，或久而反噬。以德为怨，于是有闭门相拒者。土著既鲜，流寓者无功强近之亲，同乡井如骨肉。"[①]

地缘关系固然是一种凝聚力，但是发生利益冲突时，"以德为怨，于是有闭门相拒者"，地缘关系反成为一种排斥力。至于血缘关系，因当时渡台者多为单身汉，社会上盛行螟蛉之风，常"援壮夫为子，授之室而承祀"[②]。这种血缘驳杂、一家之内多姓并陈之现象，也无法形成牢固关系。其实在拓垦之初，利益关系是高于血缘、地缘关系的，福、客之间的"族群意识"淡薄。《诸罗县志》亦载："失路之夫，不知何许人，免一借寓，同姓则为弟侄。异性则为中表、为妻族，如至亲者然，此种草地最多；亦有利其强力，辄招来家，作息与共。"[③]

"不知何许人"，就可为"如至亲者然"，可见在移民较少，没有利益冲突的情况下，地缘意识、血缘意识并不强。在台湾的开发过程中，福、客两个不同族群是可以协力合作拓垦的。如潮州大埔人张达京，在开发台中平原进程中，单纯依靠客属潮州人的力量是根本不可能成功的。他联络了含不同籍贯和不同职业的六股投资者"六业馆户"和岸里等社"番"共同开发了台中平原。这是客家人与其他族群互动的典型例子。

在拓垦初期，客家人、福佬人不会面临土地、水利资源不足或分配不均的问题。两个族群能相安合作，彼此没有强烈的冲突。但相安一段时间后，随着移民的增多，竞凿水渠、互争水利资源等利益冲突也逐渐多起来。利害的冲突进而激起"族群意识"，形成一触即发的形势，最

---

① （清）周钟瑄主修，方豪校订排印本：《诸罗县志》卷八，《风俗志·杂俗》，中国方志丛书台湾地区第7号，成文出版社，1970年，第141页。

② （清）周钟瑄主修，方豪校订排印本：《诸罗县志》卷八，《风俗志·杂俗》，中国方志丛书台湾地区第7号，成文出版社，1970年，第144页。

③ （清）周钟瑄主修，方豪校订排印本：《诸罗县志》卷八，《风俗志·杂俗》，中国方志丛书台湾地区第7号，成文出版社，1970年，第144页。

后导致普遍而漫长的福、客之间的械斗。

福佬人与客家人的械斗，常因生活中的细小纠纷。其中规模较大，波及较广者有：道光六年（1826）发生在淡水、彰化、嘉义的福、客大械斗，"斗事之起，以彰化粤籍人与闽籍人失猪相争，互有掳掠，官治不得要领，匪民即乘机焚抢，遂分类相攻，蔓延及嘉义、淡水"①。这次骚乱导致各地动荡、居民到处迁徙，小的村庄多被焚抢。其中淡水的南嵌、大甲，彰化的四张犁、葫芦墩、殿仔庄等地连日焚杀，被毁最为严重。又，咸丰四年（1854）淡水、彰化的福、客械斗，因"（淡水）粤人何阿番因失牛只，纠得匪党张阿挞、赖阿丁、赖得六、罗磬二等，借端拥抢中港庄闽人方谅耕牛。庄众追匪，被匪拘捕杀死工人甘达一命。何阿番、赖阿丁亦被闽人格毙。因之匪谣四起，遂成闽粤分类"，"延至漳境，纷纷焚掠。彰淡被焚各庄，全为焦土，哀鸿遍野，触目心伤"②。

在械斗之后，往往是福、客族群分布地域的重新整合。客家人虽因团结、策略得当偶尔也有胜出，但总的来看客家人还是胜少负多。最后，客家人或被迫迁移出自己拓垦的土地，迁往客家人聚集地区。在福、客关系较为和谐的台北亦存在这种情况，如莺歌的莺哥石一带，早在康熙二十二年（1683），就有客家人到这里种茶为生，但隔年后福佬垦户不断涌入，福、客之间在激烈冲突之后，人单势孤的客家人只得败走他乡；树林的彭屋，在道光之前是彭姓客家人垦殖这一带，道光十四年（1834），客家人与福佬人发生械斗，客家人失败，只得全部退到桃园，彭屋也改成了彭厝；三峡的大埔，此地最初是广大的大埔客开垦的，但过了清中叶，便被势力强大的福佬人赶到龙潭一带。同样的例子，还有不少：

---

① 姚莹：《东瀛纪事》之"鹿港防剿始末"，谢重光《闽台客家社会与文化》，福建人民出版社，2003年，第220页。

② 谢重光：《闽台客家社会与文化》，福建人民出版社，2003年，第221页。

表二　清代台北县闽客械斗表

地区	拓垦时间	拓垦地点	后来者：福佬人	拓垦者：客家人	结　果	资料来源
台北县	乾隆年间	树林镇	泉州籍	客家人彭姓	彭姓移至桃园	《台北县志》卷五，《开辟志》，页：2
	乾隆中叶	柑园里	安溪籍	客家人钟姓	客家人离去	《台北县志》卷五，《开辟志》，页：2
	乾隆二十二年	三块厝		客家李姓	客家人离去	《台北县志》卷五，《开辟志》，页：3
	乾隆二十二年	苍子		客家人		《台北县志》卷五，《开辟志》，页：3
	乾隆初	樟树窟		客家人钟姓		《台北县志》卷五，《开辟志》，页：3
	康熙二十三年	茶山	安溪籍许丁	客家人		《台北县志》卷五，《开辟志》，页：3
	康熙二十三年	牛坑		客家陈中计		《台北县志》卷五，《开辟志》，页：3
	乾隆二十三年	阿四坑	泉籍	客家人吕阿四	为福佬人所有	《台北县志》卷五，《开辟志》，页：3
	乾隆二十三年	阿南坑		客家人吕阿南	客家人离去	《台北县志》卷五，《开辟志》，页：3
	乾隆年间	土城乡大安寮		客家人林厝料	林姓他迁	《台北县志》卷五，《开辟志》，页：9
	康熙年间	八里乡坤头村	福客移民	客家人始去		《台北县志》卷五，《开辟志》，页：16
	乾隆初年	宋厝		宋姓客家人	宋姓变卖家产离去	《台北县志》卷五，《开辟志》，页：17

影响福佬人与客家人在台分布区域的另一主要原因是客家人的福佬化。客家人在与福佬人的长期接触过程中，受福佬文化影响，在语言、信仰、习俗等方面接受福佬人文化，甚至在主观上认同自己是福佬人，成为"福佬客"。客家移民迁至台湾后，许多聚落四周都是福佬人，客家人往往是插花式地散居于福佬人聚居的地盘。客家人人数较少，福佬人人数较多，福佬人在政治、经济、文化等方面是居于主导地位的。作为少数的客家人为了与福佬交往（如到福佬人的市集去买卖，进行物质交流），不得不学习或采用福佬话进行交际，时间久了，在自己的村落中也改用福佬话，连服饰、行事等也仿效福佬人了，最后导致客语流失，客家文化变形走样，于是客家人就慢慢变成半福佬人乃至全福佬人了。

云林县，是客家人拓垦的主要区域之一。据战后的《云林县志稿》载："本县之开拓者，无一不是来自大陆，其中约百分之九十来自福建，百分之十来自广东省，福建以泉州、漳州两府所属各县为最多，汀州、兴化两府所属各县次之，广东以惠州、潮州两府所属各县较多，嘉应府次之。现本县有同安厝、安溪寮、泉州厝、平和厝、海澄、南靖厝、龙岩、永定厝、兴化厝、海丰、饶平、潮阳厝、惠来厝、镇平厝等地名，均为福建、广东两省各府之县名，开拓者将垦殖之地以祖籍而命名，其数典不忘祖，意义深远。"[1] 云林县客家人聚居的地方曾出现"前粤籍九庄"，在清朝末年，就出现"言语起居多效漳人"的情况[2]。在客家人聚集的地方尚且如此，那些零散分布于福佬人的汪洋大海中的客家小村落，其福佬化速度就更不用说了。

所以，清代晚期以来，"泉人靠海，漳人居中，粤人近山"的印象是长期族群互动、社会整合的结果，而非仅仅是因时间先后，而致使客家人都分布于山区。昔日分布于沿海、平原地区的客家人，或因为福佬人与客家人之间的械斗，被迫迁移到环境较差的靠山地区；或在福佬村落的包围中，慢慢接受福佬文化，成为"福佬客"。

四、小结

明清中叶以后，大陆移民较成规模地移民台湾，客家人以"盗"、

---

① 仇德哉主修：《云林县志稿》，成文出版社翻印本，第105～106页。
② （清）倪赞元纂辑：《云林县采访册》，中国方志丛书台湾地区第32号，成文出版社编，成文出版社，1970年，第29页。

"贼"的身份或跟随"盗"、"贼"到台湾去讨生活，他们中有部分人定居台湾，成为客家人移民台湾的先民。到有清一代，除了施琅主政福建时期（1684～1696），客家人移民台湾受限制外，客家人与福佬人都视台湾为移民的主要目的地。在台湾各地的拓垦初期，劳动力缺乏、土地充足及"番害"等因素，使福佬人与客家人能协力拓垦，融洽相处，共同开辟台湾这片沃土。所以，当时客家人在台湾各地区的分布相当广泛，各地区都留下了客家人的遗迹。

随着土地的渐次开发，移民人数的增多，土地、水利资源不足问题日益凸显；福佬人与客家人之间的习俗与宗教信仰的差异性日趋扩大；随着"族群意识"的高涨，这些问题造成福、客之间的若干矛盾，这些矛盾加上双方的利益冲突，福、客不同族群的互相援引，终于形成了福、客之间的械斗。福、客互斗的结果，往往是客家人不敌他迁，客家人的拓垦地为福佬人所占。另外，客家人是较少数族群，散布在福佬人社区之中，他们在与福佬人的交往中，服饰、行事诸方面慢慢效仿福佬人，最后至客家文化变形，客家人变成了"福佬客"。总之，福佬人主要分布在临海、平原地区，客家人主要分布在丘陵山区的这种分布格局是福佬人与客家人在拓垦过程中慢慢形成的，是诸多因素共同作用的结果，到台时间先后只是形成福、客分布格局的原因之一。

略论清代台湾闽粤移民与"番"民的互动与融合

祁开龙[*]

在闽粤移民到台湾之前，台湾早就生活着多支土著居民，他们或住在沿海的平原地区，或住在中部的丘陵及山地。闽粤移民至台后，沿海平原地区的原住民与闽粤移民较早较多的接触，受汉文化影响较深，被称为"熟番"、"归化番"；山地丘陵地区的原住民与闽粤移民较晚较少的接触，较多的保有本民族原有的文化形态，被称为"生番"。那么，清代闽粤大规模移民后，与"番"民的关系如何呢？这就是本文要探讨的问题。

一、闽粤移民与"番"民的武力冲突

闽粤移民台湾后，打破了台湾原住民的固有生活秩序。在闽粤移民的拓垦过程中，由于汉"番"之间土地、水源等利益之争以及观念与习俗的差异，造成汉"番"关系紧张，纠纷频繁。"番"民为了维护自己的利益，时常以"出草"（猎首）形式，加以报复，造成"番害"与"番乱"。

1. "番害"

闽粤移民的土地拓垦是呈由平原向山区推进的趋向，逼近山区就是日益逼近"番"界，而且是比"熟番"更为凶悍的"生番"，拓垦者受"番害"而丧命者时有发生。台湾大师林正惠曾对雍正年间下淡水地区

---

* 作者单位：福建师范大学社会历史学院。

"番害"做过统计，如下①：

1）雍正元年（1723），心武里女士官兰雷为客民杀死，八歹社、加者膀眼社率领番众数百，暗伏东势庄，杀死客民三人，割头颅以去。

2）雍正三年（1725）十一月六日，武洛社熟番猫力与其子株买到山边砍竹，猫力遭生番镖死，株买走脱。

3）雍正四年（1726）八月二十二日，新东势庄佃民邱连发家佣工人邱云麟，往埔种作，被生番杀害，取去头颅。

4）雍正五年（1727）闰三月初十日，加走庄砍柴民人陈义遭傀儡生番杀死；闰三月十三日，怀忠里东势理庄糖廊遭生番放火，且杀死民人苏厚、陈信三人，割去头颅，又镖洪祖等二人；闰三月十五日，傀儡凶番至新东势庄杀死民人谢文奇、赖登新二人，割去头颅，并伤赖应南、赖应西、黄显义等三人；四月十一日，傀儡生番闯入阿猴社寮内，杀死土番巴陵等六人。

5）雍正六年（1728）十二月二十八日，长兴庄管事邱仁山率领该庄佃民侵入傀儡山，开水灌田，十二人遭傀儡生番杀伤。后傀儡番又至竹叶庄杀伤佃民张子仁等二人。

6）雍正七年（1729）二月初一日，傀儡生番潜至山脚名为田尾的聚落，将茄藤社番卅望、红孕等五人杀死，又杀死上淡水开埔番妇及幼番各一人，拿去幼番一人，且焚烧草寮，烧死牛只；二月初三日，阿猴社熟番巴宁因往山边寻看茅草，遭傀儡生番镖死。

清代台湾文献所论述者，"番"人"出草"的对象针对汉民，是汉"番"矛盾的一种体现。上举 10 例"番害"中则有 4 例针对的是"熟番"，而不是针对汉人。他们之所以"出草"除了复仇，最主要是因利益之争，是因汉民或"熟番"侵犯到"生番"的领域或损害到他们的利益。对此，雍正元年（1723），首任巡台御史黄叔璥早已做出论断，他说"生番"虽焚庐杀人，但挑起事端者多是汉人自取。例如：业主、管事辈利开垦，不论生、熟"番"都越界侵占；入山搭寮见"番"戈取鹿

---

① 林正惠：《清代客家人之拓垦屏东平原与六堆客庄之演变》，台湾师范大学历史学研究所硕士论文，第 68 页。转引自谢重光：《闽台客家社会与文化》，福建人民出版社，2003 年，第 211～212 页。

只，往往窃为己有，故多遭杀戮。再者小民深入内山，抽藤锯板不自觉侵犯到"生番"领域，也难逃所害。[①] 乾隆十七年二月十五日，闽浙总督喀尔吉亦在奏折中说："彼处内山，道近生番，或因熟番所垦田园，原系侵占生番界内草埔，生番因而钉恨，肆出焚杀，亦未可知。""台郡生番，每于秋冬草枯水涸之际，逸出平埔焚杀佃民，虽属常有之事，罕有杀伤汛兵者。"[②] 在喀尔吉看来"生番"之所以杀佃民、"熟番"，是草埔被侵占即利益受到侵犯，而汛兵受到侵袭之事较为罕见。

2．"番乱"

与"番害"相比，"番乱"的持续时间长、范围广、规模大。根据"番乱"对象的不同，大致可分为三种：第一，对官吏的侵扰，主要是因官吏欺压或苛刻对待"番"民而引发"番乱"。如康熙时吞宵、淡水等地的"番乱"。第二，对驻台清军的攻击。"番乱"开始后，往往清廷出兵平乱，故"番"民往往先攻击清军。第三，对闽粤移民的袭扰。"番"民以袭扰、抢掠汉民最为常见，如朱一贵之乱起，新港等"番"社也乘机焚杀抢掠汉民。对于官吏、清军的侵扰不归入闽粤移民与"番"族之间的冲突，本文所涉及的"番乱"是"番"民对闽粤移民的袭扰。那么，在朱一贵之乱中，新港等"番"社之民为何会纷纷乘机焚杀抢掠汉民呢？当时镇标右营游击周应龙指挥失当，造成熟"番"冒杀良民乱事遂不可止。"甲寅，周应龙在二滥，传令兵番杀贼一名赏银三两，杀贼目一名赏五两。土番性贪淫，杀良民四人，纵火燔民居，复毙八人；闻者股栗。"[③] 叛民乘机借此煽动、裹挟更多庄民"竖旗"，引发更大范围的危害。

应该说，闽粤移民与"番"民的矛盾冲突时有发生，但更多的是集中在闽粤汉民移居台湾之初，因初到台地，有意或者无意地触犯到当地"番"民的利益，故而引起了"番"民以武力相向。当然，随着双方的不断接触交流，汉"番"关系逐渐趋于缓和，双方冲突渐少，最终达到和平相处并共同发展的状态。

---

① （清）黄叔璥：《台海使槎录》，台湾文献丛刊第4种，1957年11月，第167页。

② 闽浙总督喀尔吉善，《乾隆十七年二月初五日奏报台郡生番戕杀兵民并查办情形折》，《宫中档·乾隆朝奏折·第二辑》故宫博物院，1992年，第328～329页。

③ （清）蓝鼎元：《平台纪略》，台湾文献丛刊第14种，第3页。

二、闽粤移民与"番"民的交流

上文提到，闽粤移民与"番"民，一方面，因土地争夺等利益之争而形成敌对的关系；而另一方面，我们也应该看到，双方也从互相接触当中，透过族群通婚、经贸往来以及危难救济等而逐渐走向融合。汉"番"之间仇恨得以消除，对台湾社会是有正面意义的。

1. 汉"番"通婚

史料对于汉"番"通婚之现象多有记载，如康熙年间《诸罗县志》记载："（闽粤移民）巧借名色以垦番之地、庐番之居、妻番之妇、收番之子。"① 《台海使槎录》亦云："（凤山）近日番女多与汉人牵手，媒妁聘娶，文又加烦矣"②、 "归化番女亦有与汉人为妻室者，往来倍亲密"③。娶"番女"为妻的情况一直存在，至嘉庆年间，"沿山一带，有学习番语、贸易番地者，名曰番割。……生番引重，以番女妻之"。④

从这些资料中我们也可以看到，当时汉"番"通婚的形式有两种，一种是闽粤汉民娶"番"女为妻，另一种则是闽粤汉民入赘当地"番"民家里。那么，当时为什么会出现这两种状况呢？

首先，我们要从当时的整个社会的男女性别比例上来分析。实际上，闽粤移民台湾者，多为青壮年，妇女所占人口比重甚少，男多女少现象非常严重。如康熙五十六年（1717）刊印的《诸罗县志·风俗志》载："各庄佣丁，山客十居七八，靡有室家，漳泉人之曰客仔。"⑤ 雍正时期这种情况其实更为严重，当时福建巡抚高其倬甚至奏称："台湾一县，皆系古来住台之人，原有妻眷，诸罗、凤山、彰化三县，皆新住之民，全无妻子。"⑥ 到了乾隆年间，此问题仍存在，乾隆二十五年

---

① （清）周钟瑄主修，方豪校订排印本：《诸罗县志》卷七，《兵防志·总论》，中国方志丛书台湾地区第7号，成文出版社，1970年，第136页。

② （清）黄叔璥：《台海使槎录》卷七，《番俗六考·南路凤山番一》，台湾文献丛刊第4种，第145页。

③ （清）黄叔璥：《台海使槎录》卷七，《番俗六考·南路凤山傀儡番二》，台湾文献丛刊第4种，第154页。

④ （清）陈淑均著，李祺生续辑，孔余德校订：《噶玛兰厅志》卷五（下），《番俗》，中国方志丛书台湾地区第7号，成文出版社，1963年，第234页。

⑤ （清）周钟瑄主修，方豪校订：《诸罗县志》卷八，《风俗志·杂俗》，中国方志丛书台湾地区第7号，成文出版社，1970年，第168页。

⑥ 转引自庄吉发：《清史论集·一》，文史哲出版社，1997年，第394页。

（1760）福建巡抚吴士功引用雍正年间广东巡抚鄂弥达及大学士鄂尔泰等人的奏议称："从前俱于春时往耕，秋成回籍，只身去来，习以为常。迨后海禁渐严，一归不能复往。其立业在台湾者，既不能弃其田园，又不能搬移眷属，另娶番女，恐滋扰害。"① 可见，汉族移民男女比例的严重失调，成为当时一大社会问题，这一情况又导致了闽粤移民为了繁衍后代，不得不迎娶当地"番女"为妻。因此，闽粤移民的男女比例严重失调问题，就成为汉民与"番女"通婚的最主要原因。

其次，汉民入赘"番"民还有一个重要的原因是可以从"番"民那里获得一定的耕地。一些汉族通过一定年限的劳动，从女方家里获得一定的土地。而"番"民之所以乐于与汉民通婚，则在于他们不仅可以得到汉族女婿的无偿劳动力，更可以从中学得先进的农业生产技术。如：《番社采风图考》中就有一幅描绘"番女"扶犁耕田情景的"耕作"图，汉人的牛耕技术业已传进"番"族，熟"番"之民利用"犁、耙诸器，均如汉人"②。一举两得，互利互惠。因此，汉"番"通婚在有清一代是十分常见的一种现象，尽管后来清廷怕滋生事端禁止汉"番"通婚，但收效甚微。

当然，我们还要注意到一个问题，那就是闽粤移民多娶"番女"为妻或入赘"番"家，那么有没有"番汉"娶汉女为妻之事呢？据《赤山地方的平埔族》调查得出：当地平埔族很少和汉人通婚，其有通婚者大率为女子出嫁或招赘，几乎不娶福建或粤籍女子。也就是说，这种婚嫁交往几乎是单向的，也难怪台湾会有："只有唐山公，没有唐山妈"的谚语。

2. 贸易往来

清代汉"番"之间贸易往来相当频繁，根据"番"族内部社会经济发展的状况及台湾市场的分布格局，大致可分为以下四种层次：（1）汉商与"熟番"的交易；（2）汉商与"归化生番"的交易；（3）汉商与"化外生番"的贸易；（4）汉商通过"熟番"为中介与"生番"的交

---

① 台湾银行经济研究室编：《台案汇录丙集》，台湾文献丛刊第 176 种，第 236 页。

② （清）陈培桂主修，杨浚纂辑，黄得时校订：《淡水厅志》卷十一，《风俗·番俗（附）》，中国方志丛书台湾地区第 7 号，成文出版社，1970 年，第 304 页。

易。① 当时汉"番"贸易几乎为社商、通事所包办，"此外无敢买，亦无敢卖"②，普通人难以插足。因为担当社商、通事的人，首先要熟悉"番语"、"番情"、"番地"；又要具备相当的财力；还要冒着被"猎首"的风险。因此，汉"番"贸易是离不开社商、通事。曾经有"汉人亦用蟒甲载货以入，滩流迅息，蟒甲多覆破碎，虽利可倍蓰，必通事熟于地理、稍通其语者，乃敢孤注一掷"。③ "唯是西螺以上，北抵淡水，去治日远，番顽蠢益甚；又多猜忌，出山数里外，即瞿瞿然忧其不返。传译非通事不能，输纳非通事不办，甚而终岁衣食、田器、釜锜、周身布缕，非通事为之经营预垫，亦莫知所措。"④

当然我们也不排除一些受汉族影响较深的"平地近番"，直接到汉族地方小市场进行自由贸易。如康熙三十六年的《裨海纪游》载有："平地近番……恒来市中。"即指"平地熟番"直接到汉族大小市镇或村庄街市直接贸易现象，这种现象是随着汉族拓垦范围的扩大，汉族街市的扩张，而规模逐渐扩大的。

闽粤移民与当地"番"民的贸易往来不仅类型多样，而且双方贸易的商品更是丰富多样，史料中对双方贸易的商品有详细的记载，如：

《台湾府志》记载："余社以其所有易布絮、盐之类于社商而已。"

《台海使槎录·番俗六考》记："通事另筑寮于加老望埔，拨社丁置烟、布、糖、盐诸物以济土番之用，售齐鹿肉、皮筋等项，以资课饷。"

《番社采风图考》载："社番不通汉语，纳饷、贸易皆通事为之，通事筑寮于隘口，置烟、布、盐、糖以济土番之用，易其鹿肉、鹿筋等物。"

《噶玛兰志略》说："一二无赖汉人习晓其语，私以红布、哗叽、蔗糖、酒、盐入与互换，名曰'番割'。""番之器用，非竹则藤，而最重汉人铜铁，故铜铁有禁。番割私携出界，（番）倾资易之。"

《安平县杂记·四社番与生番交通贸易》："生番输出之货……乃鹿

---

① 郭志超：《闽台民族史辨》，黄山书社，2006年，第91~97页。

② （清）余文仪：《续修台湾府志》卷十六，《风俗（四）·番社通考》引《诸罗杂识》，台湾文献丛刊本121号，第473页。

③ （清）周钟瑄主修，方豪校订：《诸罗县志》卷八，《风俗志·番俗》，中国方志丛书台湾地区第7号，成文出版社，1970年，第168页。

④ （清）周钟瑄主修，方豪校订：《诸罗县志》卷六，《赋役志·杂税》，中国方志丛书台湾地区第7号，成文出版社，1970年，第199页。

筋、鹿皮、鹿茸、鹿鞭、鹿肚石、鹿肚草及山猪、熊皮，生番'答加纹'、硬桃叶席子、筐篮等件……输入布匹、铁器、糖、酒、食盐、猪等件。"

从这些资料中，我们很清楚地看到在汉"番"贸易中，闽粤移民输入的商品大多为手工业品，依次有铁和铁农具、盐、糖、火药枪、铅、陶瓷器、棉布、装饰品等。而"番"民输出商品亦名目繁多，有皮毛类、兽肉类、药材类、纺织类、植物类等。鹿为汉"番"贸易之大宗，其产品有鹿脯、鹿筋、鹿角、鹿皮、鹿肉等等。其他商品还有诸如采集的特产，有药材、水藤、通草、紫菜等。当然，由于"番"民的生产能力低下，有些种类的商品数量是相当有限的。

但是，我们也应该看到，汉"番"贸易往来互通有无，丰富了各自的物质生活。由于"番"民的生产力相对落后，物质匮乏度很高，汉"番"贸易对"番"民的影响更大、更明显。总之，汉"番"贸易使汉"番"皆受益，促进了生产的发展，汉"番"生活水平的提高。

3. 医药救助

闽粤移民台湾后，不仅带去了先进的农业、手工业技术，也带进了先进的医药知识。而先进的医疗知识正是"番"民所欠缺的。特别是在台湾这样一个一年四季多雨高温、山高潮湿、草木丛生、闷热多瘴的地区，这样的气候条件易滋生各种传染性疫病，严重威胁人的生命安全。夏琳《闽海纪要》记载："永历三十六年（1682），鸡笼山大疫；时值疫气盛行，镇守官兵死者过半。"[1] 又林豪《澎湖厅志》云："咸丰六年丙辰，大疫，死者数千人；大城北、宅脚屿尤甚。七年丁巳，犹疫。"[2] 疫病猛如虎，而"番"民的医疗水平又极其落后，特别是"生番"，他们在发生病症后，"疾病不知医，浴于河，言大士置药水中济度（台湾纪略）"[3]。"生子则母携婉婴同浴于溪；有疾亦往溪中盥濯，以身热为

---

[1] 引自张炳南等：《台湾省通志·21》卷三，《政事志·卫生篇》，众文图书公司，1972年，第3页。

[2] （清）林豪原纂；薛元元删补，庄松林：《澎湖厅志》卷十一，《旧事·祥异》，中国方志丛书台湾地区第20号，成文出版社，1970年，第371页。

[3] （日本）川口长孺著；台湾银行经济研究室编：《台湾割据志》，台湾文献丛刊第1种，第3页。

度，不热再濯，热则病愈。"① 因此，如发生重大疫情，"番"民往往只能抛弃患者，举社迁移，避免传染。

这种状况在闽粤汉民移居台湾后得到了很大程度的缓解，汉民先进的医药卫生知识、制药技术以及一些珍贵的医药培植方法被引入台湾。如珍珠，具有镇静、平肝等功效，而"台地从无产珠，开辟后，凤山下庄海中蛎房产珠，如稷米，大名凤山珠，不堪饰簪饵，只用以充药品"。② 而樟脑为台湾一大特产，具有杀虫辟虫等医药功用，而台制樟之法则来自泉州。

闽粤移民不仅带来医药，在汉"番"交往过程中，也对"番"民施药救治。对于施药救治者，"番"民往往非常感激视其为恩人。所以医药救助在汉"番"交往中发挥了特殊的作用，这一点，我们可以看下面两个例子：

张达京，潮州大浦人，康熙五十年渡台，由南部登岸至中部，暂住枋寮（今台中县后里乡）。据闻，某日在岸里社面见"土官"阿穆，相谈甚欢，遂留居社中为客；恰好岸里诸番社突遭瘟疫侵袭，张氏遂以草药，治愈社众，取得社众的信任；阿穆感其恩德，乃以番公主配之。张达京既施药救了人，又是"番王"之婿，在社中取得一举足轻重的地位，为日后开拓台中平原取得一大优势。③

吴沙，漳州漳浦人，乾隆三十八年（1773）来台，先至淡水三貂岭后至噶玛兰开发荒地。在开发之初，因侵犯番地，引起番民反抗，吴沙之弟亦战死。后"番患痘，死者枕藉，合社迁徙，沙以药施之，不敢食，强而服之，病立愈，凡所活百数十人，番众神之，纳土谢，未一年辟地数十里"④。

这就是我们所熟知的"番仔驸马"、"吴沙开宜兰"的故事，他们之

① （清）丁绍仪著；台湾银行经济研究室编：《东瀛识略》，台湾文献丛刊第 2 种，第 74 页。

② （清）范咸：《重修台湾府志》卷十九，《杂记》，影印本，中国方志丛书第 4 号，成文出版社，1983 年，第 1175 页。

③ 郭正宜：《场域竞争与族群融合——以张达京拓垦大台中平原为例》，引自王建周：《客家文化与产业发展研究》，广西师范大学出版社，2007 年，第 227 页。

④ 连横：《台湾通史》卷三二，《列传四·吴沙传》，商务印书馆，1983 年，第 595 页。

所以能在大台中平原与宜兰平原取得开发的成功，是与他们施药救治
"番"民息息相关的。闽粤移民"开发之初，因侵犯番地，引起番民反
抗"，汉"番"关系都是较为紧张的，张达京能开始就与"番王"建立
了良好关系，可算是特例。后随着汉民的医药救助、汉"番"之间的通
婚、汉"番"的贸易往来等，双方的关系又日趋缓和。在汉"番"接触
过程中，受汉民先进文化的影响，"番"民在衣食、行事、语言、宗教
信仰等各方面效仿汉民，出现不同程度的"汉化"现象。

三、"番"民的"汉化"

　　族群接触、冲突、交流中难免会互相影响，这种影响往往是强势的
族群文化同化了弱势的族群文化，弱势族群的各种文化事象逐渐消失，
亦即汉"番"交往中"番"民的"汉化"。闽粤移民大规模地移垦台湾，
汉"番"接触频繁，"番"民的"汉化"就日趋显著了。其绩效如何呢？
我们可以从一些史料的对比，观察"番"俗的改变以及"汉化"情形，
兹以"凤山八社"为例，略兹说明①：

　　衣着方面：

　　男裸全体，女露上身。自归版图后，女着衣裙，裹双胫，男用鹿皮
或卓戈纹青布围腰下，名曰"抄阴"武洛曰"阿习"。惟土官有着衣
履者。
　　恐发散垂，各以青布缠头，或以草，冬夏不除。

　　以上文字引自黄叔璥，康熙六十一年来台，雍正初年撰稿，乾隆元
年刊行的《番俗六考》。王瑛曾在乾隆二十九年刊行的《重修凤山县志》
中做了如下的评注：

　　迩年来渐被声教，番无男妇，俱制短衣裤，过市中，几与汉人无
异。土官则竟衣袞帛矣。
　　自乾隆二十三年，巡道杨景素，谕令薙发如制，令番男薙发编辫，
冬戴帽、披袞无异矣。

---

　　① 参见简炯仁著：《屏东平原平埔族之研究》，稻乡出版社，2006 年，第
360～362 页。

衣着为形之于外的文化事象，较诸形之于内的文化事象如价值、宗教信仰等，改变得要快要容易。何况在强势的政治力量的推动下，"番"民自觉或不自觉地模仿汉民。处于弱势的"番"民在衣着等形之于外的文化改变，就"与汉人无异"了。

婚嫁方面：

不择婚，不倩媒妁女及笄构屋独居，番童有意者弹嘴琴逗之。意合女出而招之同居，曰牵手。逾月各告于父母，以纱帕青红布为聘。女父母据牲醪会亲友以赘焉。

以上文字系引自黄叔璥的《番俗六考》，王瑛曾所做的评注如下：

近日番社亦知议婚，令媒通好，以布帛酒果，或生牛二，先行定聘礼。亦有学汉人娶女，不以男出赘者。至汉人牵番女，仪节较繁，近奉严禁，其风稍息。

上文我们早已提及：清代大批闽粤移民至台后，许多汉民或娶"番女"，或入赘"番"家。汉"番"之间的通婚，使汉族的婚姻礼俗、婚嫁观念及伦理道德观念等亦传入"番"族，"番"族旧有的婚姻制度在悄然发生改变。这种改变虽然不是迅速和彻底的，而且各地区差异也较大。但总的来说，"番"族的婚姻形态及道德伦理观念在向汉文化靠拢。丁绍仪的《东瀛识略》上载有"大南蛮番妇守节"之事："乃更有番妇大南蛮者，嘉义目加溜湾社番大治赋妻；甫生子而大治赋死。妇年二十，愿变番俗，不更嫁，自耕以抚其男，没齿不苟言笑，益足征王化之洋溢纮埏矣！""大南蛮番妇"放弃了"番"族旧有的婚嫁、伦理观念，以汉民的伦理道德要求自己，完全"汉化"了。

丧葬方面：

丧葬……用板合成一盏，置尸于内；
葬所卧床下，妻子迁居别室。

以上系引自黄叔璥《台海使槎录·番俗六考（南路凤山番一）》，王瑛曾的评注如下：

> 近年亦有仿用汉人棺柩者；
> 近年亦有择葬山阜原野。

一般而言，较之形之于外的各种文化事象，形之于内的生命礼俗的文化坚持，是最为顽强的，最难以改变的，上述的改变显示南路凤山"番"整个文化体系的瓦解。

稼穑方面：

> 归化已久熟番，亦知以稼穑为重。凡社中旧管埔地，皆亦芟刈草莱垦辟田园。有虑涝者，亦学汉人筑圳，从内山开掘疏引溪流，以资灌溉。片隅寸土，尽成膏腴。

以上文字系引自六十七《番社采风图考》，王瑛曾的评注如下：

> 开圳引水，竭力甚于汉人，旧时种田插秧，获稻无常时，收成以手摘穗。近亦依岁时种获，鲜用镰铚。

在清代闽粤大规模移民之前，"番"族是一个以狩猎为主亦夹杂农作的族群。在清初，其猎场是要比开垦的农地大得多。闽粤移民的大范围土地开垦，对"番"族特别是平埔族的传统维生形态是一个致命的打击，农耕模式成为"番"民的维生形态。一个族群的生产方式一旦改变，该族群必被纳入另一种经济模式中，其文化内涵，尤其是生活方式势必随之改变。

在汉"番"互动的过程中，汉族的生产技术、风俗习惯及伦理道德等亦传入"番"族。"番"民主动或被动地接受了汉文化的洗礼，使他们从衣冠服饰到语言、生活习俗、社会组织以及宗教信仰等等，全面地发生变化。

四、小结

在明清时期，闽粤移民大规模入垦台湾。闽粤移民作为外来者，必然会与当地的"番"民有所接触。在早期，主要是与"熟番"接触较多；随着拓垦的深入，与"生番"的接触也逐渐增多。汉"番"之间有因土地、水源等利益纠纷所引致的冲突，特别是在与"生番"的利益纠纷中，"生番"为了维护自己的利益，往往以"出草"的形式，报复汉民。当然，汉"番"之间也有友好往来的另一面，在经历最初的一段冲突之后，随着双方交往的增多，如贸易交往、汉"番"通婚及医药救助等，汉"番"关系又趋向缓和，汉族先进的生产技术、医疗技术传入"番"族，促进了"番"族社会的发展进步。

在汉"番"互动的过程中，汉民的文化观念等，亦直接或间接地影响"番"民。"番"民原有的社会和文化，就在汉"番"交往及清廷"抚番"政策的压力下不断遭到侵蚀，"番"民主动或被动地接受汉文化的洗礼，逐渐汉化，汉"番"趋向融合。这种汉化是多方面的，从衣冠服饰到语言、生活习俗、社会组织以及宗教信仰等等，全面地发生变化。这种融合也是有差异的，"熟番"与汉民接触较早、较多，融合即"汉化"程度较深；"生番"与汉民接触较晚、较少，"汉化"程度相对较浅，较好地保留原有的族群特色。

试论台胞在大陆的抗日活动
及其对台湾前途命运的思考
——兼评所谓日据时期台湾人的"台独"运动

陈小冲*

　　1895年腐败的清政府在甲午战争中失败，被迫签订了不平等的《马关条约》，将台湾割让给了日本，台湾从此沦为日本的殖民地长达半个世纪。不屈的台湾人民在岛内开展武装斗争及非暴力政治抵抗运动的同时，也有一部分人跨海来到大陆，在祖国开展了一系列的抗日活动，从而客观上形成了海峡两岸台湾人抗日斗争相互呼应的局面。不过，台胞在大陆的抗日活动由于其特殊的身份和复杂的时空环境，呈现出与岛内不同的若干特点；且其对于台湾前途命运的思考，也烙上了鲜明的时代印记。本文即拟以全方位的视角检视台胞在大陆的抗日活动，并着重就其对台湾前途命运的思考进行分析，以揭示所谓日据时期台湾人主张"台独"论调的真相，提醒人们充分关注异族统治下台湾同胞不屈抗争、爱国爱台的浓烈情怀。

一、在大陆的台湾人抗日组织及其活动

　　日据时期在大陆的台湾人，大致可分为以下几种类型：第一，台籍浪人。割台初一些台湾人来到大陆，因其日籍而不受苛捐杂税的困扰；法律上有领事裁判权的保护；甚至连台湾人的身份证件也能够入干股做大价钱的买卖。受此诱惑加上日本殖民者的策略性安排，少部分台湾人摇身一变成了钻法律空子、仰日人之鼻息而鱼肉原乡民众的人，他们或藐视中国官府，或经营妓院、赌场及鸦片馆等非法行当，或组织黑社会横行一方，甚至配合日本驻华机构破坏大陆反日爱国风潮甘当日本帝国

---

　　*　作者单位：厦门大学台湾研究中心、台湾研究院。

主义侵略中国的走卒，被大陆民众斥为"台湾呆狗"。他们主要分布在厦门、福州、汕头一带。这些人破坏了两岸人民的感情，影响恶劣。第二，学生、医生、会社职员及其他有正当职业者。20世纪20年代，日据后出生成长的台湾新一代知识分子逐渐形成，其中一部分青年学子来到祖国求学，并逐渐占据在大陆台湾人的主流。此外还有回到大陆悬壶济世的台湾医生、从事两岸经贸往来的会社职员等。上述台湾人主要分布东南及华南一带，至于其他职业者则以散的方式生活在大陆各个地方。第三就是短期到大陆游历、经商、探亲访友的台湾人。

最早在大陆从事抗日活动的是日据初期坚持抗战的台湾义士，譬如简大狮、林少猫、林李成等，在岛内抗日形势恶劣的时候曾潜回大陆避难休整，谋求支援，并得到大陆民众资金、弹药甚至人员的援助。[①] 本文着重论述的1920～1945年间在大陆从事抗日活动的为上述三种类型中的第二类台湾人，其中抗战之前以学生为主要力量，抗战爆发后则发展为在大陆各界台胞的联合抗日运动。下表为战前台胞在大陆的主要抗日团体状况：

表1　20世纪20年代在大陆主要台胞抗日团体

名　称	地点	成立时间	主要参与者	主要活动
北京台湾青年会	北京	1922年1月	蔡惠茹、林松寿、林焕坤、刘锦堂、郑明禄、黄兆耀、陈江栋	与岛内文化协会及台湾议会设置请愿运动密切联系，抗议"治警事件"
韩台革命同志会	北京	1922年	张钟玲、洪炎秋、李金钟、吕茂宗、杨克培	参加中国国民党
上海台湾青年会	上海	1923年10月12日	谢清廉、施文杞、许乃昌、许水、游金水、李孝顺、林鹏飞	支持台湾议会设置请愿运动，参加上海民众反帝运动
上海自治会	上海	1924年5月	由上海青年自治会及旅沪台籍人士组成	着重对祖国方面的宣传与联络，促进祖国人民认识台湾

---

① 陈小冲：《日据初期台湾抗日运动与总督府的对岸经营》，《台湾研究集刊》，1990年第4期。

台韩同志会	上海	1924 年 6 月 29 日	由上海台湾青年会、台湾自治会部分会员联合韩国若干人士组成	散发传单、发表宣言
台湾尚志社	厦门	1923 年 6 月 20 日	李思祯	发表宣言、抗议台湾"治警事件"
闽南台湾学生联合会	厦门	1924 年 4 月 25 日	李思祯、郭丙辛、王庆勋、翁泽生、洪朝宗、许植亭、江万里、萧文安	发刊《共鸣》杂志，编演新剧，激发台胞抗日情绪
厦门中国台湾同志会	厦门	1925 年	林茂锋、郭丙辛	发刊《台湾新青年》
中台同志会	南京	1926 年 3 月 21 日	吴丽水、李振芳、蓝焕呈	召开反对台湾始政纪念日大会
广东台湾革命青年团	广东	1926 年 12 月 19 日	谢文达、张月澄、张深切、林文腾、洪绍潭、郭德金	出刊《台湾先锋》，参加国耻纪念日的示威游行，发表抗日文稿

资料来源：秦孝仪，《国民革命与台湾》，台湾近代中国出版社，1980 年，第 31～32 页。

上表可见，台胞在大陆抗日的主要活动地点为北京、上海、南京、厦门和广东。北京是中国文化的重镇，五四运动的发祥地，高等院校林立，青年学生的政治活动历来蓬勃发展，台湾青年学子在此活动自是理所当然。上海是旧中国的十里洋场，各国租界和黄浦江列强的战舰炮口是帝国主义侵略中国活生生的写照，反帝爱国运动有着悠久的传统。厦门是与台湾关系最密切的大陆城市，且不说历史上闽南就是大多数台胞的原乡，即便割台后来到厦门的台湾人相对于其他地方也一直都是人数最多的，台湾进步青年学生掀起的抗日热潮，使得厦门成为台胞在大陆早期抗日斗争发展较显著的地方之一。广东是 20 世纪 20 年代中国革命的热土，孙中山的革命策源地，北伐的起点，是台湾进步青年心向往之的地方。另一现象是同在日本殖民统治下的韩国反日人士与台湾抗日斗争达成了一定程度的连接，这是作为帝国主义压迫下两个弱小民族人民向共同敌人发起的抵抗斗争。

1937 年抗日战争爆发后，在大陆的台湾人大部分都撤退回了台湾，留下的一部分由于政府的不信任且出于防患未然的需要，被强制集中到福建北部山区崇安县监视居住；另一部分则属于抗日分子，他们组织了各类抗日组织，支持祖国抗战。如厦门当局的档案中记载部分台湾人

"有爱国思想不忘祖国"者，要求恢复中国国籍，还有游振煌等人组织了台湾抗日复土总同盟等。① 除了各地小的台湾人抗日团体外，抗战爆发后较为著名的在大陆台湾人抗日团体主要有：台湾革命青年大同盟、中华青年复土血魂团、抗日复土大同盟、台湾革命党、台湾革命民族总同盟、台湾"独立革命党"和台湾国民革命党等。1940 年 3 月，为了集中抗日力量并实施统一指导，各地台湾抗日人士聚集重庆，成立了"台湾革命团体联合会"。1941 年 2 月 10 日，由台湾革命民族总同盟、台湾"独立革命党"、台湾国民革命党、台湾青年革命党和台湾革命党五团体联合组成"台湾革命同盟会"，取代前述之"台湾革命团体联合会"，全大陆台湾人抗日力量实现了真正大联合。②

台胞在大陆抗日活动的发展与台湾岛内反抗日本殖民统治、争取民族民主权益的斗争遥相呼应，同时也与大陆人民的反帝爱国斗争密切相连。

北京台湾青年会积极支持台湾岛内文化协会和议会设置请愿运动，抗议日本殖民者镇压民众的"治警事件"。③ 在《华北台湾人大会宣言》中，他们痛斥"惨虐无道、悖逆天理之日本总督政治"，号召台湾人民及全世界被压迫弱小劳苦民众"援助我们内政运动的台湾诸先锋，并解放全世界被压迫劳苦人类同胞"④。

上海台湾青年会抨击岛内御用绅士"求勋章，望特权"，为总督府"饲养"的"走狗"，大声呼吁"在华台胞"全力声讨；⑤ 1924 年又针对"治警事件"，向日本国内政界、台湾岛内各界寄出决议文，予以强烈抗争；同年 9 月的国耻纪念大会上，他们表示"台湾人今已经觉醒，愿与祖国诸君握手、团结，打倒共同之敌——日本帝国主义"，继而开展反

---

① 厦门市档案局、厦门市档案馆编：《近代台湾涉外档案史料》，厦门大学出版社，1997 年，第 164 页。

② 有学者将台湾光复团亦列入其中，称为六团体。参阅李云汉：《抗战期间台湾革命同盟会的组织与活动》，收入魏永竹主编：《抗战与台湾光复史料辑要》，台湾省文献委员会，1995 年，第 33 页注释 2。不过我们看到的档案史料记载均为五团体，如中央组织部函、当事人谢南光的备忘录等（参阅福建省档案馆编：《台湾义勇队档案》，海峡文艺出版社，2007 年，第 245 页），故仍应以五团体为宜。

③ 魏永竹主编：《抗战与台湾光复史料辑要》，台湾省文献委员会，1995 年，第 144 页。

④ 《华北台湾人大会宣言》，王晓波编：《台胞抗日文献选新编》，海峡学术出版社，1998 年，第 274～275 页。

⑤ 《在华台胞反全岛有力者大会檄文》，《台胞抗日文献选新编》，第 281 页。

对所谓六·一七台湾始政纪念日活动，称"台湾人受日本统治，陷为亡国之民，实属最大耻辱"①。

台湾自治协会号召"我台湾人坚持根本的民族自觉，愿我亲爱之中国同胞，帮助我等之自治运动"②，主张海峡两岸应共同反抗日本侵略，否则"将不免陷入与我等同为亡国奴隶之命运"，"恐中华民国四字，或随而消灭"③。台韩同志会则倾向于采取暴力斗争，"以完成台韩独立，建立自由联邦，为唯一目的"。其入会手续严格——"血印誓书"，纪律严明——"凡我同志须绝对服从干部命令，不许丝毫反抗"④。

在厦门，台湾尚志社刊行《尚志厦门号》杂志，揭露"总督握有立法、行政大权，行独裁统治"，"视岛民如奴隶，滥用权威与官权"，高呼"反对台湾总督府历代之压迫政策"、"反对总督府对议会请愿者之不法拘束"。⑤闽南台湾学生联合会则猛烈抨击日本殖民者在台湾的残暴统治，称"日本是专制君主国，领台以来，于兹三十年。剥夺我们开垦的土地、森林、陆产、海产，及人民应受的权利。用着恶毒的经济政策，加以魔鬼一样的手段，使我们精神、物质都受压迫"。在所刊发的《台湾通讯》中细述台湾民众割台后的抵抗事迹，对于议会设置请愿运动中台人坚忍不拔的意志大加赞赏，称其"有如火如荼之势"、"不屈不挠"，"台胞的反日感情，日见增加"⑥。

南京中台同志会是部分祖国意识较为强烈的台湾人和大陆人士共同组成的反日爱国团体。其成立宣言写道："中台两地民众，实有共生共死之关系，而日本帝国主义者，又同时为两地民众之公敌；……两地民众应相联合，立于同一战线上，对共同之敌，作一大进攻。"⑦中台同志会的主要公开活动为对两个中国近现代史的重要日子的纪念，一是袁世凯卖国二十一条的"国耻纪念日"，一是6月17日所谓台湾始政纪念日的"台耻纪念日"，中台同志会的参加者将这两大活动视为纪念不可忘却的国恨家仇。

---

① 《抗战与台湾光复史料辑要》，第148～149页。
② 《台湾自治协会宣言》，《台胞抗日文献选新编》，第279～280页。
③ 《抗战与台湾光复史料辑要》，第150～151页。
④ 《台韩同志会规约》，《台胞抗日文献选新编》，第285页。
⑤ 《台韩同志会规约》，《台胞抗日文献选新编》，第287页。
⑥ 《抗战与台湾光复史料辑要》，第155、157～158页。
⑦ 《抗战与台湾光复史料辑要》，第160～161页。

广东台湾革命青年团在《一个台湾人告诉中国同胞书》、《勿忘台湾》等文章和出版物中，宣传台湾遭受侵略的惨痛历史，号召革命，①得到大陆各界人士的积极评价："台湾民众，是中国的民众；台湾民众的团结，就是中国民众的力量；台湾民众爱祖国的热忱，确是革命精神的发挥。"② 广东台湾青年学生目睹当地国民革命斗争轰轰烈烈开展，为浓厚的革命氛围所感染，认为台湾民众要获得解放，非从事祖国革命及组织开展台湾革命运动不可。他们喊出的口号是："打倒日本帝国主义！"、"中国民族联合起来！"、"台湾革命成功万岁！"、"中国革命成功万岁！"等。③

1932 年，受"九·一八"事变的刺激，台籍青年刘邦汉等在丘念台的指导下与大陆学生联合成立台湾民主党，从事反日爱国斗争。他们举办演讲会、散发传单，宣传台湾及大陆革命运动，发表《为台湾革命运动警告我四亿同胞》、《抗日救国救同胞》等文宣，揭露日本国内政治黑暗及其对外侵略野心。其党员宣誓语揭示了党的反日爱国宗旨："为我大汉民族争光，为我台胞争自由"，"团结台胞四百万汉民族，打倒日本帝国主义"。④

1937 年七七事变后台胞在大陆的抗日活动进入了一个新的阶段。在祖国的东南沿海地区出现了一支直接参与抗战的台湾人抗日武装团体——台湾义勇队及其下属台湾少年团，总队长为李友邦。台义队隶属国民政府军委会政治部，同时也得到了中国共产党的积极关注和支持。严格来说，台义队主要是一支宣传队伍，他们的主要任务是"对敌政治"、"医务诊疗"、"生产报国"和"宣慰军民"，即利用自身精通日语的优势，开展阵前对日军喊话，对敌广播；由于队员多学医出身，于是组织台湾医院，为军队及地方民众提供医疗服务；他们还利用熟悉药品、樟脑生产的条件，进行自力更生生产前线急需物资；台湾少年团则在军队和驻地巡回演出，宣传抗战、鼓动民心士气，收到良好效果。

随着日本帝国主义发动太平洋战争，中国对日正式宣战，收复台湾开始列入日程。身处大后方的台湾革命同盟会积极联络各地台胞，宣传

---

① 《抗战与台湾光复史料辑要》，第 163 页。

② 《抗战与台湾光复史料辑要》，第 166 页。

③ 《抗战与台湾光复史料辑要》，第 167 页。

④ 李云汉：《国民革命与台湾光复的历史渊源》，幼狮文化事业公司，1980年，第 88～91 页。

台湾作为祖国领土的历史和现状，进行收复台湾准备工作，并协助军方对敌斗争。譬如定1942年4月5日为台湾日，联合重庆文化界17个团体发起复台宣传大会，各大报纸同时刊登《台湾光复运动专刊》，台湾问题由此受到后方民众的空前关注。① 针对部分美国媒体将台湾列为战后国际共管区域的论调，台湾革命同盟会群起反对，表达了对祖国的忠诚和对所谓的国际共管论的强烈不满。此外，他们还创办了《台湾民声报》作为台湾革命同盟会的机关报，谋求"唤起台胞爱护祖国的情绪"，"暴露敌寇罪行"，"报导台湾一般动态"，"吁请祖国人士正视台湾民众所追求的理想和目标"和"请国际人士加以了解和同情（台湾人的反抗斗争）"②。在中国政府为收复台湾做准备而设立的台湾调查委员会中，也有不少台湾革命同盟会的人士参与其中，为台湾光复及战后接收、建设等各个方面提出了有益的设想和建议，不少为政府所接受和采纳。

综上所述，台胞在大陆的抗日活动总体上以1937年的七七事变为标志分为前后两个时期。七七事变之前主要的斗争方向：一是揭露日本殖民者在台湾实施的总督专制统治和对台湾资源的攫取，抨击殖民暴政；二是支持岛内的非暴力政治抵抗运动，发起对"治警事件"的声援；三是特别针对日本殖民者每年举办的所谓始政纪念日活动予以坚决地反对，认为这是日本侵略的烙印，是台湾耻辱的象征，称之为"台耻日"，此为在大陆台胞抗日活动的一个鲜明特点。七七事变之后，抗击日本侵略，维护民族尊严和祖国独立自由，乃至收复祖国宝岛台湾，成为他们的共同追求。无论是台湾义勇队在前线的战斗，还是台湾革命同盟会在后方的团结、呐喊，他们的共同心声正如《台湾民声报》发刊词所言："我们秉承先人遗志，多年流亡在外，奔走呼号，历经艰危，不断苦斗，其唯一愿望也是为挣脱日本帝国主义的羁绊，重投祖国怀抱，而使六百万台胞出水火而登衽席。"③ 经过八年抗战血与火的洗礼，终于达成了两岸中国人的共同目标——打倒日本帝国主义，收复祖国领土台湾。

与此同时，海峡两岸人民在抗日斗争中也是相互支持的。近代中国

---

① 参阅吕芳上：《抗战时期在大陆的台湾抗日团体及其活动》，收入《抗战与台湾光复史料辑要》，第4页。
② 《抗战与台湾光复史料辑要》，第7页。
③ 《抗战与台湾光复史料辑要》，第6页。

积贫积弱，长期遭受列强的侵略。清王朝的腐败无能使得台湾被迫割让给日本，继而日本对华二十一条带来的民族危机，使得人们意识到日本帝国主义乃中国最大的威胁，接踵而来的"九·一八事变"和七七事变，使得日本帝国主义与中华民族的矛盾成为中国社会的主要矛盾，团结抗日成为历史赋予包括台胞在内的每个中国人的神圣责任。因此，我们在大陆台胞的抗日斗争中，经常可以看到其对两岸中国人的如下急切呼吁："中国同胞啊！要振作须从台湾做起。台湾是清朝割让予日本为殖民地的。台湾人要洗恨说（雪）耻，正在争取独立，要先建设自治议会。中国同胞有爱国思想者，当然也要负起援助台湾的义务。"① "台湾同胞啊！……应该快和中国同胞协力，来雪恨报仇。"② 又如广东台湾革命青年团号召："祖国现在已进入革命发展的时期，我台胞应认清时潮，急起直追，来参加祖国的革命"，同时呼吁"希望绝对不要忘记一八九五年甲午战争所失去的台湾"！"中国民众团结起来援助台湾革命"③！由此看来，两岸同胞的抗日斗争既各自蓬勃展开，又相互呼应支援，它们一同壮大了抗日斗争的声势，达成了两岸中国人共同抗日的有机结合。

最后，台胞抗日团体针对日本帝国主义分化瓦解台湾民众与大陆民众感情的图谋进行揭露和批判，号召两岸人民团结对敌。针对台籍浪人的所作所为，厦门中国台湾同志会指出，这完全是日本帝国主义离间两岸人民感情的阴谋："日本自领有台湾以来，限制台湾人回祖国；连亲戚间也不得往来，妨害同胞间的相爱互助。更有侵略福建的恶劣手段：即利用台湾人中的败类，于厦门开娼寮、设赌场、卖阿片、紊乱社会，无恶不作。"④ 他们强烈呼吁："在厦台湾人同胞啊！我们台湾人并不是日本人。日本人是我们的仇敌。应该排斥，不该亲近。""在厦须求正业，岂可受日本人恶用。"⑤ 李友邦领导的台湾义勇队也揭露日本帝国主义"强迫利诱得一部分无知识的浪人、刑事犯、杀人犯，这些民族败类到汕头、厦门、福州来，做他们的工具、傀儡，来实施挑拨离间中台

---

① 《抗战与台湾光复史料辑要》，第 156 页。
② 《抗战与台湾光复史料辑要》，第 156 页。
③ 《台胞抗日文献选新编》，第 298、299、304 页。
④ 《抗战与台湾光复史料辑要》，第 155 页。
⑤ 《台胞抗日文献选新编》，第 296~297 页。

间感情的诡计"①，并且一针见血地指出"日本人的目的在消灭祖国对于台湾的心"②。在台湾抗日团体的影响下，大陆民众对台湾人的观感有了一定积极的变化，从大声呼唤"勿以台胞多为坏人，而忽略台湾革命者在抗战中所起的作用"，发展到"勿以台胞多好人，而忽略台籍浪民之破坏行动"③。显然，大陆民众已经逐渐将台籍浪人与台湾抗日人士区隔开来，并对台胞抗日斗争给予了积极的正面评价。

二、台胞对于台湾前途命运的思考

台胞在大陆的抗日活动，除了声援大陆民众反帝爱国运动，对抗共同的敌人——日本帝国主义之外，更为关注的无疑是台湾本身。在此过程中，不可避免地要面对台湾的前途命运问题。换句话说，在大陆台胞所进行的抗日活动是为了一个什么样的台湾而奋斗？在他们的理想中台湾的未来究竟应当走一条什么样的道路？

大陆台胞抗日团体对于台湾前途命运的思考，有着历史发展变化的过程，请看台胞抗日团体的相关言论：

1925 年 5 月台湾自治会：

菲律宾，印度，正在运动独立，企图脱离宗主国。然而我等台湾同胞，尚未具一点抗暴实力。与我等在同一命运上之朝鲜人，犹得于国境外自由区域内，高唱恢复祖国之歌；揭扬民族独立之旗。我等台湾人望尘莫及。

倘有参加世界弱小民族解放运动，获得自由，解放束缚，建设自由平等天国之希望；则我等台湾遗民，必不惜抛多数生命，溅多量鲜血；进随不愿为亡国奴隶之菲律宾，及印度诸同志之后以前进。④

1925 年 6 月台湾自治会：

（日本）外戴中日亲善假面具，内心包藏侵略野望⋯⋯诸君快醒！快醒！诸君须从有名无实之经济绝交梦中清醒！快以实力，开始爱国运

---

① 恒作：《日寇对待汕厦台胞之今昔》，《台湾先锋》第 9 期（1941 年 8 月 5 日）。

② 李自修：《漫然写到台湾复省运动》，《台湾先锋》第 10 期（1942 年 12 月 25 日）。

③ 王坪：《闽台之间》，《台湾先锋》第 6 期（1941 年 1 月 15 日）。

④ 《台胞抗日文献选新编》，第 279 页。

动。同时来帮忙我等亡国台湾同胞之自主"独立"运动。①

由上观之，台湾自治会的斗争目标瞄准了菲律宾、印度及同在日本殖民统治下的朝鲜民族独立运动，对台湾不能如朝鲜"高唱恢复祖国之歌，揭扬民族独立之旗"而顿足慨叹，并将台湾的抗日斗争定位为"自主独立运动"。

1925 年 4 月厦门中国台湾同志会：

我们信奉民族终须独立……中国同胞啊！要振作须从台湾做起。台湾是清朝割让给日本为殖民地的。台湾人要洗恨说（雪）耻，正在争取"独立"，要先建设台湾议会。中国同胞有爱国思想者，当然也有负起援助台湾的义务。②

1930 年 6 月厦门闽南台湾学生联合会：

台湾解放运动的目的是要求台湾"独立"、否认日本帝国主义的存在。换言之，必须要求台湾解放运动颠覆帝国主义的统治。……海外的吾等青年应尽最大的努力来从事反帝爱国运动。妨害反帝运动的都是叛逆者。总之，我等今日纪念六·一七必须有颠覆日本帝国主义的觉悟。然后将"始政纪念日"改成"独立纪念日"。③

与北京的台湾自治会不同，厦门的台湾人学生抗日团体毫不掩饰地提出了台湾"独立"的主张。台湾自治会倾向于支持岛内自治运动——议会设置请愿运动，虽意欲效仿亚洲其他国家的独立运动，但还是较隐晦地表达"自主独立"的指向。厦门闽南台湾学生联合会由于成立之初就有左翼人士的深度参与，因而更具激进色彩，"争取独立"、设立"独立纪念日"等口号旗帜鲜明，对此日本人亦称该团体"策划台湾的民族独立运动"④。

---

① 《台胞抗日文献选新编》，第 283～284 页。
② 《台胞抗日文献选新编》，第 298 页。
③ 《台湾社会运动史》（原台湾总督府警务局编：《警察沿革志》中译本），第 3 册，《共产主义运动》，创造出版社，1989 年，第 370 页。
④ 《台湾社会运动史》（原台湾总督府警务局编：《警察沿革志》中译本），第 3 册，《共产主义运动》，创造出版社，1989 年，第 360 页。

1926 年 6 月南京中台同志会：

台湾被吞并于日本帝国主义以后，日本帝国主义遂用其一切恶毒手
段，向台湾民众行其贪欲无厌之剥削……凡一切人类间不平等待遇，均
使台湾人尝之饱矣。于此时期，台湾人唯一愿望，在于奔走脱离日本帝
国主义羁绊，是极自然之现象。①

显然，脱离日本殖民统治是台湾民众的迫切要求。但脱离之后的台
湾应该往何处去？在中台同志会的人们看来，台湾被割让虽是缘于清王
朝的腐败无能，但也给了台湾人被抛弃的感觉，这种弃民之痛是一种历
史的伤痕。又由于左翼青年对军阀混战、贫弱腐败的政局下政府的不信
任，认为台湾民众有其犹豫和选择的空间，也就是所谓的"自决"问题
的提出。这在大陆台胞抗日团体中是较为独特的。

1932 年 3 月台湾民主党：

本党根据民族自主精神，推翻异民族日本帝国主义者统治，以建设
台湾民族之民主国为目的。②

1933 年 10 月台湾民主党：

……为我大汉民族争光荣；为我台湾同胞争自由。基于民族自主精
神，创立台湾民主党。团结台湾四百万汉民族，打倒日本帝国主义，推
翻日政府，建设台湾民主"独立"国。③

毫无疑问，台湾民主党的"建设台湾民主独立国"的主张在当时大
陆台湾人抗日团体中是较为特立独行的，尽管诸如厦门台湾学生联合会
也提出过"台湾独立成功万岁"的口号，但以成立"独立"国为号召，
还是不多见的。

从以上我们列举的在大陆台湾人抗日团体就台湾前途命运的诉求来
看，尽管口号、主张各有不同，但以所有可能的方式谋求摆脱日本帝国
主义的殖民统治、使台湾人民获得"独立"自由则是其不变的宗旨所
在。以历史发展的脉络而言，他们的主张有着从模糊、隐晦朝逐渐明晰

---

① 《台胞抗日文献选新编》，第 300 页。
② 《台胞抗日文献选新编》，第 315 页。
③ 《台胞抗日文献选新编》，第 317 页。

方向发展的趋势。换句话说，到了20世纪30年代初，谋求台湾"独立"已经成为在大陆台胞抗日团体近乎一致的政治诉求。

那么这个时期台胞抗日团体提出的台湾"独立"的内涵究竟是什么呢？其实从上引史料我们已经很容易看到，20世纪20～30年代在大陆台湾人抗日团体所主张的"台湾独立"，是针对日本帝国主义的，是要脱离日本在台湾的殖民统治而"独立"，是殖民地人民反抗和摆脱殖民宗主国统治的正义斗争。无论是"独立"口号还是"建设台湾民主独立国"的设想，都是针对日本的，与现在针对台湾人的祖国中国而叫嚣的"台独"论调风马牛不相及，这是应予特别注意的。依此逻辑，台湾"独立"本身就不可能是在大陆台湾人抗日团体的最终诉求，历史事实也正是如此。请看中台同志会的下述言论：

> 本会工作之第一步，即在唤醒两地民众实际要求事项之意识，使对本会抱有将来之希望。首先使中台内地民众，完全摆脱日本帝国主义之羁绊；然后使中台两地民众，再发生密接之政治关系。①

也就是说，在台湾人抗日团体看来，台湾的前途命运应当遵循如下的路径前行：首先是脱离日本殖民统治，然后是与祖国的再结合。时代的特性和复杂的社会历史背景决定了在大陆的台胞抗日团体对于台湾前途的如此特殊的设计方式。对此台湾义勇队总队长李友邦在一篇题为《台湾要"独立"也要归返祖国》的文章中作了十分透彻的阐述，特摘引如下：

> 首先，我们应知道，台湾曾是中国之一省，台湾五百多万人，除掉二十万的生番而外，都是从福建、广东过去的中国人；但是，我们也应知道，一八九五年满清曾正式地在大压力之下，不得已把台湾割让给日本帝国主义了。
>
> 这样的事实，决定了台湾革命目的的两面性，就是，一方面，他要求"独立"；同时，另一方面，他要求返归祖国。
>
> 要求"独立"和要求返归祖国不是冲突的吗？是不冲突的。
>
> 什么是台湾的"独立"呢？台湾的"独立"，是在国家关系上，脱

---

① 《台胞抗日文献选新编》，第302页。

离外族（日本）的统治，是对现在正统治着台湾的统治者而言。作为被压迫于日本帝国主义者之下的台湾民族，他是要对其统治者斗争，以争取能够自己处理自己，自己决定自己的前途的权利，被锁紧地压迫在日本帝国主义的铁蹄下的台湾民众，迫切地需要的是这个。

但"回唐山去啊?"从前是，现在也还是台湾五百万民众的口头禅。"唐山"指的就是中国，要归回中国的热情，除了少数丧心病狂的作日本帝国主义的走狗的败类而外，这已成为一般台湾民众的要求，所以台湾要归返中国。

因此，在对日本的关系上，台湾和朝鲜完全一样；在对中国的关系上，台湾和朝鲜又稍有不同。同时在对日本的关系上，台湾与祖国内部的任何一省都不同；在对祖国政府的关系上，又都彼此有异；这样的事实造成了台湾革命的复杂性，他第一，必须以台湾作为日本帝国主义的殖民地而向他争取"独立"；第二，他又须以台湾作为中国之一部分，而且适应着全民的要求要归返祖国。

所以这两个目的，是同时为台湾革命所具有，他不能缺掉第一个，因为《马关条约》以后，祖国政府已不得不把台湾认为日本所有，所以台湾革命已不得不成为台湾五百万民众自己的事，而祖国政府不能是主动的，除非他提出"收复台湾"的口号。既然由台湾五百万民众方面出发，所以他首先必须作争取"独立"的斗争。同时又不能缺掉第二个。在前清割让台湾的时候，台湾五百万民众不得不由中国的政治机构脱离而又不愿屈服于日本帝国主义者，所以，在一八九五年曾一度有民主国之成立。以后，在祖国抗战胜利而台湾"独立"革命成功时，祖国当是一个崭新的三民主义的国家，台湾民众归返祖国的要求，当可以得到。故同时，台湾革命者又以归返祖国作为其革命目标之一。……所以我们说，台湾（要）"独立"又要归返祖国。①

概而言之，台湾问题的历史原点乃由于 1895 年不平等《马关条约》导致台湾被迫割让并沦为日本殖民地，尽管《马关条约》是日本侵略中国强迫签订的不平等条约，但在当时的历史条件下，它是日本占据台湾的法律依据，是"有效"的。正如李友邦所言，除非中国政府提出收复

---

① 李友邦:《台湾要独立也要归返中国》,《台湾先锋》第 1 期（1940 年 4 月 15 日）。

台湾的口号，否则台湾要想脱离自身的殖民地地位就只能靠台湾民众自己，中国就只能在道义上或秘密渠道上予以支持。这样一来，台湾革命首先就是脱离日本帝国主义，然后才能依据台湾民众的爱国热情和民族感情，踏上回归祖国的道路。这就是台湾前途命运的二阶段论：台湾需要先"独立"，然后回归祖国。由此可见，在大陆台胞抗日团体的"台湾独立论"，与"台湾回归祖国论"非但是不矛盾不冲突的，而且是有机结合的一个整体，对于这样一种既矛盾又统一的关系，台胞抗日人士黄玉斋在当时就有过精辟的分析，他说：

> "台湾独立派"这派发达很早，如本书前面所讲的，说他是"台湾独立派"亦可；说他是"台湾光复派"也无不可！我们所谓台湾人，个个都是中国人。总而言之，所谓"台湾独立派"舍去极端自主外，都是要做中国的一省呀！最近极端"独立"派的论调是说："现在中国内受军阀横行，外受列强压迫，几乎自身不能顾了，焉能顾及我们台湾呢？"他们的结论还是：现在应该台民治台民，将来还是做中国的一部分！[1]

显然，台湾"独立"是台湾革命者现当时要做的头一件事，回归祖国是获得"独立"自由后的台湾民众将来要做的第二件事，这就是"台湾独立派"也是"台湾光复派"，台湾要"独立"也要"回归"祖国的辩证统一关系。直到1941年12月9日中国正式对日宣战，公告废除包括《马关条约》在内的所有不平等条约，台湾主权归属中国的地位确定后，上述台湾回归二阶段论中的第一个阶段——台湾"独立"才失去了存在的基础，而与第二阶段——回归祖国合二为一，因为李友邦所提到的跳过台湾"独立"阶段的前提条件——"除非它（祖国）提出收复台湾"已经变成为现实。正是顺应这一历史变化，台湾义勇队随后提出了"保卫祖国、收复台湾"的响亮口号。[2] 打倒日本帝国主义、收复祖国领土台湾，便从此真正成了在大陆台胞抗日团体的唯一选择。

20世纪80年代以来台湾岛内及海外的台湾史研究中，一部分"台

---

① 汉人：《台湾革命史》，收入黄玉斋：《台湾抗日史论》，海峡学术出版社，1999年，第332页。

② 《三民主义青年团中央团部台湾义勇队分团部团员大会宣言》，《台湾青年》第8期（1943年3月11日），转引自《抗战与台湾光复史料辑要》，第243页。

独"理论者出于意识形态的需要，对台湾史进行了偏离历史事实的解读。其中一个流行的论调即是：由于日本的殖民统治、外来文化的强力渗透及日本殖民者推行的将台湾与大陆相分离的政策，促使台湾开始走向了"脱中国化"的轨道。他们声称日据时期台湾人与祖国的关系是建立在想象的基础上的，甚至有人进一步说"台湾与中国大陆的关系不是想象的（imagined）共同体而是幻想（imaginary）的共同体"①。还有人找到一些资料显示日据时期部分从事反抗日本殖民统治活动的台湾人曾经提出"台湾独立"的主张，便如获至宝、武断地认为台湾人追求"独立"的历史可以追溯到 20 世纪 20 年代。② 事实上，这种与历史事实不符的观点逐渐被态度严谨的学者所驳斥，譬如陈翠莲教授透过对台湾人祖国游记的分析，指出当时台湾人对祖国的了解并不缺乏，而血浓于水的民族感情自发地促使着他们为落后的祖国进行着竭尽所能的辩护。③ 本文揭示的台湾人在大陆的抗日斗争历史更明确地告诉世人，日据时期台湾人开展的所谓"台湾独立"运动实际上是殖民地人民反抗和谋求摆脱殖民宗主国统治的正义斗争，是针对日本殖民者的，并且所谓的"台湾独立"仅仅是走向与祖国相结合的一个步骤而已。这些都与当今某些针对台湾人祖国中国的"台独"叫嚣风马牛不相及。此间台湾民众为人们展示的更多的是强烈的民族意识、祖国情怀而不是相反，这对于一些急于想为"台独史观"寻找历史依据的人来说恐怕是件具有讽刺意味的事。

---

① 荆子馨：《成为日本人——殖民地台湾与认同政治》，麦田出版社，2006年，第 113 页。
② 卢修一：《日据时代台湾共产党史》，"序"，前卫出版社，1990 年。
③ 陈翠莲：《台湾人的抵抗与认同——1920～1950》，远流出版公司，2008年，第 221 页。

光复初期国民政府对台北帝国大学接收及改制的困境

——以罗宗洛、陈仪之争为中心的考察

杨荣庆 *

1945 年 8 月，日本战败，台湾复归中国。10 月，陈仪受国民政府之命前往台湾，全面负责台湾接收事宜；同时，国民政府教育部亦派罗宗洛为特派员前去台湾，接收台北帝国大学。罗于 1945 年 11 月 15 日正式接收台北帝大，后代任校长，半年有余，1946 年 5 月离台。

台北帝国大学是日本政府于 1928 年在殖民地台湾设立的大学。该校初设文政与理农两个学部，1936 年增设医学部，1939 年增设热带医学研究所，1943 年增设工学部，同年理农学部分立，又增设南方人文及南方资源科学研究所。从 1928 年创办至 1944 年，台北帝大计有文政、理、农、工、医 5 学部，3 研究所，是一所规模庞大的完整大学。台北帝大采行讲座制，至 1944 年计有文政学部 25、理学部 13、农学部 22、医学部 24、工学部 30 讲座，计 17 学科，114 讲座，其他附属机构尚有图书馆、农场、医院、热带医学研究所等，[②] 有教员 201 人，职员 541 人，学生 934 人。[③]

太平洋战争末期，日本为因应战时情况，一方面缩短学制，高等学校高等科及台北帝大预科缩短为两年；另一方面因人员短缺而从生徒（日本人称大学生以下的学生为生徒）中征兵，1945 年春入学的台北帝大预科学生，入学后即全部开赴淡水枧头驻防；另外因美军空袭台湾，

---

   * 作者单位：南京大学台湾研究所。

   ② 松本巍：《台北帝国大学沿革史》，蒯通林译，1960 年，未刊稿，第 10 页。

   ③ 陈达夫：《日人统治下之台湾教育》，国民政府教育部档案〔五 2592〕，陈鸣钟、陈兴唐编：《台湾光复和光复后五年省情》上册，南京出版社，1989 年，第 357 页。

台北帝大也遭到轰炸，尤其以图书馆及文政学部损毁严重，[①] 满目疮痍。

台湾光复后，百废待兴。对于台北帝国大学而言，恢复与重建工作任务十分繁重。作为接收台湾最高领导人的陈仪以及接收台大的直接负责人罗宗洛理应精诚团结，通力合作，克服种种困难，迅速地促使台大消除战争创伤，走上教学、科研正轨。然而，事实并非如此。由于体制因素，也由于陈仪、罗宗洛办学思想理念的迥异，双方矛盾甚大，最后势同水火，罗宗洛也被迫离台。

陈、罗斗法，固然给台大的恢复与重建带来不小的障碍，对台大的事业发展乃至于光复初期台湾教育事业的发展带来相当大的损失，然而，究其是非，却难以单纯地判定谁对谁错。本文试图对陈、罗斗法的原因、过程作一拼图式的再现，以求方家指正。

一、迥异的理念：罗宗洛的办学思想与陈仪的教育主张

1945 年 9 月，国民政府任命陈仪为台湾省行政长官，赴台接收；与此同时，教育部长朱家骅亦借调中央研究院植物研究所所长罗宗洛，以教育部台湾区特派员身份，前往台湾接收台北帝国大学。

对于台湾接收工作，蒋介石有电明令："查台湾（含澎湖列岛）之受降、接收、警备，业经令由台湾省行政长官警备总司令陈仪全权负责在案，关于一切接收事项因台澎情形特殊，为齐一步骤，免致分歧贻误起见，各部会署所接收人员应尽可能纳入台湾省行政长官公署或警备总司令部组织之内，其必需另行组织者亦概受陈长官统一指挥，俟接收完了再行清划职权复归各主管部会署之节制。"[②] 无疑，此电令赋予了陈仪在接收台湾各项事务上极大的处置权力，从权力结构及行政伦理看，负责接收台北帝国大学的罗宗洛自然亦在陈仪的统一指挥之下。

对于如何接收台北帝大，陈仪自然有其想法，事实上，他很早就认识到了大学的功能。早在 1939 年福建主政期间，陈仪即积极筹办省立福建大学，目的是培养专门人才。在《闽政月刊》中陈仪发文指出："据大学组织法的规定，大学的宗旨有二：一是研究高深学术，二是养

① 李东华、杨宗霖编校：《罗宗洛校长与台大相关史料集》，台大出版中心，2007 年，第 2～4 页。

② 中国第二历史档案馆、海峡两岸交流出版中心：《馆藏民国台湾档案汇编》，第 35 册，九州出版社，2007 年，第 205 页。

成专门人才。论到专门人才，本省现在确已感到供不应求。"① 可见，对于大学陈仪是有着清晰的认识的。1944 年 5 月，陈仪写信给时任教育部长的陈立夫称："台湾收复以后，应做的工作自然很多，但弟以为最重要的一种却是教育。"② 陈仪认为，近 50 年的日本殖民统治所推行的奴化教育，已使台湾民众深受奴化毒素的影响，因此"收复之后，顶要紧的是根绝奴化的旧心理，建设革命的心理，那就为主的要靠教育了"，③ 并主张"在教育上须一扫奴化主义，使台湾同胞恢复其固有的民族意识，国家观念，并普及教育机会，提高文化水准"。④

到台湾后，1945 年底，陈仪发表广播讲话指出："明年（1946）度的心理建设工作（文化建设），我以为要注重于文史教育的实行与普及。"⑤ 他在另一次训话中则指出："目前台湾的一切建设工作，以建设人的工作最为重要，建设人的工作原有治本与治标两面，治本当要从教育入手，但是这样太慢了。至于治标方面那就是赶紧训练一批人以应付当前急迫的需要。"⑥ 因此陈对台大的主张是："1. 台大应中国化，凡日籍教授除学术有特殊研究可留用者外，其余教职员一律遣送回国；2. 经费不要浪费（按台大前送公署之预算每月台币八百万元折合国币约两亿四千万）；3. 学术与企业密切配合，如教授中有相当研究者而能做到与产业配合，凡所有台湾省属试验研究场所，均可使其兼任。"⑦

由上可见，陈仪针对战后台大的要求主要在于两个重点：1. 尽快将台大从严重的"日本化"转到"中国化"来；2. 台大的教学科研目

---

① 陈仪：《省立福建大学的筹办》，福建省政府秘书处公报室：《闽政月刊》1939 年第 2 期，第 180 次省政府委员会议报告之一，第 10 页。

② 陈仪：《陈仪致陈立夫函》，1944 年 5 月 10 日，陈鸣钟、陈兴唐主编：《台湾光复和光复后五年省情》上册，第 58 页。

③ 陈仪：《陈仪致陈立夫函》，1944 年 5 月 10 日，陈鸣钟、陈兴唐主编：《台湾光复和光复后五年省情》上册，第 58 页。

④ 陈仪：《台湾前途的展望》，《东南海》第 1 卷第 6 期，1944 年 11 月，第 7 页。

⑤ 《民国 35 年度工作要领——34 年度除夕广播》，台湾省行政长官公署宣传委员会编：《陈长官治台言论集》第 1 辑，台湾省行政长官公署宣传委员会，1946 年，第 45 页。

⑥ 陈仪：《训练与学习——中华民国 35 年 2 月 7 日对宣传人员与会人员班讲》，《台湾省地方行政干部训练团团报》第 1 卷第 2 期，1946 年 3 月 16 日，第 1 页。

⑦ 中国第二历史档案馆、海峡两岸交流出版中心：《馆藏民国台湾档案汇编》，第 164 册，第 249 页。

标主要是为台湾的恢复与重建直接服务。

对此，罗宗洛有不同的见解，而这种见解得到时任教育部长朱家骅的支持。早在重庆，罗宗洛与朱家骅商量接收台北帝大事务时，罗就认为："台北帝国大学，与日本本土的帝国大学齐名，学术水平甚高，应由教育部接收，可办成与北大、清华、中大、浙大并列的著名大学。"①朱家骅甚为赞同。鉴于台大规模大，有6个学院，朱认为单独一人掌管不了，可约人辅佐。罗推荐了具有留日背景的浙大教授陈建功、苏步青、蔡邦华，中央大学教授陆志鸿，中央研究院地质学研究所研究员马廷英等人同行。朱家骅予以同意并交代如下："1. 要完整接收，避免损失；2. 接收后即筹备复课，可暂留日籍教师担任功课，以后随时逐步找到适当的我国教授接任；3. 暂时一仍旧贯，求得稳定，以后逐步按我国规章改正。"② 可见，朱家骅与罗宗洛的设想基本一致，即先设法将台北帝大全盘接收下来，稳定秩序，再逐渐将"日本式"的台北帝国大学变成"中国化"的台湾大学。

1945年11月15日，罗宗洛率陆志鸿、马廷英及杜聪明、林茂生等人与前台北帝大总长安藤一雄完成接收手续，台北帝大进入历史的烟尘。经国民政府行政院决议及教育部令，台北帝大于1946年1月正式更名为"国立台湾大学"，由教育部直接管理，罗宗洛为首任校长，陈建功为教务长，陈兼善为总务长。③

为阐明自身的办学主张，罗宗洛1945年11月21日发文指出："大学之目的在于真理之要求，为人群谋福利，……学术无国界，台北大学不可以台湾之大学自居，局促于小范围之内，台北大学虽以台北得名，然非台湾之大学，乃中国之国立大学，吾人必须努力，使成为世界之大学。"④

同时罗也强调："大学不要使政治意识指导学术之研究，大学之职责为探求真理，不为时空所限，研究环境须有绝对自由，所导入近视的

---

① 黄宗甄：《科学巨匠：罗宗洛》，河北教育出版社，2001年，第128、135页。

② 罗宗洛：《回忆录》，载《植物生理学通讯》第35卷第1期，1999年，第87～88页。

③ 欧素瑛：《传承与创新：战后初期台湾大学的再出发（1945～1950）》，台湾古籍出版有限公司，2006年，第25、54页。

④ 罗宗洛：《国立台北大学之展望》，《台湾新生报》1945年11月21日，录于殷宏章等编：《罗宗洛文集》，科学出版社，1988年，第473～474页。

功利主义，甚至以大学为政治行动之工具，则大学前途不堪设想者。"①因此要造成一个理想的大学，"其必具之条件为优良之导师，优秀之学生与完美之设备。为探求真理，必须招致富有学识及经验之学者，来此讲学研究，并使资养成一代学者之责任，其人选应以其学问人品为标准，不宜存国别、种族、门阀、派别之偏见。大学须保持一定程度，不可迎合世俗之意见，而行粗制滥造是也。须知学术之事不能速成，招收一群程度不够之学生，置于大学之内，除破坏大学之工作，别无好处，且将粗制滥造而产生之大学毕业生送入社会，徒有百害而无一利。"②

由此可见，罗宗洛认为大学是"研究高深学术、养成专门人才"的场所，其目的在于"探求真理，为人群谋福利"，而台大应该是为此目的而努力的全国性甚至是世界性大学，绝非局限于台湾一隅的地方性大学。而要达到这些目标，台大需要"研究环境的绝对自由，排除政治意识的指导，有优良的导师，优秀的学生及充足的设备"。在罗宗洛的心目当中：1. 台湾大学不是台湾的大学，其服务对象当然不能仅仅局限于台湾一岛，而应是全国乃至于全世界；2. 台湾大学应该是纯学术机构，不应为政治服务也不为政治所左右。学术是无国界无阶级的，因此，"日本化"也罢，"中国化"也罢，都是无足轻重的。学术水平之高低，才是办大学的重中之重，是大学不可稍坠的终极目标。

显然，罗宗洛的理念带有相当大的理想主义色彩，与陈仪实用主义教育理念相差实在太远！两种迥然不同的思想和主张，在台大的接收与改制的过程中不可避免地发生碰撞。

平心而论，大学从来没有脱离过政治，高等教育在相当程度上是为政治服务的。日据时期的台北帝国大学何尝不是如此！

台北帝国大学的立校精神，依照日本大正七年（1918）颁布的《大学令》第一条："大学以攻究国家进展所必要之学理及有关应用之蕴奥为目的，以陶冶学徒之人格，涵养国家思想为使命。"③ 但与日本内地帝国大学不一样的是，台北帝大不归文部省管理，而由台湾总督府直接管辖，其目标与定位具有较大的特殊性，诚如上山满之进（日本驻台湾

---

① 罗宗洛：《国立台北大学之展望》，《台湾新生报》1945 年 11 月 21 日，录于殷宏章等编：《罗宗洛文集》，科学出版社，1988 年，第 473～474 页。
② 罗宗洛：《国立台北大学之展望》，《台湾新生报》1945 年 11 月 21 日，录于殷宏章等编：《罗宗洛文集》，科学出版社，1988 年，第 473～474 页。
③ 《台北帝国大学一览》，台北帝大出版，1943 年，第 31 页。

第 11 任总督，1926.7～1928.6）所言："考虑本岛今日之事情，……以玉成忠良之国民为当前之急务。……（本大学）虽以钻研一般科学为目的，亦要发挥东洋及南洋之特色，因此进而研究台湾之地位及沿革；其人文科学以东洋道德为骨髓，努力于文明之显微阐幽，而自然科学应以研究热带、亚热带之特异事象为其使命。"①

由此可知，台北帝大作为殖民地大学，其研究对象以台湾及华南、南洋为主，具有发扬东洋与南洋特色的学术定位，其学术研究成果往往成为台湾总督府和日本政府决策的重要参考，明显扮演日本南进政策辅助机关的角色；另一方面，台北帝大还有教化并塑造殖民地人民的国家认同与忠诚的特殊目的兼以收容殖民地台湾青年，以免其赴日本国内或外国留学而受反日或赤色思想的影响，造成殖民地统治的困扰。②

显然，台北帝大在相当程度上是为日本在台湾乃至在东南亚地区殖民主义活动服务的，其教学、科研的目的也并不是以纯粹的学术为目标。当中国政府接收后，理应对其进行"中国化"改造，使其为中国、为光复后的台湾服务。但是，有两个盲点应该避免：1. 以政治挂帅，以意识形态主导一切，使得大学完全成为政治的附庸；2. 没有目的、不问服务对象的学术至上主义。

但偏偏陈仪、罗宗洛两造双方各持一柄，各执一词，没有沟通，没有交流，最终形成对立。

二、陈仪利用台湾民众反日情绪反对罗宗洛留用日籍教师

光复初期的台湾，人口只有 600 万，却有着 5 个研究所、文法理工农医学科齐全的大学 1 所、农工商医学校 4 所，相对大陆其他省市而言，高等教育颇为发达。国民政府接收后，若不使停顿，首先面临的便是师资问题，解决师资的途径大概有三：1. 从台湾籍教员中提拔、留用；2. 从大陆高校、研究机构选调；3. 留用日籍教师。

"从台湾籍教员中提拔、留用"一路实在无法走通。在五十年的殖民统治过程中，日本严格限制和压缩台湾人接受高等教育。以 1931 年

---

① 黄得时：《从台北帝国大学设立到国立台湾大学现况》，林衡道主编：《台湾文献》第 26～27 卷第 4、1 期合卷，1976 年 3 月，第 229 页。

② 吴密察：《从日本殖民地教育制度看台北帝国大学的设立》，吴密察：《台湾近代史研究》，稻乡出版社，1990 年，第 167 页。

台北帝大第一届毕业生为例，46 名毕业生中台湾人仅 5 名；而自 1928
年台北帝大创校到 1944 年总共 16 届毕业生中，台湾人仅 219 人，其中
有 131 人习医。[①] 这种局面，导致台湾籍教师少之又少。至 1944 年，台
北帝大 201 名教员中，仅杜聪明一位台籍教授而已，另外有一名台籍助
教。据 1933 年毕业于台北帝大并于同年 4 月担任文政学部副手的吴守
礼回忆：“我 25 岁大学毕业，一直到 30 岁这段期间都当副手。……不
知是自己憨慢，还是咱台湾人条件不合，这就不用说了，总之，我升不
上去，他们从日本找人来，其实资历也和我前后期或早我一点点。”[②]
个中悲苦辛酸，一览无遗。台北帝大对台湾人的打压、限制，由此可见
一斑。

罗宗洛等接收台北帝大后，也有意提拔、新聘台湾籍教师，如
1945 年 10 月即提拔吴守礼担任台湾大学讲师，同年 12 月晋升其为副
教授。据统计，至 1945 年底，按照学力、资历予以擢拔，共计新聘台
籍教职员 134 名，其中教授、副教授有 28 名，[③] 但对偌大的台大而言，
这点师资显然无法保证其正常运行。

至于从大陆高校、研究机构遴选教授，首先遇到两个困难，“第一，
语言的困难，台湾学生既不会听，亦不会讲国语，若非精通日语的教
授，实无法讲授。第二，教授的水准，台大现在在学的学生，都是经过
高等学校或预科而来的青年，教育水准相当高，并非日本留学生任何人
都可来教，必须达到相当的水准，教学与研究都有成就的教授，才能胜
任。”就战后的中国大陆而言，正是复员与混乱的时期，符合要求者委
实不多，且赴台任教教师的待遇并不优厚，留日的人才大都已经任职学
校或研究机关，待遇相差不多甚或反而不如原机关的话，谁肯前去受
罪。[④] 因此该方案亦难以施行。

于是，留用日籍教师似乎成为必然。事实上，当时，台湾“专校以

---

① 洪炎秋：《台北市志稿》第 7 卷，教育志，台北市文献委员会，1958 年，
第 64 页。

② 陈奇禄等：《从帝大到台大》，台湾大学出版，2003 年，第 16 页。

③ 《接收台北帝国大学报告书》，其中的“三、接收后之处理；本省人员之登
用”，李东华、杨宗霖编校：《罗宗洛校长与台大相关资料》，台大出版中心，2007
年，第 176～177 页。

④ 叶曙：《病理卅三年》，传记文学杂志社，1982 年 3 月，第 127 页。

上学校教员多半是日人，⋯⋯高等学校人数共 957 人"[1]，日籍教师是台湾高校教师的主体，这是不争的事实。面对现实，罗宗洛召集全体台大学生致辞时，一方面强调"本大学为国立大学，故应中国化"，但"改革必须采取渐进的步骤。⋯⋯台北大学之使命，不仅在于开发台湾之产业，应为中国研究学术之中心，故程度不可降低，设备应求扩充，优秀学者不问其国籍省籍，出生何地，应尽量招聘，予以种种便利，使其安心研究讲学"[2]。这里罗宗洛"筹备复课、暂留日籍教师、一仍旧贯、求得稳定、渐求改革"正是按照朱家骅的交代一一去办。

但罗宗洛的想法却遭到台大师生的强烈反对。台北帝大唯一的台籍教授杜聪明指出："台胞学生不愿再受日人之教，欲乘此机会将日人在台势力一扫而光。如人才不足时，宁延聘欧美学者，再不然不惜暂时停顿，甚至降低程度。"[3] 其后，不仅有文政学部、医学部学生代表面见罗宗洛陈述不可留用日籍教授之意见，甚至医学部学者亦有六七人面见罗宗洛，表达无需留用日籍教员之愿。理由是："当时在职之日籍教授著名者不多，而台籍学者优秀者甚多，可取而代之。日籍教授向来压迫台湾人不使抬头，留之亦未必肯热心指导。"[4]

从感情上讲，台湾民众被日人压制五十余年的情绪必欲一畅而后快，对留用日籍教授感情难以接受，完全可以理解。罗也认为他们言之有理，但为不使台大教育程度降低，他坚持留用日籍教师。据负责接收

---

[1] 陈仪：《陈仪致陈立夫函》，1944 年 5 月 10 日，陈鸣钟、陈兴唐主编：《台湾光复和光复后五年省情》上册，第 58 页。

[2] 罗宗洛：《接收台湾大学日记》，1945 年 11 月 18 日，10 月 18 日，10 月 25、26 日，11 月 6 日，11 月 7 日，11 月 7 日，11 月 28 日，11 月 28 日，12 月 5 日，1946 年 1 月 7 日，1 月 21 日，1 月 24、25 日，1 月 16 日，1 月 29 日，4 月 25 日，5 月 6 日，5 月 10 日，5 月 18 日。日记见李东华、杨宗霖编校：《罗宗洛校长与台大相关资料》，第 199～312 页。

[3] 罗宗洛：《接收台湾大学日记》，1945 年 11 月 18 日，10 月 18 日，10 月 25、26 日，11 月 6 日，11 月 7 日，11 月 7 日，11 月 28 日，12 月 5 日，1946 年 1 月 7 日，1 月 21 日，1 月 24、25 日，1 月 16 日，1 月 29 日，4 月 25 日，5 月 6 日，5 月 10 日，5 月 18 日。日记见李东华、杨宗霖编校：《罗宗洛校长与台大相关资料》，第 199～312 页。

[4] 罗宗洛：《接收台湾大学日记》，1945 年 11 月 18 日，10 月 18 日，10 月 25、26 日，11 月 6 日，11 月 7 日，11 月 7 日，11 月 28 日，11 月 28 日，12 月 5 日，1946 年 1 月 7 日，1 月 21 日，1 月 24、25 日，1 月 16 日，1 月 29 日，4 月 25 日，5 月 6 日，5 月 10 日，5 月 18 日。日记见李东华、杨宗霖编校：《罗宗洛校长与台大相关资料》，第 199～312 页。

第一附属医院的翁廷俊回忆："六人小组本来无意留用日籍教授，但是，来台接收台北帝大的三位特派员表示，教授是无价之宝，如同战利品一般，应该予以留用。于是六人小组决定，除了一名平常最看不起台湾人的病理科武藤教授外，凡是愿意留下来的日本教授，均继续聘用。"① 最后，在反复角力之后，台大留用日籍教授近 90 名。

台湾民众强烈的反日情绪显然对罗宗洛等人的学术理性带来一定的冲击，而作为台湾省行政长官的陈仪，不但不肯为罗宗洛等转圜，反而主张台大文政学部教授以"不留用"为原则，宣称师资"应该用本国人，大量培养以备补充，是重要不过的工作"②。显然，这是罔顾实情的，然而，这看似爱国的立场，实际上为台大师生的反日情绪起到推波助澜的作用，给罗宗洛等人的工作带来极大的障碍。

三、行政长官公署与罗宗洛在台大人事方面的扞格

在接收台北帝国大学前后，台湾省行政长官公署与国民政府教育部、罗宗洛等在台大人事安排上矛盾重重，争夺激烈。

就台北帝大接收后的校长人选而言，陈仪在重庆时多次向蒋介石建言并谈妥以考试院考选委员许寿裳出任，但许寿裳身为鲁迅密友而被国民政府猜忌，掌管教育体系的陈立夫和朱家骅另派了考试院考委会委员长陈大齐为接收后的台大校长。因陈大齐事务缠身，便另派罗宗洛为特派员前去接收台北帝大。

罗宗洛一面准备赴台接收，另一面则与朱家骅谈妥：因植物研究所迁沪，他不能久留台湾，自己只负责接收，一旦接收完毕，即请派正式校长赴台接任。③ 校长人事的不确定，为后来的纠结预埋了种子。

1945 年 11 月 6 日，作为负责接收台北帝大的特派员罗宗洛与杜聪明、马廷英及范寿康一同拜见陈仪。陈仪说："（校务委员）可不顾一

---

① 《盘古开天》，杨思标等编：《枫城四十年》，台大医学院，1985 年，第 49 页。六人小组是李镇源、许辉煌、许强、赖肇东、翁廷俊及杜聪明，为接收时期医学院决策中心。三位特派员指罗宗洛、陆志鸿及马廷英。

② 《民国 35 年度工作要领——34 年度除夕广播》，台湾省行政长官公署宣传委员会编：《陈长官治台言论集》第 1 辑，台湾省行政长官公署宣传委员会，1946 年，第 45 页。

③ 黄宗甄：《科学巨匠：罗宗洛》，河北教育出版社，2001 年，第 128、128、135 页。

切，进行改造，凡应做者，不必待新校长。"① 看得出陈仪并不以教育部安排的校长为意。11 月 7 日，罗宗洛再次拜会陈仪，陈告诉罗，他"已向教育部提出以罗为台北大学代理校长，……已得朱部长之认可，求罗同意；并提出朱光潜、吴芷芳二人，意欲使担任文法二院院长"②。此处陈仪推荐罗为代校长意在安插自己人手，用意很是明显，有借此控制台大的文政学院以推行他的"根绝奴化心理，建设革命的心理"的一贯想法，而以"研究环境之绝对自由，避免政治意识之指导"为思想主导的罗宗洛以容考虑为由，并未同意。

当日下午，罗宗洛即收到省教育处处长范寿康送来的依照陈仪谋士沈仲九之意起草的台大校务委员会组织规程进行计划及院长名字的文书。对此，罗在他的日记中感喟："其（陈仪）欲操控大学之用意，昭然若揭。"为了阻止陈仪等人对台大校长一职的觊觎以及对台大人事的干涉，罗宗洛立即致函朱家骅，促其"速遣内定校长陈百年到任；如陈不能来，可以章鸿钊、陈建功二人为候补，请朱裁夺"③。

在罗未接受陈仪举荐代理校长的建议后，陈仪再次试图推荐许寿裳为台大校长。许的日记载有："1945 年 11 月 18 日，航空寄公洽（附履历）；12 月 27 日，航空寄公洽。为台大校长人选。"④ 在此期间，教育部内定台大校长陈大齐听到陈仪担任台湾行政长官以后，"甚为专横"，唯恐到任后，处处受到掣肘，便于 1945 年 11 月 23 日复电罗宗洛，决

---

① 罗宗洛：《接收台湾大学日记》，1945 年 11 月 18 日，10 月 18 日，10 月 25、26 日，11 月 6 日，11 月 7 日，11 月 7 日，11 月 28 日，11 月 28 日，12 月 5 日，1946 年 1 月 7 日，1 月 21 日，1 月 24、25 日，1 月 16 日，1 月 29 日，4 月 25 日，5 月 6 日，5 月 10 日，5 月 18 日。日记见李东华、杨宗霖编校：《罗宗洛校长与台大相关资料》，第 199～312 页。

② 罗宗洛：《接收台湾大学日记》，1945 年 11 月 18 日，10 月 18 日，10 月 25、26 日，11 月 6 日，11 月 7 日，11 月 7 日，11 月 28 日，11 月 28 日，12 月 5 日，1946 年 1 月 7 日，1 月 21 日，1 月 24、25 日，1 月 16 日，1 月 29 日，4 月 25 日，5 月 6 日，5 月 10 日，5 月 18 日。日记见李东华、杨宗霖编校：《罗宗洛校长与台大相关资料》，第 199～312 页。

③ 罗宗洛：《接收台湾大学日记》，1945 年 11 月 18 日，10 月 18 日，10 月 25、26 日，11 月 6 日，11 月 7 日，11 月 7 日，11 月 28 日，11 月 28 日，12 月 5 日，1946 年 1 月 7 日，1 月 21 日，1 月 24、25 日，1 月 16 日，1 月 29 日，4 月 25 日，5 月 6 日，5 月 10 日，5 月 18 日。日记见李东华、杨宗霖编校：《罗宗洛校长与台大相关资料》，第 199～312 页。

④ 黄英哲等编校整理：《许寿裳日记 1940～1948》，福建教育出版社，2008 年，第 752、756 页。

定不来台湾就职。① 次日，罗致电朱家骅，请从章鸿钊、陈建功二人中择一任校长，并请朱莅台指导。

罗宗洛紧锣密鼓地向教育部搬援兵，陈仪等人也并未稍停其在台大安插人员的步伐。11月28日，罗宗洛忽然接到行政长官公署秘书长葛敬恩来信："顷奉长官（即陈仪）交下手条，为请吴芷芳为法学院长未到，派武守恭代理。"对此，罗表示愤怒："以地方行政人员，竟令秘书长调派教授，此等办法，中国大学史有乎？"② 陈仪此举，也激起校务委员的愤怒，蔡邦华、陆志鸿两位教授随即前去向葛当面质询，葛辩称为介绍性质，并非派任。

随后，由罗宗洛起草、众委员联名致函葛敬恩，痛斥"公署对于大学之指导亦间有异乎寻常者"，并宣称"除电教育部派员接管外，敢请代向长官予以搭乘飞机之便利，俾得早日回部复命"③。显然，在罗宗洛等人看来，行政长官公署对大学的指挥、监督之权，已深度介入大学的人事任用。以政治力指挥大学，则是学校发展之障碍，因此，罗宗洛及校务委员会成员以"罢职回京"为手段，向陈仪抗争，以此来维护大学的尊严，学术的尊严。双方之冲突可谓一触即发。

其后，马廷英忠告陈仪，"不应干涉学校行政，调派院长，苟不改变态度，稍有骨气者皆欲离去"④。此后，陈仪不再调派教授，改用说情的方式推荐人员进台大，如1946年1月7日，让江炼百、于百溪为

---

① 黄宗甄：《科学巨匠：罗宗洛》，石家庄：河北教育出版社，2001年，第128、128、135页。

② 罗宗洛：《接收台湾大学日记》，1945年11月18日，10月18日，10月25、26日，11月6日，11月7日，11月7日，11月28日，11月28日，12月5日，1946年1月7日，1月21日，1月24、25日，1月16日，1月29日，4月25日，5月6日，5月10日，5月18日。日记见李东华、杨宗霖编校：《罗宗洛校长与台大相关资料》，第199～312页。

③ 罗宗洛：《接收台湾大学日记》，1945年11月18日，10月18日，10月25、26日，11月6日，11月7日，11月7日，11月28日，11月28日，12月5日，1946年1月7日，1月21日，1月24、25日，1月16日，1月29日，4月25日，5月6日，5月10日，5月18日。日记见李东华、杨宗霖编校：《罗宗洛校长与台大相关资料》，第199～312页。

④ 罗宗洛：《接收台湾大学日记》，1945年11月18日，10月18日，10月25、26日，11月6日，11月7日，11月7日，11月28日，11月28日，12月5日，1946年1月7日，1月21日，1月24、25日，1月16日，1月29日，4月25日，5月6日，5月10日，5月18日。日记见李东华、杨宗霖编校：《罗宗洛校长与台大相关资料》，第199～312页。

陈礼节说情进台大医学院工作。①

1945 年底，陈仪发表广播讲话指出："明年（1946）度的心理建设工作（文化建设），我以为要注重于文史教育的实行与普及。……现在各级学校，暂时应一律以国语、国文、三民主义、历史四者为主要科目，增加时间，加紧教学。对于公务员与一般民众，应普遍设立语文讲习班之类，使其有学习的机会。其次是增加学生求学的机会。明年各级学校，将于一月间、八月间两次招生。……中学师资的培养，将设文史专科学校。"② 为此，陈仪要求台大扩大招生。台大出于保持教育水准的考虑，未予同意。作为反制，行政长官公署随即宣称："将自办文、法商及农、工学院，且内定周予同、周宪文二人为院长。"③ 这对战后文、法商师资紧张的台大无疑是雪上加霜，罗宗洛因而不得不与省公署达成妥协，"省方不办法商学院，台大聘周宪文为教授兼法商学院院长，并同意办理培养公务员之相关训练事宜，由周宪文主持"④。其后，周宪文再以省立法商学院将创设并拟招生迫使罗再次妥协，以周宪文兼任华南人文研究所所长告一段落。

由上可见，在人事与校务上，行政长官公署与罗宗洛存在诸多扞格，但长官公署权力过大，在政治力的压迫下，台大在人事、校务上不得不与现实趋近，罗宗洛欲维持学术独立、校务自主的愿望也就渐渐落空。

---

① 罗宗洛：《接收台湾大学日记》，1945 年 11 月 18 日，10 月 18 日，10 月 25、26 日，11 月 6 日，11 月 7 日，11 月 7 日，11 月 28 日，11 月 28 日，12 月 5 日，1946 年 1 月 7 日，1 月 21 日，1 月 24、25 日，1 月 16 日，1 月 29 日，4 月 25 日，5 月 6 日，5 月 10 日，5 月 18 日。日记见李东华、杨宗霖编校：《罗宗洛校长与台大相关资料》，第 199～312 页。

② 《民国 35 年度工作要领——34 年度除夕广播》，台湾省行政长官公署宣传委员会编：《陈长官治台言论集》第 1 辑，台北：台湾省行政长官公署宣传委员会，1946 年，第 45 页。

③ 罗宗洛：《接收台湾大学日记》，1945 年 11 月 18 日，10 月 18 日，10 月 25、26 日，11 月 6 日，11 月 7 日，11 月 7 日，11 月 28 日，11 月 28 日，12 月 5 日，1946 年 1 月 7 日，1 月 21 日，1 月 24、25 日，1 月 16 日，1 月 29 日，4 月 25 日，5 月 6 日，5 月 10 日，5 月 18 日。日记见李东华、杨宗霖编校：《罗宗洛校长与台大相关资料》，第 199～312 页。

④ 罗宗洛：《接收台湾大学日记》，1945 年 11 月 18 日，10 月 18 日，10 月 25、26 日，11 月 6 日，11 月 7 日，11 月 7 日，11 月 28 日，11 月 28 日，12 月 5 日，1946 年 1 月 7 日，1 月 21 日，1 月 24、25 日，1 月 16 日，1 月 29 日，4 月 25 日，5 月 6 日，5 月 10 日，5 月 18 日。日记见李东华、杨宗霖编校：《罗宗洛校长与台大相关资料》，第 199～312 页。

四、台大经费之困扰及罗宗洛之离职

大学欲求发展，最为紧要当属经费。战后之初的台大，百废待兴，亟须经费。接收后的台大既直属国民政府教育部，其经费自然应由教育部拨付。1946 年 1 月罗宗洛正式代理台大校长后，于 1 月 16 日拟就预算书，"概（预）算中之经常费部分台币 41 048 350 元，1 348 000 元，临时费台币 21 564 569 元"，① 罗请求国民政府尽速核准台大经费预算，因为前台北帝国大学所余经费只能维持三个月的正常运转。战后台湾货币自成体系，法币未能在台流通，即使教育部通过预算，经费还是从省公署领取，因而，罗请求教育部在通过预算前，"电请台湾行政长官公署每月先行垫拨台币 300 万元，以资维持"。②

1 月 29 日，教育部电复罗宗洛称已电请台湾行政长官公署自 3 月份后每月给台大拨款 300 万元台币；行政长官公署以"台大为国立大学，直属中央教育部，有独立的经费预算，不应由省支应"为由，不予理会。③ 从 1946 年上半年考察台湾教育的孙爱棠采访陈仪并发给教育部的电报来看，陈仪拒绝的理由是："经费不要浪费（按台大前送公署之预算每月台币八百万元折合国币约两亿四千万）。"④ 罗的看法是："台湾大学战前经费八百万台币，现物价已增十倍，故四千万台币不为多。"⑤ 而从 1946 年 5 月 11 日罗在台湾省参议会上的报告来看："概算中之经常费部分台币有 41 043 250 元，美金有 348 000 元，临时费有台

---

① 《接收台北帝国大学报告书》，"四、事务，卅五年度预算概算书之编成"，李东华、杨宗霖编校：《罗宗洛校长与台大相关资料》，第 186 页。

② 罗宗洛：《接收台湾大学日记》，1945 年 11 月 18 日，10 月 18 日，10 月 25、26 日，11 月 6 日，11 月 7 日，11 月 7 日，11 月·28 日，11 月 28 日，12 月 5 日，1946 年 1 月 7 日，1 月 21 日，1 月 24、25 日，1 月 16 日，1 月 29 日，4 月 25 日，5 月 6 日，5 月 10 日，5 月 18 日。日记见李东华、杨宗霖编校：《罗宗洛校长与台大相关资料》，第 199～312 页。

③ 罗宗洛：《接收台湾大学日记》，1945 年 11 月 18 日，10 月 18 日，10 月 25、26 日，11 月 6 日，11 月 7 日，11 月 7 日，11 月 28 日，11 月 28 日，12 月 5 日，1946 年 1 月 7 日，1 月 21 日，1 月 24、25 日，1 月 16 日，1 月 29 日，4 月 25 日，5 月 6 日，5 月 10 日，5 月 18 日。日记见李东华、杨宗霖编校：《罗宗洛校长与台大相关资料》，第 199～312 页。

④ 中国第二历史档案馆、海峡两岸交流出版中心：《馆藏民国台湾档案汇编》，第 164 册，第 249 页。

⑤ 樊洪业主编：《竺可桢全集》第 10 卷，上海科技教育出版社，2006 年，1946 年 2 月 24 日，第 52 页。

币 2 564 569 元,"① 这里罗所提经费前后数额并不一致,有缩减的趋势。

为此,罗宗洛返回重庆,面请教育部长朱家骅解决台大经费问题。罗在重庆滞留两个多月,教育部虽然通过了台大的预算表,但仍须行政院的审核和通过。在经费没有完全落实之前,鉴于时局的实际情形,朱家骅要求罗宗洛继续担任台大校长以帮助渡过困难。罗返回台湾后,一面是电请教育部交预算表给行政院会审,以期彻底解决台大经费问题;另一面是多次出示公函,要求行政长官公署垫拨经费,但行政长官公署仍然置之不理。

1946 年 4 月 25 日,罗宗洛草拟了一份计划书,前去拜见陈仪再次要求行政长官公署垫拨台大经费。面对罗的请求,陈仪提出如果能够请教育部呈准行政院,授权长官公署暂将台大经费列入行政长官公署预算,则以后事事便利。② 罗认为,若将台大经费列入省府预算,台大经费自然有了着落,但台大将来的事业发展,恐怕就会处处受制于陈仪和行政长官公署,毫无学术自由可言了,因而未予同意,陈仪自然也不肯拨款。随后,罗宗洛再次致电教育部,一面催促教育部尽速请行政院授权长官核发台大经费,另一面请教育部授权长官随时审核,调整台大经费。③ 但教育部迟迟没有回复。罗宗洛在 5 月 6 日再电朱家骅:"台大经费已罄,预算尚搁置部中,公署从未奉行行政院明令,不允垫款,无法维持,请速简贤能前来接替,弟仅能负责至十五日为止。"④ 5 月 8 日,

① 《国立台湾大学工作报告》(1946 年 5 月 11 日),国民政府档案〔二(2)1522〕,陈鸣钟、陈兴唐主编:《台湾光复和光复后五年省情》上册,第 371 页。
② 罗宗洛:《接收台湾大学日记》,1945 年 11 月 18 日、10 月 18 日、10 月 25、26 日、11 月 6 日、11 月 7 日、11 月 7 日、11 月 28 日、11 月 28 日、12 月 5 日、1946 年 1 月 7 日、1 月 21 日、1 月 24、25 日、1 月 16 日、1 月 29 日、4 月 25 日、5 月 6 日、5 月 10 日、5 月 18 日。日记见李东华、杨宗霖编校:《罗宗洛校长与台大相关资料》,第 199～312 页。
③ 台大校总(一)字第 376、377 二函,1946 年 4 月 26 日。转引自李东华、杨宗霖编校:《罗宗洛校长与台大相关资料》,第 35 页。
④ 罗宗洛:《接收台湾大学日记》,1945 年 11 月 18 日、10 月 18 日、10 月 25、26 日、11 月 6 日、11 月 7 日、11 月 7 日、11 月 28 日、11 月 28 日、12 月 5 日、1946 年 1 月 7 日、1 月 21 日、1 月 24、25 日、1 月 16 日、1 月 29 日、4 月 25 日、5 月 6 日、5 月 10 日、5 月 18 日。日记见李东华、杨宗霖编校:《罗宗洛校长与台大相关资料》,第 199～312 页。

罗宗洛再次致电朱家骅盼望请胡适出掌台大。① 看样子，百般无奈的罗宗洛此时只有以"告退"来逼迫朱家骅解决台大经费问题了。

5月10日，罗宗洛偕同范寿康拜见陈仪，表明自己辞去台大校长一职的态度，同时期望长官公署日后能为台大宽筹经费，使台大不致动摇。陈仪对罗的去留不置可否，仅竭力说明不能垫款的理由。② 13日，朱家骅来电慰留罗宗洛，并希望罗继续向陈仪请求垫拨经费。次日罗拜见陈仪，陈仪仍表示无法垫款。15日，罗宗洛接到在南京代表台大跟行政院接洽经费问题的陆志鸿教授的来信，信中说行政院已指令台湾省公署每月拨发台大经费300万元。台大立即派陈兼善总务长及马廷英教授拜会陈仪要求拨款。陈仪回答却是：即有行政院电令，苟无确言担保，亦不允拨款。③

罗宗洛无计可施，只好离台去职。5月18日，罗搭机离台赴南京。在机场，严家淦（台省财政处处长）受陈仪之托告诉罗，他已于5月17日下午5时前，签发台大3、4月份经费，并先送100万元至台大。④陈仪此举，令人玩味。一是向教育部和行政院表明其执行行政院电令的态度，二是明白地告诉罗宗洛，我陈仪并不是不垫拨经费给台大，而是不拨给你。

抵达南京之后，罗宗洛先后晋见教育部长朱家骅及行政院秘书长蒋梦麟，以彻底解决台大经费问题。朱家骅则明白告诉罗宗洛："台大经费不能由国库汇去，是因为陈仪扣留中央在台湾的所有收入，因而中央在台各机关的经费，亦必须由台湾省负责。"⑤ 这里教育部与行政长官

---

① 台大校总（一）字第394号电，1946年5月8日。转引自李东华、杨宗霖编校：《罗宗洛校长与台大相关资料》，第35页。

② 罗宗洛：《接收台湾大学日记》，1945年11月18日，10月18日，10月25、26日，11月6日，11月7日，11月7日，11月28日，11月28日，12月5日，1946年1月7日，1月21日，1月24、25日，1月16日，1月29日，4月25日，5月6日，5月10日，5月18日。日记见李东华、杨宗霖编校：《罗宗洛校长与台大相关资料》，第199～312页。

③ 李东华：《光复初期的台大文学院（1945～1950）——罗宗洛接收时期》，周樑楷编：《结网二编》，东大图书公司，2003年，第480页。

④ 罗宗洛：《接收台湾大学日记》，1945年11月18日，10月18日，10月25、26日，11月6日，11月7日，11月7日，11月28日，11月28日，12月5日，1946年1月7日，1月21日，1月24、25日，1月16日，1月29日，4月25日，5月6日，5月10日，5月18日。日记见李东华、杨宗霖编校：《罗宗洛校长与台大相关资料》，第199～312页。

⑤ 《台大校刊》，第8期，1948年1月16日，第2版。

公署之间的经济纠葛显然转嫁到了罗宗洛身上，经费难以着落实事出有因。

此后，为解决台大经费的困扰，国民政府行政院、教育部同意将台大经费列入台湾省行政长官公署预算，再由行政院电令省公署核实拨发。台大经费问题算是解决了，但也由此带来行政长官公署对台湾大学的进一步干涉和控制。继任者陆志鸿任校长期间，行政长官公署不仅大量安插人员进入台大，甚至台大主管人员的任用也——听之于行政长官公署，致使台大教学及教务状况每况愈下，不仅学生不满、教师不满，教育部也不满。

五、结语

台湾光复，是中华民族近现代史上的大事。对台湾的接收和管理考验着国民政府及相关人员的意志和智慧，而对台北帝国大学的接收与改制则又是其中重要的标志性事件。对于台北帝大这样一个完完全全的日本式的大学，要想一下子使之变为中国式的大学本身就是一件困难的事，这里边不但有着体制的改变，更有大学精神的转换。作为接收者，罗宗洛是带着理想去台湾的，也有着一套完整的大学理念，并有着改造台北帝大为中国式大学的具体步骤和主张，但在战后初期的台湾，在国民政府行政院、教育部、台湾行政长官公署的"多头政治"领导体制下，罗宗洛的学术理性首先遭遇台湾行政长官公署及陈仪等人的抵制和反对。

陈仪"根绝奴化的旧心理，建设革命的心理"的教育诉求与罗宗洛大学"行政自主、学术独立"的主张之间的巨大差距，最后演化为两个人之间的意气之争。面对陈仪的强势介入，罗宗洛乃至国民政府教育部都无力阻挡，这就注定罗无法实现自己的办学理想及抱负，只能抱恨离台。台湾大学的改制及发展亦举步维艰，几乎处于停滞状态。种种情势缘由，实发人深省。

试述光复初期台湾粮荒及政府之对策

曾磊磊*

1943 年 11 月，开罗会议决定将台湾、澎湖列岛归还中国。1945 年 8 月 15 日，日本投降。国民政府随即任命陈仪为台湾省行政长官，兼任警备总司令。9 月 1 日，在重庆正式成立台湾省行政长官公署，负责接收台湾。10 月 25 日，台湾地区受降典礼举行，分离 51 年的台湾重回祖国怀抱。然而光复后的台湾随即爆发粮荒，为何国民政府接收台湾后就爆发粮荒？粮荒对民众影响如何？台湾省行政长官公署采取了怎样的对策？本文试图根据善后救济的相关史料，梳理台湾粮荒的来龙去脉以及台湾省行政长官公署的对策，以求回答上述问题。

一、光复后台湾粮荒及其原因

日本殖民台湾时期，推行"工业日本，农业台湾"的政策，"一般农产量年有增加，尤有米糖两项，每年均有大宗出口"[2]。中日战争爆发以后，台湾绝大多数的农作物开始减产，太平洋战争后期，台湾农作物产量锐减，并在 1945 年跌入谷底。1945 年台米的产量相较 1937 年减产 55.16％，甘薯减产 34.16％，重要的经济作物如甘蔗、烟草、茶叶分别减少 51.43％、29.29％及 88.93％。[3]

---

　* 作者单位：南京大学中华民国史中心。

　② 善后救济总署台湾分署：《台湾分署业务总报告》(1947 年)，见殷梦霞、李强选编《民国善后救济史料汇编》，第 14 册，国家图书馆出版社，2008 年，第 388 页。

　③ 根据《台湾农业年报》数据，太平洋战争爆发后，台湾粮产呈递减的趋势。台湾省农林处：《台湾农业年报》(1947 年)，见中国第二历史档案馆、海峡两岸出版交流中心《馆藏民国台湾档案汇编》(240 册)，九州出版社，2007 年，第 137、153~155、164~166、179 页。

米是台湾人民的主要食粮，据台湾总督府统计数字，1942 年台湾米谷需求量为 6 351 809 日石（11 458 028.3 公石，1 日石＝1.8039 市石＝1.8039 公石），而供应量为 8 808 572 日石（15 889 783 公石）；1943 年需求量为 6 437 956 日石（11 613 428.8 公石），供应量为 8 713 201 日石（15 717 743.3 公石）；1944 年需求量为 6 601 435 日石（11 908 328.6 公石），供应量为 8 378 150 日石（15 113 344.8 公石）。[①] 1945 年以前台湾总督府不但维持了台米供应，而且还向日本输出稻米，1941～1943 年，台米年输出量占生产价额的百分比分别为 29％、31％、26％。[②]

在粮食减产的情况下，台湾总督府如何保证粮食供应，并输出粮食？这种情况可能与台湾总督府的强力统制政策有关。战争期间，台湾总督府不断强化粮政机构对米谷流通的控制，[③] 凭借警力及地方上的征收分配机构，施行全面有效的粮食管制，基本维持了粮食市场的稳定。总督府农商局下设农务、耕地两课，掌管肥料配备与水利工程，并会同农业会食粮营团决定稻米的种植面积，分期勘察、估算稻米的收获量，除了一部分留给农民外，其他部分作价缴入农会的仓库，最终由食粮营团施行全面配给。[④] 此外，台湾总督府还采取限制粮食消费，限定市场粮价等一系列措施，[⑤] 辅助米粮统制及收购。通过严苛有效的米粮统制与配给制度，台湾总督府控制大量的粮食，并在一定程度上维系居民的粮食供应。

实际上，普通居民早处于半饥饿状态，被迫食用甘薯等食物，[⑥] 加

---

① 《台湾总督府农商局粮食部移交清册》，1945 年 11 月 1 日，《馆藏民国台湾档案汇编》，第 41 册，第 310 页。其中换算比率，系根据《台湾单行法律汇编》第八编工矿第三类杂项中规定换算。总督府的统计数字并不包括 1945 年，而 1945 年的粮产是战争期间下滑最严重的。

② 《台湾粮食及衣着报告》，1946 年 2 月，《馆藏民国台湾档案汇编》，第 78 册，第 301 页。

③ 刘志伟，柯志明：《战后粮政体制的建立与土地制度转型过程中的国家、地主与农民（1945～1953）》，《台湾史研究》，第 9 卷第 1 期，第 117、118 页。

④ 《粮食部部长徐堪呈行政院院长宋子文关于台湾粮食状况》，1945 年 12 月 7 日，《馆藏民国台湾档案汇编》，第 51 册，第 372 页。

⑤ 华松年：《台湾粮政史》，台湾商务印书馆，1984 年，第 207～224 页。

⑥ 曾健民：《1945 年破晓时刻的台湾："八一五"后激动的 100 天》，北京：台湾出版社，2007 年，第 171 页；颜清梅：《光复初期台湾米荒问题初探》，见赖泽涵主编《台湾光复初期历史》，"中央研究院"专书，1993 年，第 79～105 页。

之物价上涨，"一般市民生活多艰难维持，以致营养不良，身体衰弱，患病致死者亦不计其数"①。特别是 1945 年，粮食严重减产的情况下，台湾已有米荒之虞，只是在日本严苛的统治下，台民只得暂时忍耐，"并未出现因米粮的不足而产生全岛性的不满活动"②。

一般来说，上年的粮食要留作下年的供应，所以 1945 年粮食减产将直接影响 1946 年的粮食供应。据台湾粮食局估计，1945 年台湾食米收成约为 880 万公石，而 1946 年上半年，台湾需米约 1160 万公石，尚短缺食米约 280 万公石。③

1945 年 8 月 15 日，日本投降，市面上一度商品丰盈，物价下跌，米价曾跌到 2 元/斤以下。④ 但是好景不长，从 9 月下旬开始，米价已经开始上扬，10 月 10 日即涨到 2 元/斤以上，12 月底飙升为 8 元，工薪阶层大受压迫，甚至传出一外省籍的小公务员因薪津太低，在台生活费剧增，无法维持大陆家属的生活，忧愤之余，竟致自缢身亡的消息。⑤

1946 年初至 5 月份，台湾米价一路飙升，居高不下。当时的旅外台胞认为米价达到每斤 27 元（1946 年 3 月，可能为市斤），已经"跃居全国第一，较至接收当时，暴涨至 60 倍以上，即京沪粤一带向来缺粮之区，亦不至有此离奇现象"⑥。这段时间米价的增幅较大，给人们的震撼更为强烈。

1946 年 6 月，新谷登场，⑦ 米价稍降，全台米价平均为每斤 13.32 元。到了 8 月份，米价回弹，为 15 元/斤。虽然 9 月 25 日台湾遭受 14

---

① 《台中市参议会第一届第一次至第三次大会记录》，1946 年 8 月 12 日，《馆藏民国台湾档案汇编》，第 88 册，第 156 页。

② 颜清梅：《光复初期台湾米荒问题初探》，见赖泽涵主编：《台湾光复初期历史》，第 84 页。

③ 《第一批面粉分配计划并说明》，1946 年 1 月 7 日，《馆藏民国台湾档案汇编》，第 54 册，第 11 页。

④ 曾健民：《1945 年破晓时刻的台湾："八一五"后激动的 100 天》，第 171～172 页。

⑤ 曾健民：《1945 年破晓时刻的台湾："八一五"后激动的 100 天》，第 172 页；《台湾归来》，《申报》，1946 年 3 月 12 日，第 5 版，上海书店出版社，1982 年影印，第 388 册，第 383 页。

⑥ 《旅沪福建台湾各团体为驳斥陈仪关于台湾现状谈话致各报书》，1946 年 3 月，中国第二历史档案馆：《台湾二二八事件档案史料》，档案出版社，1991 年，第 64 页。

⑦ 台湾水稻分为两期作，第一期作收获期自 5 月 5 日开始至 7 月 15 日，第二期作收获期由 9 月 15 日起至 11 月 25 日左右结束。

年未有的大台风，但此时恰逢第二期稻作收获，米价虽出现波动，但仍较稳定，直到 11 月中旬以后米价又开始上涨。1947 年 4 月，台米仍维持了较高的价位。可见台湾米价有两个增长的高峰期，分别是 1946 年 1～5 月和 1946 年 11 月～1947 年 4 月。①

米价增长的第一个时期（1946 年 1～5 月），涨幅较大，震撼性强烈，其根源在于粮食短缺。第二个时期（1946 年 11 月～1947 年 4 月），米价波动较大，高米价变成了常态，出现这种情况不但与粮食短缺和灾害天气有关，还与通货膨胀、上海黄金风潮造成的物价飞涨有很大的关系。②

除米价上扬外，面粉价格也急剧上涨。1944 年中等机制面粉平均价格为每市斤 0.46 元，1945 年涨为 5.74 元。1946 年 1 月中等机制面粉价格为每斤 11.11 元，到了 4 月升为 13.75 元，5 月 18.75 元，6 月以后保持在 20 元以上，其中 12 月每斤面粉达到 25.56 元。③ 粮价居高不下已成为台湾粮荒的主要表现。

台湾粮荒的原因复杂，④ 但战争的影响无疑是最重要的因素。台湾总督府曾积极在台湾推广肥料，农民逐渐养成使用肥料的习惯。以 1938 年为例，台湾农民除使用绿肥、堆肥等自给肥料，还购买肥料约

---

① 此段中出现的米价数据来源于：台湾省长官公署统计室：《台湾省统计要览》，《馆藏民国台湾档案汇编》，第 138 册，第 196 页；第 139 册，第 116 页。各机构对台湾米价的统计数据不同，但都清楚显示 1946 年上半年米价飙升。台湾粮食局认为 9 月 25 日风灾以后，10 月份粮价就开始飞涨，这一点与台湾行政长官公署统计室的数字不太一致。虽遭受 9 月 25 日大风灾，但是总体来看台湾 1946 年第二期作的粮产还是增加了，因此取长官公署统计室的统计数字。粮食局数字见粮食局：《台湾光复之粮政措施》，《台湾银行季刊》创刊号，1947 年，第 211 页。

② 曾健民认为 1946 年 11 月米价上涨的原因有三，一是年关将界，米价随着一般物价上涨而上涨；二是粮商富户惜售；三是游资作祟，奸商收购囤积。参见曾健民：《台湾 1946·动荡的曙光：二二八前的台湾》，台北：人间出版社，2007 年，第 98、99 页。

③ 台湾省行政长官公署统计室：《台湾物价统计月报》第 13 期，1947 年 1 月，《馆藏民国台湾档案汇编》，第 80 册，第 238 页。

④ 粮荒的原因，既有战争的影响，也有天灾以及心理恐慌等原因，还有政府粮政不当以及流通不畅等原因。对粮荒原因的具体分析可参阅颜清梅：《光复初期台湾米荒问题初探》，见赖泽涵主编：《台湾光复初期历史》，第 94～96 页；刘志伟，柯志明：《战后粮政体制的建立与土地制度转型过程中的国家、地主与农民（1945～1953）》，《台湾史研究》，第 9 卷第 1 期；曾健民：《台湾 1946·动荡的曙光：二二八前的台湾》，第 93～95 页。

48万吨，包括硫酸铔、过磷酸石灰等化学肥料，[1] 这些肥料大多从国外特别是日本输入。[2] 太平洋战争爆发后，台湾与外界交通逐渐减少，硫酸铔等肥料又被日本用于制造炸药，因此，肥料供应断绝，导致地力逐渐衰退，农作物产量降低。[3]

战争期间，农民相继被日军征召，农村劳动力减少，导致田园荒芜。战前台湾的水牛及黄牛总数为383 656头，约占家畜总数50％强，平均每户约有一头，尚足使用。然而战时农民的贫苦和防疫工作的缺失，导致耕牛被屠宰或染病死亡，战后台湾仅存耕牛327 610头，损失了14.76％。战前台湾拥有农机具共约4 847 280件，战争期间，多有毁损，战后调查仅存2 299 224件，损失52.6％。[4] 以上因素破坏了粮食生产的条件。加之战争期间日本人在台南修建大型飞机场，耕地损毁，水利工程因战事无暇供给。[5] 各种战灾延迟了农业的恢复。

除了战争的影响以外，1946年春耕时恰遇旱灾，导致"人心浮动，兼之奸商乘势囤积，米价逐渐暴涨，一时社会经济颇感不安"[6]。此外，光复初期台湾铁路运费的涨价[7]、"人为心理恐慌，囤粮阻运"[8]、走私以及上海的黄金风潮等因素也进一步助长了米价的上涨。

二、粮荒的影响

米粮缺乏，粮价上涨，严重影响了各地民众的生活和社会秩序。

嘉义市粮价高涨，贫民生活艰苦；澎湖县"因僻悬海隅，民食奇

---

① 《台湾区善后救济调查》，《馆藏民国台湾档案汇编》，第101册，第54页。

② 台湾从日本输入大量的动植物质、矿物质以及合成肥料，参阅汤元吉：《化学肥料在台湾》，《台湾农林月刊》，第1期，《馆藏民国台湾档案汇编》，第228册。

③ 台湾分署经济技正室：《台湾省经济调查报告》，1946年8月，第14页。

④ 《台湾分署业务总报告》，《民国善后救济史料汇编》，第14册，第388～390页。

⑤ 《粮食部部长徐堪呈行政院院长宋子文关于台湾粮食状况》1945年12月7日，《馆藏民国台湾档案汇编》，第51册，第373页。

⑥ 台湾分署经济技正室：《台湾经济调查报告》，1947年5月，第8页。

⑦ 战后初期，铁路运费曾经3次大涨价，引起米价3次上涨，《馆藏民国台湾档案汇编》，第77册，第148页。

⑧ 《台湾农业经济，本署进行调查·食粮》，《台湾分署月报》第3期，1946年3月31日。

乏，一般饥民嗷嗷待哺"；① 台中市某些区域的一般贫民甚至以青草过活。② 公教人员受物价暴涨的影响，生活日益困苦。③

个别遭遇灾害的地区，更是雪上加霜。台东县 1945 年遭受台风，秋收损失惨重，"粮食据查尚缺一个半月，近来粮食自由流通，外县商民挟高价来县采购，因此米价日涨……周济不灵贫民已告粮荒。高山民众缺粮尤甚，大麻里乡曾有两户（一男一女）因不堪饥饿悬梁自杀"④。苏澳风灾，四千多高山族"衣不蔽体，野处三月不知米饭味"⑤；而高雄县境内的山区数月未雨，"高山族三万五千人民，目前陷于饿殍"⑥。

海口乡轮番遭受战灾、风灾以及旱灾，番薯杂谷几乎绝收，"粮食腾贵，乡民陷入生活困苦之境。有食山菜杂草者，有一日一餐，且不能度日者，有 5000 余人之多，而天又继续不雨，山菜杂草亦现枯死之状，以致觅食不得，贫民日增，实堪忧哉……到处有盗窃番薯、家禽、家畜者"⑦。粮食匮乏又进一步引发了治安混乱。

当时的报纸报道了路有饿殍和迫于生活压力全家自杀的悲剧。台北、基隆等地发生了市民游行请愿，甚至散发传单，呼吁抢粮的事情。⑧ 民众时常包围县市政府或者粮食部门，要求获得粮食供应。⑨ 1946 年台湾因生计问题而自杀的人数为 266 人。⑩ 这些人中不一定全因

① 《澎湖参议会致电台湾分署》，1946 年 7 月 22 日，《馆藏民国台湾档案汇编》，第 102 册，第 41 页。

② 《台中市参议会第一届第一次至第三次大会记录·第二次大会》，1946 年 8 月，《馆藏民国台湾档案汇编》，第 88 册，第 151 页。

③ 《教育部台湾区教育复兴委员会，函请配购本会面粉 20 包》，1946 年 4 月 18 日，《馆藏民国台湾档案汇编》，第 77 册，第 242～243 页。

④ 《台东县长谢真请求救济》，1946 年 2 月 23 日，《馆藏民国台湾档案汇编》，第 77 册，第 128～129 页。

⑤ 《苏澳区长谢树生请再救济苏澳高山族同胞衣食药品》，1946 年 7 月 10 日，《馆藏民国台湾档案汇编》，第 36 册，第 358～360 页。

⑥ 《高雄县境内高山族缺粮情形严重，请特准增拨粮食 5000 袋，交县转售等电》，1946 年 5 月 16 日，《馆藏民国台湾档案汇编》，第 77 册，第 292 页。

⑦ 《海口乡乡长请求救济》，1946 年 4 月 16 日，《馆藏民国台湾档案汇编》，第 86 册，第 89～90 页。

⑧ 颜清梅：《光复初期台湾米荒问题初探》，见赖泽涵：《台湾光复初期历史》，第 89～91 页。

⑨ 《台湾粮食局 7 月来工作报告》，《馆藏民国台湾档案汇编》，第 107 册，第 357 页。

⑩ 台湾省行政长官公署统计室：《台湾省统计要览》第 3 期，1947 年 3 月，《馆藏民国台湾档案汇编》，第 139 册，第 206 页。

米价高昂而自杀，但和米价高昂亦有一定关系。可见，粮荒加剧了社会混乱，增加了民众的心理负担。

米粮缺乏甚至波及监狱。台南监狱的"粮食机关不克按时供应而求之市上，则不惟因数量过多，急切难购，而价格之高昂，尤非额定预算所堪负担。……各监人犯率需搭食杂粮，营养遂益感不足"。①监狱粮食供应不足成为政府赦免犯人的原因之一，这些犯人出狱后不免再次作案，又添一社会不稳定因素。

随着米价飙升，工人的生活负担加重，进一步恶化了社会秩序。光复初期地方政府不允许工厂增加工资，厂方和工人纠纷不断，"台地各工厂和内地一样，天天在闹增加工资的工潮"②。

粮荒再加上庞大的失业者群，使得社会更为混乱。早在 1944 年 2 月，即出现大量的失业者，1945 年 2 月份以后失业者剧增。光复后很多人登记的失业日期为 1945 年 8 月 15 日，这些人战前可能已处于隐形失业状态，至日本宣布投降时，才彻底被确认为失业。失业者往往拖家带口，少则养活 1 人，多的甚至达到 12 人，一人失业往往一个家庭受累。③ 太平洋战争后期，台湾深受封锁，以战争为主轴的军事经济结构崩溃，加上空袭的打击，生产不足，造成结构性的失业。

被日军强制征用的台胞达数十万，光复后回到台湾，恰逢"物价上涨，米珠薪桂，失业无法维持生计"，④ 这成为他们参与"二二八事件"的重要原因。各种失业者包括机关裁员以及毕业学生在内，据台湾省工矿处估计有 5 万人，《新生报》社长李万居认为失业人口包括其家属不下 30 万。⑤ 庞大的失业群体，以及其他众多需要购买粮食的市民，⑥ 饱

---

① 《监察院福建台湾监察区监察使代电：为建议台湾各监狱囚粮不敷药品缺乏请酌拨面粉药品以资救济由》，1946 年 2 月 20 日，《馆藏民国台湾档案汇编》，第 77 册，第 409 页。

② 《台湾归来》，《申报》，1946 年 3 月 12 日，第 5 版。

③ 《台湾省台中县、高雄市向善后救济总署台湾分署报送空袭罹难灾及失业者调查表》，1946 年 2 月，《馆藏民国台湾档案汇编》，第 78 册，第 327～386 页。

④ 《台湾参议会第一届第二次会议》，1946 年 12 月，《馆藏民国台湾档案汇编》，第 158 册，第 170 页。

⑤ 曾健民：《台湾 1946·动荡的曙光：二二八前的台湾》，第 106～107 页。

⑥ 战争时期日本积极推行工业化政策，致使台湾的非农业人口增加，1944 年，台湾的非农业人口即占全台职业人口的 43.68%，他们和农民不同，需要在市场上购买粮食。南京大学图书馆藏台湾分署经济技正室：《台湾省主要经济统计》，台北：善后救济总署台湾分署经济技正室编印，1946 年 8 月，第 5 页。

受米价之苦，加剧了整个台湾社会的不稳定。

据估计，1946年4～6月，台湾需要救济的人口为14万人，而能够得到救济的人数约有5万人，[①] 粮荒还是比较严重的。

然而台湾粮荒在中国还不是最严重的。战后中国粮食供应形势极度严峻，中国"有3300万人食不得饱，其中700万人濒于饿毙"。河南、湖南、广西、湖北、江西与广东等人烟稠密的地区，均发生饥荒。安徽、江西、福建、山西、察哈尔及山东各省也有程度各异的饥荒。[②] 中国缺粮以致饥荒的范围和程度是令人惊奇的，在个别地区非常严重。

湖南、广西深受战争和自然灾害的双重影响，饥馑与疾病交织，情况惨烈。仅湖南省就有"七百万人行将饿毙，衡阳、祁阳、零陵、东安、衡山等县人民，现以草根树皮观音土充饥，饿毙者极众"[③]。"行总"[④] 估计湘桂饥荒中饿死者不下两三万人，[⑤] 实际上饿毙人数更多，个别地区甚至发生"人相食"的惨剧。相比之下，台湾"粮荒严重人民多以山芋充饥"[⑥]，还是比较幸运的。台湾虽有粮荒，但没有发生大规模的饥馑事件。

然而台湾是米粮产区，加之日本长期经营，极少有粮荒出现，对缺粮的感受必至强烈。如有些报纸报道骇人听闻的饥饿致死以及为生活所迫自杀的消息，引起民众强烈的反响。这些消息本身说明了台湾粮荒的

---

① 《台湾粮食报告》，《馆藏民国台湾档案汇编》，第112册，第49页。

② 《基萨向联总提出报告：我粮荒形势严重，三千三百万人食不得饱》，《申报》，1946年5月24日，北京：人民出版社，影印版，第388册，第890页。

③ 《湘分署余署长在沪招待记者报告湘省赈情》，《行总周报》第15期，1946年7月，第13页。

④ "行总"是行政院善后救济总署的简称。"二战"期间，美、英等盟国共同成立了联合国善后救济总署（United Nations Relief and Rehabilitation Administration，简称"联总"，UNRRA），目的是"计划、统筹、执行或设法执行若干办法，以救济在联合国控制下之任何地区内之战争受难者，济以粮食、燃料、衣着、房屋及其他基本必需品，供以医务及其他重要服务，并于足以供应救济之必要限度内，在上述区域内促进上述服务与各种必需品之生产及运输"。中国沦陷区属于救济的范围，1945年1月，中国政府设立了行政院善后救济总署（China Nation Relief and Rehabilitation Administration，简称"行总"，CNRRA），"一方面承政府之命，办理善后救济；一方面须依据条约，履行中国对联总之义务"。1947年12月31日，行总结束业务。

⑤ 行政院善后救济总署编撰委员会：《行政院善后救济总署业务总报告》，六联印行，1948年，第71页。

⑥ 《为台省粮荒严重民情沸腾仰恳迅拨面粉运台接济由》，1947年3月10日，《馆藏民国台湾档案汇编》，第68册，第420页。

程度是有限的，另一方面也表达了台湾民众对粮荒的切身感受。

值得一提的是，并不是所有阶层都是粮荒的受害者。一些农家为利所驱，将余粮卖到黑市，甚至还有的农家看到肉食品价格上涨，连生产所必需的耕畜也出售到屠宰场换钱。[1] 一般来说，农民的生活水平提高了，而中产阶级生活标准降低，整个社会的平均生活水平下降了。[2] 囤积居奇以及将粮食走私到日本和大陆的商人更是从粮荒中获得了好处。

三、政府之对策

（一）米谷配给制度

米谷问题被视为台湾接收后最大的问题。诚如当时台湾人士所说，"光复后台湾粮食问题就是新政府之政治的试金石"，能否稳定粮价成为台湾省行政长官公署的一大考验。陈仪表示要用民生主义为平民调整物价，解决粮食问题。[3] 鉴于日据时期的米谷统制与配给制度，1945年10月31日，台湾省行政长官公署公布了《管理粮食临时办法》。[4]

此法令向农民催缴第一期米谷，并要求农民将第二期余谷出售给政府，并且委托市街庄农业会办理米谷收购。虽然全省的食米供由民设零售粮店办理，居民可以自行购买，但是零售商店由政府核准开业，由粮食营团按照日本总督府原来的配给额及配给办法代办食米零售，并且由政府限定粮食价格。实际上台湾省行政长官公署恢复了日据时期的米谷统制与配给制度。

但是，恢复米谷配给制度并非易事。太平洋战争后期，台湾总督府的粮食配给制度已渐趋衰落，黑市已经存在。当时每人每月食米配给额约14台斤，很多人为填饱肚子，便购买农民的保留米，农民为了赚钱，自己反而食用杂粮，出售食米，这就是所谓"黑市米"，其价格不菲。日本投降后，总督府失去统治权威，再因米价波动，农民不愿缴纳食米，甚至出现已经缴纳食米者向政府索回的事情，各地殴打粮政人员的

---

① 《联总驻台办事处1946年5月报告》，苏瑶崇主编：《联合国善后救济总署在台活动资料集》，台北"二二八"纪念馆出版，2006年，第199页。

② 《联总驻台办事处1946年5月26～6月1日周报》，《联合国善后救济总署在台活动资料集》，第53页。

③ 《台中大屯郡纪烟墩为光复后台湾粮食问题由》，1946年1月，《馆藏民国台湾档案汇编》，第37册，第363～367页。

④ 华松年：《台湾粮政史》，第321～322页。

事情也屡有发生。社会紊乱的情况下，强制征米越来越困难，配给制度也被破坏。① 1945 年第二期作的米谷，台湾总督府并未征收，因此，台湾省行政长官公署必须征收米谷才能施行配给制度。

长官公署和台湾总督府遇到了同样的难题，即农民反对米谷征收。在日据时期，农业会等征收米谷之前，要对生产量进行调查和估计，根据预期产量来确定征购量。政府开始征收第二期作米谷时，已经超过调查和估计粮食产量的时效，且政府忙于接收，也没有人力物力进行调查。农民认为粮食征收额太大，因此存观望心态，不愿缴纳粮食。② 同时，农民又认为政府收购价格太低，不能追随物价并进，若缴纳粮食则不敷成本，因此情愿将米谷卖给黑市也不愿出售给政府。③

面对这种情况，粮食局下令各地设置粮食购额调整委员会，让各地人民自行调整征购数量，征购粮食的总额又无形下降，但是配额纠纷并没有平息，征购工作仍困难重重。④ 对于农民反映的征购粮食价格过低问题，政府不得不中途增加收购价，对于先前缴纳米谷的农民，又实行"第二期米谷奖励办法"，用奖励的形式弥补他们的损失。但是政府的加价仍赶不上市场粮价，农户还是存在观望心理，不肯缴粮。有些县市政府组织劝征队，诱迫农民缴纳粮食，成效不大，反而恶化了政府与农民的关系。⑤ 台湾人民对政府表示不满，各地先后打出反对的标语，报纸也议论纷纷，还有人将米荒归因于米粮统制配给制度。⑥

政府不能掌握大宗粮食，米粮配给制度便难以为继，1946 年 1 月 11 日，台中、新竹两州接管委员会将食米配给制改为自由贩卖制，同一天，政府公布《修正管理粮食临时办法》，自 1 月 12 日起，政府准许

---

① 《台湾粮食局 7 月来工作报告》，《馆藏民国台湾档案汇编》，第 107 册，第 348～349 页。

② 《台湾粮食局 7 月来工作报告》，《馆藏民国台湾档案汇编》，第 107 册，第 355 页。

③ 吴长涛：《台湾省粮食局施政报告》，1946 年 4 月，见陈鸣钟，陈兴唐主编：《台湾光复和光复后五年省情》下册，南京出版社，1989 年，第 279 页。

④ 《台湾粮食局 7 月来工作报告》，《馆藏民国台湾档案汇编》，第 107 册，第 356 页。

⑤ 《台湾粮食局 7 月来工作报告》，《馆藏民国台湾档案汇编》，第 107 册，第 352～354 页。

⑥ 《杨亮功致于右任密报台湾民情不稳情形电文》，1946 年 1 月 21 日，中国第二历史档案馆：《台湾二二八事件档案史料》，第 47 页。

人民设置粮店，自由贩卖、购买粮食。① 至此，粮食配给制度被废除。

粮食配给制度废止的原因有二。一是刚刚接手台湾的行政长官公署及其各县市政府缺乏行政力量，没有足够的人力和技术支持，且警察力量薄弱，政令权威难以树立起来，不像台湾总督府可以凭借警察以及行政权威有效地推行配给制度；二是1945年粮产锐减，农民手中的余粮有限，不愿出售给政府，最终导致政府手中粮食不足，难以配给。

当政府恢复配给制度时，台湾各报纸刊登文章发表意见，有人主张配给制，有人主张粮食自由买卖。台湾广播电台举行民意测验，据不完全的统计结果显示：投票者57 060人中，反对实行配给制度者32 656人，赞成者24 404人。投票者中，工人农民多反对配给制度，其他阶层多主张实行配给制度。粮食局的报告中写道："政府为重民意，乃决将前项本省管理粮食临时办法加以修正。"② 政府是否因"民意"而废止配给制度，值得商榷，不过，废除配给制度在一定程度上符合多数人的意愿倒是实情。

（二）政府干预下的粮食供应

从1946年1月12日开始，名义上进入台湾粮食可自由买卖时期，实际上政府积极干预粮食市场，目的在于协调粮食供应。

1. 市场管制

各地政府为了保证当地粮食供应，纷纷禁止粮食流出本境。早在1945年12月，高雄州接管委员会就分派警员监视检查，防止食米外流；1946年1月11日，台东厅接管委员会禁止食米运输出境；5月份，屏东市各界代表讨论取缔食米不法出境办法。③ 民间阻挠食米运输的事情时有发生，有时政府不得不动用警力维持粮食运输。如距台北市十余公里的三芝庄，数百居民聚众持械，阻挠仓库粮食的提运，政府派遣武装警察大队协助运粮，并逮捕4人，事件才告平息。粮价上涨，各地居

---

① 《光复后经济日志》，《台湾银行季刊》创刊号，1947年。

② 《台湾粮食局7月来工作报告》，《馆藏民国台产档案汇编》，第107册，第359~362页。政府重民意，废止食粮配给的说法为很多学者采用。然而根据《台湾银行季刊》创刊号中《光复后经济日志》的记录，台湾广播电台举行民意测验的结果1946年1月19日才知晓，而政府1月11日就出台了《修正管理粮食临时办法》，似乎不可能看到结果，如何"重民意"？然孤证不立，需要更多的证据。

③ 《光复后经济日志》，《台湾银行季刊》创刊号，1947年。

民害怕挨饿，因而阻挠粮运的事情时有发生。① 除了政府和民众阻挠粮食流通以外，商人囤积居奇也是阻碍粮食流通的重要因素。

为限制商人的囤积居奇，加快粮食流通，1946 年 2 月，台湾省行政长官公署公布《粮商囤积居奇及其阻挠米粮运输取缔办法》；3 月 12 日，台湾省粮调会公布《保障民食取缔囤积居奇奖惩办法》；2 月 12 日，各县市政府举行粮商登记，实行严密管理，防范囤积居奇；6 月 14 日，台湾省行政长官公署实施《非常时期违反粮食管理治罪暂行条例》，鼓励告密检举囤积，严格实行粮商业务报告及准许制度，并登记农民的余量，指导农户出售粮食。

1946 年 8 月 1 日，政府将台湾分为 8 个粮区，各粮区内粮食自由移动；粮区间 10 公吨以下粮食流动，粮商须向粮食事务所申请登记，10 公吨以上的，向粮食局领证登记；肩挑小贩携带粮食 30 公斤以下免证通行。政府不仅限制粮商，还奖励粮商向省外及本省产粮区采购粮食，并特定奖励办法，采运 500 市石以上，还可以请军警护运，享受火车运费五折优惠。② 政府既要利用粮商加快粮食流通，又要限制粮商，处于矛盾之中。

实际上，各地人民为求自保，限制粮食流通，以致于某些灾区向产粮区域购买粮食，也要经过各级政府层层批准。而粮商贩卖粮食则全为利益驱使，难以达到廉价供应粮食、加快粮食流通的目的，反而造成人为的高粮价。针对粮食流通不畅，时人即有"非无粮，而粮荒颇受人为之"的感叹。③

2. 平抑粮价

配给制度废止后，政府仍掌握相当多的食粮，一方面减少了市场上粮食流通额，另一方面也为政府平抑粮价提供了条件。粮食配给制度废止后，台湾粮食局敕令各县市封存仓库，从 1946 年 1 月 13 日起，封存

---

① 《台湾粮食局 7 月来工作报告》，《馆藏民国台湾档案汇编》，第 107 册，第 367 页。

② 以上两段参阅：《光复后经济日志》，《台湾银行季刊》创刊号，1947 年；华松年：《台湾粮政史》，第 323 页；吴长涛：《台湾省粮食局施政报告》，1946 年 4 月，见陈鸣钟，陈兴唐主编：《台湾光复和光复后五年省情》下册，第 280 页。

③ 《台湾省台南县（市）参议会第二次大会记录》，1946 年 9、10 月间，《馆藏民国台湾档案汇编》，第 107 册，第 88 页。

粮食 15 324 吨，同时军政部特派员接收了日军储存的军粮。①

1946 年 3 月，台湾粮食局拨出封存的征米 6 000 吨，其中 4 000 吨分配给各地区，由"高级人员率同军警并督导提运集中平售"。② 在民食和军粮冲突的情况下，陈仪要求一部分驻军内调，此举虽可以节省粮食，但也造成台湾驻军不足的局面。同时，政府低价购买原来日军储存的军粮 1 600 吨，委托"行总"台湾分署赈济贫民。③

在米价上涨的情况下，商人大量囤积居奇，造成人为缺粮，时人认为，解决此问题的最好办法是政府控制粮食买卖，实行平粜。④ 为了平抑粮价，1946 年 3 月 1 日，粮食调剂委员会成立，意图控制粮价调剂民食，其委员会由党政军及社会人士组成，台湾警备总司令部参谋长柯远芬担任主任，⑤ 充分显示长官公署欲借助军事力量以及社会力量加强粮食调控的意愿。

3. 加强供给

长官公署积极策划从省外输入粮食，实行"只许进，不许出"的粮食保护政策。1945 年 1 月，台湾粮食局向福建省政府洽购赋米 20 万石；⑥ 2 月，陈仪要求"行总"拨配面粉 100 万包，⑦ 同时要求下属官员："救济粮食及补助食物，善为处置，又对米小麦粉及公有物资由政府内地或外国输入时，断不可给商人中间取利，须直接配给各县市，而分予各乡镇，公平买卖与消费民众，方得减轻人民负担，望我贤明当局诸公善体民情，以副民望为幸。"⑧ 输入食米的目的很明显，就是为了平价出售给民众，解决粮荒。

---

① 《台湾粮食局 7 月来工作报告》，《馆藏民国台湾档案汇编》，第 107 册，第 343～344 页。

② 《台湾省粮食局等核议该省拨借军粮平价接济民食办法有关文件》，1946 年 4～8 月，《馆藏民国台湾档案汇编》，第 86 册，第 347～369 页。

③ 《善后救济总署台湾分署为各地接收军粮并饬拟定使用计划与总署等来往文件》，1946 年 5 月～1947 年 2 月，《馆藏民国台湾档案汇编》，第 95 册，第 3～316 页。

④ "Weekly Report No. 3 for the Economic and Financial Advisor"，《联合国善后救济总署在台活动资料集》，第 71 页。

⑤ 《台湾省粮食调剂委员会组织章程》，《馆藏民国台湾档案汇编》，第 86 册，第 53 页。

⑥ 华松年：《台湾粮政史》，第 321 页。

⑦ 《电请拨济面粉 100 万袋》，1946 年 4 月 8 日，《馆藏民国台湾档案汇编》，第 54 册，第 68 页。

⑧ 《陈仪令》，《馆藏民国台湾档案汇编》，第 77 册，第 144 页。

1946 年 1 月 31 日，越南西贡米 5 000 袋运抵布袋港。[①] 1946 年 4～8 月，闽米运台数量 36 万余公斤，谷 28 万余公斤，麦 3 万多公斤，数量不多，主要起到稳定人心的作用。[②] 然而此时的大陆已出现严重饥荒，比台湾有过之而无不及，此举无异于从饥民手中夺食，引起了联合国善后救济总署驻台人员的不满。[③] 因此，20 万石闽米运台计划并未完全实施。[④] 1946 年 4 月，"行总"向台湾配给面粉 10 万袋，其中 3 万多袋（每袋 36 台斤）用作无偿救济，其余经粮调会平价出售给城市贫民。[⑤]

不过，中国其他各省和日本也比较缺粮，加上台湾日用工业品匮乏，输入消费品更为有利可图，走私者遂向大陆和日本走私食米，政府无力对此加以有效控制。[⑥] 因此，在米粮走私问题上，政府的无能为民众所诟病。

粮食增产是解决粮荒的根本方法，而肥料是粮产增加的关键。光复初期，台湾获得"联总"的援助肥料 13.87 万吨。[⑦] 此外，台湾省行政长官公署还通过"行总"向美国洽购 20 万吨肥料。[⑧] 这些肥料虽远不敷需求，但是对粮食增产起到了促进作用。1946 年台米产量约为 89.4 万吨，比 1945 年增产 30 万吨；甘薯产量约 133 万吨，比 1945 年增加 16 万多吨，[⑨] 其他各种作物均有不同程度的增长。1946 年 8 月 1 日，台

---

① 《光复后经济日志》，《台湾银行季刊》创刊号，1947 年。

② 华松年：《台湾粮政史》，第 321 页。

③ "Weekly Report No. 5 for the Economic and Financial Advisor"，《联合国善后救济总署在台活动资料集》，第 81 页。

④ 《行政院审核行政长官公署接管报告意见》，1947 年 3 月，《馆藏民国台湾档案汇编》，第 195 册，第 7 页。

⑤ 《十万袋面粉之运用及其效果》，《台湾分署月报》第 11 期，1946 年 11 月。

⑥ "In the Year since the Liberation of Taiwan from the Ruleof the Japanese"，《联合国善后救济总署在台活动资料集》，第 230 页。

⑦ 中国获得联总的援助肥料为 23.6 万吨，其中半数分配给台湾，参见行政院善后救济总署：《行政院善后救济总署业务总报告》，第 138 页。

⑧ 有资料显示台湾向美国购买的 20 万吨肥料中，包括行总分配的 13.87 万吨肥料，但台湾省行政长官公署与"行总"订立的销售肥料合约中，明确规定"应除去乙方（'行总'）在台自行出售之数量"。参阅万良材：《本省肥料运销问题剖谈》，《台湾农业推广通讯》，第 1 卷第 2 期，《馆藏民国台湾档案汇编》，第 221 册，第 315 页；《善后救济总署与台湾省行政长官公署签署的销售肥料合约》，1946 年 11 月 6～18 日，《馆藏民国台湾档案汇编》，第 153 册，第 349～355 页。

⑨ 米的生产量是以糙米为计算标准。台湾省农林处：《台湾农业年报》1947 年 12 月，《馆藏民国台湾档案汇编》，第 240 册，第 137、153 页。

湾全省实行田赋征实，截至 1946 年底共征收实物 28 865.8619 吨。[①] 政府手中掌握大量的粮食，调控粮食的能力增强。民间粮食的储存量也相应增加。粮食增产对缓解粮荒起到了积极的作用。

总之，太平洋战争后期，台湾粮食已现减产现象，因日人强有力的统制配给制度，表面上维持了台湾的粮食供应，还出口粮食，实际上台湾已经缺粮。光复后出现的粮荒源于战时粮食减产以及日人掠夺性的粮食政策。与大陆相比，台湾缺粮程度不算太严重，但是给民众带来的震撼不容小觑。

长官公署试图沿袭日人的粮食配给制度度过粮荒，但政府执行力有限，民众也不配合，因而废止配给，改为自由流通。其后，长官公署利用手中掌握的粮食干预市场，试图平抑粮价，同时向省外购买肥料和粮食，以图增加粮食供应，缓解粮荒。政府在解决粮荒方面还是付出了巨大的努力，取得了积极的效果。

---

① 粮食局：《台湾光复之粮政措施》，《台湾银行季刊》创刊号，1947 年，第 212 页。

明代名臣张岳与惠安辋川的不解之缘

陈桂炳[*]

张岳（1492～1552）是我国明代有名的政治家与理学家，文治武功俱称于时，"明世以儒臣建立功勋者，惟王阳明与公二人"[②]。《明史》为他立传，长达千五百言。张岳的代表作《小山类稿》，被收入清《四库全书》，其价值显而易见。值得注意的是，该文集是以辋川小山来命名的，这说明张岳与辋川有着耐人寻味的不解之缘。当我们仔细考察张岳的生平后，即可发现，作为惠东东岭后张人的张岳，与介于惠东与惠北之间的辋川，是有着亲、地、俗等诸缘。说说张岳与辋川之缘，看似小题大做，实际上是有助于我们拓宽研究张岳的学术视野，并有望促使我们从整体上把握研究张岳的思路，进一步提高研究张岳的学术水平。

一、张岳与辋川之亲缘

张岳既是辋川的外甥，又是辋川的女婿，其堂姑张瑞金也出嫁到辋川，因此，他与辋川有着十分密切的亲缘。

张岳的母亲郑氏是辋川霞庄村人，张岳即出生于霞庄外婆家中。这在张岳《跋萍乡府君手贴》中有明确的记载："霞庄郑氏，不肖母家也。"[③] 东岭、辋川两地民间历代相传，张岳即出生于霞庄外婆家中，《张襄惠公传略》的整理者张文广先生即确认张岳"出生于惠安辋川霞

＊ 作者单位：泉州师范学院政治与社会发展学院。

② 张琴：《重刊张襄惠公文集序》，转引自林海权、徐启庭点校：《小山类稿》，福建人民出版社，2000年，第412页。

③ 林海权、徐启庭点校：《小山类稿》卷十七《杂著一·跋萍乡府君手贴》，福建人民出版社，2000年，第328页。

张外婆家中"①。

张岳的表舅黄春也是辋川霞庄村人。《惠州府通判黄公墓志铭》曰：

公讳春，字伯熙，晴溪其别号。家世惠安之双溪。曾大父讳长生，大父讳钟，以寿赐冠带。考讳濬，号忍轩。妣郑氏，霞庄德兴丞钦女。
……先淑人（按：即张岳生母郑淑人）于公为内表兄弟。岳为甥行，知公为深，是宜铭。②

张岳外婆家的情况不大清楚，从张岳祖父张纶曾十分慎重地把亡弟遗孤张瑞金嫁到媳妇外家，以及民间传说称登第前尚为寒士的张岳，有一次妻子曾建议他向外公家借新衣穿去向岳父拜寿，以及族人郑钦出仕过德兴丞等看来，张岳外公家族应为当地经济较为宽裕、且有一定社会地位的大户人家，所以才有能力庇护其孤侄日后无忧的生活，使张纶宽心。

张岳的嫡妻陈氏（1495～1554）为辋川后坑村人，是一位封建社会典型的贤妻良母，伴随张岳四十载，无愧于张岳贤内助的美誉。陈氏逝世后，与张岳合葬于东岭许山头。关于陈氏的生平事迹的记载，比较详细且可靠的当为黄润撰的《明诰封恭人进封淑人端慈陈氏墓志铭》：

泉惠邑之名族，惟香山张氏、后坑陈氏为最，衣冠礼法相埒，又世联姻娅。张自桐庐、萍乡、英德公俱以文学起家，□州邑，至官保襄惠净峰公岳，始大融（按："融"当为"荣"）显。其学行勋勋，震耀一时。厥配陈淑人，实系出后坑也。曾祖永珪，以子贵州参政贵，赠户部主事；祖邦彦，父元，皆隐德弗仕。母王氏，生淑人。

幼有懿质，卓静明敏，弗苟言笑。数岁，读《孝经》、《论语》，通大义，精绝，为父母所偏爱，择所宜归。年十九，归襄惠公。以冢妇承事祖姑、舅姑，孝敬□□。时公方补邑弟子员，家食贫，夫人归自富家，处之怡然。相理家政，克厉勤俭。凡祭祀宾客馈馈及□级，皆躬自莅之。至财贿器用，□其善者以待□，不入私箧。

逮公发解登第，受官行人，抗疏谏武皇巡幸，廷杖谪南，淑人怡

① 延寿张氏家庙董事会文史组编辑：《张襄惠公传略》（内部交流资料），1989年印刷，第11页。
② 林海权、徐启庭点校：《小山类稿》卷十六《墓志铭·惠州府通判黄公墓志铭》，福建人民出版社，2000年，第307～308页。

136

然，以臣道所宜慰之。继补官南都，淑人留待二姑，承颜之志弥谨，人咸称之纯孝。从之□□□□属官之赙，及归，不以颗粒自逸，尤为人所难。公徊翔藩臬，专制楚粤，间阃肃然，淑人佐助之功居多，先尝□□□□□。

为公纳侧室黄氏，生一子宓，庄氏生二子寯、宿，一女。淑人鞠摩，顾复惟均。宓幼多疾病，辄忧形于色，身自□□□□□。或有牟利者□□□与，则峻斥之曰："翁之子，均吾子也，奚以私为？"请者语塞。稍长，遣就师学，闻其有媟嫚□□□□，□然不乐，深加□□。待诸姒娌姑侄，各尽其诚。处族党姻戚，情礼备至。有视公宦邸者，曲加周恤，人人自以得□□□□，皆吾祖宗之派，□□容否也。御臧获严而有恩。尤勤于纺绩□□，至老不废。于纷华玩好，一无所嗜，布衣蔬誓食终身。曰："此先世淡泊风味，愿与吾子孙守之无失，足矣！"

嘉靖乙亥（按：当是"己亥"之误），遇上两宫徽号，封恭人。丙午，遇九庙告成，进今封，制词有"秉性柔嘉，行敦勤恪，敬戒不忒，允式内仪，弼相乃夫，□□英硕"等语，皆实录也。

襄惠公晚承□□（按：所缺二字当是"天子"）简命，督师征苗。淑人夜必焚香祝天，祈速奏功，以副委托之重。苗平，公以劳瘁卒于沅。淑人闻讣，哀恸陨越，治丧□□□，顾念忧懑，夙夜靡宁，□发□笃而神色不乱，区画后事，悉中矩矱。遗嘱拳拳□□积□□□□和睦，善于继述。□□卓有定见，而弗忝世德，□□□元尔耶！

淑人生于弘治乙卯四月四日，卒于嘉靖甲寅□月□日，享年六十。⋯⋯宓等卜一己未年二月十七日奉淑人柩合葬于许山头之阳。①

墓志铭告诉我们：张岳嫡妻陈氏为辋川后坑村人，小张岳3岁，乃一大家闺秀，而香山张氏与后坑陈氏均为当时泉州府惠安县之望族，故这两家联婚，可谓是门当户对。

二、张岳与辋川之地缘

张岳与辋川的地缘关系甚为密切，甚至以辋川的小山来为其代表作命名。

---

① 黄润：《明诰封恭人进封淑人端慈陈氏墓志铭》，转引自林海权、徐启庭点校：《小山类稿》，福建人民出版社，2000年，第418～419页。

嘉靖八年（己丑年，1529 年），时年 38 岁的张岳，因刚正不阿而获罪奸相严嵩，被贬回乡。当时张岳即自老家香山之下迁至辋川小山，筑小山读书室（张岳在《名宓儿说》中所提到的"小山精舍"）居焉。《小山类稿》中收录有一篇张岳书写的《小山读书室记》：

> 小山在五公山北麓。前挹平芜，后负列嶂，大帽盘纡于其左，辋海湾环于其右，嘉靖己丑冬，与始迁自香山下，结屋居焉。

> 诸葛长啸之庐，司马独乐之园，古人高风，匪余敢望。若夫川原幽旷，景物鲜澄，仰观于山，则云萝发兴，俯狎于野，则鱼鸟会心。盼北极于中霄，结殷念于千载，虽古人可作，未必不同斯抱也。

> 屋成，歌《小山丛桂》之章以落之。遂书其所以，勒以山石，以谂来者。

> 前进士净峰道人张某维乔父书。①

又有《题小山石鼓》：

> 厚重少文似勃，沉静寡言似光，守节坚深弗可拔似黯，兹惟净峰张氏之石鼓。②

张岳在小山读书室住了两年，嘉靖十年（辛卯年，1531 年），张岳即奉召回京复职，补礼部侍祭郎。张岳在小山读书室期间，完成了一项极为重要的文化工作，即编撰了惠安历史上第一部县志《惠安县志》。此前，张岳曾与泉州府另一著名闽学学者史于光，应郡守高越之聘，于嘉靖四年（乙酉年，1525 年）修成《泉州府志》。因此，惠安知县莫敬中得知张岳于嘉靖己丑冬迁居辋川小山，即于次年春邀请张岳修撰《惠安县志》。学识渊博的张岳，不负厚望，高效率地完成了修撰任务，为后人留下了一笔十分宝贵的文化遗产。

辋川小山村至当代尚存有当年张岳生活过的遗址，当地人俗称"都

---

① 林海权、徐启庭点校：《小山类稿》卷十四《刻石·小山读书室记》，福建人民出版社，2000 年，第 276 页。

② 林海权、徐启庭点校：《小山类稿》卷十七《杂著一·题小山石鼓》，福建人民出版社，2000 年，第 326 页。

府堂"。可能笔者较早涉足张岳研究领域，在 20 世纪 80 年代初已有相关的研究成果发表，因此 80 年代后期，小山村有一位文史爱好者曾托人给笔者寄来一份与张岳在小山村生活有关的"都府堂"遗址等调查材料的手稿，因当时笔者正在四川某高校进修，未能及时联系，该手稿也在搬家时不慎丢失，甚是可惜。建议有关研究者再对小山村进行一次较为专业的田野调查，相信会有所收获。

张岳长子张宓出生于辋川，此事见载于《名宓儿说》一文：

> 嘉靖辛卯，吾提学广西，……明年壬辰孟秋，吾奉万寿表入京，遣挐东归小山精舍。吾儿（按：即张宓）乃悬弧。[1]

可见张宓是出生在辋川小山村。

张岳堂姑张瑞金也出嫁到辋川。张岳《跋萍乡府君手贴》：

> 公（按：即张岳祖父萍乡公张纶）与敬伯公（按：即萍乡公张纶之弟），少失恃，极相友爱。甲寅，敬伯公没。遗孤子二：长即怡，次祐。女三：长瑞金，次瑞环，次瑞璋，俱未适人。而瑞璋与祐尤幼小，公每抚之流涕。祐服□，归霞庄郑氏，不肖母家也。故书以璋、祐衣服褴褛。又令时问讯瑞金。公于诸孤姪，恩意恳恻，虽数千里外，犹惓惓不忘，孝义之风，视后人如也。[2]

张纶是一个对家族事务具有高度责任感的长辈，他对亡弟遗孤无微不至的关怀，至今仍令人感动不已。当然，在对孤侄婚事的考虑上，更是深思熟虑，把瑞金嫁到其亲家（按：《跋萍乡府君手贴》中"不肖母家也"的"家"，揣摩其语意，似还可另作张岳母亲外家所在地霞庄村解），其要亲家对瑞金多加关照的意思甚明。这同时也说明当时这两户亲家相当融洽，关系密切。

---

① 林海权、徐启庭点校：《小山类稿》卷十七《杂著一·名宓儿说》，福建人民出版社，2000 年，第 335 页。

② 林海权、徐启庭点校：《小山类稿》卷十七《杂著一·跋萍乡府君手贴》，福建人民出版社，2000 年，第 328 页。

三、张岳与辋川之俗缘

文化是随着人类社会的产生而产生的，同一个社会中的人往往会逐渐形成一种共同的生活模式和生存方式，这种共同的生活即创造出了共同的文化传统，其中包括小传统文化的民俗。关于民俗事项的分类，尽管不同的学者分类方法并不一样，但在分类的内容中均提到民间传说（即口头民俗中的叙事民俗）。我们即以流传在辋川民间的"张岳的故事"为例，来谈谈张岳与辋川之俗缘。

辋川民间世代口头传承的"张岳的故事"，既有颂扬张岳对辋川的建树，如《张岳和二郎（辋川过宅村人）巧计歼倭寇》、《张襄惠飘海围船（北起辋川乌石南至辋川桥仔）》等；又有张岳与其同门（连襟）王良的恩怨之始末，如《愿赔钟不愿脱靴》、《张襄惠探狱》等。其中以《愿赔钟不愿脱靴》的影响最大，惠安县民间文学集成编委会编的《中国民间故事集成福建卷·惠安县分卷》和辋川镇民间文学集成编委会编的《惠安县辋川镇民间文学集成》两书中均有收录。从民俗学的角度看，"惠安县版"的文字因过多地受到记录整理者的善意润色，所以其学术研究的使用价值，反而不如较多保留原汁原味方言特色的"辋川镇版"。作为举例说明，我们引用《惠安县辋川镇民间文学集成》中"张岳的故事"之一《愿赔钟不愿脱靴》：

明朝年间，侯卿乡曾任朝廷参政的陈睿有一次过大生日，亲戚朋友都来祝寿。大女婿涂岭乡芦田村（今属洛江区马甲乡芦田村）大财主王良（人家尊称他为芦田王），次婿吴通也是泉州有名的大富翁。两个都讲究排场，各备办八色丰厚的寿礼，派家丁燃放鞭炮挑到岳父府上，夫妻随后登堂拜寿。唯独三女婿张岳是个贫苦书生，只送上一对亲笔书写的联版，即"天增岁月人增寿，春满乾坤福满堂"。府内佣人最初把它挂在不显眼的下厅门边，后被睿公长孙陈炜发觉，当年又逢闰月，赞扬此联写得好又确切，赶快把它移挂在大厅最显眼的地方。芦田王看寒酸的书生张岳无送什么厚礼，仅一对不值几文钱的联版，还那么器重他，心中很不服气，又看到张岳长袍底下穿的长裤，很像是他小姨前次到他家做客时穿的，张把裤管纳进长靴内。芦田王抓住这个机会，故意要穷秀才出丑，趁人不注意时，把桌上排的雕凤银酒钟拿一只藏在门斗顶。待众人入席坐定后，王故意说："刚才还排十六块酒钟，现在为何少一块，是否掉进谁的大靴内?"叫大家把脚上穿的大靴脱下来检查一下。
他说着自己先脱下大靴，有的跟着脱下，唯独张岳不脱（因他穿的确实
是老婆的裤，裤脚边缀有花边，怕当众出丑），王叫他一定要脱靴。张
说："我宁愿赔钟，不愿脱靴。"即愤愤离席偕爱妻一同回家。临走时，
用刀在门槛上砍了三下，立誓说："除非这三纹刀纹能消平，芦田山上
能驶船，四周能跑马，否则，我张某誓不进芦田王门。①"

　　这里附带作个说明。叙事民俗包括三种类型：神话、传说和故事。
《惠安县辋川镇民间文学集成》把《愿赔钟不愿脱靴》等归为故事类型，
而《中国民间故事集成福建卷·惠安县分卷》则把《宁愿赔钟也不愿脱
靴》等归为传说类型，当以后者为是。因为无论是讲述者还是听众，都
认为民间故事是虚构的，所以有时候民间故事又称为幻想故事。而传说
则不同，它一直被认为是曾经发生过的事，所以传说又被称为"民间历
史"。实际上这里也会引起一些错误的理解，传说中虽然具有某些历史
的因素，但传说并不等于历史。例如上引《愿赔钟不愿脱靴》的民间传
说，王良在历史上确有其人。《小山类稿》中有一篇《王君墓志铭》，是
张岳为其同门王良的父亲撰写的，其中写道王良为芦田人，其父"辛勤
填植"，为当地一富有之家，能时常"赈族人之穷"，"晚年家益富"②。
这与民间传说《愿赔钟不愿脱靴》中的"大财主王良（人家尊称他为芦
田王）"的身份定位是一致的。而据明代黄润所撰的《明诰封恭人进封
淑人端慈陈氏墓志铭》，张岳妻陈氏"父元，皆隐德弗仕"③。这与民间
传说《愿赔钟不愿脱靴》中说的张岳岳父是"曾任朝廷参政的陈睿"，
就不一样了。不过这并不妨碍《愿赔钟不愿脱靴》的传说长期以来得到
民众的欢迎，因为传说并不等于历史，其价值在于文化内涵。

----

　　① 辋川镇民间文学集成编委会编：《惠安县辋川镇民间文学集成》（内部交流
资料），"张岳的故事·愿赔钟不愿脱靴"（搜集者：陈玉金；整理者：陈雷），1993
年印刷，第54~55页。
　　② 林海权、徐启庭点校：《小山类稿》卷十六《墓志铭·王君墓志铭》，福建
人民出版社，2000年，第300~301页。
　　③ 黄润：《明诰封恭人进封淑人端慈陈氏墓志铭》，转引自林海权、徐启庭点
校：《小山类稿》，福建人民出版社，2000年，第418页。

"樟脑战争" 的必然与偶然

王　湛[*]

　　"樟脑战争"也称为"安平事件"，发生在台湾开港之后的 1868 年。起因于台湾地方政府将台湾主要出口商品樟脑实行专卖，禁止外商直接到台湾内地采购，意图控制樟脑贸易的丰厚利润，双方由此产生了贸易冲突。实际上在根据《天津条约》，台湾被迫开港之后，当地官民已经与西方列强在传教、通商等接触中产生了诸多矛盾，这些矛盾的累积酝酿，使英国最终动用武力，挑起"樟脑战争"，炮击安平，杀伤兵勇，迫使台湾地方政府废除樟脑专卖政策并接受其他条件。"樟脑战争"的爆发有其历史和社会的背景，开港之前，台湾是一个传统的中国农业社会，在西力东渐的时代大背景下，不得不打破封闭与外界接触，在这一过程中东西方的摩擦和冲突在所难免，"樟脑战争"便是双方不断摩擦和冲突的一个产物。通过对这一历史事件的回顾，我们会发现"樟脑战争"有其发生的必然和偶然。

一、爆发"樟脑战争"的必然性因素分析

　　所谓"战争"就是采取武力方式解决两国之间的争端，这通常在以和平方式无法解决双方矛盾的情况下出现。1860 年台湾开港之后，英国根据条约的规定可以在台湾进行传教、通商等活动，随着洋人在台活动的持续进行，不可避免地与当地官民产生矛盾，这些矛盾不断地累积和发展，并且没有得到及时妥善地解决，最终导致了"樟脑战争"的爆发。那么，在当时中外都存在哪些矛盾呢？

　　　* 作者单位：中国闽台缘博物馆。

首先，中英贸易冲突是这次战争的主要原因。

"樟脑战争"顾名思义，就是因为樟脑贸易而引发的战争。樟脑是台湾特产，它的制作与销售明代已经出现，"当郑芝龙居台时，其徒入山开垦，伐熬樟脑，为今嘉义县辖。配售日本，以供药料，其法传自泉州"①。清政府统一台湾之后，由于入山采制樟脑者常与原住民发生纠纷和冲突，于是封禁"番"地，禁止伐樟制脑，康熙五十九年，曾将熬脑者一百多人逮捕治罪。② 后来，由于军工生产的需要，政府在南北两路各设军工料馆，只有承办军工木料的"军工匠首"才有权砍伐樟木，以此作为船料。为了弥补经费的不足，熬制樟脑作为伐木的一项副业被允许存在，但是私熬樟脑仍被禁止。

道光五年，在艋舺设立军工厂和军工料馆，统一收购北部所产樟脑。当时台民私自进山熬制樟脑售卖者日渐增多，只不过规模不大而已。后来，因为英国等外国商船经常潜入基隆港，用鸦片交换樟脑，获得暴利，这使得樟脑销路增加，需求扩大，私熬樟脑者也就更多了，原来的官营制度受到很大的冲击。咸丰五年，英商德记洋行向台湾道订购樟脑，"每担价十六圆，配赴欧洲，而发脑户仅八圆，利入道署"③，这一方面刺激了官府发展樟脑产业的积极性，另一方面又使脑户纷纷与外商交易，私售樟脑。

1860 年，台湾正式开港，樟脑也逐渐成为一种重要的输出品。由于外商可以合法地来到通商口岸从事贸易，于是，官府进一步完善专卖制度，将樟脑的收购与出售收归官办。同治二年，官府重申禁令，将内山所产木材划充官田，严禁私熬樟脑，又将设于艋舺街的军工料馆改为"脑馆"，兼理樟脑收购业务，并于后垄、竹堑、大甲等处设立"小馆"，由道库出资收购。这种专卖制度的实行，洋商受到很大的影响。当时，台湾道吴大廷将樟脑"每担定价售银一十八圆"，洋商认为定价过高，无利可图，就"各勾通奸民，潜入内山及梧栖等处不通商口岸，设栈自行收买，驳运出洋"④。为阻止洋商违禁购运樟脑，台湾官府就派胥吏、兵弁在重要关口盘查。这样，负责稽查的人员就常截留洋商向民间所购

---

① 连横：《台湾通史》，广西人民出版社，2005 年，第 261 页。
② 连横：《台湾通史》，广西人民出版社，2005 年，第 261 页。
③ 连横：《台湾通史》，广西人民出版社，2005 年，第 263 页。
④ 张贵永：《教务教案档（第二辑）》（同治六年至同治九年），"中央研究院"近代史研究所，1974 年，第 1308 页。

的樟脑，洋商也经常因为收购樟脑之事与台湾官府发生矛盾并企图废除专卖制度。

同治七年二月，梁元桂继任台湾道，对于洋商违禁采购樟脑，取缔更为严格，是年三月发生的梧栖樟脑事件使多年来有关樟脑的纠纷终于激化了。在打狗的英国怡记洋行经理必麒麟，不顾台湾地方政府的樟脑专卖禁令，擅自在非通商口岸梧栖港设立洋栈，以当地蔡氏家族为其代理人，收购樟脑。三月间，有价值六千圆的樟脑欲私运出口，被鹿港通知洪熙恬扣留。英国领事会同美国驻厦门领事李仙得与台湾道交涉，认为此举侵犯了《天津条约》中洋人可到内地通商贸易的权利，要求发还樟脑。① 梁元桂认为樟脑是违禁物品，任何人无官府许可，都不能擅自购运，至于这批樟脑如何发还，或是以价收购尚待进一步的商议。然而，五月，必麒麟在没有官府同意签发护照的情况下，倚仗领事的支持，私自到梧栖港查看货物下落并与官兵发生冲突，后来他到厦门向该处英国领事控诉台湾官府的行径，要求出面干预。必麒麟是个台湾通，他来自苏格兰，同治二年随台湾税务司到台，同治四年主管安平海关，后来成为怡记洋行的经理。他通晓汉"番"语言，多次深入台湾内地。总之，他的经历和人脉使其对于英国领事有相当的影响力。②

为维护本国商民的利益，英国新任代理领事吉必勋和史高特舰长乘坐"伊卡瑞斯"号炮舰来台，与梁元桂交涉。双方的会谈并不愉快，根据必麒麟的记载"领事据理力争，道台却用尽一切方式侮辱我领事和海军首领。他不肯听我们讲的道理，蔑视所有条约的规定，除非经由他核准，否则任何欧洲人休想购买樟脑"③。而中方的记录则是"吉必勋与洋将赴郡面议各案，吉领事愤气嫚言，辞色俱厉，双手作势及于梁护道面上，梁护道举扇格阻，恐其当众恃蛮，有损威仪，旋即离座"④。双方对于当时会谈场景的记录各执一词，但是不管事实如何，这一交涉没有取得任何结果，反而恶化了双方的关系。这一交涉的失败，也增强了

---

① 黄嘉谟：《美国与台湾》，"中央研究院"近代史研究所，1979年，第248页。

② 有关必麒麟经历，请参阅必麒麟《历险福尔摩沙》，台北：原民文化事业有限公司，1999年。

③ 必麒麟：《历险福尔摩沙》，原民文化事业有限公司，1999年，第224页。

④ 张贵永：《教务教案档（第二辑）》（同治六年至同治九年），"中央研究院"近代史研究所，1974年，第1425页。

吉必勋诉诸武力的决心。

其次，台湾开港以来频频发生的教案，与樟脑贸易纠纷相互交织，成为樟脑战争爆发的另一个重要原因。

台湾开港以后，天主教道明会和英国基督教长老教会纷纷来台传教，由于东西方具有不同的风俗习惯、生活方式、伦理道德和价值观念，自然在宗教信仰方面也有很大的差异。因为其弃偶像，废祖祀的教义与台民敬天法祖的传统观念相对抗，误解和冲突也就不可避免，而接受儒家思想的官员和士绅更视之为异端邪说予以排斥。同治年间，有关于洋教的流言蜚语在全国到处可闻，台湾也不例外。当这种流言和排外仇外情绪相结合，在台的传教士和教堂就不可避免地受到冲击。

同治七年，在台湾对外关系史上是多事之秋，台湾南部教案频频发生，地方官府却未能有效制止，以致反教排外形势越燃越烈，造成了极为严重的后果。

同治七年三月中旬，凤山县民程赛等向县令凌树荃控告华人教士高长用药迷毒妇人，使其入教。据称，本月十八号程妻林便凉路过北门外，遇见信教之人打鸟陈邀其入教，程妻没有同意。打鸟陈就请教士高长在她背上画符念咒，并在茶中放入迷药使其饮下。程妻回家后忽然发疯，声称一定要入教才能快活。民妇王曾氏也称其儿媳王吴氏到城外拾柴，教堂送她槟榔吃，回家后也发疯乱叫。当地居民群情激愤，将教士高长拿送官府，并将北门基督教长老教堂拆毁。[①] 二十日，法国传教士良扬也因为受到教士毒害良民传言的波及而受到民众围攻，躲入官署内方才得以保全。位于万金庄的天主教堂也被乡民烧毁。

四月，又发生凤山县入教华民庄清风被害案。因为庄清风娶许陈氏之女许云凉为妻，许云凉婚前不知道庄清风是教徒，婚后庄要其妻入教，许不肯答应，因此常被庄清风殴打。当时，由于在凤山流传教士用药害人的流言，教徒被打，教堂被毁的暴力事件相继发生。为了避祸，庄清风要许云凉同往北路避祸，许答以要告诉其母才能同行。庄清风不允，将许痛打一顿，而后独自到教堂礼拜。许云凉趁机逃至左营庄，庄清风到左营庄寻找，正好庄内有人宣讲教会的流言，百姓群情激愤，围攻庄清风。其中，有一人名叫周忠，一时愤恨，持刀将其杀死，众人将

---

① 张贵永：《教务教案档（第二辑）》（同治六年至同治九年），"中央研究院"近代史研究所，1974年，第1272页。

其尸体抛入海中。①

教案的频频发生令在台的英国领事极为不满，遂上报英国驻京公使请求向总理衙门提出抗议。由于在教案中，法国教士良扬也被围攻，万金的天主教堂也被毁坏，法国政府依据英国领事的意见向清政府发出照会，照会称："接准台湾之大口署理法国副领事即英国领事官来函所称，本处绅民人等心存不睦，时常滋事，以致诸国商民在彼居住不安。伏乞速派法国兵船前来保护。"并以打算"特派本国兵船前往并饬该船主随时严行弹压，以免后患"。② 面对法国的武力威胁，清政府不敢怠慢，要求台湾地方政府妥善处理，迅速破案，以避免军事冲突，其在给法国的回复中表示"切饬该地方官按约妥为处置，并查明如有前项欺凌情事，切实查究，秉公办理。所有副领事请派兵船之处自可无庸也"③。

受到冲击的基督教长老教会的母国英国，比较重视在华的商业利益，不愿因传教问题而伤害双边的关系，较少动用武力支持传教士的要求，但是面对频发的台湾教案也向清政府发出了措辞强烈的照会，将台湾教案的发生归咎于台湾地方官的纵容和默许，要求清政府"严饬台湾地官，务将凶犯拿获，从严惩治；并将拆抢礼拜堂房屋、家具按价赔补洋银七百六十二圆，仍须将拆屋等匪惩责，幸勿迟延。且尤须严饬地方官，此后不可仍前疲玩"。④

正当双方交涉之际，岂料再生波澜，同治七年六月十一日埤头基督教长老教堂再度被毁，英国领事吉必勋提出强烈抗议，并要带兵进埤头看以前的案子进展如何。凤山县令凌树荃回复说，没有接到道台的通知，又恐领事带兵入城激起民变，予以拒绝。吉必勋认为"道台答应等事皆无信凭"⑤，再次要求入城。凌树荃却告知吉必勋在被毁教堂内发现许多人头骨，显然是教士和洋医陷害人命。吉必勋要带教士进城会

---

① 张贵永：《教务教案档（第二辑）》（同治六年至同治九年），"中央研究院"近代史研究所，1974年，第1364页。

② 张贵永：《教务教案档（第二辑）》（同治六年至同治九年），"中央研究院"近代史研究所，1974年，第1277页。

③ 张贵永：《教务教案档（第二辑）》（同治六年至同治九年），"中央研究院"近代史研究所，1974年，第1283页。

④ 《筹办夷务始末选辑》，"台湾文献史料丛刊"第四辑，台湾大通书局，1987年，第407页。

⑤ 张贵永：《教务教案档（第二辑）》（同治六年至同治九年），"中央研究院"近代史研究所，1974年，第1352页。

审，却发现在进城的路上有兵民埋伏，大怒，再次要求英国公使派兵保护。

在这种情况下，英国公使阿礼国发出照会称"英国商民按照条约在台湾府地方居住，本系应得之益；而且性命亦关紧要。故本国水师提督现已派令兵船，协同领事官随时保护本国商民人等性命，并随时保护该商民等能获应得之益……切恳贵亲王火速行知闽浙总督赶紧拣派能事大员前往台湾府，会同郇领事速将此等繁杂之事查办清结，以敦和谊，是为至要"①。这一次，英国兵船终于兵临城下了。

在商业纠纷和宗教冲突的共同作用下，英国和台湾地方政府之间的关系日益恶化，依照和平的交涉方式已经无法解决问题。英国认为只有实行"炮舰政策"使用武力才能迫使排外守旧的台湾地方政府屈服。于是，"樟脑战争"的爆发也就具备了必要的条件。

二、安平流血事件的偶然性因素分析

1868 年"樟脑战争"的爆发有其必然性，中英之间的商教矛盾迟迟得不到解决，决定了英国必定会派出兵船，进行武力威慑。英国驻京公使阿礼国虽然派出了兵船，但是并不打算在台湾发动战争，他的目的是借助军事的压力来威慑排外的台湾地方政府，同时警告清政府如不尽快解决在台湾的中英纠纷，将会有战争的风险。总之，他企图以武力为后盾，通过外交手段解决问题，以达到不战而屈人之兵的目的。

既然英方并不想发动战争，那么史称"樟脑战争"的安平流血事件又是怎样发生的呢？这其中有什么偶然因素吗？

首先，英国领事吉必勋个人坚持撤换台湾地方官的要求是其出兵安平的原因。

在吉必勋看来，这段时间在台湾发生的种种事端，无论是樟脑贸易争端也好，还是教案也好，损害英国利益的支持者和纵容者都是台湾地方官员，他们不被撤换，则这些问题都没有被解决的可能。况且，在之前的洋案处理过程中他对台湾地方官员也产生了极大的不满和憎恨。如今英国兵船兵临城下，他凭借着军事压力必欲撤之而后快，并且做好准备必要时不惜使用武力进行威逼。这一点可以从他与闽浙总督特派到台

① 《筹办夷务始末选辑》，"台湾文献史料丛刊"第四辑，台湾大通书局，1987 年，第 410 页。

湾处理洋案的官员的交涉过程中清楚地看出来。

为了解决中英之间的商教矛盾，早在英国公使阿礼国因为同治七年三四月间在台的英国基督教长老教会教堂被毁、教徒被杀一案而向总理衙门提出措辞强烈的照会时，总理衙门就行文闽浙总督，要求"迅速遴派大员，严度该地方官查究确情，认真妥办。务使华洋不扰、中外相安"。① 经过一番筛选，闽浙总督英桂认为兴泉永道曾宪德办事明决，熟悉洋情，遂委派他带印渡台办理各案。

同治七年九月二十四日，曾宪德抵达台湾府城，调集卷宗，处理积压的中外案件。他将必麒麟的梧栖樟脑案、英国基督教长老教会教堂被毁案、凤山县和台湾县法国天主教教堂被毁案、教徒庄清风被杀案、厘丁与洋商华洋交殴案、怡记洋行买办许建勋案七件案子办结五起，尚未结案两起，再加上樟脑应议章程，这都需要和英国领事面商定义。但是，据曾宪德报告，当他和署台湾府知府叶宗元，亲赴旗后口与吉必勋面议时，该领事屡次托病不见。十月初八日，曾宪德忽然得知吉必勋亲自带领洋将茄当、绒生，率领两艘兵船前往安平。

英国驻台领事吉必勋一再要求迅速办结洋案，保护洋人权益。最终，清政府也如其所愿地派来了处理洋案的官员，为何他又不与之相见呢？曾宪德已经将积压的案件处理大半，事态有望和平收场，为何吉必勋又向安平派出兵船呢？

当时任台湾海关税务司的英国人满三德有这样的记述：

"十月初八日，知厦门道曾宪德到此办理两国案件，因往拜之。知曾道于九月二十四日，已抵台湾府城。十月初四日，抵旗后口。至此时尚未了结各事，既未经速了各事，吉领事亦不肯与之议商事情，缘曾道尝云无撤梁元桂之权也。是日据吉领事云，奉阿大臣文开，有总理衙门已允将梁护道撤任，另换新道之语。本税司即向吉领事云，既总署已有换新道之文，即先与曾道商办一切，亦未为不可。嗣吉领事即与曾道订于十一日会面商议办事。"②

"十月初十日。是日，吉领事回旗后，有文照会曾道云，照万国公

① 张贵永：《教务教案档（第二辑）》（同治六年至同治九年），"中央研究院"近代史研究所，1974 年，第 1285 页。

② 张贵永：《教务教案档（第二辑）》（同治六年至同治九年），"中央研究院"近代史研究所，1974 年，第 1356 页。

法强偿之例，将安平地方暂时管辖，俟将相争之事了结，再行退还。倘中国人调兵亦来此镇守，则御带兵官不得不为之防御等语。吉领事行此文后，曾道即与领事商办事矣。"①

从满三德的记述中，我们可以看出，吉必勋之所以拒绝会见曾宪德是因为"曾道尝云无撤梁元桂之权也"，后来虽然经过满三德的劝说，答应在十一日与曾宪德会面，但是又在约定时间的前一天照会中方其已经派兵强占安平。目的很明显，就是要在次日的谈判中占据有利地位，以安平为筹码迫使曾宪德接受英方的要求，最主要的一点就是撤换台湾地方官。

事后，曾宪德经过调查发现："该领事之欲撤台道者，系吉必勋初抵台湾时，护台湾道梁元桂未接吉必勋到任之文，于厘卡哨丁回殴，致伤洋人案内，仍系照会前领事哲美巡查覆。吉必勋即称不以礼待。旋为梧栖被截樟脑，吉必勋与洋将爱士秃带兵突入道署面议，手指梁元桂谩骂，梁元桂举扇格阻，并恐其当众恃蛮，有损威仪，离座入内。吉必勋即诬指梁元桂将其殴辱，多方恐吓刁难，挟有私忿。其欲撤鹿港厅凤山县者，一因梧栖港樟脑被截，一因凤山人民阻其带兵进城。"②

从中可以看出，吉必勋与梁元桂在以前的交涉过程中发生了三次冲突，前两次是两人的直接冲突，对于第三次的埤头设伏事件，吉必勋也认为是梁元桂指使凤山县令凌树荃干的。在他看来，从行文失礼到当面羞辱再到伏兵谋害，后果一次比一次严重，因此对以道台为首的台湾地方官的不满和仇恨也逐步升级，最后坚持一定要撤换官员方肯罢休。当他发现曾宪德没有撤官的权力时，就不惜以武力威胁，制造紧张气氛，迫使中方接受其要求。这与其说他是在履行职责，保护本国人民的生命和财产安全，倒不如说是趁机报私仇，了却个人恩怨。

吉必勋出于一己之私，固执己见，一意孤行，使本来有望缓和的局面再度紧张起来。他率领兵船进逼安平的举动，也为后来发生的安平流血事件埋下伏笔。

其次，英军将领茄当擅自用兵，对安平守军进行先发制人的"斩首

---

① 张贵永：《教务教案档（第二辑）》（同治六年至同治九年），"中央研究院"近代史研究所，1974 年，第 1356 页。

② 张贵永：《教务教案档（第二辑）》（同治六年至同治九年），"中央研究院"近代史研究所，1974 年，第 1312 页。

行动"直接造成了流血事件，终于引发"樟脑战争"。

吉必勋出兵威胁的做法是有效的，在随后十一日的旗后会晤中，曾宪德答应将上报督抚撤换台湾地方官，吉必勋极力主张的要求终于得到了满足；有关中英之间各项争端，双方最终也达成了协议。在英方的武力威胁之下，尽管中方忍辱负重，委曲求全，但是此时看来事情终于要和平解决了。直到这个时候，中英之间还没有什么武装冲突或是流血事件发生，如果不出意外，台湾历史上就不会存在"樟脑战争"这一事件了。可是，就在旗后达成协议之后，安平却又发生了意外："十二日，洋将茄当牵去澎湖营领饷师船，掳去管驾官孙广才及水勇二名。是夜四更，复率领洋兵数十人，绕由僻港潜进登岸，突入安平协署，杀伤兵勇。副将江国珍因众寡不敌，已于受伤后服毒殒命，并被杀死兵丁一名、壮勇十名及受伤十三名。该协中左右三营军装火药局库，均被放火焚毁。"①

为何协议已经达成，吉必勋的目的已经实现了，最后又出现流血事件呢？中间发生了什么事情？

十月初八日，吉必勋率领海军军官茄当少校、绒生少校驾驶"阿尔及利"号、"布斯达"号炮舰到达安平港，在此张贴告示，宣布占领，并且命令驻守清军在十二个时辰内撤离，否则就要开炮攻击。由于吉必勋所带士兵人数很少，加之镇内房舍破烂，无法居住。茄当建议撤回兵船，用船上火炮控制全城，他认为只要能够逼迫清军撤防，禁止其海陆军进入安平，一样可以达到实质占领的效果。因此，初十日，当吉必勋乘船返回旗后与曾宪德会晤时，留守在安平的茄当实际上并未登陆占据该城。与此同时，安平协守将江国珍在得知英国兵船进逼安平，洋将茄当声称英国要占领该城并勒令其撤军的消息后，马上向其上级台湾镇总兵刘明灯报告。刘明灯获悉安平形势后，一方面调派援军，命令江国珍严密防守；另一方面，通知即将与吉必勋会晤的曾宪德，希望他通过谈判来说服英方撤出兵船。

在安平，茄当限清军在十二个时辰内撤出，否则就要开炮。江国珍遵守上级指示，不予理会。茄当报以颜色，先是掳走停泊在安平港的澎湖师船，扬言勒银三万才能赎回。后来，当他看到安平守军非但没有撤

---

① 张贵永：《教务教案档（第二辑）》（同治六年至同治九年），"中央研究院"近代史研究所，1974 年，第 1298 页。

退的迹象，反而加强防守并且有援军加入，便开炮七响予以恐吓，守军仍不退让。当晚，茄当率领数十名英军乘小艇登陆偷袭安平协署，对守军发起了一次"斩首行动"，杀伤兵勇，焚烧局库，逼死副将大员，占领安平协署。当地华商请求停战，茄当要求付银四万为质，否则就要进攻府城。为了避免战火蔓延，华商凑足质银予以给付。而就在茄当夜袭安平的前一天，十月十一日，曾宪德和吉必勋在旗后已经就洋案和撤官问题达成了协议。事后，曾宪德向吉必勋提出强烈抗议，谴责其违约纵兵的行为；总理衙门也向英国驻京公使阿礼国发出抗议照会，要求惩办责任者。对此，吉必勋辩解他只是命令兵船停泊安平，并未下令开战，由于洋将茄当擅自行动，登岸攻击，这才造成流血事件。茄当则说当旗后协议达成之后，吉领事并无一字通知，而江国珍又拒不撤军，所以不得不发兵攻击，占领地方。总之，其所作所为都是奉命行事，并无错处。就这样，两人相互指责，推卸责任。

吉必勋在旗后会晤之后是否通知茄当，双方协议已经达成？茄当对于这件事情真的不知道吗？

从英方的往来文件来看，当协议达成之后，吉必勋向茄当通知了此事，在其给公使的报告中这样写道：

"翌日晨，25日9时①，我向留守在炮台和安平镇工事的海军高级军官茄当少校送去一份短简，我担心正式咨文有被台湾府官员扣留的可能，告诉他我已经与曾大人达成协议，要求他继续坚守炮台和安平镇的工事，直到我的条件完满实现，梁道台及其两个属员被革职为止。"②

在茄当写给上级的报告中，他也是承认收到吉必勋的通知的。文中这样写道：

"7时左右，我收到吉必勋先生由打狗发来通知说，因我已控制了安平镇，所以已与曾道台达成协议，并说英军必须继续占领该地，直至这项协议呈请闽浙总督批准为止。"③

以上资料证明，茄当所谓的"对于协议达成毫不知情"的说法完全是在说谎。但是，他既然已经知道协议达成了，英方的要求也得到了满

---

① "25日"是公元纪年，相当于农历十月十二日，即中英达成协议的第二天。

② 陈增辉：《中国近代史资料丛刊续编·清末教案（第六册）·英国议会文件选译》，中华书局，2006年，第212页

③ 陈增辉：《中国近代史资料丛刊续编·清末教案（第六册）·英国议会文件选译》中华书局，2006年，第223页。

足，为何还要夜袭安平呢？

在中英双方达成协议后，吉必勋不仅向茄当传达了这一消息，而且命令他"继续坚守炮台和安平镇的工事，直到我的条件完满实现，梁道台及其两个属员被革职为止"。在吉必勋看来，"从曾大人这样爽快地答应我们的条件来判断，正是这报复行动，也唯有这一报复行动，才促使他做出这一允诺"。为了保障协议的执行，英军必须牢牢地控制安平。

因此，茄当要求安平守军必须迅速撤离，否则就要开炮攻击。随后，就掳走了澎湖师船，以示威胁。但是，守军对此要求不予理会，反而增加援军，加强防守，双方处于僵持状态。茄当明白占领安平的重要性，而且得到增援的安平守军的备战行为也使他感到了威胁，他担心"倘若在谈判中，中国军队在安平加强防守，能够与我统率下的小股兵力进行较量，则其悲惨的结果不言而喻"。[①] 为了保障协议的执行，也为了反制安平守军可能发起的攻击，茄当决定先发制人，率军登陆，夜袭安平，酿成了血案。

通过以上的分析，可以看出"樟脑战争"的直接肇事者是洋将茄当，是他自作主张夜袭安平，造成流血事件；但是，导致这一事件的最大责任人却是领事吉必勋，是他命令兵船进逼安平，这为后来的冲突埋下伏笔，协议达成之后又拒不撤军，命令茄当继续占领安平直至撤官的要求得以执行为止，这一命令也促使茄当采取了军事行动。

三、结语

通过对"樟脑战争"这一历史事件的还原和梳理，我们可以看出这一事件的爆发有其必然和偶然。台湾开港之后，以英国为代表的西方势力进入台湾从事樟脑贸易和传教活动，因为樟脑专卖问题与台湾地方官府产生了贸易冲突。与此同时，由于中西方文化的冲突，基督教的传播也受到了台湾士绅民众的抵触和排斥，一时间教案频发，反教排外情绪高涨，英国领事与台湾地方官员之间的交涉又频现龃龉。这种背景下，英国祭出了惯用的"炮舰政策"，以武力威胁清政府进行妥协。中英双方的商教矛盾成为"樟脑战争"爆发的必然原因，"樟脑战争"也成为双方矛盾累积和激化的直接体现。

---

① 陈增辉：《中国近代史资料丛刊续编·清末教案（第六册）·英国议会文件选译》，中华书局，2006年，第223页。

历史事件的发展并不只是教科书上简单的、粗线条的概述，事件中的每一个人物、每一个偶发事件都在历史的形成中发挥着作用。所以，历史的具体形态是众多单个的、偶然的因素合力造成的结果。

英国"炮舰政策"的具体执行者是驻台领事吉必勋，其为了达成罢黜台湾地方官员的个人目的，不惜在双方争端大致弭平的情况下命令英国兵船占据安平，直至其撤官要求得以满足为止。英军将领茄当也因此擅自使用武力，最终酿成了安平流血事件。领事与洋将的个人行为成为了"樟脑战争"爆发的偶然性因素。

泉澎关系史略

庄小芳*

　　澎湖与泉州之密切关系，在较早的各种文献中都有体现。宋元时期澎湖作为泉州海外贸易的重要交通孔道，在泉州成为东方第一大港的发展中起到重要的作用，而泉州海上贸易的持续繁荣和发展也是澎湖开发发展的重要因素。至元末泉州港衰落，明初实行海禁，政府迁徙澎湖居民，废巡检，而后墟其地，之后澎湖成为兵家必争之地，在每一场大大小小的战争中，居民更替，而澎湖新移民的群体，泉州人的比例较少，澎湖之于泉州，也就陌生了不少。因此，明清时期澎湖与泉州的关系，就较少列入学者的考察范围。本人拟通过文献、族谱、地方文史资料及相关的调查，梳理澎湖与泉州从宋到清，尤其是明清两代的历史关系。宋元时期泉澎关系已有较多论证，且资料较少，故在原有研究的基础上，加上谱牒及澎湖的一些考古发现，对其加以概述，而明清时期之泉澎关系，澎湖回移泉州的考证，且更注重从地方文献及谱牒资料中去论述两者关系，也是本文重点所在。

一、宋元时期泉澎关系概述

　　宋元时代澎湖隶属于泉州晋江县管理的史实，已经得到多方面的论证。从宋开始，澎湖，又以"彭湖"、"平湖"等名频繁地出现在描述泉州方舆或风情的史料中。南宋楼钥《攻媿集》卷八十八记载泉州知州汪大猷事迹的"汪大猷行状"、南宋周必大的《文忠集》"汪大猷神道碑"广为人所熟悉。宋代泉州知州汪大猷派兵屯守澎湖，"公即其地，造屋

---

　　* 作者单位：中国闽台缘博物馆。

二百间，遣将分屯，军民皆以为便，不敢犯境"，防止毗舍耶侵犯澎湖，进而占据澎湖入侵泉州沿海各地。且有不少史料，如陈学伊的《谕西夷记》及清代编撰的《古今图书集成》等都指出宋代的澎湖已经"编户甚蕃"，有不少的福建移民在澎湖捕鱼、繁衍，澎湖的考古挖掘支持了这一论断，黄有兴《澎湖的民间信仰》一书在讲述澎湖开发史略的时候指出："黄士强先生从澎湖历史时期遗址的数次调查和试掘出土之大量宋明时期的瓷片，宋代铜钱等汉人遗物，证明至迟在南宋时，汉人已经移植到澎湖。"① 而泉州百姓在宋代移民澎湖的历史在地方谱牒中也有体现，如《泉州府同安洪塘张氏族谱》（复制本）谱中写道："四世思睿公，生三子：长伯噩、次伯充、三伯盛，长次二子，俱分澎湖。"② 该族谱系清代光绪辛卯（1891）年张玉树第六次续修本，最早编纂者为明代张世叶（生于1430年）。该谱记载，泉州张氏入闽始祖张延鲁，"唐末率父老迎王潮入泉"，延鲁之后裔启絷于北宋开基同安洪塘下张村，启絷之四世孙张思睿的儿子，于南宋时期已经迁居澎湖。

基于澎湖的重要位置及其在福建海上贸易、海防中的重要地位，元代正式在澎湖设官治理，归属泉州晋江。据陈孔立老师《元置澎湖巡检司考》③、《澎湖不属同安考》④ 等文章考证，元代设澎湖巡检司在"前至元"，即13世纪至元二十九年至三十一年之间（1292～1294），隶属泉州晋江县。而曾两次随泉州海舶浮海出洋考察的元至正年间航海家汪大渊著《岛夷志略》等史料中对澎湖风俗、地理等的记载，明确指出"自泉州顺风二昼夜可至。有草无木，土瘠不宜禾稻，泉人结茅为屋居之"⑤。澎湖在宋元时期的移民主体为泉州人，且他们"煮海为盐，酿秫为酒，采鱼虾螺蛤以佐食，热牛粪以爨，鱼膏为油。……工商兴贩，以乐其利"⑥，形成了与泉州沿海地区十分相似的生活生产形态。

宋元时期泉州对于澎湖的管辖，澎湖对于泉州海上贸易、海防等的重要意义，多有学者论证和阐述。但是从另一方面而言，泉州在宋元时

---

① 黄有兴：《澎湖的民间信仰》，台原出版社，1992年。

② 《泉州府同安洪塘张氏族谱》（复制本）。

③ 陈孔立：《台湾历史与两岸关系》，台海出版社，1999年。

④ 李祖基主编：《台湾研究25年精粹·历史篇》九州出版社，2005年。

⑤ ［元］汪大渊：《岛夷志略注释》"毗舍耶"，《中外交通史籍丛刊》，中华书局，1982年。

⑥ ［元］汪大渊：《岛夷志略注释》"毗舍耶"，《中外交通史籍丛刊》，中华书局，1982年。

期作为东方第一大港的持续发展和繁荣，是澎湖在宋元时期得以开发、经营及发展的重要原因。纵观澎湖之发展史，与泉州港之兴起、发展息息相关，密不可分。澎湖原为贫瘠之地，自然灾害严重，农作物稀缺，它是作为海上贸易的中继站而被重视的。这在澎湖的多种遗址挖掘中得到了论证，黄士强先生对于澎湖遗址挖掘后的状况做了总结："遗物以陶瓷为大宗，大多为不带釉或施少量釉的瓮罐以及器形特殊的"高瓶"。"高瓶"出土的数量甚多，其底部略细，肩部稍粗，修腹，小颈，环口，瓶高约三十公分，口径仅二至三公分。除口部或肩部施以深褐色釉外，其余部分皆不施釉。这种高瓶为宋代民间流行的器物，曾发现于中国沿海地区的宋墓中，以及福建泉州湾所挖出的一艘宋代沉船中。宋墓中以及宋船中出土的高瓶，形制与澎湖采集者并无二致。此外，还有为数不少的青瓷、青白瓷、白瓷、乌金釉茶盏等。这类瓷器皆为宋、元时代福建地区烧制的，值得注意的是它们大都属于贸易瓷。韩国、日本、琉球、南洋各地，及至埃及都有相同的瓷器发现。澎湖为宋明时代泉州外海之门户，对外贸易之交通孔道。从澎湖群岛出土的贸易瓷来看，推测这一群岛说不一定为当时贸易的中途站。"澎湖遗存的挖掘和发现，说明了澎湖在泉州海上贸易史上的重要地位，而另一方面，这种较为单一的遗存的挖掘，也从另一方面说明了泉州港贸易发展对于澎湖的重要影响，或者说，在宋元时期，澎湖岛的移民、文化、生活和生产形态都移植于泉州。

二、明清泉澎关系考

经过了宋元时期之持续发展，元末，泉州港开始走向萧条，而明朝实行的"海禁"政策，又进一步打击了泉州的海外贸易。恰是此时，明政府的废除巡检司、墟澎湖之举，也使得澎湖陷入了凋零之境，成为倭寇、海盗的地盘。纵观泉州之历史，我们也不难发现，因为澎湖与泉州港的唇齿关系，澎湖各群岛的历史发展脉络，与泉州很多沿海岛屿之发展脉络是一致的。泉州海港贸易的兴衰，政府对泉州海外商业贸易的态度，直接影响到澎湖的地位和发展。澎湖的历史是泉州整个大历史的一个缩影。

明朝的建立，为防止倭寇的骚扰破坏和孤立盘踞在沿海诸岛上的元朝残余势力，严禁私人经营国际海上贸易活动，"海禁"政策以及倭寇的骚扰，又一次沉重打击了原本已经萧条的泉州海上贸易。恰是在这种历史背景下，澎湖这个泉州海外贸易重要的中转站，也就没有发挥功能的所在，所以明政府以"澎民叛服不定"为由，先后迁徙澎湖居民于漳泉间，废巡检，墟其地。虽然此举动无疑是福建海防史上的一大失误，使得原为漳泉门户的澎湖成了海寇、倭寇的巢穴及入侵沿海各地的跳板，但在当时，短期内则有一箭双雕的作用。一方面断掉泉州海外贸易的重要中转站，其"禁海"之策也得以更彻底的执行；另一方面因澎湖已经不再发挥作用，也就节省了经营管理之需。

明朝中叶，泉州私人海上贸易逐渐活跃，"海禁"政策禁而不止，私人海上贸易兴盛，泉州港安平商人也就在此时兴盛起来的，而泉州沿海一些岛屿，如獭窟，在明代也是随着私商贸易的发展而"人益重，家益富厚，户口计万，均无贫乏者。士庶之家，各置矩舰采捕，环江而陈，帆无间隙，盖千数也"。① 正是在这一历史阶段，澎湖的重要性又得到了重视，设立了游兵防守，但在行政设置上仍属于泉州晋江县管辖。虽然在《澎湖厅志》等史料中，有澎湖明代属于同安县的观点，但陈孔立经过考证，引用大量的文献等指出②，"澎湖游兵"只涉及兵制，不涉及行政隶属关系，明代的澎湖依然隶属晋江县管理。明万历的《泉州府志》载："泉郡滨海，绵亘三百里，与外岛为邻。澎湖绝岛，旧为盗贼渊薮，今设有游兵防守，则贼至无所巢穴，又泉郡藩篱之固也。"明代泉州陈懋仁写《泉南杂志》，引《泉郡志》也重复了澎湖"有争讼者，取决于晋江县"③ 的说法。明代的澎湖早期虽被废，但到明代中后期，也正是泉州港私商贸易发展的时期，又引起了政府的重视，设置游兵管理。

同时，本来已经废为墟地的澎湖，又吸引了福建沿海各地的移民前来，带动了澎湖第二轮的移民高潮。黄有兴《澎湖的民间信仰》一书，概况了澎湖在明清不同时期的移民组成："万历初年澎湖丰富的渔场及荒芜已久的耕地，又诱引了第二期的移民。第二期移民以福建泉州府同安县金门人迁来最早，其后来者亦以同安县人为多，较好地区澎湖本岛多被同安县人所占，较后到的漳州府属移民集中于白沙乡。"④ 明代泉

---

① ［清］洪昆：《獭江新考》（手抄本）。

② 陈孔立：《澎湖不属同安考》，《台湾研究25年精粹·历史篇》。

③ ［清］林豪：《澎湖厅志》卷二"建置沿革·附考"。《台湾历史文献丛刊》台湾省文献委员会，1993年编印。

④ 黄有兴：《澎湖的民间信仰》，台原出版社，1992年版，第39页。

州府移民澎湖，也可在一些族谱中找到依据，如《儒林七房张氏族谱（泉州府同安新店东园）》记载："继烦字廷裴，生二子，长伯莩字先，往澎湖东石；汝武字省勇，生五子，长鼎、二未，往澎湖东石，有玉龟印为记……"①

明代后期，海防空虚，澎湖游兵的设置也就渐渐废弛，荷兰人趁机多次入侵澎湖，虽明政府驱逐成功，但荷兰人依然虎视眈眈。而后郑成功也十分重视澎湖的战略地位，他除了派人到台、澎地区检查往来船只之外，还在军队中设立了"澎湖游击"一职。因为其敏感的地理位置，以及与整个福建沿海为一体的战略意义，明末清初的澎湖，亦和泉州众多沿海地方、岛屿一样，连年战乱不断，元气大伤、百业凋敝。永历十五年，郑成功取得台澎，康熙三年（1664）设置澎湖安抚司，但是澎湖并未得到经营和开发，而只是作为与清政府对抗的军事要地加以防守。《澎湖厅志》"户口"条引施琅之话指出，彭地开发最早，自隋时陈棱略地至此，已有民居稠密之说，但到康熙初旧额仅五百余口。"盖郑氏窃据，以厚敛脧其生；刘国轩负嵎，以峻法毒其众；兵燹而后，凋残甚矣。"② 由此我们不难看出，至清统一台湾时前，因为连年的战争，澎湖的发展是如何的艰难。

而在这段时期，清政府为禁止沿海人民与郑成功联系和贸易往来，于顺治十三年（1656）颁布"海禁"政策，严禁商民船舶私自出海，康熙元年（1662），又实行大规模的迁界政令。泉州沿海"膏腴弃归荒地，庐舍沦为废墟，无数人民，流离颠沛"③，泉州不少的谱牒及文人笔记中，对于清初"迁界"之惨状都有描述。我们举泉州惠安沿海岛屿獭窟岛为例。

獭窟岛位于"惠安邑治东行三十里，至海滨望之，宛在水中獭江也。周围可五六里，四面环水。水之外，北线青山、崇武、大坠岞、小坠岞；南线关锁、岱屿、祥芝；西有石桥七里许，即通郡邑路者；东则汪洋无际，可通台湾、澎湖暨日本、琉球诸番，盖中国东南隅边地也"，④ 是泉州重要的海防门户。《獭江新考》记载獭窟"唐、宋、元

---

① 《儒林七房张氏族谱（泉州府同安新店东园）》（复制本）。
② ［清］林豪：《澎湖厅志》卷三"户口·附考"《台湾历史文献丛刊》台湾省文献委员会1993年编印。
③ 光绪《惠安县志》卷一二。
④ ［清］洪昆：《獭江新考》（手抄本）。

间，居民稠密，人皆事于通洋，遂为舟车输运津头，称富盛焉"，① 至明代，江夏侯周德兴在此建造卫城，设立巡检司。同时由于私商贸易的发展，獭窟人烟繁盛。但明清之交，獭窟也难逃兵灾及迁界之厄运。康熙年间写作《獭江新考》的洪昆感慨："呜呼！区宇混一，江天肃清，人享升平之乐，独惜吾獭死亡相藉，白骨无依，归故乡者百无一二。即今虽飞鸿之既集然而试登高而望之，万家灯火者，今徒碎瓦颓垣矣。前之钜舰环江，今徒风烟云水矣。盛衰易变，一至于此。呜呼！"② 可见所受打击之深。

康熙二十二年（1683），台湾列入清政府版图，随着展界及两岸对渡贸易的开展，泉州各沿海地区又重复生机，如獭窟渐"休养生息，生斯际者，安居乐业，比户可封，履厚席丰，渐成乐土，骎骎乎与通都大邑比隆矣"③。在福建福州、厦门、泉州等与台湾的对渡中，澎湖也如獭窟，在休养生息中，利用有利的地理位置，吸引了大量的福建移民开发、经商，成为闽台两地海上贸易的中转站，"但历年既久，今昔改观，居民日以熙攘，海隅渐以式廓，舟楫纷来，商贾辐辏，其市廛之气象大异于畴"④，海疆富庶，宦贾台湾者相望，往来之艘，皆泊澎湖。杜臻《澎湖台湾纪略》又提及"泉漳人行贾吕宋，必经期间"⑤，澎湖再一次成为福建沿海各地通台通洋的重要贸易中途站。可以说，福建沿海，尤其是泉州一带海上贸易的再一次兴盛，又一次为澎湖的发展注入了动力。

同时，在清统一台湾后的福建沿海大规模移民台湾的浪潮中，澎湖也成了很多福建沿海居民的移居地。黄有兴《澎湖的民间信仰》指出："清康熙二十二年以后，福建沿海各地均有人来澎，嗣后驻澎官兵也有就地娶妻生子，安家落籍者，以漳州府属的铜山，泉州府属的三邑（南安、惠安、晋江）及福州府属人为多。"⑥ 而澎湖虽不是泉州人主要移居地，但作为当年前往台湾的中转站，仍然有一些泉州百姓选择在澎湖生活，泉州当地的一些族谱可见清代泉州移居澎湖的事实。

---

① ［清］洪昆：《獭江新考》（手抄本）。
② ［清］洪昆：《獭江新考》（手抄本）。
③ ［清］曾枚：《獭江所知录》（民国二十六年曾季商抄本）"獭江纪略"。
④ ［清］蒋镛：《澎湖续编》，"台湾文献丛刊"（第115种）。
⑤ 杜臻：《澎湖台湾纪略》，"台银文丛"第104种。
⑥ 黄有兴：《澎湖的民间信仰》，台原出版社，1992年版，第39页。

《晋江新市武城曾氏族谱》"贞灿房系",即有载:"六十六派,尚殿,原名奎殿,字锡舆,灿长子。生康熙丁丑,于雍正戊申没葬澎湖屿。配陈氏。子二。"①《安平颜氏族谱》载东北镇房十一世"廷璧,容华四子。生天启乙丑,卒澎湖"。② 另有族谱中的记载,虽然并无明确指出是移居澎湖,但也说明了泉州移民与澎湖之密不可分的关系,《东石玉井蔡氏长房三惟谅公派下家谱》记载"十五世,懋丹,字永青,号德桂,章略第四男。业儒。生嘉庆二年,卒道光八年。往台。回泊澎湖病故,寄葬西屿投祀宫后,后拾回葬沙岗"③。可见澎湖是泉州移民重要的中转和停靠点。又记载十六世"昭抄,懋谟养男。生道光十三年,卒光绪二十年,妣澎湖黄氏"。④ 则说明了当时泉州有与澎湖通婚之状况,而安溪溪东李氏族谱有其族人卿续住澎湖的记载。

三、明清澎湖居民回移泉州考

胡建伟《澎湖纪略》及林豪《澎湖厅志》在论述澎湖的建置沿革时都指出:"明洪武五年,信国公汤和经略海上,以澎湖岛居民叛服靡常,因尽徙归内郡,置于漳、泉之间,废巡检而墟其地。"⑤ 对于此历史事件,很多史书也多一笔带过,并无多讲。所谓的"漳、泉"之间,又具体是哪些地方,也无说法。《赤嵌笔谈》谈到此事则载:"洪武五年,汤信国经略海上,以澎湖岛民叛服难信,议徙近郭。二十一年尽徙屿民,废巡司而墟其地。"⑥ 从洪武五年提出建议,到洪武二十一年才徙民墟地,且徙近郭,没有明确的漳州或泉州的说法,而明代侯官人曹学佺所著《石仓全集》则记载:"澎湖游为诸澳中最险,在宋时编户甚蕃,因

① 庄为玑、王连茂:《闽台关系族谱资料选编·晋江新市武城曾氏族谱》,福建人民出版社,1984年。

② 庄为玑、王连茂:《闽台关系族谱资料选编·安平颜氏族谱》,福建人民出版社,1984年。

③ 庄为玑、王连茂:《闽台关系族谱资料选编·东石玉井蔡氏长房三惟谅公派下家谱》,福建人民出版社,1984年。

④ 庄为玑、王连茂:《闽台关系族谱资料选编·东石玉井蔡氏长房三惟谅公派下家谱》,福建人民出版社,1984年。

⑤ [清]林豪:《澎湖厅志》卷二"建置沿革·附考",见"台湾历史文献丛刊",台湾省文献委员会1993年编印。

⑥ [清]林豪:《澎湖厅志》卷二"建置沿革·附考",见"台湾历史文献丛刊"台湾省文献委员会1993年编印。

海中绝岛易与寇通，难驭以法，国朝移其民于泉之南关，而虚其地。"①
却明确指出明代是将澎湖居民移居于泉州的南关外。另有《闽书》卷七
《方域志·澎湖屿》引明万历泉州卫指挥佥事唐垣京所著《澎湖要览》
载："澎湖，考之《图经》，系琉球山川，在东南大浸中，地界泉、漳、
兴、福，其去内地也，埒于琉球。隋开皇中，遣虎贲陈棱师过其地，虏
男女数百人而还。洪武五年，以居民叛服不常，遂大出兵，驱其大族，
徙置漳泉间。今蚶江诸处，犹有遗民焉。"②则指出在泉州的蚶江等地
有澎湖的移民，且驱逐的是澎湖的大族，与前面《澎湖厅志》等所记
"尽徙其民"，又略有出入。而澎湖移民具体回迁到漳泉何地，他们是聚
族而居，或是散居各地，他们的生活和生产形态以及在泉州当地社会的
地位如何，我们并无多余的史料来论证。同时由于时代久远，时移事
往，有关澎湖回迁泉州的这个事件，似乎被湮没在历史的尘埃中不可
复寻。

但是泉州城前坂陈氏的一段故事，却似乎可以与这段历史挂钩，我
们又重新走访了位于泉州城内前坂的"澎湖村"，可惜此村的族谱业已
丢失，我们只能通过口传史料来还原一段历史，时代久远，我们所听到
的这些故事、传说在年代和细节上都十分的模糊，因此也只能做一点揣
测。但是泉州与澎湖在移民历史上的重要关系，依然可以在我们的调查
中见端倪。

泉州城内的前坂村，位于泉州市城东南郊，原属于城厢附廓的新溪
下铺津头埔境。以前是城郊，现则是在泉州最热闹的城区内，但是前坂
村并无拆迁，也因此，成了相对完整的"城中村"，今有 70 余户人家，
总计 200 多人，有陈、林两姓，陈为大姓，林为小姓。传说中是陈姓先
到此定居，而林姓则是因为发大水从别处迁移而来。在前坂村之每家陈
姓的大门门匾上，都书有"澎湖传芳"四个大字，也因此他们被媒体称
为"澎湖村"。近年来，该村陈姓村民想要重修祠堂、祖厝及族谱，却
没有线索，只能根据祖祖辈辈口中流传下来的几个故事，为村里新修的
陈氏宗祠书这样一副对联："澎湖自明朝迁温陵四代皆一品，传芳至今
日居前坂历世贺万春"，对联出自村民的自撰和炫耀之心，自然有许多

---

① 徐晓望：《曹学佺〈石仓全集〉与晚明台湾、澎湖的开发》，海峡两岸台湾
史学术研讨会，2004 年。

② ［明］何乔远：《闽书》卷七"方域志·彭湖屿"，福建人民出版社，1994
年。

不可靠及谬误之处，但村民自称是明朝从澎湖迁移而来，又似乎与洪武年间的那段历史颇有吻合之处。

前坂村陈姓人家现有的宗祠是在原址上新盖而起的，并无任何的碑刻或建筑遗留可供我们稽考。村民们称，当年祠庭前也曾立过旗杆，寓意祖上曾有因科举为官之人，而所留之旗杆石据说是 1958 年让文管会收藏集中到开元寺。而村民口中四位兄弟所建的祖厝，也已经都残破不堪，且建筑形制也应是几经修建。村口有前坂村的境主公宫"万春宫"，供奉田都元帅雷海清，亦是近年在原有旧庙的基础上修建起来的新的小庙。其余无可供稽考的文字资料或文物铭文，我们只能根据澎湖村中几位七八十岁的耆宿的口头调查，记录一些他们所保留下来的历史记忆。

根据村民们的说法，关于他们祖先来自澎湖的传说有二：

一种是为官说。前坂老人告诉我们，祖辈流传下来，他们的开基祖是从澎湖过来泉州当官的，他在泉州选择前坂为自己盖了房子，便在此地繁衍后辈，生子 4 个，在前坂传 3 房，另一房后迁城东的仁风。仁风在泉州阴宅最好的风水地东岳凤山下，也许那一支迁去，是当时为祖先守墓，也常常回前坂祭祖。而来泉州当官的陈氏先祖还是兄弟俩，另有一个兄弟到云南做官，曾于民国初到前坂寻祖，但当年前坂人数太少，而云南一边已传有上千人，故村中长者不主张与他们相认，觉得招待不起，便从此断了联系。

另一种是漂流说。前坂还有老人说他们的爷爷告诉他们，前坂陈姓先祖是四兄弟从澎湖直接漂流过来，并在此开基的。此说法显然过于模糊不清，老人们所说之四兄弟前来前坂开基，估计是基于前坂现有四个房头的说法。与前一个传说相比，都说陈氏有四兄弟。对比两个传说及结合前坂现有四座古厝遗留的情况。我们稍微可确定的是，现在的前坂族人，应是从四位兄弟开始分支繁衍的，而这四位兄弟之前是否另有开基祖，而此位开基祖又是否是直接从澎湖过来在前坂开基的，则无从考证了。

老人们还讲到了前坂的一些风俗、典故。陈姓世居前坂村，他们的先世卜居先到，选择地势略高土质较好的前坂，不同于毗邻后来的迎津村杂姓，居于低处，易受水患，且有很多穆斯林墓葬。先前，前坂之高处有鹦哥山，还有一株先世栽的大榕树是陈氏的风水树，可惜已毁。

前坂与迎津两村向来不合，时有争执。前坂出过高官，有相传由澎湖迁居而来，故遇到红白事都要高举"四代一品"之旗帜，从津头埔村路过，以使津头埔人自惭形秽。而前坂历来祭祖、拜神及迎亲所挑之礼篮，也都是一头是写着"澎湖传芳"，一头是写着"万春陈府"。但是，所谓"四代一品"指的何朝何陈姓族人之荣耀，陈姓族人也已经无从稽考。而"万春陈府"之万春，老人们解释为"万年长春"之意，此名词从何而来，也不可知。查泉州旧城铺境，"万春"并非铺境名称，村口的"万春宫"也沿用万春之名，这座祭祀相公爷的寺庙始建于何时，原先规模如何，是先有此座宫庙再有来自澎湖的陈姓族人，还是陈姓族人到此盖建此座庙宇，均无考。但是也有一老年村民告诉我们，"万春"里面的"万"或"春"两个字中的一字，据说是来自于祖先在澎湖居住地名字。

族中有不知何世传下辈序昭穆：德第成功，簪缨奕世。清末，族中出了秀才陈秀如，又续了"学道爱仁，子孙承继"八个字。现在族中最高为成字辈，最晚为爱字辈。陈秀如在 20 世纪 60 年代初去世，享年84 岁。

前坂村之居民早期的职业，也是以捕鱼为生，村口的鹦哥山，据说便常常发出类似航标的红光，可惜后来鹦哥山也被挖平了。

在对澎湖村的调查中，对于前坂百姓所说的"为官"之说，笔者持怀疑的态度。因为如果在明或清代，真的有澎湖人前来泉州为官，在澎湖和泉州这两个地方都定然不是件小事情，史书也至少会留下痕迹，可是查阅澎湖地方史书及泉州地方史料，均无所得。且澎湖在宋元明时虽隶属于泉州府管辖，但澎湖第一位进士蔡廷兰是清代之人，此前从澎湖出来为官的人并无见于史册。而对于第二种漂流之说，倒反而颇有可究之处。

前面我们讲到洪武年间明政府驱逐澎湖百姓于漳州、泉州各地，有史书记载是将澎湖全体居民都移居于漳泉，也有史书记载仅仅是驱逐大族。而根据明朝当朝的文史资料，别处虽无所考，但泉州之南关外、蚶江应都属于澎湖居民聚居地之一。而前坂在明清之时都还属于泉州城外，是为泉州城东南郊，其邻近之津头埔当时都为伊斯兰教墓地，可见是较为荒郊之地，作为当年澎湖移民之地也较有可能。如果按照《澎湖要览》所载是驱逐澎湖的大族，则聚族而居，在前坂建房繁衍生息的可能性也就很大。考前坂之"澎湖传说"，洪武年间从澎湖整族移居到此的可能性，则更有历史之依据，而传说则可能是后辈人整合后来前坂陈姓在不同时代的发展状况而来，如"四代一品"之荣耀，应是陈姓族人在前坂定居几代后的事情了。

而另一种可能性，则需要抛开前坂"澎湖传芳"陈姓是明代从澎湖迁来的时间限制。地处台海惊涛骇浪之中的澎湖诸岛，由于其特殊的地理位置与气候条件，在有清一代二百多年的历史中，曾发生过多次严重的自然灾害。从文献记载来看，自然灾害的类型主要可以分成风灾、水灾、旱灾和盐碱等。特别是风灾以及由于暴风雨形成的水灾，给岛上军民造成很大的破坏。而这种恶劣的自然环境，清代管理台澎事务的官员都对其给予高度的重视，采取了各种赈灾救灾政策，遇到大灾难的澎湖灾民利用地域之便，回迁到泉州或是因风灾而漂流到泉州沿海择地而居，也是甚有可能的。前坂之"澎湖传芳"之陈姓族人，在明清之时因澎湖的灾害而迁移来泉州的可能性也是较有历史依据及可能的。这种看法与陈姓族人第二种传说，即"漂流说"较为吻合。

泉州与台澎关系密切，历史上，泉州沿海先民到台澎拓荒垦殖而后又回到祖籍地的现象可以说比比皆是，但是即便如此他们在门匾上沿用的依然是祖祖辈辈使用的那些较为固定的郡望、堂号。如作为闽南大姓的陈姓，往往是以"颖川衍派"作为门匾题字，除非此家族有特别出名的典故或是名人，否则极少另辟蹊径。泉州沿海居民到台澎谋生发财盖屋建厝，也几乎不见有强调其从台湾过来，反而更注重其原有最原始的血统。故前坂陈姓以"澎湖传芳"作为一村之郡望，则祖祖辈辈口耳相传至今，在整个泉州的文化范畴中实属例外，里面定有一段不寻常的历史故事或记忆，只是因为没有文字的记载，隐没在历史的洪流中。几年来，前坂陈氏族人一直在追寻先祖与澎湖联系，但所有的信息也止于"澎湖传芳"，至于何时何因如何迁徙到前坂，先祖来自澎湖何处，皆已是遥远的传说。

四、台澎割让与泉人的忧愤

1895 年，《马关条约》签订，台湾澎湖割据给日本，与澎湖唇齿相依的泉州人悲愤难平，忧思并重。在泉州诗词史上，也留下了印记，在清代泉州文人因仕宦、访亲、游学等关系来往泉台两地的也为数不少，留下了一些有关澎湖的诗歌，清之中期所写的涉台诗作以景色和风物为多。他们感慨台澎路途的艰辛、丰富的物产及优美的风景，常以新奇的目光欣赏。曾廷凤《再泊澎湖》、林豪《新增澎湖四景，和鲍吉初别驾》等诗作都是此类诗的代表。如清泉州恩贡曾廷凤《再泊澎湖》诗云：

"水国停舟晚，湖天一色同。片帆飞鸟外，孤屿乱流中。海气吞炎暑，涛声怒疾风。柁楼颇远望，独客意何穷。"① 但 1895 年之后，台澎诗作的风格陡然转变，台澎题材的诗作都包含着悲愤和伤感之情。

清末泉州廪生苏大山，曾于民国初游台湾，著有《婆娑洋集》反映其游台经历，其所作《澎湖舟中作》："如何沧海初经日，已是家居撞破时。檄海欲询兴废事，夏余今竟即于夷。左海雄风应未替，我来酾酒吊延平，邱夷渊实须奥事，卖塞何人误一生？戎机岂为书生误，半壁徒悲天堑沦。但得扶馀留王气，未应三户竟无人。一灯电闪客怀孤，鸣咽寒流失霸图。不拓船窗舒眼望，微吟敧枕过澎湖。"② 诗中满怀悲愤之情，对于台澎之割据怀着无能为力而又悲愤之情。清末泉州举人苏镜潭 1918 年及 1923 年先后赴台，著有《东宁百咏》一册，此所咏亦多家国伤怀之作。其所作两首咏澎湖的诗歌，便是这一类忧思悲愤之作的典型。其七："旧事开皇或创闻，蓬莱弱水此中分。东流门户澎湖险，吊古无人说虎贲。"③ 其二十五："孤屿沙浮落日昏，万流东去似云奔。不知何代将军庙，废瓦寒鸦啄寝门。"④ 而清光绪举人、南安人戴希朱的《伤台湾》一诗也堪称此类诗歌的典型："东南屏障委灰尘，谁鼓风波入海滨。髀肉无端供虎口，城门有火及鲲身。雷轰燕市天皆黑，血战台瀛草不春。阁部诸公犹记否，当年一岛费千辛。鹿港鹭门一线通，唇亡齿冷古今同。蓬瀛已历尘埃劫，桑土宜资补葺功。怕听刘琨回马首，空教孙策望鸡笼。何时涤得尘氛尽？海国重清万里风。"⑤ 诗歌既伤台澎之割据，也指出台澎与大陆密不可分的关系，满怀对家国之殇的忧虑。伤台澎之殇，是那时期台澎诗词的主旋律。泉州与澎湖唇亡齿寒之密切关系，从这些泉州文士们的忧思中可见一斑。

台澎的割据，使得泉澎的关系变得隔绝，光复后的短暂交流，又被卷入另外的历史困境中。在历史的长河中，澎湖之发展脉络与泉州港之兴衰紧密相连，泉澎两地往来互动亦十分频繁。在新的历史时期，泉州

---

① 泉州市诗词学会泉州学研究所编：《泉州千家诗》，海峡文艺出版社，2007 年。

② 迟衡、何世铭辑：《温陵近代诗钞》，1986 年。

③ 迟衡、何世铭辑：《温陵近代诗钞》，1986 年。

④ 迟衡、何世铭辑：《温陵近代诗钞》，1986 年。

⑤ 泉州市诗词学会泉州学研究所编：《泉州千家诗》，海峡文艺出版社，2007 年。

与澎湖之关系，依然如唇齿相依，经济往来，文化互动，以及宗教交流等等，十分频繁和卓有成效。两者在漫长历史长河中互动关系的梳理，于历史，于现实，都具有意义。

（此文宣读于第十一届"澎湖研究第 11 届学术研讨会"）

台湾主要传统物产渊源探略

纪谷芳[*]

台湾在历史上属移民社会，移民来自大陆，主要来自闽粤两省。随着大陆移民的大量迁居台湾，大陆的农耕文化也随之在台湾广泛传播。台湾传统物产中的大多数物种及生产技术都是从大陆特别是从福建地区传入。据对有关文献资料的搜集与考证，移民们先后从大陆带去了稻谷、番薯、甘蔗、茶叶、烟草，以及多种蔬菜、水果等大量物种及生产技术。具体归纳分述如下：

一、粮食作物

连横在《台湾通史》中指出："台湾为海上荒岛，古者谓之毗舍耶，梵语也。毗为稻土，舍耶，庄严之义，故又谓之婆娑世界。是台湾者为农业之乐国，而有天惠之利也。"[②] 台湾的地理位置和气候条件都很优越，高温期与多雨期一致，水热资源丰富、配合好，为农业生产尤其是为粮食生产提供了非常良好的自然条件。台湾的粮食作物主要种植于广大平原和丘陵地带，在一些山地、属岛也种植少量薯类或其他旱地农作物。据史料记载，大陆汉族移民很早就把粮食作物带到台澎地区种植。南宋时期周必大所写的《汪大猷神道碑》中就记载："海中大洲号平湖，邦人就植粟、麦、麻。"[③] 当然，大面积的粮食种植是在明末清初时期，随大量汉族移民的迁入而进行的。

---

* 作者单位：中国闽台缘博物馆。

② 连横：《台湾通史》，九州出版社，2008年，第398页。

③ 周必大：《文忠集》卷六七，《汪大猷神道碑》。

水稻。台湾最大宗的粮食作物是稻谷，并一直享有"大米之乡"的美誉。台湾早期的水稻品种较为复杂，有早期住民培育的，也有自海外引进的，但大量的优良品种则是福建移民带入台湾的。福建水稻种植历史悠久。明朝何乔远《闽书·南产志》记载福州、泉州、南平等地有140个水稻品种，而那时台湾的农业还相当落后。因此，至明末清初，随着福建移民的大量迁居台湾，把祖籍地的优良水稻品种带入台湾则是顺理成章之事。连横《台湾通史》载，稻之属"'唐山'种出福建"、"'润种'种出润州""'齐仔'乾隆间始自中土传入"①，这里的"中土"即指大陆。除稻种出自大陆外，组织稻谷生产的也是大陆汉族移民。早在明清以前，已有泉州人到岛内从事稻谷种植②，而最初大规模组织生产则要数明末郑芝龙组织数万福建饥民到台湾开发一事：明崇祯年间，福建正值大旱，民饥，上下无策，就在那时郑芝龙出资用海船运几万饥民到台垦荒。据黄宗羲《赐姓始末》记载，大陆移民到台后，"开垦荒地为田"，"秋收所获，倍于中土，其人衣食之余，纳租郑氏"，这里说的"郑氏"即指郑芝龙。不难看出，当时的粮食生产，同郑芝龙组织有很大的关系。③ 荷据时期，荷兰殖民者为解决粮食问题和生产更多的蔗糖出口，也组织大陆农民到台湾开垦。1645 年在台南附近已开垦的土地有 3000 morgen，其中稻田 1713 morgen④。到 1647 年，赤崁附近的土地开垦又有新的进展，稻田增加到 4056.5 morgen⑤。郑成功到台湾后，为解决军粮供应，"即以农具种子交付士兵，分向南北二路，散居各地，命其开垦土地"。为帮助台湾早期住民改变落后状况，郑成功带去了较先进的农业生产技术、劳动工具及其他生产资料，并运去了大量的优良品种。郑成功还采纳户官杨英的建议，发给归顺早期住民各村社"铁犁、耙、锄各一副，熟牛一头"，并派有经验的汉族农民到各社去传授"犁耙之法，（播种）五谷割获之方"，早期住民无不"欣然效尤，变其旧习"。清政府统一台湾以后，将郑成功时代的官田和官园改为民业，

---

① 连横：《台湾通史》，九州出版社，2008 年，第 404 页。

② 姚同发：《台湾历史文化渊源》，九州出版社，2002 年，第 54 页。

③ 林其泉：《闽台六亲》，厦门大学出版社，1992 年，第 221～222 页。

④ 《巴达维亚城日记》，第 2 册，第 356 页。morgen：地积单位；荷兰及其属地以及南非使用，相当于二英亩。普鲁士、丹麦和挪威早先的地积单位；相当于一英亩的三分之二。

⑤ 中村孝志：《荷领时代之台湾农业及其奖励》，《台湾经济史初集》，第 67 页。

并大力提倡种植水稻。随着大陆人民大量移居台湾，移民不断由南向北拓垦，水稻种植面积不断扩大，单位面积产量也不断提高，到乾嘉年间，台湾已成为我国东南沿海的粮仓。①

甘薯。甘薯又名地瓜，在福建和台湾等地也叫"番薯"，原产于北美洲的墨西哥、哥伦比亚一带，后传入东南亚地区。据何乔远的《闽书·南产志》、《番薯颂》载：万历中，闽人从吕宋带回。清龚显曾的《亦园脞牍》记载：万历间，侍御苏公琰有《朱茹疏》，其略曰："甲申、乙酉（万历十二、十三年），漳潮之交，有岛曰南澳，温陵（泉州）洋舶道之。携其种归晋江五都乡曰灵水，种之园斋，苗叶仅供玩而已。至丁亥、戊子（万历十五、十六年），稍及旁乡，然亦置之硗确，视为异物。甲午、乙未间（万历二十二、二十三年），温陵饥，他谷皆贵，惟薯独稔，乡民活于薯者十之七八，由是名荬薢，以其皮色紫，故曰'朱'。"据清陈世元《金薯传习录》（1768）载："按番薯种出海外吕宋，明万历二十二年（1594），闽人陈振龙贸易地得藤苗及栽种之法，入中国。值闽旱、饥，振龙子经纶曰：予巡抚金学曾，金试为种，时大有收获，可充谷食之丰。自硗确之地，编行播诏入国朝。其后陈世充又种之胶州、开封诸处，传播寝广，大河之北，皆食其利矣。"清周亮工的《闽小记》载："番薯，万历中国人得之外国，瘠土砂砾之地，都可以种植，初种于漳郡，渐及泉州，渐及莆田，近则长乐、福清皆种之。"由此可见，番薯传入我省途径不止一处，泉州甘薯的引进是间接从南澳传入，先种在晋江县灵水村，比长乐陈振龙传吕宋薯早十年时间，迄今已有400多年历史。台湾的番薯传自福建漳州。据光绪《漳州府志》卷之三十九"物产"有一段番薯传入台湾的记载："甘薯，种出吕宋，故以番名之。……漳人初得此种，私以为秘，后种植日盛，上而召，东而台湾。"②从上述记载可见，甘薯是由漳州人传到台湾的。台湾种植番薯先由澎湖开始，后扩及本岛，基本与移民行进的路线相仿。番薯在台湾广为种植以后，经培植选种，后又传回福建沿海，产量更高，在粮荒时成为度荒的主食。③

---

　① 林仁川、黄福才：《台湾社会经济史研究》，厦门大学出版社，2001年，第124页。

　② 何池：《漳州农作物传入台湾》（二），《闽南日报》数字报，2009年12月2日。

　③ 姚同发：《台湾历史文化渊源》，九州出版社，2002年，第54页。

二、经济作物

经济作物又称技术作物、工业原料作物，指具有某种特定经济用途的农作物。按照用途划分，经济作物包括纤维作物（如棉花、麻类、蚕桑等）、油料作物（如花生、油菜、芝麻、大豆等）、糖料作物（如甜菜、甘蔗等）、饮料作物（如茶叶、咖啡等）、嗜好作物（如烟叶等）、药用作物（如人参等）、热带作物（如橡胶、椰子等）。大陆传入台湾的主要经济作物有茶叶、甘蔗、烟草等。

茶叶。福建作为中国最主要的产茶区之一，其种茶的历史已非常悠久。福建产茶最早文字记载见诸泉州南安丰州古镇的莲花峰上的摩崖石刻"莲花茶襟"（古时"荼"即"茶"之意）。据考，该处石刻所署时间为公元 376 年，在我国历史上处于东晋时期，距今已有 1600 多年。世界第一部茶叶专著唐朝陆羽的《茶经》（公元 760 年前后）载：茶"生福州、建州……往往得之，其味极佳"；唐时福州、闽侯、建瓯、武夷山一带均产茶。福州腊面茶、闽侯方山露芽、武夷香腊片已成为贡品或馈赠名茶。及至清朝，福建产茶进入鼎盛时期，新兴乌龙茶从闽北传到闽南，形成闽北、闽南两路并进，各类茶叶出口激增。台湾茶叶栽培、生产技术都是源于福建。最早传入台湾的茶叶就是大陆的乌龙茶。大约在清嘉庆年间（1796～1820），有个叫柯朝的福建人，从福建带去武夷茶（生长于武夷山上的乌龙茶）种子二斗，播种于今台北县石碇乡一带，结果生长良好，附近移民争相传种。不多久，种植武夷茶便延及文山、八果和桃园、新竹等地，后来还有人从福建泉州、安溪等地带去大批茶树苗在岛内各地种植，使乌龙茶在台湾很快得到发展。1860 年（清咸丰十年）淡水开港之后的第六年，即 1866 年（清同治五年），英商 John Dodd 引进安溪茶种找农民试种，3 年后台湾第一批外销茶叶出口到纽约。[①]

甘蔗。据《福建省志·农业志》载："福建种植甘蔗至少有 2100 年的历史。"[②] 公元 1 世纪时，张衡《七辩》注云："砂糖、石蜜乃其等类。闽王遗高祖石蜜十斛，此亦石蜜也。"说明福建早在公元 1 世纪就

---

① 陈彦仲等：《台湾的地方特产》，远足文化事业股份有限公司，2006 年，第 14 页。

② 《福建省志·农业志》，中国社会科学出版社，1999 年，第 201 页。

有用甘蔗制砂糖的事实了。宋朝苏颂《图经本草》记述甘蔗："叶有两种，一种似荻；节疏而细短，谓之荻蔗；一种似竹，粗长，榨其汁以为砂糖，皆为竹蔗，泉、福、吉、广多作之。"惠安，"宋时，王孙走马埭及斗门诸村皆种蔗煮糖，商贩辐凑，官置监收其税"。[①]乾隆《泉州府志》载："甘蔗，丛生似芦，多节盈握，竿高六七尺，赤色，名昆仑蔗，名荻蔗。""所谓荻蔗用以煮糖，泉地沙园，强半皆植。"[②]元朝，意大利人马可·波罗于1275年作的《游记》载，福建龙溪"这个地方以大规模的制糖业著名"；福州"大批的船只，满载着商品，特别是糖。因为这里也制造大量食糖"；泉州"是世界上最大的港口之一"。《泉南杂志》曰："甘蔗秆小而长，居民磨以煮糖，泛海售焉。"[③]《闽部疏》云："泉、漳之糖……无日不走分水岭，又福州而南，海错饴饧，实称利筦。"《中国经济年鉴》（商务印书馆1934年5月初版）里记有："福建之漳州、泉州，广东之潮州，江西之赣州、抚州、饶州，浙江之处州，湖南之郴州，皆以产糖著名，古有八州糖王之称。"[④]台湾甘蔗的种类不少，主要有竹蔗、红蔗和蚋蔗，统称再来种或土种，即台湾种。所谓再来种或土种，其实最早是从福建引进的。据传，早在隋代，隋军进军流求（台湾）时，士兵中有带着福建出产的甘蔗在途中止渴，有人把吃剩下的甘蔗随手种植在台湾的土地上，得以成长和繁殖，成为台湾最早的甘蔗。台湾种植甘蔗见诸史籍的，是元代南昌人汪大渊游台后所写的《岛夷志略》，其中有台湾少数民族同胞"酿蔗浆为酒"的记载。据《台湾之糖》云："万历崇祯之交，适逢福建饥荒之后，郑芝龙自闽粤移民数万人，……送至台湾现今之盐水港至虎尾一带，形成以农垦为中心的聚落，利用大陆带来之农作物当为稻与蔗，以闽粤惯用的农耕方式；水田种稻，灌溉不便之旱地种蔗，在聚落街庄不远之蔗园边遍设'糖廍'，然后以石辘（蔗车）轧压蔗汁造糖。[⑤]《台湾府志》记载："有输饷课税蔗车税部结银之举：蔗车七十五张，每一蔗车饷银五两六钱，共征四百二十两……"[⑥]足见明朝末期台湾糖业已有初步的发展。到17世纪初，

---

① 嘉靖《惠安县志》卷五，第20页。
② 乾隆《泉州府志》卷一九，第10页。
③ 陈懋仁：《泉南杂志》丛书集成本，第7页。
④ 《福建省志·农业志》，中国社会科学出版社，1999年，第201页。
⑤ 陈明言：《台湾的糖业》，远足文化事业股份有限公司，2007年，第25页。
⑥ 陈明言：《台湾的糖业》，远足文化事业股份有限公司，2007年，第25页。

荷兰殖民者占据台湾时，甘蔗已成为台湾的主要贸易商品，可以看出台湾当时种植甘蔗已相当普遍，而种植者多为福建移民。郑成功收复台湾后，曾派军师刘国轩由福建输入竹蔗，种于台南平原，同时招请造糖师傅来台。郑氏政权的咨议参军陈永华等人曾"不惜劳苦，亲历南北二路，劝诸镇开垦……插蔗煮糖，广备兴贩"。[①] 清朝统一台湾以后，台湾蔗糖业得到更大发展。到同治十三年（1874）沈葆祯奏请在台开山抚番，大量招垦移民，台湾糖廊造糖业得到进一步拓展。光绪七年（1881）糖的出口达七十四万三千担，同时也引用新式机器；光绪十六年（1890），台湾糖廊已拓展到 1275 场。

烟叶。烟草种植和消费均起源于美洲。在公元 17 世纪初期由吕宋传入我国，所以有吕宋烟之名。明代张介宾著《景岳全书》中说："此物自古未闻也。近自我明万历时始出于闽广之间，自后吴楚间皆有种植矣。"福建烟种植迄今已有 400 多年历史，是烟草传入中国种植最早地区之一。据史料记载，明万历年间到吕宋经商的漳州人，把烟种携回月港（今龙海市海澄镇），先在石码镇种植。烟草具有避瘴气，毒头虱之功用，且吸后容易上瘾，于是一时被传为良药而种植。闽南的长泰、龙溪、平和和泉州、莆田、仙游、闽西、闽东等地广为传播。公元 1668年方以智著《物理小识》说："万历末，有携至漳泉者，马氏造之，曰淡肉果，渐传至九边。"清代陈琮著《烟草谱》记述福建一带种植烟草的情况："以百里所产，常供数省之用。"[②] 根据明代姚旅《露书》记载，到明万历三十九年（1611），福建所产烟叶"反多吕宋"。明天启四年（1624），福建烟丝以"色微黄、质细"闻名天下。明朝末年，以爪哇巴达维亚为据点的荷属东印度公司，占领了澎湖以外的台湾本岛，开始进行以商业利益为目的的殖民统治，包括积极开垦土地奖励农业，并自对岸福建省漳泉两州招募农民来台屯垦，而中国大陆的烟叶品种也随着农民跨过黑水沟，开始落根台湾。洪馨兰著《台湾的烟叶》载："明崇祯十七年（1644），朝代异动带来的社会动乱，使东南沿海寻求出路的汉家农民前仆后继越海来台。初期的移民多聚集在南台湾，中国种烟叶的栽培逐渐兴起，但并没有超出农家自己的需求量。郑成功在明永历十五年（1661）把荷兰人赶出台湾，首度把烟草交易官方化，开始自福

① 江日升：《台湾外纪》，卷六。
② 佟屏亚：《农作物史话》，中国青年出版社，1979 年，第 215 页。

建漳州输入烟品，形成单向进口烟品的小商品经济。"日据时期台湾的烟叶生产发展较快，当时种类较多的是中国种，包括崎岭、埔仔、松阳、永定等地品种。崎岭、埔仔系引自福建平和，集中栽培岛中部的丰原、大甲、大屯、员村及斗六；永定也是福建著名的烟叶产区，松阳系引自浙江松阳，永定、松阳品种在台湾主要集中种植于岛西部之中埔及东部之宜兰。祖籍福建漳州的曾厚坤，是日据初期台南的一位富商，他在专卖局的邀请下，引入中国种烟草原产地集团化烟作经营（类似家庭农场的集约耕种）。曾氏家族在南投厅林圯埔支厅辖区内的沙连堡江西林庄（今竹山镇及鹿谷乡境内），连同邻近二庄共 267 甲土地，展开示范种植。①

蚕桑。桑蚕起源于中国。由古代栖息于桑树的原始蚕驯化而来，形态和习性与今天食害桑叶的野桑蚕十分相似，杂交能产生正常子代。桑蚕的染色体是 28 对，野桑蚕有 27 对和 28 对两种，一般认为桑蚕与中国的 28 对型野桑蚕同源。中国是最早种桑养蚕、织造丝绸的国家，并且在很长一段时间内是世界上唯一饲养家蚕和织造丝帛的国家。养蚕织丝是我国长江和黄河流域人民在长期的生产实践中发明的。台湾蚕桑引自大陆。据记载，清光绪十五年，台湾巡抚刘铭传派云林县知县李联魁等人到江、浙、皖数省搜罗蚕桑种，取其栽饲之法，印成书册，颁于民间，鼓励种植桑树，饲养蚕虫，使丝织业顿时大兴。翌年，刘铭传在台设立蚕桑局，进一步推动了蚕丝业的发展。

三、园艺作物

园艺作物通常包含果树、蔬菜、观赏植物三大类经济作物群。大陆传入台湾的水果、蔬菜的品种较多，同时也传去一些花卉品种。

水果。台湾岛位于热带、亚热带区域内，但因岛上有海拔由一二百米至二千余米的山坡地和高山，可用来栽种温带果树，因此，岛内热带、亚热带、温带水果都可生产，品种丰富，一年四季都有新鲜水果供应。在众多水果品种中，有很大一部分早期都是从大陆引进的。根据台湾廖敏卿先生所著《台湾水果集》载，台湾水果中的桑椹、梅、枇杷、中国李、西瓜、桃、荔枝、横山梨、龙眼、红枣、中国栗、安石榴（俗

---

① 洪馨兰：《台湾的烟叶》，远足文化事业股份有限公司，1994 年，第 44、45、66 页。

称石榴、谢榴）、柿子、柚子、椪柑、柳橙、金柑（俗称金枣）、桶柑、香蕉、番茄、番木瓜（俗称木瓜）都是直接从大陆的不同地区引入台湾的，主要是从闽粤两省引入的。另外还有一些从海外引入台湾但原产地属于大陆的水果，如从日本和美国引进的晚仑西亚橙、从日本引进的水蜜桃、温州蜜柑、温带梨等。① 此外，根据林其泉先生所著《闽台六亲》载："凤梨是台湾省的特产，又名菠萝，闽南话叫黄菜，黄梨，驰名中外。在高拱乾修的《台湾府志》中写道，凤梨果皮似菠萝蜜，而色黄，味甜而带酸，形似凤尾，故名凤梨。还说，台湾凤梨最初系由彰化一位姓张的从福建漳州移进的。"又"根据记载，芒果原产于印度和马来半岛，唐代时传入中国大陆，人说是唐僧往西方取经时由印度传种来的，在中国大陆种植已有一千多年历史。有人估计，芒果于明末随着大陆汉族移民到台而传到台湾的"②。根据连横先生《台湾通史》载："羊桃有甘酸二种，又有广东种者。实大多汁，树大，叶细而密。春时着花于干，朵小色红。实有棱五六，酸者以制蜜饯，或渍水泡汤食之，可治肺热，止嗽。"③ 根据台湾林满红教授《四百年来的两岸分合——一个经贸史的回顾》载，除上述一些水果外，还有橄榄、椰子等品种及种植技术也是由闽南粤东传入。④

蔬菜。据记载，台湾早期蔬菜中的山东大白菜、裙带豆、生姜等都是引种自大陆。根据日据时期日人熊泽三郎（1936）的研究，台湾有蔬菜 85 种，其中有 53 种见于以前的府县厅志，而其中再有 43 种在各府县志中几皆与《诸罗县志》有同样的记载。熊泽认为此 43 种蔬菜，当为汉族移民所引入。熊泽又谓此 85 种蔬菜，论品种数有 307 个。其中：在日本人入台以前由中国大陆引入者有 158 个；在日本人入台以后，由中国大陆引入者有 46 个。把自大陆引入的品种，按省别划分，则在已知省别的 62 个品种中：广东 20 个，浙江 4 个，山东 3 个，福建 28 个，江苏 5 个，河北 1 个。即自福建、广东引入的品种，占 80%，而在此二省以外的其他省分引入者，其引入年限大抵较近。又在此 62 个品种之

---

① 廖敏卿：《台湾水果集》，秋雨印刷股份有限公司，1985 版。
② 林其泉：《闽台六亲》，厦门大学出版社，1992 年版，第 231、233 页。
③ 连横：《台湾通史》，九州出版社，2008 年版，第 411 页。
④ 林仁川：《福闽南农耕文化向台湾的传播》，福建侨联网 2003 年 11 月 7 日。

外，其原籍不明者，据熊泽的推测，大抵亦系来自福建与广东。①

花卉。有明确记载从大陆传入台湾的花卉有水仙花、山茶花、茉莉花等。水仙花称凌波仙子，也叫天葱、雅蒜，还有玉玲珑、金钱银台、银盏玉台等雅号。水仙花是跟随福建移民进入台湾的。当年漳州籍的移民对老家的水仙花特别有感情，每年冬天总要设法从漳州移植水仙花球茎，让它在岛内生长。连横在《台湾通史》中说，水仙"每年自漳州移种，花后即萎"②，《台湾府志》载，水仙花岁底盛开"其实非台地产也，皆海舶自漳州转售者"③。此外，山茶花原产中国大陆的四川、云南一带，最早是野生的，后经人工培植、驯化，成了风景树和药用植物。台湾山茶花是随福建移民的入台而传进台湾的；茉莉花原产波斯，一说晋代、一说宋代引进中国，先到泉州，再转福州，福建移民进入台湾时把茉莉花带进台湾。④ 兰花"一茎一花者为兰，一茎数花者为蕙。台地蕙多兰少，或传自福建"等。⑤

四、其他物产

如前所述，台湾在大规模开发以前，农业生产非常落后，农业生产水平与大陆比较有较大的落差，因此随大陆移民入台带去的物种及生产技术自然比较多，除上述一些农作物品种以外，还有带去畜牧业、林业的一些物种及生产技术。

樟脑。台湾是有名的天然樟脑产地。从樟树的树枝和树叶中提炼樟脑，是台湾最古老的产业之一，已有三百多年的历史。提炼樟脑的技术，最早是从福建传进去的。据记载，郑芝龙在台湾从事开发活动时，泉州一带懂得提炼樟脑技术的人也跟着入台，他们在岛内传授提炼樟脑的技术，受到人们的欢迎。后来郑芝龙组织那些懂得提炼樟脑的人深入深山，砍伐樟树提炼樟脑，再把樟脑运售到日本等地以供药用。由于这桩生意获利颇多，进一步推动了台湾樟脑业的发展。清政府统一台湾以后，漳州府属的大批移民来到今台北县中和地方砍伐樟树制作樟脑，然

① 曹永和：《台湾早期历史研究》，联经出版事业股份有限公司，1979 年版，第 291～292 页。

② 连横：《台湾通史》，九州出版社，2008 年版，第 429 页。

③ 林其泉：《闽台六亲》，厦门大学出版社，1992 年版，第 238 页。

④ 参阅《福建省志·闽台关系志》，中国社会科学出版社，1999 年版，第 221 页。

⑤ 连横：《台湾通史》，九州出版社，2008 年版，第 429 页。

后运回大陆供药用。稍后，漳州移民还来到今板桥的地方，继续砍伐樟树制造樟脑。从事制脑的人被称作脑丁，脑丁为了方便进出山涧，特意在浦仔溪上架了木桥，后来这地方便称为枋桥，并发展成为今天的板桥市。从这里不难看出台湾制脑业的兴起与发展，同大陆移民有着非常密切的关系。

福州杉树。福州杉树最早在瑞里山区生根，而后扩展到岛内各地。据史料记载，有位漳州籍移民在回漳州时带了一批福州杉树的种子到台湾瑞里试种获得成功。日据时期，日本殖民统治者认为福杉是做棺材最好的木料，便加以推广。原籍漳州的瑞里人都成了种植福杉的能手，由他们到附近的一些地方指导种植，然后推广到全岛①。

牲畜、水产等。首先传入的牲畜有耕牛。台湾原有的牛是野生的牛。明代之前，台湾原住民耕作粗放，不用耕牛。台湾的耕牛最早是从福建运过去的。明末"郑芝龙，乃招饥民数万人，人给银三两，三人与一牛，载至台湾"②。此外，马"台产较少，悉自北省移入"；羊"黑色毛短，为中国传入，农家畜之，放牧山野"；鸭"有田鸭，传自福建。番鸭为土产。又有土番鸭，则两种合生者。道光中，始传人工孵化之法，故滋育甚盛"，鲢"每岁自江西购入鱼苗，饲于池沼"③ 等。此外，还有无尾田螺、闽南溪鳗、台地喜鹊及洪塘笾梳等特产也都有传自福建的记载。④

五、结语

根据生物学地理学专家对史前台澎地区的研究，证明台澎与大陆在地质学上、地史学上、地形学上和生物学上是一体的，也证明了台湾与大陆的古生物和古人类有渊源关系，对此本文不作讨论。本文探讨的是，当大量大陆汉族移民迁入台湾以后，有哪些物种也被带到台湾传播，以便我们从一个侧面了解大陆农耕文化在台湾的传播情况。

综上所述，由于有大量大陆汉族移民迁移到台湾的关系，因此，在台湾的开发过程中，从大陆特别是从闽南地区传入大量物种势所必然。

---

① 姚同发：《台湾历史文化渊源》，九州出版社，2002年，第58页。
② 连横：《台湾通史》，九州出版社，2008年，第398页。
③ 连横：《台湾通史》，九州出版社，2008年，第431、438页。
④ 林其泉：《闽台六亲》，厦门大学出版社，1992年，第247～250页。

但必须指出，两岸物种的交流是双向的，当时的大陆也从台湾引进过一些物种，比如蔺草①、洋蒲桃（台湾又称莲雾）、台湾番鸭、火鸡、蜗牛、凉粉果②等这些物产中的某些物种曾经从台湾引入大陆。也有文献记载，一些从大陆传入台湾的农作物，经改良或从海外引进了更优良的品种后又传回大陆，如台湾的番薯、甘蔗、香蕉、菠萝、芒果、柚子、番石榴等都曾经回传给大陆。

众所周知，由于内战导致 1949 年后两岸隔绝，交流停止。当历史进入 20 世纪 80 年代以后，台湾的农业生产水平明显高于福建，台湾的农业品种从总体上看也大大优于福建。随着两岸关系的逐步趋缓，福建充分利用闽台"五缘"优势及自然气候相似、作物生物节律相近的条件，大力发展闽台农业的交流与合作，两岸农作物品种的交流取得突破性进展。据有关资料显示，自两岸恢复农业交流以来，福建全省累计引进台湾水稻、水果、蔬菜、花卉、食用菌、水产为主的台湾良种已超过 2500 个。1993 年以来，台湾从福建及祖国大陆其他地区引进的优良农业种源也超过了 630 个。两岸物缘又得以重续，两岸人民也从中得到了实惠。由于两岸农业具有极强的互补性，因此，两岸物种的交流仍然有很大的潜力。我们相信，随着两岸关系的进一步融合，两岸物种的交流也必将迎来新的机遇和新的推动，两岸人民也将从中获取更大的实惠。

---

① 林壁符、李孝祺：《榕台农业交往源远流长》，载 2010 年 4 月编印的《第二届海峡百姓论坛论文选》，第 296 页。

② 林其泉：《闽台六亲》，厦门大学出版社，1992 年，第 236、245、247、248 页。

二
学
术
论
谈

关于"中原与闽台关系研究"的学术通讯

汪毅夫[*]

吉强学兄：

您好！

从固始乘车返京后，看了几天书。有些资讯和看法，提供你研究时参考。

1. 2005 年 4 月，我在《闽台社会史札记》（收拙著《闽台缘与闽南风》，福州，福建教育出版社 2006 年 7 月版）一文里辑录了古之学者郑樵、方大琮、陈振孙、洪受等人批评"闽祖光州固始"之说的言论。及读你赠送的《固始与闽台渊源关系研究》（北京，人民出版社 2009 年9 月版），始知有人做了一番续附的工作：于古之学者郑樵、方大琮、陈振孙、洪受的言论之后，加上今之学者陈支平、杨际平、谢重光、徐晓望"对'闽祖光州'的质疑"之说，并由此设论，做其文章《闽祖光州并非相传之谬》。

实际上，郑樵和方大琮不认同的是"皆云固始"、陈振孙不认可的是"皆称光州固始"、洪受拒不认定的也是"莫不曰光州固始人也"；陈支平、杨际平、谢重光、徐晓望批评的则是历史上部分闽人"伪托"和"冒籍"为光州固始人的行径。古今学者郑樵、方大琮、陈振孙、洪受、陈支平、杨际平、谢重光、徐晓望一干人等对"闽祖光州固始"之说的批评和质疑是正当而合理的。我在《闽台社会史札记》一文里尝谓：

> 福建在历史上经历过移民开发的阶段，来自中原的移民当有出于光

---

* 作者单位：台湾民主自治同盟中央。

州固始者而"未必其尽然也";今之福建居民的主体乃由古代中原移民的后裔与古代当地土著住民的后裔构成。若"皆曰光州固始","不亦诬乎"？

现在，我依然持论不移。

以闽人称祖"皆曰光州"为前提的"闽祖光州"之说属于"相传之谬"；以闽人称祖"皆曰光州固始"为前提的"闽祖光州固始"之说当然亦属于"相传之谬"。

闽人称祖"或曰"光州（包括光州固始），完全符合历史事实；闽人称祖"多曰"光州（包括光州固始）基本符合历史事实；闽人称祖"皆曰"光州（包括光州固始）则非"基本符合历史事实"。

让我们在"或曰"、"多曰"和"皆曰"，固始、光州和中原之间各取一语，以"闽人称祖多曰中原"为研究对象，以"中原与闽台关系研究"为选题，你以为如何？

陈支平、杨际平、谢重光、徐晓望是 1977 年以后一起成长的福建学者，他们在 1994 年前后晋升为教授，都是享受政府津贴的专家。

我忝列其末，以识荆为幸。

豫闽两地学者应更好地开展"中原与闽台关系研究"领域的合作。

举例言之，徐晓望教授在闽国史研究方面是学术权威，谈论光州固始人王审知在闽史实，不可不从徐教授的著作请益。

希望豫闽两地学者在良好的学术氛围里进一步开展合作。

2. 关于陈元光的籍贯，宋代文献记为"河东"，如宋人王象之《舆地纪胜》卷九十一《广南东路》于"威惠庙"条下记：

朱翌《威惠庙记》云：陈元光，河东人，家于漳之溪口。

我藏有《舆地纪胜》（北京，中华书局影印本，1992 年 10 月版），上记引文见该书第 3 册第 2929 页。

有人认为，河东"是陈元光家族的郡望而已，不是陈元光的籍贯"。据我所知，以"河东"为郡望的姓氏为卫、吕、柳、裴、蒲、聂、薛七姓，并无陈姓；陈姓出颍川、汝南、下邳、广陵、东海、河南六望，并无河东。

我藏有明代万历《漳州府志》（厦门，厦门大学出版社，2010 年 5

月版），该书上册第143页记：

> 陈元光，字廷炬，号龙湖。其先河东人，后家于光州之固始。遂为
> 固始人。

我另藏有明代万历年间基本成书、崇祯年间刊印的何乔远《闽书》
（福州，福建人民出版社1995年12月版）。该书卷四十一《前帝志·君
长志》（《闽书》第2册第1012页）于"陈元光"条下记：

> 陈元光，字廷炬，固始人。

从所见文献看，明代万历年间始有陈元光为固始人的记载。此前的
明代正德《漳州府志》无此记载。

此后的相关记载则多多如也。

康熙《龙溪县志》（我藏有该书之漳州图书馆2005年1月影印
本）记：

> 陈元光光州固始人，王审知亦光州固始人。而漳人多祖元光与泉人
> 多祖审知，皆称固始。按郑樵《家谱后序》云，吾祖出荥阳，过江入
> 闽，皆有源流，孰为光州固始人哉。闽人称祖．皆曰自光州固始来，实
> 由王潮兄弟从王绪入闽，审知因其众克定闽中，以桑梓故，独优固始。
> 故闽人至今言氏族者，本之当审知之时重固始也，其实谬滥。

康熙《漳浦县志》记：

> 陈元光，光州固始人；王审知，亦光州固始人。而漳人多祖元光，
> 兴、泉人多祖审知，皆称固始。按，郑樵《家谱后序》云："吾祖出荥
> 阳，过江入闽，皆有源流，孰为光州固始人哉？"夫闽人称祖，皆曰光
> 州固始来，实由王潮兄弟从王绪入闽，审知因其众克定闽中，以桑梓
> 故，独优固始。故闽人至今言氏族者本之，以当审知之时，重固始也，
> 其实谬滥。

自唐陈将军入闽，随行有五十八姓，至今闽人率称光州固始，考
《闽中记》，唐林谞撰，有林世程者重修，皆郡人。其言永嘉之乱，中原

士族林、黄、陈、郑四姓先入闽，可以证闽人皆称光州固始之妄。

我藏有《漳浦县志》之"康熙志·光绪再续志"的点核本（福建漳浦县政协文史资料委员会 2004 年 12 月编印本）。上记引文见该书第710 页。

道光《平和县志》（厦门，厦门大学出版社，2008 年 4 月版）第500 页记：

> 漳人称祖，皆云来自光州固始者。由王潮兄弟从王绪入闽，王审知因其众克定闽中，以桑梓故独优固始；而陈将军元光亦出固始，故言氏族者至今本之，而不尽然也。按：郑樵家谱后序云："吾祖本出荥阳，过江入闽，皆有源流，孰为光州固始人哉？"即此可知向来相沿之误。

上记三则引文均批评了"闽祖光州固始"之说。另一方面又均认定陈元光为"光州固始人"。这是很可注意的。

康熙《漳浦县志》记：

> 陈政，字一民，号素轩，光州固始人。父克耕，从唐太宗攻克临汾等郡，政以从征，功拜玉钤卫翎府左郎将归德将军。高宗总章二年（669），泉、湖间蛮獠啸乱，居民苦之，佥乞镇帅以靖边方。朝廷以政刚果有为，谋猷克壮，进朝议大夫，统岭南行军总管事，出镇绥安。将士自许天正以下一百二十三员，从其号令。诏云："莫辞病，病则朕医；莫辞死，死则朕埋。"其子元光，从政至漳。草创经营，备极劳瘁。自以众寡不敌，退保九龙山，奏请援兵。朕命以政兄敏、敷领军校五十八姓来援。敏、敷卒，母魏氏代领。至闽，乃进屯梁山外之云霄镇。作宅于火田村居焉。
>
> 尝经漳江，谓父老曰："此水如上党之清漳。"故漳州名郡，漳浦名县，悉本诸此。仪凤二年（677）四月卒，葬云霄山。

又记：

> 论曰：将军陈政，唐高宗朝统岭南行军总管事，出镇绥安，卒，元光代领父众。后人因元光请置州郡。为刺史，遂祖元光，不及政。《闽

书》、《郡志》皆逸其名，亦思开屯建堡，始自何人。"朕医"、"朕埋"，誓同带砺。记载缺如，能无遗憾？因考其轶事，首入《名宦志》，亦先河后海之意云尔。（409～410页）

《闽书》未收陈政传。《郡志》则指《漳州府志》，我所见正德《漳州府志》（福建省文史馆馆员陈正统老先生藏有影印本）、所藏万历《漳州府志》，亦未列陈政传。陈政传入于福建志书，确是康熙《漳浦县志》的首创，所谓"首入《名宦志》，亦先河后海之意云尔"。

3. 道光《平和县志》第501、502页记：

陈元光家谱载，从元光入闽者：婿卢伯道、戴君胄，医士李茹，前锋将许天正，分营将马仁、李伯瑶、欧哲、张伯纪等五人，军谋祭酒等官黄世纪、林孔著、郑时中、魏有人、朱秉英等五人，府兵校尉卢如金、刘举、涂本顺、欧真、沈天学、张光达、廖光远、汤智、郑平仲、涂光彦、吴贵、林章、李牛、周广德、戴仁、柳彦深等十六人，惟卢氏、许氏有家乘存焉。噫！建邦启土，咸有功力。从唐侯来者五十八姓，又有许天正以下一百二十三员。今得胪举者此，此志乘失修之过也。世代相沿，子孙凌替，先世虽有竹帛之勋而浸以澌灭无传矣。可胜惜哉！

万历志：玄宗先天元年（712），赐故将军陈元光诏曰："环甲缮兵，积有二十四年之苦；建邦启土，治垂二十五载之平。"又云："以身殉国之谓忠，战胜攻取之谓毅，引荐善类之谓文，普播仁恩之谓惠，可赠豹韬镇军大将军兼光禄大夫中书左丞临漳侯，谥忠毅文惠。"

按：唐制太常谥法驳议颇严，宰臣谥皆一字。吏部尚书吕谨议谥忠肃，独孤极力驳其非。载在《通典》，四字为谥未之前闻，岂宋以后追谥之耶？镇国大将军武阶二品，光禄大夫文阶二品，兼秩为赠，或出特典。而唐官制中书无丞，今曰左丞亦属可疑。按府志载，会稽童华《重修开漳圣王庙记》云："诏赠豹韬卫镇军大将军，封临漳侯，谥忠毅。"此更为可据。

私家修谱与官家修志之间的互动，于此可见。

4. 陈元光庙在宋人王象之《舆地纪胜》里有两处记载。

一是该书卷九十一"威惠庙"条下所记：

朱翌《威惠庙记》云：陈元光，河东人，家于漳之溪口，唐仪凤中，广之崖山盗起，潮泉口应，王以布衣乞兵，遂平潮州。以泉之云霄为漳州，命王为左郎将守之。后以战殁，漳人哭之恸，立祠于径山，有《纪功碑》、《灵应录》于庙云。

另一是该书卷一百三十一于"陈元光"条下记：

庙碑云：公姓陈，讳元光。永隆三年盗攻潮州，公击贼，降之。公请泉、潮之间创置一州，垂拱二年（686）遂敕置漳州，委公镇抚。久之，蛮贼复啸聚，公讨之，战殁，遂庙食于漳。李颙诗云：当年岭北正危时，数郡生灵未可知。不是有人横义概，也应无计保藩维。

宋修《仙溪志》（福州，福建人民出版社，1989 年 11 月版）第 65 页记：

威惠灵著王庙二，在枫亭市之南、北。按漳浦《威惠庙集》云，陈政仕唐副诸卫上将，武后朝戍闽，遂家于温陵之北，曰枫亭，灵著王乃其子也。今枫亭二庙旧传乃其故居。

关于陈元光庙，福建民间有"威灵"之说。
《闽书》第一册第 697 页记：

其地又有陈将军庙，时著威灵，犯者立死。邑民祈禳，多杀生命。宋时泉州有释法超者，过而戒以因果升坠之说。而后将军霁威，无所害扰。

嘉庆《云霄厅志》（福建云霄县人大常委会 2005 年 11 月点校本）第 189 页记：

将军庙。在将军山下，时著灵异，犯者立死。邑民祈禳，多杀生命。宋时泉州有释法超者。过而戒以因果长坠之说，后将军霁威，无所扰害。

漳州地方文史专家李竹深《二焉文稿》（漳州市图书馆 2010 年印本）第 282 页记：

笔者幼时，邻里父老是不准我们进入威惠庙玩耍的，说是凶庙，不得乱窜。邻里若有纠纷，往往会进庙跪于陈元光像前发誓，以求神断。

民间关于陈元光庙的此等传说，乃是对神敬与对鬼的畏的一种综合表现。陈元光有功于民，但他又属于被凶杀而死的鬼，民间因而有敬畏之情也。

5. 康熙《漳浦县志》第 48 页记：

谢东山庙，浦乡里在处皆有之。相传陈将军自光州携香火来浦，五十八姓同崇奉焉，故今皆祀于民间。

道光《平和县志》第 500 页记：

邑人多祀广惠谢王，其源始于陈将军。王即晋谢安石也。考《晋史》，安石太元九年（374）病，子侄请祷。安石曰："无益也，昔桓温盛时，我惧不免。偶梦与温适野，温下车谓我曰：'卿且坐此！'我乘其车。行十二步见白鸡而止。今我代温为相十二年矣。兹岁在酉，我其不起乎！"已而果卒。至今祀王者不敢荐鸡，本此意也。乃或谓王误吞鸡骨而死，陋矣。

6. 清代闽人郑杰《闽中录》（福州，海风出版社 2004 年 2 月版）收有《王潮别传》。

郑杰（约 1750～1800），名人杰，字昌英，又字奕斋，号注韩居士，福建侯官人。清代著名藏书家、著作家。

《王潮别传》据《王氏家谱》，核之《新唐书》、《五代史》等正史，比对取舍，别于《王氏家谱》之家传和《新唐书》之本传。文后有万世美跋语，记《王潮别传》著述情形、著作特点等。跋语谓："王潮四子之名，史均不载，此（指《王氏家谱》之家传）独详之，信非凿空所能杜撰也。昔太史公作《史记》，往往就家人问故，良以国史不如家乘之详。"实际上，明嘉靖《固始县志》（上海古籍书店影印本，1963 年版）第 246 页已详记王潮四子之名：延兴、延虹、延丰和延休。国史、家乘、方志的关系，以及《固始县志》同《王氏家谱》的联系，宜为研究者注意。

7. 顺治《光州志》（河南省信阳地区史志总编室、河南省潢川县地方志办公室 1993 年点校重印本）收有中原与福建关系史料多种。

书前《序例卷》之《修志姓氏》记顺治《光州志》之"督理"人员内列：

管粮通判郑鼎新，鞠思，福建闽县人，贡士。

《序例卷》之《光州旧志姓氏》记万历《光州志》之"校梓"为：

光州知州陈烨，肖厓，福建人。

《序例卷》之《光州旧志序》收有"万历丙子知光州事闽龙溪肖厓陈烨谨叙"的序文，其文有"烨之先世元光，光人也，唐时随父政领兵戍闽，因家焉。今来守是邦，则视邦之士夫子弟，皆其乡人也"之语。

卷之七《官秩考》之明代判官名录里有：

冯嘉会，福建人，贡士。

卷之七《官秩考》之《宦业》有明代查毂传，其文曰：

查毂，兴化人，景泰初以乡举为光州学正。人朴无华，科条整饬，士类兴起。侍御刘廷瓒以文章行谊授知，后举进士，令绩溪，往谒其庐，执弟子礼甚恭，毂亦合门自重，时人闻其风而两贤之。

又有明代陈烨传，其文曰：

陈烨，字惟实，福建龙溪人。万历初，以举人授光州守。其先人元光，产于光州，有功唐代，世守闽，因为闽人。以故公视州之绅士黎庶，犹其亲姻比党也。时执政者以天下赋法不一，行一条鞭法，奉行者犹未全善。公延访汰蠹，成画一法，民受其庇，于文庙前建龙门奎楼，为文笔峰，风气大振，文运日昌。州志残缺，礼聘刑部郎中陈璋修补，士大夫感公德，以元光旧封广济王，为建庙儒学东，以公配食，复祀名宦祠中。

又有清代吴勉传，其文曰：

吴勉，字素求，其先为莆田人，占籍庆都，好古博学，为海内知名士，公催科中独饶抚字，民忘其贫，而国赋无逋，则自持甚廉也。其于诸士，每正色训之，而卒加优礼。复有折狱才，以片言裼其魄，而徐从宽政。是以政简刑清，民仰而畏之，旋感而戴之，升绍兴府同知。

卷之十一《艺文考·上》收有张袭贤之《陈公条鞭勤德政记》，记陈烨在光州知州任上的事迹，其文曰：

公号肖岩，福建漳州龙溪县人。领嘉靖甲子乡荐，岁甲戌以亲老借禄遏选，得河南汝宁府光州知州。盖选贤良重牧守也。秋八月，甫下车视篆，揖逊雍容，毫发不动声色。猾胥悍卒，初冥冥未能识公，比按法行事，审听徐察，则焕然神明，震若雷霆，而憸夫心寒，壬人股栗矣。节操冰霜，一法不染，人服其清；凡事缜密，一字不苟，人服其慎。当官之法，莫是过也已。化民成俗，务以德教；论文礼士，重以学行；尊贤养老，诚以敬爱；赈贫恤寡，厚以惠慈。至于听讼折狱，周详明允，曾无遁情，虽亲狎豪贵，未尝枉其曲直，而省刑薄罚，美意惓惓焉。其他善政，不能枚纪，乃赋税一编，尤为最善矣。

光州士厚民醇，往昔政繁赋重，额征杂办，名色不一，累派重科，积弊悉苦多矣。近年议通行一条鞭法，为规甚良也。顾奉行德意者，或未悉心。弊生渊薮尤甚。公莅政三月，即注念于兹，而首稽隐漏，次铲宿蠹，躬亲筹算，曲为计画，会集僚采，同心辅治，较若一体，遂定为真一条鞭法云。计本州本年通融起存分数，若夏麦，若秋米，若盐钞，若驿粮，凡额征者四，该银各若干；若银差，若力差，若会议，若河夫，若府快，若解兵，若义勇，若杂办者七，该银各若干；若学田，若茔地，若优免，若不免，凡地亩者四，该银各若干。通计实地八千七十九顷一十亩七分一厘六毫，总征银二万二千七十一两八钱五分六厘一毫五丝五忽八微六纤八沙八尘。优免者第顷该征银一两三钱七分五厘一毫九丝二忽，不免者每顷该征银二两九钱四分二厘七毫五丝六忽。其里长工食已蒙本府尽革外，大概优免一亩岁办，不过十五钱，不免岁办，不过三十钱。会计当节用爱人，可谓至矣。且当堂逐户亲给印由，令里老催什役，什役催花户赴州自完，而一切比并、押保、监责、揭赔、指称、科收等弊悉行裁革。其为德政又何至哉！

庆幸无已，而作歌谣；歌谣无已，而绘图像。又虑公一旦超擢，嗣公者，或未必如公法也。复鸠工采石而树之碑，将欲刻之，永永勿替焉。于是乡民有年八十若张宝焉，有年七十若任登云、陈便、施伦等，皆庞眉皓首，叩门请贤为文记其事。以为自有赋税以来，未有若此者，其父母万世之法也。贤不能文，抑不敢为佞，特敷陈其事而直言之。呜呼！公有心德，民有口碑，爱公之政，感公之心。是《周官》法度，盖本诸《睢关》、《麟趾》之意也。公行将内辅神京，外抚名省，此法通行天下矣。继来子民者，能允若如兹，心公之心，而法公之法，则子孙黎民尚亦有利，而予文亦藉以不朽矣。是为记。

查光绪《漳州府志》（北京，中华书局，2011 年 4 月版）卷之十七《选举·二》，"（嘉靖）四十三年（1555）甲子王大道榜"条下记：

陈烨，（俱）府学。知光州及衡州府同知，廉洁有惠。以靖江长史归。居乡恺弟，称长者。

附带言之。

书前《点校重印说明》谓"志书原图（按，指《光州志图》）作缩印处理"。

然而，书前附图有简体字如坛、伞、灵、龙、庙、台、图、关、学、节、马、仓、闸、阳、罗、双等，颇为可疑。看来，对于"志书原图"除"缩印处理"外，还将图中部分繁体字也"予以简化"。

从历史向文化的演进
——闽台家族溯源与中原意识

陈支平[*]

在当今的闽台民间社会，人们在谈论自己家族的演变历史时，大都认同祖先源自于中原地区，特别是中原的光州固始县一带。光州固始成了闽台民间社会的一个家族溯源的永久性记号。岂止闽台，在华南的珠江三角洲一带，以及散布于南中国各地的"客家"民系，也都有其各自的家族溯源的永久性记号，譬如珠玑巷、石壁村、山西洪洞县大槐树下、河洛等等。那么，我们应该如何来认识和理解这一家族以及族群历史演变的"集体记忆"呢？

一、核心与边陲的心态交织

上古时期的中国南方地区，是所谓的"百越纹身地"。秦汉时期，逐渐有中原的人民迁入。唐宋以后，中原南迁的汉民后来居上，成了中国南方地区的主要居民，原先的百越土著反而成了"少数民族"。从中原政治文化中心的汉民看来，"百越纹身地"无疑就是十足的边缘区域或者说是边陲区域。

北方汉民族的南迁，一方面给东南地区带来了先进的社会形态与生产方式，促进了南方地区的开发；另一方面，也在这一代代的汉民后裔的文化意识中，积累了向往北方汉民族核心的牢固心态。再加上长期以来北方南迁汉民在东南地区的繁衍生息、兴衰存亡的艰难延续，促使这里的汉民形成了攀附中原世家望族的社会风气。[②] 于是，向往中原核心

＊　作者单位：厦门大学国学院。
②　陈支平：《福建族谱》，福建人民出版社，1997 年。

的文化边缘心态便在东南地区的民族意识中世代相传、牢不可破。

这种边缘文化心态反映在福建地区以及后来延伸的台湾地区，同样也是十分显著的。远古闽地，人文之进步，远不及中原地区。福建的社会经济与文化开发史，无不与北方移民的入闽紧密联系在一起。从汉武帝时灭闽越国设冶县、三国时孙吴设建安郡以来，经历晋代与南北朝的所谓八姓入闽、唐代前期陈元光进漳、唐末五代王审知建闽国。这些带有福建历史进程里程碑性质的事件，无不由于北方中原强势力量的南迁而形成的，闽中的原有居民似乎始终处于一种比较被动的境地。从福建文化传承史的角度来考察，无论是乡族社会的建构，道德价值观的承继，还是国家核心主导地位认同等等的诸多方面，都在不同程度上显露出中原核心与福建边陲的矛盾复杂心态。

事实上，我们纵观中国古代历史的传统阐述，从总体上看，是以北方中原地区的历史发展为主要阐述脉络的，甚至可以表达为一种"北方中心论"或"中原中心论"。南方地区上古史的研究，文献既少，且不足凭靠；传统文献中有关南方历史的记载，大约只可作为印证、阐释或附会之用。总的说来，北宋中期以前，有关南方地区历史的记载，可以说主要出自北方士人或持华夏正统观念的南方士人之手，他们对南方地区的描述，主要是立基于华夏正统观念以及中原士人观念的，并且在这种观念之下衍生出对南方地区的看法，而并非南方社会经济文化乃至环境的客观实际。正史中的记载尤其如此。我们曾仔细分析了自《后汉书·蛮传》以来有关"蛮"的记载，说明这些记载所反映的所谓"南方蛮"，只是华夏士人的看法。其他的许多著述，也都带有浓郁的华夏士人风格，有明显的偏见。①

宋以来，中国南方的士子们在继承和补强中国正统的伦理文化规范上作出了杰出的贡献，以朱熹为代表的南方理学家群体对于中国后世的文化贡献众所周知。然而我们在阅读早期南方士子们求道为学的著述时，不难从中看出他们津津乐道于自己已经成为一名"正统文化者"的心态。而这种"正统文化者"的表述中，已经使自己不知不觉地演化成为一名亦步亦趋的北方文化中心标识的追随者。我们在福建杨龟山的家乡，看到了他立愿逝世后葬身于墓门朝北远望北方师门的坟茔；我们在

---

① 鲁西奇：《人群·聚落地域社会：中古南方史地新探》第一章，厦门大学出版社，2011年。

游酢的乡里，到处可以听到和看到关于他们"程门立雪"的传说记述。老实说，对于这样的传说和记述，我一直心存疑问：程氏作为宋代儒学的代表性人物，为何会有如此不合情理而有悖于孔圣人海人不倦的教训，苛待南方学子？这种带有明显矫情意味的传说，其背后似乎隐藏着一个难于言喻的文化心态，即把自己变成一名北方式的"士子"为荣耀。正因为如此，我们所看到唐宋时期许多南方人所留给我们的文献，与其说是"南方人的著述"，倒还不如说是"南方人替北方人著述"，恐怕更为妥切。

当然，随着南方地区社会经济以及文化的繁荣并且出现了超越北方的趋向的时候，南方士子的文化心态也会出现许多微妙的进化。这一点，我认为宋代依然是一个极为关键的时代。众所周知，北宋时期，许多著名的北方士子，对于南方的变化及士子的涌现，很不以为然，甚至出现了某些鄙视谩骂的文字。然而自从"朱子学"以及"闽学"形成之后，这种局面发生了根本性的变化。因此，我们对于"朱子学"的研究，仅仅着眼于理学的层面是远远不够的。朱子学的形成，对于南方文化的自觉，可以说起到了承先启后的伟大作用。也许可以这么说，朱熹以及同时代的南方知识分子们，一方面依然如他们的前辈一样，不断反复地阐述着来自北方的正统意识，而另一方面，又不能不在南方与北方文化分野的夹缝中有所表现自己的某些意志。这种两难的行进，需要几代人的努力。我认为，一直到了明代中后期，像李贽、陈白沙等南方士子，才能够比较明显地表露了南方文化的某些价值意愿。

中国北方与南方文化发展史的进程及其差异，对于南方民族史文化意识的形成与演变的影响是毋庸置疑的。虽然说自唐宋以来，北方迁移而来的汉民已经成为南中国特别是福建等区域的居民主体，但是在文化核心与边陲观念的长期熏陶下，家族制度及其组织的每一步发展，无不冠上追溯中原的辉煌帽子。这种历史文化的惯性，直至今天依然如此。

二、演进中的历史与文化

在中国文化发展史的笼罩之下，中国南方的家族源流史也就出现了从历史事实向文化意识的方向演进的趋势。

秦汉以来，中国北方各地的民众迁移到南方各地，这是不争的历史事实。但是他们在北方的祖籍地，并不是仅限在有数的几个区域之内，而是几乎遍布于中国北方的各个郡县。然而也就是在这个宋代，中国南方的家族溯源史，开始逐渐地合流到几个有数的中原地域之内。就闽台区域而言，比较集中的祖籍地就是所谓的"中原固始"了。

宋代之前，中国民间撰写族谱的风气尚未全面形成，故各个汉民家族对于先祖的追溯，或许主要停留在世代的口传之中。入宋之后，特别是在理学家的倡导之下，民间修撰族谱的风气开始蔓延，先祖的追溯便成了撰写族谱的一项重要内容。于是，先祖的典籍化就不可避免了。根据各自家族的族谱的记载，大家可以非常自豪地对外声称自己的家族具有中国最纯正的中原汉民族并且是世家望族的嫡传血统。

北方汉民自秦汉以来迁移闽中，早先虽然也经历了西晋的永嘉年间动乱、唐初高宗时期府兵入闽的两次高潮，但是这两次汉民入闽毕竟距离宋代已经有好几百年的时间，对于先祖的追溯比较模糊。而在唐末五代时期的河南光州固始县的王潮、王审知兄弟的率部入闽，不仅时间接近，而且王审知第一次在闽中建立了闽国，建立了比较完备的政治统治体制。因此，作为北方汉民入闽的第三次高潮光州固始县人王审知政权，给宋代福建区域的人文格局及其民间社会，产生了直接而且深刻的影响力。[①]

正如前面所述，宋代特别是南宋时期，是中国南方文化既追溯"中原正统"而又进化自觉的转型时期。民间家族组织的重构与族谱的编撰，成了这一时期南方文化转型的一个重要标志。人们在塑造自己先祖的时候，首先把眼光注视在帝王之胄的王审知兄弟子侄，以及与王氏集团有着某种政治关联的姓氏上面，并且以此来炫耀自己家族的辉煌历史与显赫地位。久而久之，许多家族逐渐忘却了自己真正的祖先，张冠李戴、模糊难辨，最终出现了祖先渊源合流的整体趋势。即许多家族都成了王审知及其部属的后裔。宋代福建民间族谱修撰攀附显贵这一风气的形成和流行，当时福建籍著名的史学家、谱学家郑樵在为自家族谱撰写的序言中已经看得十分清楚：

> 今闽人称祖者，皆曰光州固始，实由王绪举光、寿二州以附秦宗权，王潮兄弟以固始众从之。后绪与宗权有隙，遂拔二州之众入闽。王审知因其众以定闽中，以桑梓故，独优固始。故闽人至今言氏谱者，皆

---

① 陈支平：《近五百年来福建的家族社会与文化》，三联书店上海分店，1991年。

云固始，其实谬滥云。①

其实，对于宋代福建民间族谱攀附王氏固始县的这一习气，一部分文化修养较高的福建修谱者们也是相当清楚的。如泉州《鉴湖张氏族谱》明嘉靖十九年张继明序云："宗之有谱，所以纪世系、明族类、示仁孝也。……盖五季之末而宋之始欤？然世远文字湮废，自一世至十三世名字世数已不可得而详，又云来自光州固始。盖泉（州）叙谱之通说也。"② 安溪《陈氏族谱》亦云："谱闽族者类皆出自光州固始，盖以五代之季王审知实自固始中来也。……而必谓闽中族氏皆来自固始者，诞甚！"③ 在这样的社会习气之下，不用说一般的贫穷族姓，即使是早先入闽的一些名门大族，其后裔也在不知不觉中被引入其中。唐初率领府兵入闽开发漳州被后世尊称为"开漳圣王"的陈元光子孙，从宋明以来也逐渐把自家原属于河东的籍贯，改称为河南光州固始县了。④ 再如与陈姓同称为"闽台半天下"的林姓，至少从唐代开始就号称是商纣王时期的名臣比干的后代。中原的郡望为"博陵"、"下邳"等，本与河南固始不相干。但是到了宋代以后，不少福建的林姓，其祖籍也变成了河南固始。陈、林二著姓尚且如此，则其他的姓氏之攀附河南固始的世家望族由此可知。

不仅仅汉民家族的族谱修撰如此附会合流，即使是早先属于闽中土著的一些族群的后裔，也在宋代的这一风气中变更其初，把越人变成十足的汉民姓氏。南宋时人王象元曾在《舆地纪胜》中说："闽州越地，……今建州亦其地。皆蛇种，有王姓，谓林、黄等是其裔。"⑤ 现存于福建及东南地区的许多少数民族家族，从明代以来开始仿效汉民家族修撰族谱，也存在类似的情况。随着北方南迁的汉民在东南地区迅速蔓延并且取得主控权之后，残留在这些地区的少数民族如畲族、疍民，以及唐宋以后从波斯湾地区东来的阿拉伯人的后裔，逐渐受到汉民族的影响以及其生活环境的需求，也不得不把自己的祖先，攀附在中原汉民的世

---

① 郑樵：《荥阳郑氏家谱序》，莆田，《南湖郑氏家乘》。
② 泉州《鉴湖张氏族谱》卷首。
③ 安溪《清溪陈氏族谱》，康熙二十一年陈时夏《重修族谱序》。
④ 杨际平：《从〈颍川陈氏开漳族谱〉看陈元光籍贯、家世，兼谈如何使用族谱资料》，载《福建史志》1995年第1期。
⑤ 王象元：《舆地纪胜》卷128，《福州景物上》。

家望族之上。我们现在所阅读到的东南地区畲族、回族的族谱，虽然其中或多或少保存了他们自己族源追溯的某些特征，但是从始祖的塑造上，则是毫无例外的变成了与汉族相关联的共同的祖先，其中有一部分自然而然地也成了光州固始县人的后裔。①

由此可见，至少从宋代以来，福建地区乃至于整个南中国，在民间家族的溯源过程中，其历史的真实性与文本的显示表象之间是存在着较大的差距的。我们在研究福建地区乃至于整个南中国的家族发展史的时候，假如过于执着于历史文献的记述和所谓的"历史的集体记忆"的真实性，恐怕都将不知不觉地被引入到比较偏颇的学术困境。

从宋代以迄近现代闽台民间家族溯源史的演变历程看，后代的福建以及台湾的民间社会，更关注的是文本的显示表象，而对于其先祖的真实历史，倒是比较的无关紧要。因此，我们今天无论是家族史的学术探索，还是现实中的家族联谊与根亲深情，更重要的是需要观察其中所隐藏的文化意识。而一味地试图要探索本家族的所谓纯正血统及其源流细脉的"真实历史"，我想是既无必要而又永远不可得到。因为家族迁移史以及民族迁移史的真实状况，已经逐渐向文化意识的认知方向演进转化，甚至于为文化意识所掩盖。在这种情况之下，追寻所谓的历史真实性就不能不越来越扑朔迷离了。

三、历史与文化演进的永久意义

我们既然了解到闽台地区民间家族的溯源过程中，其历史的真实性与文本的显示表象之间存在着较大的差距，历史的真实性最终为文化的意识所掩盖乃至取代。那么，我们应该如何评价这种历史与文化演进的深层意义呢？

研究中国汉族史的学者都知道，中国的所谓汉族，即使是中原的汉族，也早已不存在所谓纯正的血统了。中国的汉民族是经过多民族的长期融合而形成的。更不用说中国东南地区的汉民族，除了其北方先祖的融合血统之外，来到南方之后，与当地土著、阿拉伯人后裔以及其他少数民族的血缘融合也不在少数。所谓的"最纯正的汉民族血统"，显然极为不符合中国民族发展的真实历史。

中国民族史的这一发展历程，其中无不体现了历史与文化演进的巨

---

① 陈支平：《福建族谱》，福建人民出版社，1997年。

大足迹。正是由于这种超越历史真实感的文化意识的自我追寻与文化的自我认同，这才促成了中华多民族国家的形成与延续。试想，现在的中国汉民族，甚至包括一部分少数民族，都笃信自己是"炎黄子孙"，显然，黄帝和炎帝二人是生不出这十几亿"炎黄子孙"的。这十几亿"炎黄子孙"是由无数的族群、部落、姓氏所衍生出来的。但是这种文化意识的超越力量，把不同血缘的中国人连接在一起。假如没有中国民族历史上"历史与文化"的演进，这种大融合的"文化认同"是不可能出现的。

同样的道理，我们今天探讨闽台家族与中原固始的渊源关系，假如非要一意孤行地寻找什么纯正的"中原血统"，其结果必然是恰得其反而又纠缠不清。我们只有在文化认同的基础上一道认识中华文化的多样性及其包容性，才能从无限广阔的空间来继承和弘扬我们祖国传统的优秀文化。正是由于中华传统文化中的多样性和包容性特征，造就了多民族统一的国家的形成与延续，造就了中华民族较少含有种族歧视与民族血统论的偏见。我们完全可以说，文化的超越与文化的认同，是中华民族凝聚与发展的基本要素之一，任何过分强调或刻意彰显不同民族特殊性的做法，都是与中华民族的发展潮流不相吻合的。

人类学的中国取向

——王铭铭教授[①]　访谈录

王斯福（Stephan Feuchtwang）、罗兰（Michael Rowlands）[②]

本文为王斯福、罗兰对王铭铭的访谈。该访谈的中文版，由卞思梅、彭菡莒译出初稿，张亚辉、杨清媚校订。

缩写：

SF＝王斯福

MR＝罗兰

WMM＝王铭铭

SF：你刚刚在中国做完你组织的系列会议的第二场。系列会议的名称是：文明、区域和民族。就我理解来讲，作为人类学的话题，前两个话题挑战着"民族"这一话题，该怎么理解？

WMM：所谓区域，比如我和我的学生直到今年夏天才完成的藏彝走廊研究项目，或者以我曾经写过海滨城市泉州为核心的中国的东南地区（王，1999～2009），应该包含贸易、宗教、政治或外交等因素，并且是文明间的连接与融合的地带。一个区域的世界印象在地理范围和对世界的理解方面和一个帝国一样伟大。文明和区域两者均超越了民族或社会的边界。对它们的研究将质疑一直主导着人类学的人、文化、社会和体系等概念的首要地位。尽管自第二次世界大战以来，人类学已经成为了一门持续呼唤无政府状态、区域与世界体系的学科，并以此提出

---

① 王铭铭，北京大学社会学人类学研究所教授。

② 作者单位：王斯福（Stephan Feuchtwang），伦敦政经学院人类学系；罗兰（Mike Rowlands），伦敦大学人类学系。

"民族国家"概念的替代物,但同时,通过采用"社会"或"文化"的概念,它也不自觉地成为了它过去所评论甚至是攻击的对象的拥护者。我认为,有必要通过政治认识论重新思考我们的研究单位。因此,我倾向于用你刚才提到的那三个关键概念中的前两个——区域和文明,倾向于质疑第三个概念——"民族"。我故意把它们放在一起来产生这种效果。

许多人都参加了你提到的那次会议。他们来自历史学、地理学、人类学和政治理论学等不同背景,也有不同的观点。我自己的计划是要重返"根源",重返中华民国时期的中国社会科学,进行再研究和有选择的借鉴。

当然,民国时期的社会学家和人类学家多数都受教于西方导师。20世纪早期中国人类学和社会学的创始者与他们在欧洲和南美洲的老师们共同创建了农村社区研究和社会研究两大传统。这两大传统和当时并存的另一个传统相矛盾,比如,它们与当时强调古代中华帝国不同文化间的关系为主的中国民族学相矛盾。中国民族学在 1920 年代到 1940 年代之间是领先的,但是 1950 年代就远非如此了(1950 年代的民族学实际上是苏联的民族学,一种建立在摩尔根、马克思、恩格斯和斯大林的社会结构推测历史上的民族学),这一变化是反思今天的中国社会科学一个颇为有用的途径。它之所以对我具有吸引力,因为它包含了我所要致力于催生的因素——关系主义的或者联合主义的民族学。

但是,所有的社会学、人类学和民族学都被塑造成了"科学",它们都假定了一个社会,并用相同的方法将社会定义成一个人民体或民族。民国民族学创造了这样一个中国历史,这一历史的结果就是将不同族群或者种族融合成一个单一人民体。事实上,直到今天,这还是非常具有挑战性的。当国外的人类学家和历史学家将当今的中国看成是一个包含着被征服的少数民族的单一民族时,他们遭遇到了坚持融合论的人类学家、民族学家和历史学家的强烈反对。不论如何,中国民族学仍然奠基于同样的民族假设,其中当然包含了那些研究中国少数民族的民族学家。

社会和文化人类学家所研究的是在国家统治下的,特别是现代人民-国家统治下的实体。如罗兰在我们刚开完的会议中所指出的,虽然前帝国时代的人类学研究了无国家社会,或地方社会以及超越社会的文化,但涂尔干(而非莫斯 [Marcel Mauss])的社会学/人类学还是开始于并且限制于当时处于危机中的欧洲的国族世界。一面是英法传统的社会人类学，另一面是中国的社区研究的社会学和人类学——它们都以不同的方式与民族学及其对传播的研究相分离，从而制造了人类学研究的两个对象：或者是人类认知、社会和文化生活的普同性；或者是建立在社会假设基础上的特殊的社会和文化差异。

毫无疑问，对局限于文化或者局限于社会的人类学的批判已经不是什么新观点了。被引用得最多的便是依附理论、世界体系理论和埃里克·沃尔夫（Eric Wolf）的新世界史；在英国，最重要的批判来自埃德蒙·利奇（Edmund Leach）对克钦人的研究，他指出拉德克利夫-布朗（A. R. Radcliffe-Brown）的社会观念的谬误。这些批判甚至可以追溯到更早，例如美国的文化区研究和生态人类学，还有列维-斯特劳斯（Claude Levi-Strauss）的联姻理论。我一直以来的讨论或多或少和沃尔夫所说的社会之间的"捆绑关系"类似。但是受文化学家的影响〔他们又是中国历史社会学家，如黄文山，一个民国时期的文化学家，影响了莱斯利·怀特（Leslie White）和西方人类学如马歇尔·萨林斯（Marshall Sahlins），他师从怀特并且影响了我〕，我比沃尔夫更注重前现代的跨文化关系及这些关系的文化实质。

我正在做的努力是更加历史的，并且它同时以原始主义和现代主义人类学为目标。在某种程度上讲，可以说我是在寻找人类学原始主义和现代主义之间的调和。

在我的印象中，西方人类学始于其对世界的三分法。在 19 世纪，现代人类学的先驱们继续在研究原始人、古代和现代的文化。但是自 20 世纪以来，在功能主义、历史特殊论、结构-功能主义、结构主义的影响下，西方人类学的"主流"停止了对中间地带"古式社会"——从历史角度讲，就是西方和非西方的古代文明——的关注。20 世纪西方人类学家将"方法论的革命"视为他们的事业，这体现在民族志方法的变革上。

你们可能已经正确地抛弃了推测的历史，但放弃了这些历史的同时你也丢掉了对我们的历史想象至关重要的联系——西方和你们原始的他者之间的"中间地带"，例如：美索不达米亚、埃及、印度、波斯、伊斯兰世界、中华世界等等这些古老的文明。在 19 世纪中叶，西方的大学将这些地带都划分给了东方。但古典人类学家在想象历史的时候仍然给予了它们持续的关注。到了 20 世纪，随着对推测性历史的反对，社会科学也拒绝研究这些"中间地带"。因此即便西方的人类学家来研究如印度或者中国这样的文明，他们也不得不放弃文明的观念，或者更多的情况是，用一个明确的研究单位加以替代，比如村庄或者小的宗族和部落，或者直接将印度或者中国看成一个社会整体。对这些文明的结构整体进行人类学研究当然是可能的。但是在构建结构整体时，人类学家通常会忽视这些文明的包容性。西方人类学一直在讨论自我——他者的二分对立及两者在他们自己的"表述"中的关系。听起来，"他者"这个观念似乎是在人类学或原始人类学在现代欧洲出现后才有的。事实上，这种二分和关联都有它们早期的渊源；有些情况下，它们对那些古代文明是至关重要的。这些古代文明通常事实上或意识形态上自身就是世界体系，却通过各种国际化和超国家的方法，包含了自我-他者的二分或关联。

民国时期的社会科学，因为服务于让备受责难的帝国国家化这一目标，这种二分在意识形态上变得非常有影响。

我曾在燕京大学的社会学和人类学传统中工作。这个传统是吴文藻在 20 世纪 30 年代建成的，当时他试图将英国社会人类学和美国社会人类学结合起来。吴着迷于英美"社区研究"的科学价值。他并没有太意识到，这个方法是旨在否定人类学理解中的中间文明的科学运动之产物。在他之后，无论中国农民还是少数民族都被描述为与现代性不同的群体。

MR：你刚才提到更加传统的自我-他者的二分和联系。你能够举例说明一下吗？在古文明里有没有关于这种二分对立的例子存在？

WMM：在人类学中，一些学科史的书写致力于论证这一观点：16 世纪后，欧洲人除了自身，还要达成对欧洲以外的世界的理解或误解，他者这个观念才变得重要起来。饶有趣味的是，这些理解和误解在关于自我观念的人类学中也是可能的。例如：马塞尔·莫斯写到的关于"我"这个概念的历史，他试图揭示对于意识形态的比较研究的可能性，正如莫斯所说，这是对"我"这一观念的谱系研究。作为一个伟大的思想家，莫斯自然知道在任何一个社会对于"我"的理解如果离开了对于他者的理解都是不可能的。但是在他的叙述中的一点轻微的——在他语境下必要的——进化论的感觉让这听起来似乎是说，那些认为自我的定义中包含了他者的人才是传统的。在我的想象中，如果没有一些关于自我-他者关系的想象或者事实，任何人类和社会都是不可能存在的。这种情况在美洲印第安人的"简单"社会里也是真实存在的，他们认为，人应该有自己相邻的村庄和部落，并拥有自己的动物"他者"。他者这个观念在欧洲也起源很早。拉丁文"alter"就是英文"alterity（他性）"的词源。法国哲学家列维纳斯（Immanuel Levinas）主要依靠阅读古老的塔木德（Talmudic）获得在伦理哲学上对他性的理解。"他性"的一个含义和对"野蛮人"的想象密切相关。但正是这个十分消极的词也同时意味着一些积极的东西，一种对自我和他者的良好态度所导致的对他者的好的态度。我对希腊神话几乎一无所知，但是我敢说在希腊神话里，一定蕴含了"改变"（alter）和"交替"（alternation）的智慧。

对帝国文明形态的思考包括了帝国处理其自我-他者之二分及其关系的方式。从我对中国古人的有限认识来看，我认为这种帝国方式非常有意思。例如：像萨林斯最近指出的，周朝的周天子也有他自己的他性。在这里我要补充的是，他自己的存在是以住在遥远西方昆仑山里的帝女的存在为照应的（王铭铭，2007b）。如果没有他对帝女的朝圣——在帝国话语里就是"征"或者征服，他的统治是不可能的。帝国时代中国和"蛮夷"通常拥有双重的关系。一方面，中国宣称自身和蛮夷有着很大的文化差异；另一方面，又要靠他者来滋养自身。对帝国之于非中国的偏见之批判性反思是个常识，我们需要强调的是，反之亦然。当秦始皇掌权后，他便将他朝圣的路线拓展到了他所征服的齐国的东方大山。始皇帝是从西边来的，嵭山以西，因此他必须对位处山东的东方神山表示崇敬（王铭铭，2007b：第49～60页）。

SF：自从你回到中国以后，你就一直在追述一种开放的、内外交流的中国人类学历史。如此，中国的唐朝是可以被称颂的，它对来自波斯、印度等地的各种物质文化产品都是开放的。你所追求的是这样的吗？

WMM：是的。我非常钦佩涂尔干，尤其钦佩他的弟子莫斯，即便是在普法战争后，他们仍然愿意学习德国的东西。我也很佩服在战国时期，一些封建统治者曾经试图鼓励自己的军队和人民采用"蛮夷"（这里是胡人）的服装并且学习"蛮夷"饲养和骑马的技术。这些"蛮夷"其实是游牧民族（他们和农业民族的历史关系具有争议），他们和从事农业的汉族是不同的。实际上，就如1928年在英国获得学位的冀朝鼎所证明的，中国北方蛮夷曾长期激励着中国文明。这并不只是说，如莫斯所言，区域和文明是"优先的"，并且在这一意义上，它们是用以界定人民和社会之内外的原始条件。区域和文明超越并且质疑"社会"的整体性。我承认文明优先于政治经济和帝国。对我来说，这是个方法论问题。但中国的其他人也可以将它作为一个政治上的观点，以此来质疑中国是不是也能在政治上被理解成像欧洲或者美国这样的国家。

从方法论来看的观点是：无论什么样的政治经济，无论帝国或者国家的政治组织是什么，无论在中国，在生产、分配和交换过程中阶级如何构成和流动，中国的民族志和文字档案，或者处于两者之间的考古学都能提供材料，并从中推断出一个长期存在但自身又已发生改变的文明。它时而开放，时而封闭，并否定对借鉴之物的依赖。它周围聚集着几个和它有着广阔边界的、自身也在扩张的地方。这些材料都是用来建立中华世界的性质和范围的，同时也为纠正沃勒斯坦关于先于当下政治经济世界体系的那个世界体系的观点提供了依据。它们显示出包括了许多国家变动的界线或者边缘地区的文明的传播过程。那些边缘地区是一些巨大的开放地带，那里住着彼此依赖以生存或界定自身的诸多人群。这些地带拥有一种文明化的特质，它们不同于社会科学通常重视的那些东西。

我们可以通过聚焦一些城市，比如泉州这样的海滨城市，来考察这些开放的地带。我在 1999 年到 2009 之间出版了两本关于泉州的书，我想试图发展出一个历史人类学来分析文明的矛盾之处，或者是宋元的世界大同主义的方法已经引起了过度的他者化，如此一来，这就造成了明代的几个皇帝感到有义务将中国汉族化。而除此之外，我认为反对之前的那种开放的行为会适得其反——使文明更加类似于国家化，这也就为世界性的全球现代性扩张和政治上的国民身份认同铺平了道路。

我要强调的是，我将大家引导到文明这个观念，但我绝不是一个中国中心主义观念的倡导者。只是无论帝国文明的辉煌还是其局限都让我充满了好奇。

藏彝走廊就是其中一例。我以前的导师费孝通先生指出了藏彝走廊的边界，他同时也确定了它对重构中国所谓的民族问题的潜在理论意义。费孝通在 20 世纪 70 年代创建了我现在工作的那个机构，并且以一种很有意思的方式提出了"走廊"这个观念。在费的定义中，藏彝走廊是指从青海东部到甘肃南部，从四川西部直达云南西北部这样一个狭长的地带。费并没有说这个走廊可以向北通过一片绵长的山脉连接到开始于中国东北的游牧民族和汉族之间的中间地带，也没有说这走廊向南可以连接到东南亚印度一带。局限于中国在采取了民族主义以后所划定的边界，费并没有说明藏彝走廊本质上是"国际"的。但费是伟大的，至少他指出了走廊的中间区域是四川西部的没有边界的少数民族地域。费是20世纪50年代中国民族识别工作的领头人之一。根据他的经验，他认为这一带民族识别工作很难做。他用"你中有我，我中有你"来形容这个地区。在少数民族识别小组到来之前，文化上的自我和他者的融合已经成为了绝大部分部落的历史。

费对藏彝走廊的描述让我想起了我的家乡泉州，那里文化和人群的融合也是区域史的主要内容。

可能大家会觉得这是一个奇怪的联想。在通常的想象中，我们可能会把中国的沿海地方看成是历史上开放的地带，但内陆地区又彻底不一样。藏彝走廊的那些山民们不仅被外行也被人类学家和民族学家们理解为地处偏远、与世隔绝的村里人。费没有将中国西南和他自己出身的中国东部村庄联系起来。但是这两个地方的相似性却让我深思：在我自己的作品里，我将此两地描述为"中间圈"（王铭铭，2008）。

尽管我国当局坚持认为中国是"多元一体"，20世纪中国社会科学家们产生了一项奇怪的分工，最后多样性消失在了社会科学的主流中：虽然人类学家、民族学家和民俗学家都在研究文化的多元性，以及这些多元性令人伤感的终结，他们极力强调民族差异的价值，但是社会学、政治科学、历史学、哲学和经济学的研究者们却对这个观点毫无兴趣——似乎中国的生命之源只是作为中国的这个整体而不存在少数民族和地方区域。这种中国社会科学上有效的分工可能和那些我未及充分关注的问题有关。首先，我已经展示了学术专业的分工如何反映在研究中国的两个伟大的人类学家——费孝通和施坚雅——的差异上。作为一个研究家乡的人类学家，在描绘中国时，费采用了一种多元的视角，寻求将所有官方识别的少数民族都包含在中国统一体之内。但是在面对同样的研究对象时，美国人类学家、人口统计学家、地理学家、经济历史学家施坚雅却保留了外部的观点，基本上将中国西部的少数民族排除在中国的地图之外。施坚雅确实偶尔会提到边陲地带，但也只是为了证明他关于中央帝国等级制度的观点而已。虽然施坚雅强调了宏观区域的不同，这些不同并非国族间的不同而是和汉族之间的不同。（王铭铭，2009a：1～33；148～192）

费孝通和施坚雅都很不幸地受到不同的"民族主义"的局限——一

个是从外面学到并且经内部本土化的民族主义，另一个则是深深扎根于西方社会科学的民族主义。费孝通痛苦地将不同的"民族单位"放进"中华民族"这个大篮子里。这些单位中甚至有些在过去——在1956年在民族地区实行所谓"民主改革"之前——拥有自己的王国和政权。总之，他的现代主义阻碍了他真正认识中国政治和文化的多元性。施坚雅或许认为他比费孝通更加自由。但是将"其他的中国"（other Chinas）排除在他自己的中国版图之外，他只是在把另一种社会科学的现代主义强加于中国研究。他只全神贯注于帝国时代区域中心的移动。但他甚至没有提到许多这样的区域中心在不同的时代是当地国家的首都，有些已经发展出了他们自己对相邻的"少数族群"或者王国的民族政策。对他来讲，区域性的区分是一个问题，但是民族政体，例如大理国就不是中国问题。

我们也可以将这个评论扩展到莫里斯·弗里德曼关于宗族的研究及汉学人类学当中许多关于"中国民间宗教"的专著，它们都忽略了"中国文化"中的"外来因素"（王铭铭，1997）。更重要的是指出，这些外来因素不只存在于帝国时代，现在它们正在回归。

我们能不能把一些"民族因素"当作"外来因素"分析呢？这个问题让我有点困扰。因为现今中国——外国的二分已经成为了一个有力的官方的划分。将"民族"和"外国"混为一谈将会犯很大的政治错误。但这并不是说作为一个知识分子，我不应该想象它们在历史上的混合。在一定程度上讲，我对于天下的强调就是为承认和接受这种融合的一种努力。也就是说，我最近提出的"中间圈"这个概念就部分体现了我在这方面的关注。

SF：从20世纪80年代以来，有很多关于民族主义和民族国家体系的批评。你怎么解释你和他们的不同？

WMM：从这些评论里，我学到很多。但是我并不确定这些评论是否对社会科学的重组有意义。在某种程度上，你可能把我当成一个致力于社会科学的重建性批评或批评性重建的人。我所说的关于中国的研究很简单，但是我确实认为它非常重要。让我举一个例子吧。1972年，法国历史学家谢和耐（Jacques Gernet）发表了《中国人的世界》（*Le monde chinois*）这本书，题目有意无意地透露了他对法国汉学社会学家葛兰言（Marcel Granet）"中国世界"概念的继承。十年后，谢和耐的这本书被译为英文，并有了一个新的名字《中国文明史》（Gernet，

1982)。事实上，当谢和耐用"中国世界"这个概念时，他考虑的是中国文明的勃勃生机，我认为"中国文明"是一个很好的翻译。但是为什么英文翻译者和出版社没有保留"中国世界"这个术语呢？这后面肯定是有原因的。更严重的是，1995 年，当江苏人民出版社出版了这本书的中译本时，书名赫然换成了：《中国社会史》！当然，"世界"、"文明"和"社会"这些词语都有相似的含义，社会学家会说，它们无论如何都是"社会的"。但是通过上述这一从法语到英语再到中文的独特的翻译过程中，中国从一个世界，衰退成一个文明，最后成了一个社会，这对世界和中国的社会科学都意味深远。

SF：目前中国研究中的人类学田野调查中，关于小村庄的民族志被当成是一种"恰当的方法"。现在，你已经走向大范围的区域和文明研究。你认为这样的研究也能通过乡村民族志的方法来做吗？

WMM：为了做到这一点，我不把村庄看成社区或者是微观的社会，而是当成一个国家的民族志，就像弗里德曼（Maurice Freedman）在对中国东南的宗族组织所作的研究，同时也当成对费孝通对一个村子的经济研究和中国绅士的历史研究的一个延伸和补充。这也是对回归的"乡村窥视法"的回应，正如我在一个相关评论里所说的那样，"乡村窥视法"谱系是中国 19 世纪末到 20 世纪初一批在传教士大学工作的一批传教士社会学家发明的，然后，被吴文藻、费孝通、林耀华等一代中国人类学家和社会学家所采用（王铭铭，2007a：164～193）。1960 年代，弗里德曼已经批判过这种方法，那时弗里德曼自己和施坚雅（G. William Skinner）正在尝试让中国的人类学发展出宇宙论的和社会经济史的方法论，他们以各自不同的路径提出了自己方法（王铭铭，1997）。当时，弗里德曼和施坚雅提倡的跨地区研究的背景是新中国禁止做田野调查。但这个禁止奇怪地引起了"乡村窥视法"的复兴，以此为外界提供关于中国"更深"和"更具地方性的知识"。对于否定"乡村窥视法"的再否定是有人类学自身的原因的。自从 20 世纪早期起，人类学就认同了小地方的民族志。这样的人类学放弃了"推测历史"而更加"现实"。但是这种否定（弗里德曼和施坚雅提倡的更大范围的研究）也有其负面的影响。它使得狭隘的中国想象进入了我们学科，使得中国好像只是近代才成为工业化和城市化国家。对我来说，这种"乡村窥视法"已经成为了"新东方化"中国的政治方案的一部分。这并不是说我们就不应该研究"中国乡村生活"，但是此研究要求在中国做乡村研究的人小心谨慎地反对过分简单地重复一个中国研究的错误的历史形象——"乡土中国"（费孝通在 1940 年代最有影响力之著作的标题）。

什么才是关于国家民族志呢？我重视格尔茨关于巴厘岛是一个"剧场国家"的理念，因为他架起了通往一个国家和文明的文化理论的桥梁。这个民族志将国家看成是一系列的表演，仪式表演，展示了物体与物体之间、人与人之间、人与物之间的众多关系。如果一个民族志同时也能这样做，那么它仍然可能成为一种方法论。

SF：区域性的和文明的研究真的能通过村庄研究实现吗？

WMM：行又不行。说它行是因为村庄和其他农村聚落是山水帝国的一部分，是一个文明的构成，俗语说得好："一方水土养一方人。"认知一个国家就是要认知这个国家的东西（知国，知物）。这是中国最早的组织历史的原则，比如伟大的史学家司马迁的著作，这些历史著作描述不同的国家、山川、河流、人民和人物的物质特性和传记，它们同时是民族志又是历史。这种不同于希腊人及其战争的历史，也不是关于主权的历史。说它不行，是因为你必须囊括城市，这才是文明的核心。这是一种仪式、礼仪和关系的文明，它们是受过教育和定居的精英主导的。它不是一种像雅典国家那样政治话语下的文明，恰恰是后者界定了西方的社会和政治科学。

MR：在玛丽琳·斯特雷森（Marilyn Strathern）这样的人类学家看来，来自新几内亚高地的弥散的人——所谓的"可分割"这样的概念变成了一个对人类学的挑战和批判的基础。现在，你将人放在漫长的历史当中，并且当做一个构件，那么，从中国的文明世界研究提出的挑战是什么？

WMM：在做理论讨论的时候，人类学家无疑通常依赖于他们不同的地方传统知识。和新几内亚高地相比，中国已经被证实是一个"弱理论化的地区"。虽然，一些研究中国的人类学家试图将他们的描述理论化，但他们的理论化过程还是无法逃脱非中国地区人类学知识的"征服"。我将此看成是一个"悲伤的故事"，但是我们的同行会接受它——中国特殊论的研究在实践层面有其效益。但是我必须感谢葛兰言，虽然在人类学界他从来没被公认为理论家，但他对莫斯和列维-斯特劳斯都产生了重要的影响。在 1930 年代早期，在人类学左派和右派辩论的话语下，他通过古代中国的研究，增加了第三个维度——等级。莫斯被它深深地吸引住了。之后，列维-斯特劳斯才能从葛兰言对中国文明的研究中发展出他的"亲属关系的基本结构"。他承认了葛兰言的影响，但是葛兰言却被遗忘了。似乎有这样一个事实，人们很少考虑中国人类学对世界人类学所做的潜在影响。对这种现象的解释当然是简单的：对那些利用非中国的地区范式来研究中国的汉学研究者来说，中国是一个太特殊的个例——弗里德曼太多采用了非洲世系模式，施坚雅则使用过多德国经济地理学的东西，一代宗教人类学家都用了太多的涂尔干和列维-斯特劳斯，其他人则陷入"乡村窥视法"不能自拔。一个区域的范式应该总是和其他区域范式对话的。但是，如果认为，除非淹没在其他区域性理论（包括欧洲政治经济学和权力知识范式）下，中国世界的人类学没有意义，这无疑是错误的。我并不是说汉学人类学家不应该联系他们在其他地区的发现来反思他们在中国的发现，我只是简单认为中国世界的人类学也应该有某些"普遍理论"。

MR：列维-斯特劳斯在他的《忧郁的热带》最后一章关于文明融合的论述特别有意思——他是在回应莫斯——他也想看到在创造伊斯兰时，希腊和印度文明的融合。他指出一条文明理论——它也是大同主义的，但他再也没有讨论过这一问题。

WMM：在列维-斯特劳斯所有的方法论研究中都能清晰地看到他的一个精神的对子，他的研究里有一个相当好的关于融合或者是相关结构转换的概念，但是还有另一个隐藏在融合"背后"的文明——"原始文明"。

让我们回到你的那个关于通过研究中国定义人的方式而形成理论的可能性问题。恰当的出发点可能是莫斯对中国观念下的人的描述。莫斯在吸收了很多葛兰言的信息以后，认为中国观念下的人是有关人的古老概念模式中的一种。他注意到古代中国人是依靠一些特定的从其他地方借来的"集合名词"来定义人类个体的——祖先、脸、鬼魂、鸟、树、地位等等。汉学家们也能发现相反的例子。确实，在古代中国概念下的人原本就有"个体主义的"观念。那些和杜蒙所做的印度研究中的"隐逸者"相类似的人就是这种例子，他们彻底是"个体主义的"，是"反社会的"。楚国的爱国者屈原就是一个例子，其他的如道士和佛教的僧侣等伟大的思想家们也是。在古代中国，同样有类似于"弥散的人"这种观念的有关身体的概念。但这些观念有它们自己的特色。例如：在传统的中医里，我们可以发现对身体的划分和对天地的划分是一致的。在这样一个"混融的"和"隐喻的"划分里，人的头和天一致，脚和地一致，身体四肢、五脏、九孔、三百六十六个骨关节对应着四季、五元素、九"节"和三百六十六天。有些器官被认为能造成不同的心境，就像天空造成不同的天气一样。这样的身体划分能被说成是"可分割的"吗？我不该妄下定论。目前我能说的是，在古代的书写里，不仅有一个对身体的普遍定义，同时也有一个对相对应的人的定义。过去只有圣人（包括隐逸者）的身体才能和宇宙合一。圣人的头部和天空完美地呈现一致，脚和地一致，中间部分和社会关系一致，因此他能够以天滋养他的头脑，以地滋养他的脚，以良好的社会关系滋养他的中间部分。这一身体的概念是宇宙论的，这一人的观念是社会学的。其中之一是平等主义的，另一个却是等级式的。但在我们的意识中，它们须臾不离，总是携手共进，它们共同界定什么是我们所认识的人。人是一种模糊的存在，既是一种不同构件组成的实体，又是作为整体的和其他整体不同的实体，既是构件组成的实体又是更大整体的元素。

正因为此，当我们试图翻译莫斯的"人"的概念的时候，却找不到合适的汉字，最后我们选择了"人物"，即"人—物"。这不是一个完美的译名。一个"人物"是某个人，他有相对重要性或者特别之处，是生物学上的一个客体，但人却也是一个普遍社会学意义上的定义。一个"人物"是一个重要的人并且因此他等同于一物，这一物是由部分构成的整体，是一个和其他实体有别的实体，但是他又能表达彼此及所有整体的关系总体。这样一个有关人类的观念与单纯的人、"每个人"的人观是不同的。

在某种程度上，中国历史的"自觉模型"是作为中国史学书写的核心的"人物"。在中国的旧史学里，事件总是作为"人物"历史的一部分包括在传记里，"人物"被选为历史的决定性的构成部分，因为他们做出了伟大事迹或者创造了壮观的历史（事件）。这样的历史显然是传奇。这并不是说他们是"不真实的"，而是说这些事件和特定的"人物"故事不可分离。

我们可能会很快反对这种区域性的中国历史观。确实这种史观不倾向于将"小人物"和"小事件"公布于众。所以这和当前流行的关于平常人的平常生活的历史大有不同。实际上这是偏向于反对儒家所描述的"那些靠自己劳力工作的人"（劳力者）。但如果我们仔细阅读并且稍微大胆一点想象就会发现，这样的历史视角与诸如阿尔弗雷德·克虏伯（Alfred Kroeber）这样的人类学家所主张的文明人类学之间有相似之处。在他的《文化成长的构型》（*Configurations of Culture Growth*）里，克虏伯为人类学刻画出了一个文明的历史。他的重点放在历史和人类学、"天才"的传记和文化人类学的结合点上。"天才"这个观念现在看来已经很过时了，它或多或少地和"人物"有点相似。和"人物"一样，天才这个词对于同时代的很多人类学家来说都是不可接受的。我们已经试图将每个人都"常人化"了。"天才"这个观念被当成"反动"而受到抨击。但是作为一个善于将物质和"精神"文化研究结合起来的人类学家，克虏伯发现检验那些发明家及其艺术的、技术的、文学的、音乐的和哲学的创造对文明的影响之间的关系是非常重要的。他也考虑到了我们可能称为"历史环境"对"天才"产生的共同影响。克虏伯关于"天才"的观念让我对现今民族志和社会史中泛滥的"常人化"和"日常生活化"的实践产生了很多思考。我还没有傻到说我们的反思应该立刻使我们采用中国的"人物"观念。但我必须有勇气自己表达我的感觉，即"天才"和"人物"之间的类似对于我们重新思考社会科学意义重大。社会科学对特殊人物的漠视导致了社会学的扩展。我所说的"常人化"和"日常生活化"的实践实际上就扎根于现代社会学对"社会"和"文化"的想象。莫斯关于人的分类对我们来说很有吸引力，就是因为这分类意味着"社会"和"文化"。在对关于人的社会学"良心"的强调中，我们没有看到比较"良心"的程度差异和比较不同的人的任何空间。

对我来讲，如果"文明"这个词有任何含义，那么它意味着我们接受一个社会和超社会体系里的人之间的差异。"人物"，一个关于人类同时作为构件和整体的概念，至少对我们理解延绵的历史非常重要，在这一历史中，文化在不同的环境以及和不同的特定人之间的关系之中起源、成长、传播和衰退。对于我们理解这些环境和人，宇宙论的和社会学的探索和思考固然重要，但是它们不应该阻碍我们洞悉"人物"行动的图式和进程。

在我和王斯福主持的一个研究里，我们观察了"草根卡里斯马人物"。我们在两个中国村庄进行调查，一个在内地，另一个在台湾，我们主要做了四个卡里斯马人物的研究（Feuchtwang and Wang，2001）。他们都不是普通人，不是常人，他们是"人物"，他们有某种卡里斯马权威。但是，但这并不意味着他们能够不顾及他们所处的环境行事，这些环境之一是清王朝、日本殖民政府、民国和中华人民共和国的官僚机构；另一个是仪式性文化系统——庙宇、节庆、祖先崇拜、礼物交换、邻里间的相互走访等等，这些因素在一个相当长的历史时期中定义了他们的生活。除开所有这些，这些个人还在一种我不敢贸然分析的哲学环境中工作。用中国哲学家冯友兰的话来说，这个哲学环境构成了"人生境界"的"存在"和"转变"。这些"人生境界"包含了"自然境界"、"功利境界"、"道德境界"和"天地境界"。这些调查对象没有一个人停留在"自然境界"和"功利境界"。虽然他们在追求境界时被历史"限定"，但是他们追求道德和宇宙层次上更高境界的存在和转变。通过这样做，他们变成了"人物"，成了包容更大的社会宇宙论下的宇宙人类容器。

新儒学哲学家钱穆曾经说，在中国古代根本没有社会一谈，只有关于人的社会分类：帝、王、将、相、士、农、工、商。这能被看成是一个帝国的官僚体制和社会阶层的结合。这种以官僚机构和社会阶层定义"阶级结构"的方式应该受到更多的重视。我认为，这又是对人的定义。就像一个"草根卡里斯马人物"，皇帝也生活在几个"环境"的混合之中，他也必须去理解它们、包容它们，让他自己成为一个包含各个部分的整体和一个更大整体的一部分，在境界哲学中把自己培养成"大人物"。关于这种"人物"的人类学将会和关注继嗣群体、交换圈、种姓和权力的人类学大为不同。

MR：在人类学争论中，这些"人物"的观念怎样与物质的和表征的世界联系起来？古埃及法老拥有何露斯神的物质性的身体，并且作为地狱之神的活的化身主持奥西里斯（Osiris）的崇拜。这种情况似乎也适合中国？

WMM：中文里"伟人"的概念是由汉武帝的谋臣司马相如提出来的，这个概念实际上也包含了"象征性世界"的诸多方面。君主，即天子，在理想上他自身就应该容纳整个世界，或者说他自身就是一个微型的宇宙。中国的君主制和埃及的法老制并不是那么不同，它们之间有一些相似之处，都依照了一样的观念，即伟人的生命和世界的生命是相等的。但是，我们在了解了古埃及和华夏的这种观念之后，应该将所有的人都看成这样的容器和微型宇宙。毕竟，君主和法老都不是常人，是特殊的"人物"。另外一点是说在中华帝国里，"大人"的理想形态是由许多像司马相如的智者们发展出来的。司马相如引经据典，而他引的那些经典早在武帝称霸之前就业已存在。因此，我们可以想象，武帝就是被他的谋臣"训练"成了一位合适的皇帝。我对埃及知之有限，不能断言在古埃及也有类似的谋臣。但已谈到的内容已能充分说明一个问题，即对"象征的世界"进行进一步的人类学探讨时，我们应该更多看到关于人的"地方性区分"。在不同的地方性知识中，人象征世界的能力有不同的理解。同时，我们还应该更多关注研究"巫师"、仪式主持人和"地方"思想家的社会学。显然这些人在宇宙观的形成中起到了举足轻重的作用。

MR：这样一来你必然又会论及古代中国和现代中国是一张无缝的网。就没有现代性吗？除了说个人主义是别的什么，难道不能说它也是长时段（a longue duree）的产物吗？

WMM：20 世纪中国人对待文化的态度有破坏性，因而被广泛地认为是对过去的"激进"反叛。这种主张和说明足以证明中国的"过度现代化"。中国确有现代性；但显然这个现代性被"地方性"地理解为文化复兴工程。这就说明我们在研究"现代性"时，应该将其同时视为一种反叛和复兴，而且我们应该记住，这样的对立实际古已有之。

关于个人主义的另外说法，我能说的也只是对莫斯和杜蒙的重复。不过我想补充强调一点，即关于文明和人观的不同视角之间的关联性。

SF：华夏文明也许是一个物之间或者说人和物之间的诸关系文明体，但这个文明进程也确实对环境造成了巨大的破坏……

WMM：的确是这样。

在这里两个东西值得一提，一是在一些中国山水画和中国哲学思想中，自然主义成为一种吊诡的杂糅；二是中国式文明理论中的人类中心说。有些艺术史学家在看一些山水画时，发现人物在整个环境中显得很次要。于是他们很快就得出结论，说这是一种友善的世界观。有些思想家在读到先哲们的著述时，在其中看到古人有某些自然主义的哲学思想，就下结论说这是很伟大的。像这些关于人与物之间关系的概念是杂糅的，它的破坏性却未被提及。

如果我们从语文学上来探究自我和他者这两个概念的来源，会发现两者的汉字分别是"己"和"它"。"己"（self）的字形像人的胃；"它"（other）的字形像房顶下的一条蛇，蛇已经进了房子。这两者都是要吃东西的。胃吃的是烹饪的食物，蛇则是囫囵吞物。帝国就像胃一样吃东西。伟人亦是海纳百川；文明将自身延展到吃他者，并吃掉可怖之物，包括"野蛮人"和野生动植物。

古代中国其实有启蒙性的智慧。我们的祖先把君王看做一个包纳一切容器，把他们自己看做各式的大量关系。我觉得这样定义的君权是优美而富有"自然主义"意味的。在中国哲学思想中还有一种"物我不分"的传统。说起来，这比主客二分的哲学要好，因为后者会成为一种人类中心主义的世界观。

我认为这样的思想难能可贵。而且我也写过文章，将它们和现代以及后现代的主-客关系视角进行比较（王铭铭，2006）。但我想我们要做一些不一样的研究，即揭示华夏宇宙观的另外的面相——其破坏性。

让我们本着这一目的来看一看。你们都知道，从峻岭高原的藏区到平原腹地的四川，会逐渐看到越来越多的因为发展而造成的破坏。而这种破坏传统上就有。过去，比如说唐代，朝廷和富贵人家就在"偏远"地区砍伐林木，以修建标致的宫殿和房屋。20世纪50年代，我们的政府要修铁路，也开始毁林。现在沿着道路两旁，能看到各种各样的大坝和工厂。但我看藏人还保持了他们敬畏圣地的传统；而汉人却没有。为什么会是这样？现代的政治经济学可以提供一部分解释；但也许还有文化的原因。因为汉人没有主客二者的区分。所以也就没有绝对他者的概念，不管这个绝对他者是神还是大自然。

SF：我感觉你有一个单数的文明概念，而不是像我和罗兰，为了比较研究的目的去追求一个文明的概念。

WMM：你们在北京、大理和泉州共作了十场关于文明的讲座，其中实际上有两种处理文明的方式。你和迈克的处理方式是不同的。你关注的似乎是帝国时代华夏文化中的中心和边缘化政治。迈克则似乎更多受到另外一种影响，即莫斯对文明、身体技艺和技术的民族学式论述。这些作品最近刚刚才被译成英文。迈克对文明的研究更多从被定义为"物质文化"的角度出发，或者说是一种由物来表达认同和关系的视角。大家都公认你们二位试图超越一般意义的社会人类学。这种社会人类学束缚了我们这个学科的竞争力。

我从二位身上学到很多，但实际上对"文明"一词也有我自己的思考。这又涉及我之前的观点，即在研究像欧洲、伊斯兰世界、印度和中国这样的"文明"时，诸如"社会"、"文化"、"民族"之类的社会科学概念作为"研究单位"是不完备的。在我看来，文明从来就是超社会的，超民族的，而且是"文化多元的"。因此我们不能把文明看成一个民族的、社会的和政治经济的单位。

MR：确实如此，我尤其赞成莫斯的观点。他认为很多文明在"以前"就出现，而且为某些中心/等级制度，甚至一些社会的出现奠定了基础。

WMM：但把文明这一概念运用到具体研究中时，我发现它在概念上是自相矛盾的。

有些人认为，文明有不可化约的道德成分。例如，在弗洛伊德和埃利亚斯的书中，文明是被用来描述一种约束的规范和对他人的尊重。尽管弗洛伊德有一种历史的眼光，而埃利亚斯则把文明的进程囿于封建末期和后封建时代的欧洲。列维-斯特劳斯则像我所观察的那样，在不同的地方把文明指涉为不同的进程。有时，他用这一概念指类似于弗洛伊德和埃利亚斯试图揭示的精神-心智动力，尤其是他将各种神话间互相关联的系统与此相联系；然后，他又在研究源于新石器时代的现代文化的破坏性时运用这一概念。他后期的文明概念更类似于一种广为人知的观点，即对扩张的超社会体系的政治经济学之批判——尤其是指在列维-斯特劳斯看来是一种破坏性的文明的现代性的扩张性世界体系。事实上，在人类学中，确有一种文明的人类学。它就跟列维-斯特劳斯的后期思想有关。举个例子，本纳德·科恩（Bernard Cohen）的文明的人类学就是研究与英国殖民主义密切相关的印度文化的学习和觉醒。这一类对于文明的研究含有传播主义的因素；不同之处在于，如果说这种文明的人类学有历史维度的话，也只是因为它本身就是世界近代史。

在《帝国与地方世界》（Wang，2009）中，我比较了明朝和近代欧洲的文明进程。我的观点参照了埃利亚斯的宫廷社会和礼仪，以及被明代君主用来推崇汉化的知识分子的宇宙观知识。但这只是摒弃了以往对中华帝国的社会学式的历史叙述。那种叙述并没有抓住世界一词的意涵，或者说没有抓住中国历史上一直盛行的普世主义。

文明对我来说并非一直是单数的。但它的确一定是关于如何生活和在这个世界上我们为何的一种普遍观念。

但有时候我常常想，只有当文明指的是"人类学"本身的时候，它才是单数的。这里的人类学并非是严格意义上的人类学。欧洲书写的人类学历史或许可以追溯到希腊时期的历史学家，像希罗多德、修昔底德或者赫拉克利德，以及随后的记述者。他们记录了他们自己和他者在文明中心之外的旅行。阿拉伯文明同样有它的旅者。我的一些书中对天的探讨说明中华文明亦是如此。

为了比较的目的，不管我们可能发展出何种在分析意义上的文明概念，或许都能从中国的记载找到一种人文的观念，并以此界定一种关于文明的比较概念。这一人文观不仅意指面对他者时的一种人类学，而且以这种方式挑战人类学，并对其提出了类似的要求。

19 世纪民族学的一个逻辑前提就是人类在精神上是一致的，这一点我很赞同。同时我想通过中国的民族志材料、档案和考古学，考察其在历史上的体现。同样，从不断增加的中国文本和考古材料，以及田野民族志中，我们能推断出用不同的地方话语表达的思维模式。它们由不同的物质文化所表达。

但更重要的可能还不是这个，而是我们应该努力重视一种另类的人类学，一种不同于福柯称为"人文科学"的人类学。"人文科学"不承认人类和世界的混融，因而也就是说世界是以"人类"为中心的。我所寻求的人类学是介于人和物的类别之间。这种人类学拒绝接受绝对性分类的完美论述，而是关于人和物命名的反思性的"混融"。它在著述历史的许多经典中有其源头，但我们还应该对其进行物的哲学和物的流动史的综合（王铭铭，2006）。也就是说这样的人类学在古代中国对世界的书写中也许早已存在。它并没有一种社会性的局限，是超社会的和超社会性的，因而不是"人文科学"。

我们可以以将其称为文明。尽管文明的意涵可以指"宫廷社会"的辐射性文化，"礼仪"的辐射性文化，或者任何让我们"民族化"或"社会化"的东西。它是一种自然界中的智慧领域，是对自然的超越。因此也是诸文化的文化，诸系统的系统，一种介于人和天之间的境界。

文明的道德成分是一种良知，这有别于涂尔干学说的论述。它不是一种理想的团结、道德、社会正义和福祉，而是一种宇宙观，一个人类作为构成要素在其中的世界，或者用中国先哲们的话说，即"天地人界"。这一境界通过精神的文明（Intellectual Civilisation）传承至今。在古代中国，一些朝代的君主也要学习这种思想。

当然，文明作为一种认识论的伦理可以被认为是单数的，但这一点要我们通过对不同文明进行比较研究才得以成立。正因为如此，文明亦是复数的。而且就像我说过的，文明还是自我批判的。

MR：那么你认为何谓历史的？你是指不仅是本纳德·科恩说的"近代世界史"，而应该是一个更长时段和更超社会的历史，对吗？

WMM：我并不是完全反对科恩。他以印度为中心，研究文明的

"近代世界史",毕竟是很精道地分析了一个"弱势"的文明如何从一个扩张的帝国那里借入文化要素,从而将自身养育(Nurture)成与后者不同的文明。我想说的只是文明的人类学应该包括更宽的历史性和宇宙论的范畴。在这个意义上,当代印度"文明"只是人类历史上诸种文明的一种。它确实是一个很好的案例,那也仅仅是因为它更晚近,因而便于更细致地研究。从这个例子我们看到一种处理自我-他者关系的方式。这种方式对现时代来说并非是完全独特的。它对文化的承继同时具有建设性和破坏性。许多批判性的人类学家们往往只强调一方面,即英国在印度的殖民即便被很多印度人接受了,但仍然破坏了印度的传统。另一方面,这种殖民主义还是"殖民的现代性",它复兴了印度文化,诸如等级秩序和社会正义,这似乎是确有其事的。因此它也就不知何故地具有了"建设性"。人类学家提倡尊重他者。印度的近代文明进程也是对他者的一种尊重,这一点我们应该记住。尽管有人称之为"殖民的现代性"。这两种尊重有区别的,或许是因为人类学家提倡的尊重的条件是自我处在一个更高的位置,或者说一个在政治、经济和意识形态上更为优越的位置。近代,印度人比起英国人是没有优势可言的。因此我们在理解他们对他者的尊重时,将其视为一种不幸,并一直试图藉此来洞察"殖民的现代性"的命运,或者说一种后殖民命运。我认为我们应该将这里的位置相对化。这样做的一个可取之径就是把文明看成一种处理诸多自我-他者关系的方式,并把它纳入到一个更长时段的历史中去。一旦如此,我们就会意识到一个更加"超社会的历史"在那里。跟中华帝国一样,印度也是一个文明的世界。它也一直在受到"他者文化"的影响,同时一直在影响着其他的文明。至少汉代以降的中华文明就深受印度的影响。我们的祖先认为印度之行就是朝圣之旅,是去西天"取经"。转而说如果我们今天到了印度,会看到当代西方的建筑,品尝到西餐,观赏到西方的运动和享受到西式服务;不仅如此,我们还会在印度文化遗产中看到大量的罗马、意大利和阿拉伯元素。关注"当代世界体系"的历史学家和人类学家们并非完全没有看到在印度和中国的"他者文化"中,这些古老元素之间是相互关联的;他们只是从理论上考察历史的时候,完全忽略了这些关联性。当然,他们用了更好说的方式,认为当代世界体系是一个从外部进行区分的世界,或者说是一个由诸民族构成的政治经济世界;像印度这样的国家就成了内部有区分的"社会"。那么,是否可以认为,通过对更长时段历史和更超越社会视角的强调,我们批判了文明的人类学中欧洲中心主义的一种新的表达方式？我认为是可以的。

MR：我猜这也是布罗代尔、梅洛·庞蒂和韦伯主要谈的——在他们看来，文明是某种型构这个世界的方式，即某种对待他者、自然、时间和死亡的方法。梅洛·庞蒂在《知觉现象学》第十八卷里说过，外向性的性格被驯化了。

WMM：我也这么认为。但这些所有的东西能给人类学补充什么呢？或许这表明我们应对文明予以重视。毕竟我们对其关注不够，对中国历史也没有一个正确的认识。

SF：但你确实要处理这个当代世界体系。它的国家和政治经济，以及在中国转型中所起的作用。不是吗？中国的这种转型是西化吗？

WMM：正如我在《西方作为他者》（王铭铭，2007）中所说的，西化确是事实，但它也只是历史中的一个片段。中国把西方作为文明的"圣地"，向其借鉴的历史很悠久。在非洲的仪式中，那种具有侵略性的，野生的，在外部而不可见的力量通过仪式转化为可见的力量。这在典型的中国仪式中也有，跟西边的山、水和其他东西有关。对秦始皇来说，这种力量就是东边求不死之药的小岛。西边是西王母，或者无生老母的居所。她被描述成骑着老虎的形象，她自身就是终极的源头。后来，西方又变成佛教经典的来源地。但大多数情况下，它是不可直接到达的，更常见的是，在从中央到山林的一系列边界、溪水、河流与道路上遍布着恶魔与鬼怪，其情形恰如文明的梯度以更小的尺度重现于文明与王国的边界地区。西化作为现代化进程，是发生在很长的中国西方主义的历史中。（王铭铭，2007）

现代性和革命都被我称为"新鲜事物拜物教"，是一种对新事物的崇拜。但就像19世纪末和20世纪的改良主义者梁启超、王国维等人指出的那样，其实就连翻译revolution的"革命"一词都能追溯到周代的文本中。当然这个词是用来指周期性变化，朝代更迭。每个朝代的纪年系统都从元年开始，同时也是世俗的时间。一朝的君主就把自己排在开国先帝之后的皇帝序列中，通过仪式来祭拜他们。梁启超提倡改良，反对一种弃古的妄想，反对国民党和毛泽东时代的共产党政体让历史重新开始的做法。毛泽东之后的政权近来才建立一种和平渐进的继任制，一种不是骤然重新洗牌的政治。

大胆地说，我认为这样的西化是很暧昧的。一方面，中国共产党排斥帝国主义的西方；但不管过去还是现在，这种排斥又要依赖基督教式的殉道精神和清教主义概念，同时也要依赖西方政治制度的主权观念。对他者的排斥是基于对他者的接受；民族主义是基于去民族化的文化帝国主义。实际上就这么回事。

由蒸汽驱动的军事力量打破了贸易壁垒，还有工业化生产的商品，都对中华帝国及其政治经济造成了巨大影响。欧文·拉铁摩尔（Owen Lattimore）持续对北方边疆进行研究，他认为游牧经济和农耕经济之间的持久分离和相互依赖只能靠工业化来解决，这也是他给蒋介石（中国国民党的领导）的建议。

礼仪文明由于野蛮人的入侵而焕发活力，但它不能处理工业化的问题。但现在来看另一个层面：中国的工业化经济为了从全球经济危机的影响中恢复，国家上马很多项目进行巨额开销。这种抽取税收的国家阶层职能类似于帝国通过礼仪经济收取贡赋。帝国的经济关系确实靠的是礼物和宴会，靠浪费型的花销。同样的，我关注的是文明，是各种关系的伦理，包括一个国家中关系和国家消费的伦理，以及这伦理如何使一个别样的政治经济体成为可能，尽管这一政治经济体仍是世界体系的一部分。

MR：你强调了"你中有我，我中有你"中含蓄的混融观念。但你是否想把它强调为华夏文明的一般特征，并与天下观念之下对杂糅的接受相关联？

WMM：之前我说过，我一直在试图研究中间地带。民国的民族学家和当代美国的历史学家及人类学家都曾把这些地带作为"边界"来研究。我想说的是它们并非是"边界"，而是处在中间的区域。不同的文明渗透其中，相互影响。表面上这些地带有詹姆斯·斯科特称为山地人（Zomia）的特征，即这里是文明难以攀爬之山。但如果我们有更多历史性思考的话，如果我们考虑像利奇描述的中印之间的广阔地带，以及我们考察的藏彝走廊，很快就会发现一个事实：尽管在这些地方人们能逃避帝国的统治，但这里也同时是朝贡和走私贸易的通道，或者更确切地说是布满了这样的通道。茶马古道即是如此。这些路还可区分成"官道"和"私道"。"官道"是由朝廷及其军队铺设和维护的，服务于帝国的仪式、经济和政治目的——包括帝国的扩张和边界的维持。"私道"的历史明显比帝国还要久远。它们的作用是在文明、社会和地区之间"互通有无"（交换我们有而他们没有的和我们没有而他们有的）。为什么我要研究这些地方呢？理由很简单：它们是混融的典范。

　　我寻求在藏彝走廊地带创造一种政治学和文化间的关系的民族学。我认为这种民族学有其重要性。因为它批判了那种颇为盛行的观念，即"旧社会"曾经是与世隔绝的，是被欧洲打开的。其次，其重要性还在于，它是使社会科学在理论上向历史开放的一种努力。什么意思呢？让我先说一些具体的事情。明朝晚期，有些耶稣会传教士成为帝国朝廷的大臣，极受中国士大夫们和皇帝的尊敬。可以对这种现象下结论为这些人很成功地"进入中国"，但我想还有更值得思考的东西：有没有欧洲人成为人民共和国的部长呢？我想了想，最近似的一个例子就是大卫·柯鲁克。他参加了十里店的共产主义群众运动，后来成为北京的外语学院创始人之一。他没有成为外交部的部长或副部长。这不只是说古代中国比现代要开放；而是表明我们不应该固守最有影响的进化主义——以新换旧，由封闭到开放的线性历史叙述。可以说这种叙述在所谓的"全球化"时代形成了风潮。

　　"全球化"的概念假设了一种历史性叙述，即把"此前"表述成隔绝的、地方的、社会的和民族的；把"当下"表述成相互关联的、超地方的、超社会的和"跨民族的"。这是一种最糟糕的进化主义，是一种与自由经济相关的未来主义。它使人们把自己的过去想象得很狭隘，包括思想上的狭隘。很不幸，它主导人类学已经有一段时间了。这些都让我感到很困窘。单看全球这个概念的来源，我们很容易在中文的文档中找到其谱系，早在明朝晚期，耶稣会士就将这个概念介绍给中国的皇帝。此前，皇帝都认为地球是一块方形陆地，四周环海，天似穹庐。"全球化"概念负担的使命和传教士的类似。这并非无关紧要，更严重的问题是这个概念局限了社会科学的历史想象力。

　　"全球化"开始于1990年代。从那以后，无数的中国社会科学家接受了全球化的线性历史，并反复将其应用到现实中去。大多数中国人类学家亦是如此。他们去"偏远之地"呆几天，回来就带着数据，证明当地人已经"全球化"了，因为当地人有卫星电视，有旅游业……更糟糕的是有些描述转型的田野民族志，记述从毛派的专制统治和孤立主义转型到邓派的"开放门户"政策，以及农民的抵制或适应。可见，"留守国内"和呆在国外的这些中国人类学家共同创造了关于"全球化"的种种臆想。

　　如果这就是人类学的话，那么人类学也就只是对历史的一种误读罢了。

天下观对我来说意义非凡。因为通过重回天下观，我变得很"反动"。我要"消极批评"人类学中某些显然错误却又颇为滥俗的时髦风尚。天下观给了我很大的历史空间去想象数千年以来人与人之间、地方之间、文化之间，以及超社会的互动、交换和混融一直是人们生活的常态。如果有一种"历史的负担"，那也是我们亲手加上的重量。

但如果天下观仅仅是这样一个意识形态的回应，我就得承认它是虚的。但通过天下观及其包含的混融观念，我还在找一种新的比较民族学和宇宙观。你和傅稻镰（Dorian Fuller）在我们的杂志《中国人类学评论》上联合发表的那篇文章很有意思。你们的研究考察了西方、东方和南亚的物质及宗教传统。这个研究很精彩，它让我们看到了欧亚大陆上两个各具特色的地区之间基于长时段的深度比较。你们的结论是，在东亚，糯米与祖先间的关联体（Nexus）被食物供应方式拉得更紧密了，这里的食物是在家庭群体间分配的，而西亚和北印度的关联体，在对更加遥远的神的献祭仪式中，通过烘烤肉、面包等物质性食物产生的气味/烟构成了给神的贡献，这两种关联体间存在着差异。在承认变化的基础上，你们进而强调了这两大文化地带之间持续性的差异。这种差异性意味着什么？你们的结论是，人际间的污染问题更固有地存在于这种以面包为食和超家族性（Extra-familial）的体制中，而在东亚的文明中则不然。我不知道你们是否在暗示要比较超家庭的君权与王权与家族式的、关系的礼仪。但我觉得你们提出的印欧和华夏的边界线很精彩。这条线和杜美齐尔划分的印欧神话和其他关联体之间的线是基本一样的。这也是杜美齐尔的老师葛兰言关注的问题。葛兰言提取理论的关联体我想可以称为"天下"。葛兰言的出发点是反思后来杜美齐尔所谓的罗马的印欧传统。这个古老的三合一整体使得社会和政治秩序可以通过"超家族的"、"超关系外"，以及"君主-法律体系"（Sovereign-Legal system）的方式得以延续。如果谈到区域人类学中的"理想型"，那么这也算其中之一，但不是唯一。正如葛兰言指出的，在华夏世界里另一种"理想型"也成立。我想你们称这里的华夏世界为"地区"。这个文明植根于自身所处的相互渗透又彼此关联的各种连接（In-between ties）中：家庭与家庭之间，群体与群体之间，聚落与聚落之间，以及人和自然之间。这些连接点就是有神圣性的山川、森林、农田，以及其中的人类互动。我将其称之为关系或混融地带，里面的人和物之间是"你中有我，我中有你"。你说得很精辟，他们就是互相"粘着的"（Sticky）。

"天下"还意味着仅仅有比较是不够的；"天下"是指"普天之下"，即"各类型的类型"。具体地说，在华夏世界，不同的理想型是共存的（Copresent）；"中国"一直就是各种文化的混融，一直都是一个超社会的帝国。这个帝国同时有封建和中央集权的特点，同时有关系的和"君权-法律"的体系。

SF：本纳德·科恩说的印度也是如此。不只是天下，所有文明都是一种各类型的类型。那么除了你已经谈过的"人物"之外，天下有什么独到之处呢？

WMM：如果天下观的价值仅限于我们对中国独特性的理解，那它就没什么不寻常的。这种观念本身只是一个例子。当然，你可能在印度找到与之相对应的说法。其实即便是小部落也有类似的观念。比如许多中国的历史学家都描述过地处西南的一个叫夜郎的小国家，夜郎国的人都认为他们的天下比汉代的天下要大。这让汉武帝很惊讶，但我并不觉得意外。人类学家看所有的"微观宇宙论"都是"宏观的"。我们的研究也不例外。我们只不过在试图找更好的例子。我认为，中国就是更好的例子之一。

法律史学家们曾用一个老话，即"以礼入法"来描述这种类型。但天下的意涵不止于此，还意味着包括华夏世界的诸多民族的中国不是一个单一民族国家。里面还有明显的印欧遗产因素，西藏就是最好的例证。因此，研究诸如藏彝走廊之类的混融地带就变得很重要。此类研究阐明了天下这种类型的"混沌"，里面有烤面包和糯米的混合，亲属制度和君主制度的混合，法律和关系的混合，以及"纯粹"和"混杂"的混合。

参考书目

Feuchtwang, Stephan and Wang Mingming, *Grassroots Charisma: Four Local Leaders in China*. London: Routlegde.

Feuchtwang, Stephan 2006, "Between civilisations: One side of a dialogue", in *Social Identities*, 12: 1 pp. 79~94.

王铭铭：《社会人类学与中国研究》，三联出版社，1997年。

王铭铭：《逝去的繁荣：一座老城的历史人类学考察》，浙江人民出版社，1999年。

王铭铭：《西学"中国化"的历史困境》，广西师范大学出版社，2005 年。

王铭铭：《心与物游》，桂林：广西师范大学出版社，2006 年。

王铭铭：《经验、历史与心态：历史，世界想象与社会》，广西师范大学出版社，2007 年。

王铭铭：《西方作为他者：论中国"西方"的谱系及其意义》，世界图书出版公司，2007 年。

王铭铭：《中间圈："藏彝走廊"与人类学的再构思》，社会科学文献出版社，2008 年。

Wang Mingming, 2009 *Empire and Local Worlds：a Chinese Model for Long-Term Historical Anthropology*. Walnut Creek, California：Left Coast Press.

台湾社会的历史记忆与群体认同

陈孔立[*]

一、历史记忆与群体认同

历史记忆对群体认同的影响，在今日台湾已经得到充分的验证。近十几年来，在李登辉、陈水扁执政下，推行"去中国化"的"台湾民族主义"教育，制造新的历史记忆，在建构台湾所谓"国族认同"上发挥了相当大的作用，不能不引起人们的重视。

所谓历史记忆是集体记忆的一种，它是一个社会群体的集体记忆中以这个群体所认定的"历史"而在群体成员中普遍流传的对往事的记忆。[②]

所谓群体认同是指个人与群体的关系，也就是身份认同，回答"我是谁？我属于哪个群体？"的问题。群体包括血缘关系的家庭、家族、宗族、民族、种族；地缘关系的村、乡、县、市以及亚洲、东方等；法律关系的如国家、国际组织等。个人通过群体认同，把自己定位在某一群体之中，并产生"归属感"，视这个群体为"自我"，而视群体之外为"他者"。

历史记忆与群体认同有密切关系，集体记忆是集体认同的前提，历史记忆也就成为群体认同的前提之一。

根据哈布瓦赫（Maurice Halbwachs）、格雷塞（Alfred Grosser）

---

[*] 作者单位：厦门大学台湾研究中心、台湾研究院。

[②] 王明珂：《历史事实、历史记忆与历史心性》，见《历史研究》2001 年第 5 期。

以及亨廷顿（Samuel Huntington）等人的相关研究，① 笔者认为有关历史记忆及其与群体认同之间的关系，有以下几个要点值得重视：

第一，历史记忆不等于历史事实。历史记忆是一种社会性的建构，是由社会群体共同建构出来的。《论集体记忆》一书的作者哈布瓦赫指出："集体记忆不是一个既定的概念，而是一种社会建构的过程，""尽管我们确信自己的记忆是精确无误的，但社会却不时地要求人们不能只在思想中再现以前的事件，而要润饰它们、削减它们或完善它们，乃至赋予它们一种现实所不曾拥有的魅力。"②

第二，每一个社会群体都有其集体记忆，社会群体依靠这种集体记忆得到凝聚和延续。哈布瓦赫指出："只要在构成社会的个体与群体之间保持观点上充分的统一性，社会就可生存。"③ 此外，"疆域"、"边界"对于身份认同也起了重要作用。《身份认同的困境》一书的作者格雷塞指出："疆域、边界的界定往往能够产生身份认同。获得共同治理、接受共同教育、参与或应对相同的权力中心，单单这一事实便超越了共同归属的表象，产生并强化着一种共同身份的情感。"④

第三，集体记忆的一个重要功能就是重构过去，满足当今的精神需要。在建构历史记忆时，群体往往有意强化某些记忆，或淡化某些记忆，以致"歪曲了过去"，这意味着在建构"历史的记忆"的同时，也制造了"历史的失忆"。哈布瓦赫指出，各个群体往往不断地"重构其过去"，"在重构过去的行动中，这些群体往往同时也将过去歪曲了"。他又说："社会往往要消除可能导致个体彼此分离、群体互相疏远的记忆。"这是社会需要重整记忆的原因。那些有负面影响的、令人难堪的、需要强迫自己遗忘的历史，都不应当成为这个群体的历史记忆。换句话说，群体建构历史记忆往往立足于当下，群体会"根据他们的信仰和愿望对这些事件进行重构"⑤。

第四，一个群体的历史记忆要通过"书写记录"、照片、纪念活动、法定节日等手段得到存续。格雷塞也说："集体记忆通过家庭、阶层、

① 主要著作有哈布瓦赫：《论集体记忆》，世纪出版集团，2002 年；格雷塞：《身份认同的困境》，社会科学文献出版社，2010 年；亨廷顿：《谁是美国人？美国国民特性面临的挑战》，新华出版社，2010 年。

② 哈布瓦赫：《论集体记忆》，世纪出版集团，2002 年，第 91 页。

③ 哈布瓦赫：《论集体记忆》，世纪出版集团，2002 年，第 303 页。

④ 格雷塞：《身份认同的困境》，社会科学文献出版社，2010 年，第 12 页。

⑤ 哈布瓦赫：《论集体记忆》，第 303、304、321 页。

学校和媒体来传承。"但是，集体记忆也往往被媒体所歪曲，媒体"经常扭曲过去和现在的事实，其目的在于加强读者、听众和观众的归属感"①。

第五，身份认同是可以改变的。格罗塞指出："随着时光流逝，所有的身份都可以改变，特别是当身份是集体性的时候，特别是当身份是根据由类别和群体来界定的时候。"②

第六，认同（Identity）的意思是"一个人或一个群体的自我认识，它是自我意识的产物——我或我们有什么特别的素质而使得我不同于你，或我们不同于他们"③，而国家认同是高层次的群体认同，它不同于一般的血缘、地缘关系的认同，而是人们对自己的国家成员的政治身份的承认与接受而产生的归属感。

以上几个要点对于研究台湾的历史记忆与群体认同具有重要的参考价值。

二、台湾社会的历史记忆

（一）已经存在的历史记忆

各个时代会有不同的历史记忆，但有些历史记忆是长期形成的，成为社会公认的历史记忆。在台湾，至少有以下一些基于历史事实的历史记忆一直延续至今，谁也无法否定：台湾人的祖先主要来自福建、广东；历史上开发台湾的主要力量是从福建、广东来的移民，即使在荷据时代，也不例外；荷兰殖民者曾经占领台湾 38 年，当时台湾成为转口贸易的中心；明郑在台湾统治 22 年，设立了府县行政机构，传播了中华文化；清政府统治台湾 212 年，起初设立台湾府，隶属于福建省，后来设立台湾省，与福建分治；日本在台湾实行殖民统治 50 年；1945 年日本投降，台湾归还中国。

1949 年以后，国民党政权在台湾进行的历史教育，以中国历史为中心，台湾史只是作为地方史，受到"忽视"和"鄙视"。有人指出："在戒严体制下，反共与中国教育笼罩一切，台湾史被视为旁流、支流，甚至认为台湾史的了解会激发本土认同，造成分离思想；或认为台湾史

---

① 格雷塞：《身份认同的困境》，第 34、7 页。
② 格雷塞：《身份认同的困境》，第 34、10 页。
③ 亨廷顿：《谁是美国人？美国国民特性面临的挑战》，第 17 页。

时间太短，比不上中国史的源远流长，不值得研究。因执政当局忽视、鄙视台湾史，使得教科书撰写时，台湾史被忽略，制订文化政策时，总是好高骛远，忽略台湾土地的声音。想象中国，忘却台湾，是昔日常态，因此台湾史研究者受到排斥也就习以为常。"① 当时所留下的历史记忆，主要是强调"台湾历史与中国历史的关联"，强调"中华民国"的正统地位，强调"中国史是正统，台湾史是边缘"，国民党统治时期所建构的就是这样一种历史记忆。②

（二）正在建构的历史记忆和正在制造的历史失忆

但是，自从1971年中华人民共和国政府成为全中国唯一合法的政府进入联合国，特别是1979年中美建交之后，国际公认的中国是中华人民共和国，而不是"中华民国"，于是台湾民众对国民党政权长期进行的所谓"正统"的历史教育产生怀疑，人们要求重新认识台湾与"中国"的关系、重新认识台湾的历史。现实环境的变化，似乎给重构历史记忆创造了机会。在这种情况下，有些人通过"解构"国民党政权所建构的历史记忆，"重构"新的历史记忆。台湾学者王明珂称："台湾近年来对中国的逐渐失忆，以及重塑本土历史记忆的风气相当明显；""历史失忆与重建历史记忆成为台湾人试图脱离中国、建立本土认同的工具。"③ 为此，有人提出了许多与过去的历史教育完全不同的看法，制造了许多与以往完全不同的历史记忆，大体上可以概括为以下几个方面：

1. "台湾民族论"：他们提出早期居住在台湾的不是汉人，而是来自南岛的原住民。早期来台的汉人，都是单身男子，他们娶原住民女子为妻，所以"有唐山公，无唐山妈"。台湾人大多数都有原住民的血统，有人甚至说"85％的台湾人都带有台湾原住民（或东南亚族群）的基因"④，与中国人是不同的民族。

2. "海洋文化论"：他们指出，台湾属于"海洋文化"，从荷兰统治

---

① 张炎宪：《台湾历史发展的特色》，http://www.twcenter.org.tw/a05/a05_01_05.htm。

② 张隆志：《当代台湾史学史论纲》，台湾《台湾史研究》，2009年12月；陈芳明：《台湾研究与后殖民史观》，台湾《历史月刊》，1996年10月号。

③ 王明珂：《台湾与中国的历史记忆与失忆》，台湾《历史月刊》，1996年10月号。

④ 李筱峰专栏：《呼应林著：我们流着不同的血液》，《自由时报》，2010年7月4日。

时期就已经使台湾脱离中国历史轨道，脱离"大陆封建经济圈"，提前三百年加入海洋文化体系。台湾开辟为通商口岸后，体现海洋风格，再度被纳入世界贸易体系中。台湾是海洋文化，求变求新，大陆是大陆文化，封闭保守。二者是两种完全不同的文化。

3. "台湾民族主义"：先是有人提出，台湾人是大海之子，而不是"炎黄子孙"或"龙的传人"。台湾民族主义把国民党政权视为外来政权，是"非台湾人"势力的化身，并把外省人视为阻碍台湾社会本土化的"他者"。后来有人提出，台湾人是"知道的比别人多，活动力比别人强"的新兴民族，并把1945年以后进入台湾的"新住民"也包容在内。20世纪90年代之后，台湾民族主义把外省人纳入"命运共同体"，给予"台湾人"的身份，而把中国大陆视为"他者"。

4. "台湾自古不是中国领土"：他们主张荷兰人入台是台湾历史的开端。荷兰占领台湾时，台湾不是中国领土，郑成功赶走荷兰，也是"占领"台湾而不是"收复"台湾。台湾汉人祖先来到台湾是为了"放弃中国"，移民与大陆断绝了关系。有人主张只要祭祀"开台祖"，而不必顾及"唐山祖"。

5. "台湾人一贯受外来统治"：在17世纪初前后起，汉人由西方、日本人由东北、荷兰人自南部、西班牙人自北部纷纷进入台湾，全是"入侵者"。从荷兰、明郑、清、日本到国民党都是外来政权。荷兰、日本是外来政权，郑氏政权也是外来的，郑经自称东宁建国，这是台湾历史上首次出现汉人建立的独立政权，也是一个十足的外来政权；清朝是外来的满族人当权，在台湾当官的都是大陆人；国民党政权也是外来的。台湾人祖祖辈辈都受到外来政权的统治。

6. 台湾依附于中国大陆的年代是对台湾最不利的时期。日据初，台湾是荒芜之地，是世界上最落后最野蛮的地方。中国是出卖台湾的国家，台湾被祖国出卖。

7. 日本统治有功于台湾。日本将台湾建设成一个东南亚数一数二的地区。日本在台湾实行地方选举，让台湾人初尝自治之味，台湾生活水准急速提高。日本并没有把台湾归还中国，台湾地位未定。台湾光复使台湾倒退30～40年。

8. "中华民国"政府是外来政权。"中华民国"是主权独立的国家。台湾是"主权独立的国家"，名字叫"中华民国"。"台湾中国，一边一国"。过去台湾人的"中国认同"是国民党外来政权强加的，应当改变。

9. 中国或中华人民共和国是要"吞并"台湾的敌对国家。

如此等等，无法一一列举。

这些观点似是而非，有意夸大、歪曲、掩盖、抹杀真实的历史。"他们把承认历史上的两岸关系的人，一律斥之为'大中华观念'，斥之为'民族主义'；在他们眼中，这些全是消极的东西，不仅要在现实生活中把它铲除，而且要把它从历史上连根拔掉。"① 应当指出，最早提出上述论点的多是一些政客，他们并不懂得台湾历史，而是出于某种政治目的随意"重构过去，满足当今的精神需要"。但是，却有一些历史学者出自同样的政治目的，愿意为这些错误论点"背书"。有人公然提出："借由共同生活经验的集体历史记忆，转化为兼具有认知、情感、意志、行动的台湾意识，作为缔建名实相符台湾国家的支柱。""重构台湾史观，并非是文字记录的静态改写，而是整个社会心灵的动态改造。"对于这些错误的观点，我们做过一些有针对性的讨论，给予澄清。② 但这项工作十分艰巨，因此，现在我们把它列为重点课题，从历史学的角度继续进行深入的探讨。

三、历史记忆的建构

上述错误的历史记忆是怎样被建构起来的？

首先，在国民党统治下的历史教育，一方面要"肃清日本统治的遗毒"，建构对中国的国家认同，另一方面则要"阐发三民主义及戡乱建国之意义"，树立国民党的正统地位，灌输"反攻大陆"、"三民主义统一中国"的思想。台湾方面研究台湾史的学者回顾了台湾史研究的历程，有人指出，"仇日恨匪教育及宣传在老一辈台湾人中影响不大。但是对于受此教育熏陶的战后新一代福佬与客家人，仇日恨匪以及强调中国人认同的教育却产生很大的影响。在强化'中国人认同'的教育政策下，许多本省年轻人也曾认为，与来自中国核心的外省人相较，台湾人

---

① 陈孔立：《台湾历史与两岸关系》，台湾《历史月刊》，1996 年 10 月号。

② 陈孔立：《日据时期台湾历史的几个问题》，《海峡评论》，第 89 期；《台湾历史的失忆》，《海峡评论》，第 95、96、97 期；《台湾"去中国化"的文化动向》，《台湾研究集刊》，2001 年第 3 期，《海峡评论》，第 128～130 期；陈孔立等：《认识台湾教科书评析》，九洲图书出版社，1999 年；《史明台湾史论的虚构》，人间出版社，1994 年等。

是在中国的边缘，台湾本土文化是粗俗的乡俗，台语是不登大雅的乡音"。① 也有人指出，在国民党"外省人"的统治下，"台湾人丧失自己的历史记忆"。"台湾当然不能是台湾人的台湾，因此台湾人自然不能研究台湾史，因而有当时的学子只知道黄河、长江，从不知台湾有淡水河、浊水溪的怪现象。"很多学生不知道台湾著名的历史人物蒋渭水、杨逵、吴浊流，形成了"中国史是正统，台湾史是边缘"、"大陆中心—台湾边陲"的观点。②

那时民间即使有人研究台湾历史，也多是"由民俗研究台湾史"，或是收集与整理有关台湾史料，或是把台湾史作为中国的地方史进行研究。只有海外出版了史明的《台湾人四百年史》和王育德的《苦闷的台湾》，由于这两本书都是"台独"的观点，在台湾成为禁书。不仅如此，有关"二二八"以及"白色恐怖"的历史，"在官方被视为一种禁忌，连民间也不愿去讨论"。在这种情况下，"台湾史研究风气几乎被压制而不能自由发展"。"1950 年代以来台湾历史研究，基本上等于中国史研究，而台湾史只是中国史的一段尾巴。"有人还指出："台湾人读不到有系统的台湾史，也不知道自己有文学、艺术，台湾人甚至被教育去鄙视自己的信仰文化。他们了解中国甚至比中国人还深入，但对台湾却无所知；台湾人丧失其历史记忆，也丧失自我认同。"③

应当说，国民党的历史教育取得一定的成效，它为台湾民众建构了"认同中国"、"国民党正统"等历史记忆，但却是以"反共"忽视与掩盖台湾历史作为代价，因而也在重构历史记忆的过程中，"歪曲了过去"、"制造了历史的失忆"。

直到"解严"之后，台湾史的研究才开始兴盛起来。过去把"二二八"说成是暴乱、造反，如今人们十分关心"二二八"、"白色恐怖"等

① 王明珂：《过去、集体记忆与族群认同：台湾的族群经验》，见"中研院"近代史所主编：《认同与国家：近代中西历史的比较》，"中研院"近代史所，1994年，第 258 页。

② 陈芳明：《台湾研究与后殖民地史观》，台湾《历史月刊》，1996 年 10 月；李筱峰：《检讨台湾的历史教育》，http://lundian.com/forum/view.shtml? p=PS2006012616020164 82&l=fanti.

③ 参阅许雪姬：《台湾史研究三部曲》，http://www.linkingbooks.com.tw/basic/content_def；张炎宪：《台湾历史发展的特色》，http://www.twcenter.org.tw/a05/a05_01_05.htm；张炎宪：《台湾通史的著作及其意义》，http://mwhistory.myweb.hinet.net/taiwan/taiwan07_07_12htm；杜正胜：《台湾的教育改革与台湾的未来》，http://www.lse.ac.uk/collections/taiwanProgramme.

问题的真相。于是，被国民党当局掩盖起来的历史、被制造的历史失忆，从此走向了它的反面。

有关"二二八事件"的历史在建构新的历史记忆中是一个重要的典型事例。有人写道："我的成长过程中更接受了'白色恐怖'时期那种苍白的反共教育，对于一个外省第二代而言，发现以往的教育认知都是假的。"还有人说："数十年以来，国民政府为了掩饰'二二八'的罪行，以武力和白色恐怖，封存了台湾人的集体记忆，以大中国认同，取代台湾的认同，压抑台湾的主体意识发展。这是我这一世代的悲哀。令我忧心的是属于我自己的这一世代，现今台湾社会的中壮年，成长于封闭的愚民教育体系，受一言堂的大中国意识形态教育；过去没机会认识台湾，现今也不愿承认台湾的主体性。"① 当人们发现国民党当局"掩饰真相、扭曲真相、篡改历史、伪造历史"之后，一些政治人物便利用"二二八"作为选举的工具，制造种种夸大的言论，重构历史记忆，把它说是"外省人杀本省人"、"大陆打压台湾"、"台湾独立运动的开端"；有的说："'二二八'大革命是台湾人反对外来中国人统治者的殖民地解放斗争"；② 有的说：台湾人"因为对历史的认知错误，拥抱外来政权，导致'二二八事件'被屠杀的命运"③。有人甚至捏造"二二八事件"中有几万人被杀的说法，以此煽起省籍族群矛盾，使得国民党无力招架。可以说，国民党当局在建构历史记忆方面受到了一次"惩罚"。

当然，"二二八事件"只是一个事例，实际上李登辉、陈水扁执政时期还极力推动"去中国化"，不断地建构错误的"历史记忆"。他们利用媒体以及文学艺术等手段，刻意塑造台湾民众的"历史记忆"，本文仅就涉及历史方面的内容加以评述。

首先是有关历史教科书的编写。王汎森指出："在政治变革中，历史教科书的编纂者通常做些什么？最重要的，便是在叙述的过程中选定叙述主词所代表的人群：'我们'所代表的是哪些人？'你们'是指哪些人？也就是'我群'与'你群'的划分。这项划分带动历史知识全体内容的改变与评价体系之变化。'我群'与'你群'之分，往往便是'烈

① 叶春娇：《国族认同的转折》，稻乡出版社，2010年，第102页，第242页。
② 史明：《台湾人四百年史》，史明授权在台发行，1980年，第795页。
③ 郑钦仁：《台湾国家论》，前卫出版社，2009年，第162页。

士'与'叛贼'之分。譬如说，从清代到民国，各种忠臣祠祀的名单的变化，属于'我群'的，入祀昭忠祠；属于'你群'的，则成为敌人。"① 在 1997 年编写《认识台湾》教科书时就有人主张"以台湾人的观点写台湾史"，远离"中国的台湾"，中学历史课本把台湾史从中国史中分离出来，许多与大陆有关的历史都被"失忆"了。《95 年高中历史暂行课纲》则把明朝以后的中国史列为世界史。2007 年有人检查了台湾中小学教科书，发现有几千个用词被修改了，主要是把原来"我国"全部改为"中国"，国画、国剧、古人等等则改为中国水墨画、中国京剧、中国古人，而把原来的"台湾"改为"我国"，把两岸改为"两国"。② 这样，通过"去中国化"，以台湾为"我群"，以大陆为"他群"，重构了台湾社会的历史记忆与群体认同。正如一位学者所说的："不同的历史教科书把人们划分成不同的历史世界，而历史知识之不同亦大幅影响了人们的政治认同与政治抉择。"③

台湾出版不少有关台湾历史的著作，其中有的就明白地表示是为了"强化台湾的认同，凝聚台湾命运共同体的意识"，建构"台湾国家认同"，"扬弃原有由大中国意识主宰的社会主流论述，建立以台湾为主体的价值观"。

此外，通过"二二八博物馆"、纪念日、举办专题研讨会以及一些"独"派的媒体的宣传，多方配合，建构上述新的历史记忆。现在台湾至少有 7 座"二二八纪念碑"，通过悲情的历史记忆建构与深化"台湾主体认同"④。1995 年在纪念《马关条约》签订一百周年时，台湾官方与民间分别举办了研讨会。张炎宪称，这二者充分显示了"台湾观点和中国观点的差异性"。台湾研究基金会举办的研讨会"开启百年反省之契机"，"《自由时报》选在马关条约签订日，邀请海内外学者，以台湾观点论述一百年历史的变迁，且配合媒体，刊登论文，广为传播。这是台湾新闻媒体公开表明台湾观点的创举。"⑤ 这里所谓"台湾观点"是

---

① 王汛森：《历史教科书与历史记忆》，见《思想》杂志，2008 年 5 期。
② 《改掉 5000 用词，教科书全面去中国化》，《中国时报》，2007 年 7 月 21 日。
③ 王汛森：《历史教科书与历史记忆》，见《思想》杂志，2008 年 5 期。
④ 张羽：《二十年来台湾民众集体记忆与文化认同研究》，《台湾研究》，2009 年第 4 期。
⑤ 张炎宪等编：《台湾近百年史论文集》，吴三连台湾史料基金会，1996 年，序言。

什么呢？当年与会的还有从美国、日本来的政客与学者，其中有人竟说出"台湾不应属于中国"，有人提出"中国是出卖台湾的国家。中国在任何危急的时候，随时可能再出卖台湾"①。有人则明确指出："强调台湾主体是为了突显台湾与中国之别。"② 这表明他们要建构的是与"中国观点"不同的"台湾观点"的历史记忆。与此同时，他们也制造了对日本殖民统治的历史失忆，不仅不讲日本的侵略，反而对日本殖民者歌功颂德。这表明他们在"重构过去的行动中，把过去的历史歪曲了"。这些历史记忆的建构者正是企图通过制造这样的"台湾观点"建构台湾的群体认同，以便与中国认同区别开来。他们的目的是通过建构新的国家认同的标准，来建构"新国家"。他们公然表示，台湾史研究就是要改变以往以"血缘、种族、文化"为国家认同的标准，而代之以"国民主权、社区意识、命运共同体的现代国家观念"作为国家认同的标准，并体现"建构新国家的时代意义"③。

四、新的历史记忆对建构群体认同的影响

在李登辉、陈水扁执政时期，他们制造新的历史记忆，目的就在于建构新的群体认同，即建构台湾的所谓"国族认同"。为此，他们对国民党统治时期所制造的历史记忆，采取"反其道而行之"的办法，力图达到否定中国认同的目的。首先是强调本土化，极力"去中国化"，企图淡化与割断两岸的历史关系，似乎台湾历史与中国历史没有关系。其次，制造所谓台湾的"特色"，把台湾的历史说成是与中国完全不同，并以这些特色作为"我群"的标准，以便与大陆分别开来。再次，把中国大陆的一切说成是落后的，而台湾则是先进的，制造对中国大陆的鄙视、厌恶甚至仇恨，把"台湾与大陆"、"台湾与中国"对立起来，最终达到只认同台湾不认同中国的目的。

讲台湾历史，强调本土化，这本来是无可厚非的，但是为了强调本土化，而极力"去中国化"，制造对中国的失忆，就不是正确的态度。刘阿荣在评论这种做法时指出，"一方面以全球化或国际化，作为去除

---

① 《自由时报》1995 年 4 月 17 日报道。

② 张炎宪等编：《台湾近百年史论文集》，吴三连台湾史料基金会，1996 年，序言。

③ 张炎宪等编：《台湾近百年史论文集》，吴三连台湾史料基金会，1996 年，第 296 页，第 449 页。

传统国家认同与文化认同的外在压力（或称外力诱因），宣称'胸怀世界'的国际视野；另一方面又极力张扬'本土化'作为'在地化'的核心，试图以台湾本土认同作为'爱国'与'不爱国'的标准，更以本土文化认同取代传统文化（中华文化）认同，以建立台湾的主体性、优先性作为内存诱因。"① 他认为这是"将中华文化的文化认同及中华民国的国家认同，转化成为台湾文化或隐含的'台湾国'的文化认同与国家认同"。② 王健文也指出："台湾史的'恢复记忆'常尝试通过对中国史的'失忆'而进行。"③

"去中国化"的结果，必然导致只认同台湾不认同中国。包淳亮指出了这个变化，他说："台湾过去十多年的'国家意识'有了显明的变化，许多人的'国家认同'从'中国'转变成'台湾'；许多人的自我认同也从'中国人'转变成'台湾人'。"④ 张麟征指出这是人为制造出来的，她说："从李登辉到陈水扁，他们是刻意地在'去中国化'。经过二十年的政策推广，所以制造了不只是一代，现在差不多三年就有一代了，不是二十年才一代。所以，很多台湾人他们就会觉得，讲我是台湾人，他觉得理所当然。但是他忘掉了，其实每个人的身份都不只是一种身份。"⑤ 但有人却对"与中国一刀两断"感到高兴，称"二二八"具有里程碑的意义，因为"几百年来台湾人对中国的情结终于一刀两断，台湾人终于意识到台湾民族和中国民族之不同"⑥。

正因为在近二十年中制造了新历史记忆，使得青年一代缺乏正确的历史记忆，而只有被建构的历史记忆，因而在群体认同上从"中国认同"转变为"台湾认同"，有人把它视为"国族认同"上的转变。

当然建构新的历史记忆只是重新建构台湾群体认同的途径之一，在

① 刘阿荣：《族群记忆与国家认同》，http://www.face21cn.com/gudai/mingsu/2009_10_19_2239.html。

② 刘阿荣：《全球在地化与文化认同——台湾文化认同的转化》，收录于《全球在地文化研究》，元智大学通识教学部出版，第123～129页。

③ 王健文：《历史记忆叙事与国族认同》，http://www.ls.ndhu.edu.tw/efiles/060526.doc 2006年8月18日。

④ 包淳亮：《台湾的反对运动与"国家"认同转移》，《联合早报》，2001年10月5日。

⑤ 张麟征：《台湾人的认同问题主要是人为制造》，http://www.sina.com.cn/c/2009-03-31/11001751923。

⑥ 林宗光：《台湾人之认同问题与二二八》，陈芳明编：《二二八事件学术论文集》，前卫出版社，1995年。

台湾社会"解禁"、政治开放、本土化发展的形势下，从李登辉到陈水扁的执政当局还通过各种文化运动、社会运动、政治运动极力推动"去中国化"的群体认同或"国族认同"。十几年来，台湾的历史教育已经发生了严重的影响，有人指出，"两岸异己关系的'台独'史观已经慢慢建立起来"；"在普遍 30 岁以下的学生或社会人士，他们常觉得中国与台湾是互不相属的"；"事实上，改变台湾青少年的历史认同与国族认同，从小学历史教育即已着手，现在已经达到目的了。通过历史教育，让青少年意识到台湾史是我们的历史，中国史是中国人的历史，进一步意识到我们是台湾人，台湾的历史才是我们的历史。在本质上，这已经不是教育改革，而是'国族认同'的改造了"。①应当说，他们的历史教育与政治教育已经取得一定的"成果"，在分裂主义的道路上走出了严重的一步。

五、重构历史记忆与扩大群体认同

面对台湾历史记忆与群体认同的现状，一些有识之士普遍感到担忧。南方朔指出："台湾现在谈这个（认同）问题，基本上是把台湾认同与中国认同对立起来，如此是违背认同理论的，因为认同的目的是创造团结。"② 现在两岸大多数同胞都希望两岸关系能够和平稳定地发展，而台湾现有的历史记忆与群体认同却可能走到相反的方向，这对于两岸关系的发展无疑是不利的，有必要探寻正确的道路。笔者认为重构历史记忆与扩大群体认同应当是有利于两岸人民的一种选择。

（一）现有的历史记忆与群体认同是可以改变的

正如相关理论所指出的，群体往往立足于当下，根据现代的需要与愿望不断地重构历史记忆，而随着历史记忆的改变，群体认同也会改变。

从台湾来看，国民党统治时期根据他们统治的需要建构了历史记忆，但它却是以"正统"、"反共"、忽视与掩盖台湾历史的手法来建构的，一旦人们发现这些历史记忆是"骗人的"，就会走向它的反面。国民党对"二二八事件"的处理就是一个深刻的教训。

---

① 《台湾历史课纲涉大是大非》，http://www.zhgpl.com/doc/1015/3/1/3/101531341_5，2010 年 12 月 26 日。

② 《历史课纲修订与台湾的国族认同问题》，香港《中国评论》，2010 年 12 月号。

正因为这样，台湾社会开始重构历史记忆，有其合理的因素，既要了解台湾历史与大陆历史的关系，了解其共同性，也要了解台湾历史的特殊性，让台湾人民正确地了解台湾的历史，这本来是一种拨乱反正。可惜近十几年来台湾当局走的是与以往国民党统治时期类似的道路，它是以"去中国化"、割断台湾历史与中国历史的关系、歪曲台湾的历史的手法，建构所谓新的历史记忆，从一个极端走向另一个极端。所以一旦人们发现这些历史记忆是歪曲、掩盖真实的历史，而且会导致族群对抗、两岸对立的时候，现有的历史记忆就一定会被改变。因为历史的延续性、历史进程的内存联系是不可割断的，用"去中国化"的办法建构台湾的历史记忆，就必然漏洞百出，无法自圆其说。实际上有些民进党籍的学者也认为"去中国化行之不易"、"中国与台湾的关系从未中断"、"中国文化影响难以分割"。[1]《乌合之众》一书的作者勒庞指出："一切与民族的普遍信念和情感相悖的东西，都没有持久力，逆流不久便又回到了主河道。"[2] 看来台湾也无法避免这一趋势。

（二）现有的记忆与群体认同是必然要改变的

集体记忆的一个重要功能就是重构过去，满足当今的精神需要。社会往往要消除可能导致个体彼此分离、群体互相疏远的记忆。台湾现有的历史记忆造成了族群的矛盾，这一点已经引起台湾社会的重视。大家都要求族群融合，那种排斥外省人，挑起族群对抗的历史记忆，已经有所改变，"无论先来后到都是台湾人"的互相包容的风气已经占了上风。但是，由于"去中国化"与对中国大陆的妖魔化，挑起两岸对立的历史记忆仍然存在，这显然不利于两岸人民，也不符合当今世界的潮流。在两岸关系和平发展的形势下，这些看法也必然遭到人们的反对。因此，改变导致两岸对抗的历史记忆，改变被掩盖、歪曲、抹煞与伪造了的历史记忆，恢复有利于两岸人民友好合作的历史记忆，促进两岸团结，必将成为两岸人民的共同意愿和要求。

（三）应当在更大的范围内建构历史记忆与群体认同

台湾现有的历史记忆是局限在台湾，而不与中国大陆相联系，重构历史记忆就应当在更大的"疆域"、"边界"范围内，即在两岸范围内共

---

① 《你认同杜正胜的"同心圆史观"吗？》，http://blog.udn.com/teddy5422/3338578。

② ［法］勒庞：《乌合之众》，冯克利译，中央编译出版社，2005年，第123页。

同建构。实际上群体认同是多元的，"由台湾的例子来看，台湾人的族群认同，事实上都包括各层次的族群认同体系。比如，一个人可能拥有客家人、台湾人（不同层次的）、中国人等认同，需强调某一种认同是视状况而定的"①。

在两岸关系和平发展的进程中，两岸之间的交往必将日益增多，两岸合作必将日益发展，两岸的共同利益必将日益突显，两岸在各个方面的共识与互信必将日益增进，两岸的共性，即两岸之间"同"的因素就会越来越多。认同理论认为，随着行为体之间交往的增多，它们之间会形成共有的行为模式和行为规范，而且会遵循社会规范选择与自己身份相符的方式行动，通过互动建构起"共有知识"，这就有助于促进观念认同和身份认同。因此，在两岸关系和平发展的条件下，扩大两岸的相互认同，不仅拥有坚实的基础，而且必然对双方有利。这样的发展趋势是不可避免的。

有些台湾学者已经看出了这样的前景，他们提出了"双重认同"的主张。台湾一位外省籍的学者指出："台湾民众的自我认同在民主化的过程中确实出现转变；排他性的中国人认同不再具有压倒性的优势，新的台湾人认同出现。然而，新的'台湾心'并不排斥'中国情'。大多数的台湾民众同时拥有'中国人'与'台湾人'的双重认同。""大多数民众心底的真正认同，并不是台湾民族主义，也不是中国民族主义，而是同时拥有台湾认同与中国认同的'双重民族认同'。"② 当然这个论点还需要经过论证。其实陈其南早就已经提出："台湾社会基本上仍然是中国或汉人社会，台湾人不论如何强调其本土意识，在历史文化上仍无法否定此一事实。"③ 此外，近来周奕成提出"台湾需要新的中华论"，以便明确台湾与"中华民国"的关系，"中华民国"与中国、中华的关系，以及台湾在未来中华的形成中该扮演什么角色。尽管他对"新中华论"的具体内容还没有作进一步的阐述，但可以看出，他已经看到两岸

---

① 王明珂：《过去、集体记忆与族群认同：台湾的族群经验》，见"中研院"近代史所主编：《认同与国家：近代中西历史的比较》，"中研院"近代史所，1994年，第267页。

② 沈筱绮：《故土与家园：探索"外省人"国家认同的两个内涵》，见张茂桂：《国家与认同：一些外省人的观点》，群学出版社，2010年，第126、128页。

③ 陈其南：《台湾史研究的政治意涵》，台湾《历史月刊》，1996年10月号。

关系是不可分割的，需要有一种"有机的互动连带"。① 最近南方朔提出的看法则更加明确，他举出苏格兰的例子。他说，苏格兰人可以说，"我是英国人，我更是苏格兰人，我还是世界人"。于是他主张："台湾要有双认同，我是台湾人，我也是中国人。"②

笔者认为这种"双重认同"的观点是可取的，值得重视，希望随着两岸关系的和平发展，这种看法能够得到更多人的认同。我们期待两岸同胞能够自觉地共同重构新时期的历史记忆，合力建构两岸的群体认同与国家认同，让两岸关系和平发展的过程成为两岸共同重构历史记忆与国家认同的过程。

---

① 周奕成：《台湾需要新的中华论》，台湾《新新闻》，2010 年 10 月 6 日。
② 《历史课纲修订与台湾的国族认同问题》，香港《中国评论》，2010 年 12 月号。

学术与政治之间： 台湾儒学的现代发展反思

张文彪[*]

儒学在 20 世纪 50 年代的台湾，曾经经历了一个稳定而普遍的发展时期。国民党当局将儒学中的一些伦理纲常作为巩固统治的思想武器，在"反共复国"纲领中杂糅进儒学思想中的伦常观念，儒学在一段时间里甚至被理解成提供意识形态选择的一种路径，与台湾当时的官方哲学一起，成为台湾意识形态领域的两大思想支柱。到了 20 世纪 80 年代后期，台湾的儒学发展又经历了一个新的重建与复兴的机会。面对台湾社会在经历现代化以及后工业社会的大踏步发展过程中所表现出的带有明确儒家文化特点的"台湾经验"，许多台湾学者在深入思考和把握传统儒家思想及战后新儒学关于儒家思想现代诠释之余，逐渐要求儒学精神进一步在台湾社会实践中发挥其思想资源的优势。在这一过程中，儒学更多地致力于从古典儒学与现代西方各种思潮的反思中，完成从被动到自觉的思想转型。

一、传统儒学、新儒学与当代台湾社会

儒学自明代末期传入台湾以后，就一直对现实生活不间断地产生着文化层面的巨大影响力。第二次世界大战之后，台湾社会经历了由日本占领回归祖国不久，又因国民党战败退踞台湾而导致与中国大陆长达半个多世纪的隔离状态，但是，即使在这样的特殊历史阶段，也并没有改变儒学与台湾政治经济社会发展与变革的密切联系。这种联系基本上是透过两种途径：一方面是战后来自国民党当局所大力推行的反映一定统

* 作者单位：福建社会科学院哲学研究所。

治意图的"官方儒学",这种情形下的儒学经过了高度选择性的诠释,主要是为支持统治的政治合法性而提供传统文化的基础,它基本上依靠当局政府的宣教渠道和明确的推广政策而得以保持自身的影响力,因此使儒学的传播具有一种严密的制度上的保证;另一方面是由没有任何官方色彩的知识分子所诠释的"民间儒学",它完全致力于对儒家的观念体系本身的丰富性和复杂性的研究与探讨,而不把这种研究与探讨看成是传达权力阶层意志的一种特殊途径。这方面的儒学研究代表主要是台湾的新儒家,他们更多的是强调儒家的批判性。值得注意的是,在相当长一段时间里,"民间儒学"在台湾社会的影响力远不如"官方儒学"。但是,二者之间的关系并非完全的正相反对,至少儒学研究的这两个派系都希望从这个最传统的领域通过运用综合的诠释方法,走出全新的能够跨越经学、哲学、思想史的多元研究方向的思考一直没有停止过。

虽然"官方儒学"在台湾因为文化政策层面的缘故,一度占据着文化思想领域的主导地位,其代价是由于担当着"国家政治目标"支持者的角色而不可避免地不断被工具化。尽管这种被工具化现象可能只是儒学思想在特定时空里存在和发展的一种特殊形式,然而也正是在这种被工具化过程中,传统儒学作为一种社会价值观念的核心内容逐渐失去其主体性。与此同时,走融会中西思想之道路并自视为民族文化薪火传承的一线命脉的台湾新儒家,则始终自由地活跃于学术舞台之上。

从学术史的角度来看,作为现代新儒家第一代人物的熊十力、梁漱溟、贺麟等,他们一开始就坚持中国的未来应以先秦儒家精神为根基,进而接续宋明儒家心性义理之学,最终在吸收西方科学与民主思想的基础上,谋求中国传统文化的根本地位。作为现代新儒家的第二代人物,如唐君毅、牟宗三、徐复观、方东美、张君劢等,在 20 世纪 50 年代初由大陆转移到台湾、香港等地后,也一直坚持认为儒家思想不仅是一个终极关怀的问题,而且仍然具有整合世界的意义。在他们看来,那些在现实生活中所发生的理想与现实之间的背离,以及因为种种文化思潮的冲击影响而产生的分裂、对抗、非理性等等,都只具有主观上的意义,只是由于观念上的矛盾和混乱引起的。因此,牟宗三把自己哲学的最后取向归结为"圆教"与"圆善",而实现这一观念的路径便是进行中西思想融会的学术工作。这种强调中西学术兼容的观点,被认为是当代台湾及海外其他新儒家区别于传统儒家最显著的特征之一。

如果说,这一时期的台湾新儒家学者仍然执著于在精神领域探寻或创立一种绝对圆满的思想体系的话，那么 20 世纪 80 年代之后台湾儒学界的学术论争又有了另一种新的期许。他们开始更多地强调以深邃的、异乎寻常的哲学洞见，去捕捉时代发展的内在精神与核心问题，从而将人的精神视野提升到一个新的层面。一些学者开始普遍地用"思想资源"一语来表述儒家思想与现实精神生活的关系。这一点与他们的老师牟宗三、唐君毅等人的思想观点不同，在他们的老师看来，儒家所扮演的角色绝不只是"思想资源"，而是"精神世界"，因为前者是可分的、多元的，是可以经由主体的选择与发掘而表现不同的；后者则是整体的、统一的，直接与主体存在相呼应。

在这方面，台湾新一代的儒学学者不再幻想儒家的理论学说能够为现实社会的发展提供某种理想的蓝图，它更多的只能作为一种思想资源融入多元化的格局之中。也就是说，不得不正视传统儒学将注定消失于教育体制和知识学科化的现代学术体系之中的现实。这种被彻底置换了西方化学术坐标的状况，正毫无退让地限制着儒学话语的复记和观念碎片的拼接，从根本上改变了儒学的命运。这种文化发展的现实状况要求新一代儒学学者不得不具备更客观的视角，正视理想与现实之间的紧张关系，从而表现出更为鲜明的问题意识，更加着眼于思考人类在现当代社会所遭遇到的普遍性问题，而不再企求建立某种终极的判教系统和形上体系。

此外，与大陆许多文化学者一样，在过去相当一段时间里，台湾许多学者也把中国长期落后的原因归结为儒家思想的政治化。这一观点在五四新文化运动时期似乎是一种发人深省的文化激进主义批判态度，但在中国社会经历数十年的现代发展之后，如果批判的眼光仍然停留在这一判断基础之上，就不能不说是一种过分简单和片面的思想了。况且从实际上分析，战后国民党虽然重视和维护儒学在思想文化领域的主导地位，蒋介石本人亦在建立三民主义和儒学的联系方面不遗余力，甚至将三民主义看做是儒家道统的现代体现。但是，国民党意识形态中对儒家传统的认同，并不完全体现于国民党在台湾的各种政治设计中。事实上，儒家理想并没有成为国民党当局的理想，在当时实际的文化政策中，我们倒不如将这种儒家化的倾向看做是台湾社会向西方政治体制接近时所提供的增强凝聚力的一种道德因素。同样，即使是在国民党尽力强调三民主义与儒学之间的内在联系的情况下，虽然在台湾儒学界亦培养了一些御用文人，但是，儒学在整体上所发生的转变依然不是很大的，包括一些著名的新儒家学者虽然从未与政治权势有过真正意义上的违抗，但从一开始就表现出不依附政治权势的特性。这也是他们中的一些人在这种客观上儒学不断趋于边缘的格局下，比较消极地经常选择远避香港的置身事外的应对方式的原因。

这么说并不等于把儒学与政治问题完全切割开来。儒学与政治社会、政治理想的关系是一个相当古老的命题，哪怕是到了现当代社会，儒家的"新外王学"或当代新儒家的政治哲学，仍然是台湾学术界讨论和反思当代新儒学思想建构之得失的一个焦点问题。但是，到目前为止这一切都还是台湾学术界的玄思遐想，现实的政治社会发展一直没有进入当代新儒家政治哲学理论建构的视野。因此，新儒学哪怕在逻辑上与现代民主政治进行了观念性嫁接和融通，但在具体的政治和社会实践中，人们一直无法看到活生生的新儒家政治哲学的影子，新儒家政治哲学因此从根本上丧失了思想现实的内在理论能力，它还不可能为人们的政治思考提供一种直视现实的框架。这也是为什么在台湾社会民主进程不断加快的情况下，新儒家本来最具思想特色的政治哲学反而与现实生活渐行渐远的主要原因。

学术主张如此，个人对学术与现实政治之关系亦抱持远离的态度，这种远离或疏离的态度表现在现实政治伦理中的自我定位，即是与既得利益的统治及强势集团的淡然面对。牟宗三拒绝过蒋介石约谈的邀请。徐复观则是从现实政治中退身出来而始终与现实政治权势保持距离，他一直认同"文化应和政治权力保持一个距离的立场，"[①] 而"决心与现实保持距离，以便能在文化思想上用点力量"[②]。正因为这样一种学术心态，无论是在大陆还是在台湾，这些新儒家代表人物的学术著作很难用海峡两岸意识形态思想进行解读，他们与现实政治社会始终处于一种冷漠不契，甚或紧张的关系。这也在一定程度上说明了这一与现实政治保持距离的思想是大多数新儒家学者所共同坚持的自觉的文化与学术原则。台湾《鹅湖》杂志主编王邦雄曾经说过：当代新儒家在现实中只能

---

① 徐复观：《徐复观杂文——看世局》，时报文化出版事业有限公司，1984年，第 11 页。
② 徐复观：《徐复观杂文——论中共》，时报文化出版事业有限公司，1985年，第 205 页。

采取"与官方保持距离"的立场，① 这应该是对当代新儒家面对学术与政治关系态度的真实描述。正如台湾学者刘述先所说的："当代新儒家是站在天下的、文化的、社会的、民间的、在野的立场，来省察、审视时代问题、担当文化患难的，他们的学问不出自政治权力系统下的意底牢结，此乃是新儒家的基本定位。此基本定位通过与现实政治的疏离感，而进一步表明他们与现实政治权势的基本关系，并使这种关系稳定下来，从而显示出界限分明而又可把握的真正的独立性。当代新儒家的这个基本定位与真正独立性，也决定了他们中不凭借任何现实权势与任何外国力量来发展自己。"②

二、"内圣外王"与东亚社会发展之经验

"内圣与外王"的理念是最能揭示儒家的精神方向的，也是儒者借以安身立命和应付世事的根本法则。我们知道，传统儒学一直试图在其价值理想和现实政治之间建立起一种固定的联系，"外王"便是达到现实政治彼岸的具体体现，而当封建制度被摧毁之后，这一"外王"的现实途径被割裂了。但是，从理论上说，"内圣与外王"在儒学思想体系里的重要性却一直没有变化，人们不能离开"内圣外王"去研究儒家思想。在台湾儒学界尤其是新儒家学者看来，这一根本法则对于中华民族进一步摆脱近代以来所遭遇的危机和困扰仍然具有不容置疑的功效。对于其中的具体思想，当代儒学提出了许多新的内容。比如关于"外王"，传统儒学的"齐家、治国、平天下"早已变得不能适应实践层面的需要，这一概念换上了西方近代意义上的民主与科学，也就是"新外王"。虽然不断推进民主与科学，是中华民族现代化发展共同目标，但把此问题纳入儒家"内圣外王"的思想架构中加以阐析，却反映了台湾当代儒学学者在现代化问题上既不同于传统的守旧派，也区别于自由主义的西化派的特殊思考。20世纪50年代以后，台湾新儒家把这一思想理路概括为"内圣开出新外王"或称之为"返本开新"。

其中，"返本"无疑是这方面所有思想的重心，即最终要回到儒家

---

① 王邦雄：《国内哲学系所现况之检讨》，台北"中研院"《中国文哲研究通讯》，第1卷第2期，1991年3月，第42页。
② 刘述先：《当代新儒家的自我定位与其政治学的现代展开》，见《儒家思想与现代世界》，台北"中研院"中国文哲研究所筹备处1997年10月出版，第198～199页。

242

精神的本源之处。因此，这也在一定程度上反复强调了传统儒家思想是一个可以超越一切历史时代，内在于每一个人并且超越性地涵盖自然宇宙和人类社会的普遍的道德精神，各个时代各个民族的历史文化都不过是这个普遍而超越的道德精神实体之不同的表现或开展。然而，这种关于儒家思想的理论，无法与越来越多元的现实社会发展相衔接，它的非科学性也是十分明显的。在台湾新儒家中，牟宗三被认为是最富理论创发性的，他试图系统地解决儒家思想与现代社会的关系问题，也正因为如此，他的思想中往往更尖锐地体现着多元与中心的立场悖论。他甚至和其他新儒家一样，将民族的复兴与儒家的复兴联系在一起，这在客观上使得牟宗三无法通过自己的学说解决现实中的任何问题。

但是，我们不能因为理论逻辑上的推演，而否定儒学思想在现实社会经济发展中实实在在的影响力。特别是在台湾 20 世纪六七十年代经济起飞阶段，儒学的社会影响成为不可忽视的基本文化因素。如果说，19 世纪以后中国之走向近代化基本上来自于西方列强的压力，而儒学思想在这过程中基本上扮演了近代化的阻碍者的角色，那么，在这一次的台湾社会发展与转型中，儒家文化作为主要的本土文化资源无疑具有最为深厚的根基，这不仅因为它在中华文化传统中长期居于核心地位，流风广及台湾社会的所有阶层，而且因为它在长期的发展过程中与其他文化资源既有过冲突，更表现出了强大的兼容能力和耐心的对话精神，对于台湾现代化进程在全球和区域双重多元文化背景下面临的挑战，颇具启示性意义。不少台湾学者借助台湾地区乃至东亚国家在 20 世纪 60 年代以后的经济发展成就，深入探讨了儒学精神之现实影响的不容忽视一面。他们认为，儒学之为儒学，或者说儒学之所以能在历史的因革损益中保持其连续性，关键在于儒学的内核是一套精神性的价值信仰系统，可以为人们提供一种安身立命的一贯之道。这种观点突出了儒学思想中的超越性特点，从而在一定意义上将儒学看成是一种精神性或宗教性传统，而不仅仅是一种理论建构的结果。它既有历史经验的坚强支持，是整个儒学台湾本土经验的如实反映，又在战后整个东亚范围的意识领域中获得了再次突显。对于儒学与东亚经济增长之间关系的复杂性，如今的研究已逐渐能够超越非此即彼的简单认识。一些台湾学者甚至提出，儒学作为价值信仰的一种类型，已进入全球意识的观点，它不仅可以为中国、东亚地区的人士提供安身立命之道，亦有可能成为西方人信仰方式的一种选择。

　　除了一般地主张儒学思想对现代社会政治经济发展具有精神内核意义的影响之外，一些台湾学者通过比较历史上儒学发展不同阶段的特点，提出了具有"地方性文化意义"的区域儒学问题。比如台湾师范大学的潘朝阳认为：

　　儒家价值系统往往在儒学所及的区域发生深刻的社会文化之影响。但是就儒学诠释史的意识形态而言，中原儒学一直被理所当然地视为主流、核心，但是位于边缘地区或非汉区域的儒学，却长期被视为中原主体思想流脉之下游而受到轻忽。再者，就一般儒家工作者的立场，亦常以中原核心性优位的观点来诠释非中原区域或非汉之儒学，因而不免存在着核心决定论或独断论之色彩。

　　其实近世以降，随着中国经济精华区的南移，儒学除了区域分化的趋势之外，由于自然和人文团凝整合形构了区域特性，因而地方性的儒家精英发展了他们各自具有的区域儒学，杨念群特举湖湘儒学、岭南儒学、浙东儒学等三个儒学之区域化为显例而突出了有别于一体性普遍精神的儒学诠释；尤其由于此三个南方区域，一方面远离"帝王御用儒学"之大本营的北方和京师，一方面以繁荣的社会经济及社会文风为基础，因而当地的儒家精英较能在教育和社会层中，推展儒家的教化，此特称之为"教化儒学"，而与北方及京师的"帝王儒学"有别，同时湖湘、岭南及浙东儒学也别具独特性，三者分别有其精彩之内容和形态。杨氏之意，乃是强调由于中国大地上的区域分化，因此除了帝王儒学作为中华帝国专制治国的意识形态之外，其实幸有区域化的儒家可得以超脱帝术之宰制而在区域中推展了儒家的文德之教，且分别呈现了地方性文化意义的儒家。①

　　也就是说，如果儒学也分中心和边缘地区的话，那么，边缘地区的发展亦有其独特的儒家思想的缘故。从这一点上说，在实现儒学"外王"、"事功"的具体过程中，地方性文化意义有时决定了特定的"外王"指向。这种关于儒家区域化和区域性现象的探讨，在台湾儒学界引起了普遍的关注。台北"中央研究院"的李明辉就指出儒家传统是东亚文明的共同

---

①　潘朝阳：《战后台湾儒家研究的几个倾面：问题及其意义》，收录于黄俊杰主编：《东亚儒学研究的回顾与展望》，台湾大学出版中心，2005年，第428页。

遗产，除了在其发源地中国大陆之外，对边缘地区的文明发展也造成了深刻的影响。他认为，儒学思想在传入各地的过程中，由于当地的固有文化及其政治、经济、社会条件之殊异，而必须面对远较中土更为复杂的情势，这使得儒学思想在各地呈现极为不同的面貌与发展过程。在他看来，这样的儒学区域分化及其发展出来的地方性特色，长久以来受到学术界的忽视，很少能从当地文化的立场和角度来深刻思考儒学传入该地区之后所发生的文化与政治认同间的矛盾、儒学思想与该地区本土思想的冲突与调适，以及当地精英对儒学思想的新的阐述等等。①

正是在类似这样一些问题的逼问之下，台湾儒学界一些研究儒学与东亚发展问题的学者开始重视儒学"中心"与"边缘"的关系问题。除了中国大陆之外，其他儒学再传入地区都属于"边缘"区域。他们认为"中心"无疑是儒学思想的源头，但"边缘"却未必是儒学思想之末尾，边缘区域应该具备学术研究上的独立性，具有根据区域经济社会发展的特点进行文化和思想之诠释的重要性，提出了进行边缘儒学自身的独立思考的问题。

但是，这种边缘儒学的提法却遭到一些人的反对，台湾东海大学的蔡仁厚就提出了自己的看法：

至于汉民族文化边远地区的儒学传播，和非汉地区的儒学传播，应该有基本上的差别，不可一概而论。而把台湾儒学说成"边缘儒学"，我尤其于心不忍、不安。当然，地理上的空间位置，常因首都或文化核心而形成四面八方的边缘，这个事实必须承认。但这种先天的限制，并非不能超越、不能突破。……说到"边缘的"儒学，"未必能出现鸿儒巨著"。这句话，我希望生活在台湾的人不要轻易接受，而应该加一个字，把"未必能"改为"未必不能"，未必不能出现鸿儒，未必不能写巨著。

……

我这样说，不是夸大膨风，更不是不知艰苦，而是我们确认，"人格的完成"、"生命价值的上达"，以及"学术慧命的承续光大"，都可以超越时间和空间。而文化学术的中心，也不是单一的、固定的。山东的邹鲁，

---

① 李明辉：《现代儒家与东亚文明：地域与发展》，"导言"，"中研院"中国文哲研究所，2002年。

虽然永远是儒学的圣地，但历代儒学的中心，却并非定着于山东邹鲁，而可以移转到南北各地。当福建的朱子学鼎盛之时，就有所谓"海滨邹鲁"之誉。这表示，滨海的福建，也可以成为某一时期的邹鲁之乡。同理，台湾也可以成为"瀛海邹鲁"，东南亚也可以成为"南洋邹鲁"。中心不止一个，可以很多个。如果中华大地能够形成三四个，五六个，七八个儒学中心，东西南北，交光互映，岂不更为漪与盛哉！①

这就提出了儒学研究在思想认识上所具有的两层性：其一，儒学中的普世永恒性价值观，这是从孔孟一脉相传并发扬光大下来的儒家关于"内圣外王"的常道慧命；其二，儒学的精神并非完全局限于抽象的理论体系里，它在实际的传播过程中，这种"内圣外王"精神必须是落实于现实而形成区域的文化与思想特色，这就是台湾儒学界强调的区域性儒学思想问题。应该说，这种体现在边缘区域的"内圣外王"，它既不同于视内圣与外王之间为直接推衍的传统观念，也没有按照牟宗三"良知坎陷"说为代表的"内圣开出新外王"的理路。也就是说，东亚儒学文化区域的政治经济社会发展过程没有伴随着儒家内圣心性之学及其内在精神的自上而下的有意识深化和传播，也没有在此之上成为直接推动社会进步的民主、科学的形上基础。儒家思想文化在东亚的积极作用基本上是通过潜在的生命观念以及大众平常的生存方式而得以体现出来的。面对这样一种发展情境，儒学尤其是新儒学的一系列哲学甚至被认为是不需要"外王"，也"开不出外王"，包括"良知坎陷"理论在内的思想，乃是基于文化使命感所不能不有的一种设定。

三、台湾儒学——儒学之区域研究的典型个案

"台湾儒学"一词的首次使用，出于台湾学者陈昭瑛的《当代儒学与台湾本土化运动》②一文。她认为：

台湾儒学的提法体现的是根源意识、本土意识，而它所印证的则是

---

① 蔡仁厚：《新儒家与新世纪》，学生书局，2005 年，第 111～112 页。
② 此文是陈昭瑛于 1995 年 4 月 23 日参与台湾"中研院"的"当代儒学研究计划"第三次研讨会的论文，后收入《台湾文学与本土化运动》一书，台北正中书局 1998 年，第 265～332 页。

儒学的普世性。没有根源性就无法证成普世性，这关系就如同儒学中"经"与"权"之间的关系，也类似"经典"与"经典诠释"之间的关系。"诠释"（即一种"权"，权变）当然是依赖"经典"的，因为它本身就是基于诠释者的时空脉络而对"经典"所作的回应、解释，乃至修正、再造；另一方面，"经典"也是依赖诠释的，因为一部在任何时代、任何地方都引不起回响也得不到诠释的著作必定不是"经典"，"经典"的特性正在于它具有在不同时空的心灵上激发共鸣的精神能量，也具有不断被诠释、改造而不失原始生命的思想原创性。儒学的台湾版本，或说台湾的儒学经验，体现的正是台湾的本土性和儒学的普世性的结合。①

儒学从传入台湾的那天开始，就逐渐通过民间文化的形式规范起台湾人日常生活的方方面面，这种在实际生活中建立起来的对生活世界的认同意识，既体现了最初大陆移民的"根源意识"，也逐步形成了"本土意识"。也就是说，台湾人在台湾 400 年来的开拓和发展历史中，是以儒学这一中华民族文化作为其常规正道，并开始慢慢体现为他们的"台湾本土"和"台湾意识"的。而在这一基础之上所形成的"根源意识"和"本土意识"，又不断地反过来印证了儒家智慧的普世性之永恒价值。值得重视的是，反映在这一过程中的儒家思想的普遍价值是在台湾这一特殊的历史环境和地理结构中得以体现的，它从一开始就带有台湾的特殊性。

陈昭瑛以"经典诠释学"的语法强调了儒学在台湾的传入、传播和发展，是一个对"经典"不断诠释和应用的过程。在这一过程中，一方面是由于台湾这一地区的特殊人文和历史地理条件，而形成了儒学的"经"的地位；另一方面正是生活在这一特殊时空条件的人们根据对自身生存的种种理、法、事、物的认识而对儒学不断深入的诠释，使得儒学与台湾历史社会相互渗透和影响，并越来越丰富地体现了儒学的台湾区域特点。也就是说，对台湾儒学的认识与把握，必须将其放在台湾这一具体的时空条件下，只有在台湾的历史和地理的发展脉络和结构中，才能真正理解它的内在因素。

----

① 陈昭瑛：《斯人千古不磨心（自序）》，见《台湾儒学——起源、发展与转化》，正中书局，2000 年。

回望台湾儒学这一概念的提出，它最先发端于一场关于台湾本土化运动的论战，这场论战起因于陈昭瑛的论文《论台湾的本土化运动：一个文化史的考察》，文章从20世纪90年代末台湾的本土化运动上溯到日据时期，并将台湾本土化运动分为"反日"、"反西化"、"反中国"三个阶段。从第一阶段的反日本土化运动来看，这一时期是"台湾意识"萌芽和发展时期，"台湾人意识"与"台湾人就是中国人意识"是重叠的；第二个阶段是1949年以后，这一时期的本土化运动主要表现为反西化的特点，"本土"的抗争对象在民族立场上由日本转换成美国或广义的西方社会，把当时西方文化的大量涌入，以及台湾在全面推进工业化发展之后人的心灵所出现的扭曲和环境的破坏，与坚持文化的民族性问题联系在一起进行深入的思考与批判；第三阶段则从1983年起以"反中国"为基本内涵。这一时期，"台湾意识"在祭起"台湾主体性"旗子之下，开始由反日本化、反西化，进而逐渐走进反中国化的死胡同。陈昭瑛认为现在的所谓"台独"主张就是依循着当时台湾自我意识形成的过程所发展出的一股异己力量，反过来对抗"台湾意识"本身：就对抗"台湾意识"中固有的中国意识而言，"台独"意识是中国意识的异化；就对抗以祖国之爱为特征的"台湾意识"而言，"台独"意识是自我异化。①

对中国意识的坚持，关系到台湾儒学是否应该存在的方向性问题，这一点在战后的台湾显得非常重要。尤其是到了20世纪80年代后期，随着台湾戒严令的废除，整个社会转型进入了一个关键阶段。随着中产阶级的壮大，以及随着教育的普及而出现的智识阶级快速扩张，台湾民主化进程得以快速推进，它的一个主要特征是将政治领域视为各个阶层、阶级、社群、族群的利益冲突和协调的场所。正如台湾大学的黄俊杰所描述的："政治不再是古代中国儒家所想象的'道德的社区'，政治人物也不再是人民道德福祉的创造者（尽管他们常常打着道德的旗帜，也呼喊着道德的语言），而是自己利益的追求者与协调者。建立在这种理论基础之上的台湾民主政治，常常将'个人'与'群体'视为不可协调的敌对的存在。近年来，台湾社会中个人主体意识的高度觉醒，相对于中国历史上个人主体性受社会性的压抑与牵制而言，固然有其弥足珍

---

① 陈昭瑛：《论台湾的本土化运动：一个文化史的考察》，台湾《中外文学》第23卷第9期，1995年2月，第6~37页。

贵的意义，但是快速的民主化却将这种急速成长的个人主体意识，导向一种不甚健全的'个人主义'的病态。"①

尽管台湾转型所呈现出来的社会现象异常复杂，但是对台湾儒学的研究只能将之放在客观真实的台湾政治社会及思想文化发展的具体环境进行思考与分析。黄俊杰在《战后台湾思想与文化的发展：研究论著回顾与课题展望》②中，指出战后台湾文化可以分成三个层面：一是传统文化与现代文化之间的对抗；二是中原文化与台湾文化之间的推移；三是国际文化与本土文化之间的紧张。这三个层面之间的相互作用，又影响着台湾文化研究着力点或立场的变化。黄俊杰认为这种变化就是"从'台湾之在其自己'的立场向'台湾之为其自己'的立场移动"。前者是将台湾视为缺乏主体性的静态样式，被视为"中国社会文化研究的实验室"（台湾除了有以儒学为主的中原文化之外，还有原住民文化、西方文化，包括荷兰、西班牙、日本殖民文化等。在某种情形下，台湾可以成为一个观察儒学思想在多文化思潮交汇、竞争、激荡中存在与发展演变的"实验室"）；后者则是突出"台湾主体性"，强调站在台湾本土的立场上，厘清台湾与大陆社会和文化关系，同时以世界史的眼光来重新理解台湾。③

可以看出，对台湾文化问题的研究，在台湾复杂的政治社会环境下，完全不可能仅限于学术思想的活动范围之内，因此，针对台湾民主政治以及"台湾意识"和"台独"意识，台湾儒学都不得不以其儒学方式予以了回应。在这方面，黄俊杰从思想史的角度写了不少较有影响力的论文，他基本上主张应该从文化认同的方向来把握"台湾意识"的文化本质。这一观点也得了台湾学者潘朝阳的赞同，他表示：

其实若就中国人的文化播迁现象而言，国人渡海开台，是乃中国人的生活方式随中国移民而在台湾的落实和践成，于生活方式的上层结构方面，就是中国人的观念价值核心之在台湾的植根和生发，此观念价值之核心，当然是传承久远深厚而无可更替的儒家常道慧命。⋯⋯今之学

① 黄俊杰：《儒学与现代台湾》，中国社会科学出版社，2001年，第298页。
② 黄俊杰：《战后台湾思想与文化的发展：研究论著回顾与课题展望》，收录于《儒学与现代台湾》，中国社会科学出版社，2001年。
③ 黄俊杰：《战后台湾思想与文化的发展：研究论著回顾与课题展望》，收录于《儒学与现代台湾》，中国社会科学出版社，2001年。

者多翻来覆去只在生活方式的下层结构方面徒作解人，或只在其他思想、宗教系统中，欲图虚构出台湾的文化中轴，根本就始终未能于关键处切入了解台湾本质，却妄想掌握台湾主体，岂非痴人说梦！①

在台湾，台湾儒学担当了反对"台独"意识的很大责任。正如牟宗三所说：

如果一个民族仍然存在，那么这个民族的文化总可以延续下去，无所谓断不断。但这其中也有一曲折。若一民族仍然存在，但它的文化却不能尽其作为原则并自己决定方向的责任，则此民族的文化就不能算延续下去。不能够作用原则，不能够自定方向，则这文化就只是个材料，而不是形式。因此，一个文化若只有作为材料的身份而不是形式，它就不能算延续下去；若要延续下去，这文化必须能决定自己的原则和方向。原则、方向即代表一个文化作为形式的身份。②

儒家思想作为中国传统文化的主流，它承载着太多的决定台湾文化发展方向的重任，从自己的文化根源处甄别和厘定合理意义上的"台湾意识"和台湾本土性，从而斩断"台独"思想的文化根基，把它们变成没有任何延续可能的"材料"。在这方面，台湾儒学界不少学者做了大量的学术论辩工作。陈昭瑛发表了一系列有关台湾儒学的文章，并于2000年结集出版，书名为《台湾儒学：起源、发展与转化》，概述了台湾自明郑（1661）经清朝到日据结束（1945）近三百年时间里，台湾儒学所经历的各个历史阶段，初步建立起了当代台湾儒学诠释系统。应该说，从事台湾儒学研究的学者长期以来基本上是立场鲜明地站立在传统中国文化价值去对抗西化式的各种文化思潮，并以中国文化为核心强调台湾本土化的形式原则本来就是中原儒学。而台湾儒学这一概念所包含的特殊性，也使得它在强调儒学的本土化发展中，通过进一步揭示传统中的优秀文化要素或精神源泉与台湾本土人文的完全融合，而把儒学在台湾的发展推向一个新的高峰。

---

① 潘朝阳：《明清台湾儒学论》，"自序"，学生书局，2001年，第3页。
② 牟宗三：《中国文化的断续问题》，收录于《时代与感受》，鹅湖出版社，1986年，第81页。

略论台湾海洋文化的历史与现实

陈　思[*]

自 20 世纪 90 年代以来，在台湾逐渐兴起了一股谈论"海洋文化"的热潮，至今仍方兴未艾。这股热潮不只局限于学术界，而是遍布社会各界，"海洋文化"、"海洋立国"的标语频频见诸台湾的报纸电视等大众媒体。从许信良、吕秀莲等政治人物到余英时等学者作家，都纷纷著书撰文，发掘台湾的海洋文化历史，宣传台湾的海洋文化传统。"海洋文化"俨然被当做台湾文化的核心与代表。台湾这股全方位的"海洋文化"热潮，吸引了社会各界对海洋文化的关注，在一定程度上推动了台湾海洋文化研究的发展。但是，在这股热潮的背后，同样出现了一个不容忽视的问题：那就是在推崇台湾海洋文化的同时，也存在着一股否定中国海洋文化的存在，排斥中国的大陆文化，割断台湾文化与大陆之间关系的倾向，这是需要我们注意和思考的。本文试就这一现象的特点、成因及其影响进行分析，并提出自己的一些看法。

一、台湾某些人士鼓吹"海洋文化"的几个特点

以是否为"海洋文化"作为区分台湾与中国大陆文化标准的论点，其实早已有之。1977 年，张俊宏在为许信良的《风雨之声》一书所作的序言当中便声称：台湾这一千年来所建立的文化是海洋文化。面对中国大陆的崛起，台湾文化必须"要发展完全相异的特质"，否则将"屈

---

[*]　作者单位：厦门大学人文学院历史系。

从为旧中国的奴隶"①。但当时国民党当局对于言论控制甚严,其观点未见广泛流传。20世纪80年代后期"解严"之后,台湾岛内言论日益开放,此类说法逐渐增多,并与政治活动相结合,成为一些"独派"人士大力鼓吹的观点。1996年,有"台独教父"之称的彭明敏以"海洋国家,鲸神文明"为口号,参加台湾地区领导人竞选,宣称台湾人是完全不同于中国人的海洋民族。廖中山则出版《海洋台湾 VS 大陆中国》一书,为彭明敏竞选造势。2000年民进党执政之后,这种观点在官方的推动下更是频繁出现。2004年,吕秀莲为了配合她与陈水扁的地区领导人竞选活动,也出版了《台湾大未来:海洋立国世界岛》一书,表示台湾"是一个典型的海洋国家,而不是附属在中国大陆的边陲岛国"②。类似观点至今仍不乏鼓吹者。纵观这些论断,主要有以下几个特点:

第一,将中国大陆的文化定性为"大陆文化",视其为落后文化、没落文化的代表。如谢长廷认为中国是大陆文化,是保守、僵化的,比较不会变动。杨碧川则指责中国人有着恶劣的大陆性格,"目光浅薄、性情急躁、唯利是图、没有世界观、缺乏宽阔的气度"③。

第二,将台湾文化定性为"海洋文化",强调其相比大陆文化的优越性。张俊宏声称:台湾海洋文化是"进取的、单纯的、爽朗的、阳刚的、明快的"④。郑钦仁认为,台湾的海洋性因素是开放、自由、进取的。李筱峰也提出:"从生活、经济的形态来看的话,三四百年来的台湾社会有着非常浓厚的海洋文化性格。所谓海洋文化性格,是相对于大陆文化而言。近代的海洋文化较具有浓厚的商业根性,它是比较具有流动性的、开放性的、多元性的、包含性的。"⑤

第三,将台湾的海洋文化与中国大陆的大陆文化对立起来,认为"海洋文化"是台湾文化与中国文化的本质分别。严重排斥中国文化,

---

① 张俊宏:《始终没有离开的朋友》,见许信良的《风雨之声》序言,文星书店有限公司,1989年,第9页。

② 吕秀莲:《台湾大未来:海洋立国世界岛》自序,知本家文化事业有限公司,2004年,第4页。

③ 杨碧川:《台湾的智慧》,国际村文库书店有限公司,1996年,第219页。

④ 张俊宏:《始终没有离开的朋友》,许信良:《风雨之声》序言,文星书店有限公司,1989年,第6页。

⑤ 李筱峰:《台湾历史与文化的特色》,台湾"国父纪念月会"专题演说,2001年7月25日。

声称台湾文化中不存在，或是不应该存在大陆性成份。陈水扁在任上接受采访时就强调："台湾文化不是大陆文化，不是中国文化，我们台湾的文化不只是多元文化，更是海洋文化。"① 还有人则说："台湾人要摆脱历史的悲情，必须重新找回海洋精神，舍弃大陆性格，再造福尔摩沙人的雄伟个性。"② 大陆文化"并不符合我们台湾开放的海洋生态文化，所以我们要摆脱中国套在我们身上的枷锁，回归到台湾岛的主体性，建构一个海洋文化的民主价值"③。

二、"海洋文化"论在台湾的形成、传播因素及其影响

为何会出现这些将台湾海洋文化与中国文化、大陆文化相对立的论调，原因是多方面深层次的，这需要从台湾社会内部、两岸关系、国际环境等方面来寻找。

首先，台湾社会内部存在着省籍、族群矛盾。国民党在台执政期间，为了维持自身的专制统治，长期实行戒严体制，严格限制公民权利和自由，压制人民的反抗斗争，这些深深地伤害了台湾民众，酿成了之前"本省人"与跟随国民党来台的"外省人"之间的矛盾对立。本省人把国民党政权视为外来政权，认为他们忽视本省人利益，对其报以排斥态度。以民进党为首的政治反对派把民众与当局的矛盾联系到文化层面，说成是外来政权所带来的落后中国大陆文化与先进的台湾本土海洋文化的冲突，加深社会对立，为推翻国民党的统治制造舆论。

其次是在两岸关系方面，"台独"分子为了达成将台湾从中国分裂出去的野心，不但在政治上鼓吹"台独"，在文化上也推行"去中国化"。长期以来一直支持"台独"的作家李乔便坦言道："何以要从文化层面来主张'台独'呢？简言之，因为这才是'台独论'的根本：这样的'台独论'才有效；这样的'台独论'才能使'台湾真正独立'——亦即'台独有意义'。"④ 而"海洋文化"论则被"台独"分子视为"文化台独"中的重要一环，也是"台独"分子"坚持最多，也自以为最有

① 陈水扁：台湾公共电视"台语晚间新闻"开播专访，2008年3月3日。
② 杨碧川：《台湾的智慧》，国际村文库书店有限公司，1996年，第221页。
③ 庄万寿：《海洋文化与台湾海洋文化的辩证发展》，台湾《国家政策学刊》，2009年第3期。
④ 李乔：《台湾文化造型》，前卫出版社，1995年，第319页。

253

创意的一种理论"。① 他们声称海洋文化是台湾独有的文化，同时从历史上否定中国大陆海洋文化的存在，以显示两岸文化自古以来就有着本质差别。他们还将中国文化定性为大陆文化，并对其文化价值加以全方位的歪曲和贬低，宣扬台湾海洋文化相比大陆文化的无限优越性，引导台湾民众轻视、排斥中国文化，视台湾为"我群"，视大陆为"他群"，为"台独"制造文化基础。

再次是在国际上，以海洋与大陆区分文化的理论，首先是由德国著名哲学家黑格尔所提出。黑格尔在他的著作《历史哲学》当中，将民族所生活的地理环境视为决定他们文化类型的重要因素，声称亚洲大陆所孕育的文化是静止的、封闭的、消极的，"他们和海不发生积极的关系"，"并没有分享海洋所赋予的文明"。② 黑格尔的文化理论及其衍生思想在西方有着非常深远的影响，于是被"台独"分子"借用"，迎合一些资本主义国家的海洋文化霸权话语，对外宣称中国大陆没有海洋文化，台湾才是先进海洋文化的代表，两岸文化有本质区别。企图以不同文化作为借口，证明两岸不是同一个国家，以便欺骗国外舆论，为"台独"寻求国际支持。

因此，在多方面因素的推动下，有关"台湾文化是海洋文化，中国文化是大陆文化，两者是对立关系"的观点逐渐在台湾发展起来，成为一种不容忽视的论调。

虽然到目前为止，"台独"分子的"海洋文化"论调大都还只流于口号，谈不上专业、系统的论证，从学术角度来说，本不值一驳，但是它们"制造出台湾历史的不少盲点，对不明真相的人们有着一定的迷惑力和欺骗性③"。这些论调频繁出现在电视、报纸、书籍当中，对人们起着潜移默化的影响。对普通民众而言，"中国大陆是大陆地形，而台湾则是海岛"这种地理上的直观认识，使得他们更容易在某些有意识的诱导下，将地理特征与文化类型相等同，得出"中国是大陆，中国文化自然是大陆文化；台湾是海岛，台湾文化自然是海洋文化，两者完全不同"的认知。这使"海洋文化"论比起"文化台独"的其他手段来说更具隐蔽性和欺骗性。"台独"分子鼓吹台湾的海洋文化，是为了培养台

---

① 刘登翰：《中华文化与闽台社会——闽台文化关系论纲》，福建人民出版社，2002年，第300页。
② ［德］黑格尔：《历史哲学》，上海书店，1999年，第97页，第108页。
③ 陈孔立：《台湾历史与两岸关系》，《历史》，1996年第10期。

湾人所谓的台湾本土文化认同。他们贬低和排斥中国大陆文化，否认中国海洋文化的存在，是为了从根本上消除台湾人对中国文化的认同。他们企图利用这种手段，最终让台湾人"从对台湾的文化认同导致对台湾的'国家认同'"，[①] 以达到分裂主义的目的。

三、"海洋文化论"的历史事实与真相

实际上，"台独"分子的所谓"海洋文化"论，从学术角度上是经不起推敲的。如前所述，这种论调是先将中国文化与台湾文化分别定性为特点截然相反的"大陆文化"和"海洋文化"，然后以此为论据，证明两岸文化之间有着本质区别，毫无关系可言。然而历史事实究竟是否真的如此，实在值得打上个大大的问号。

第一，中国大陆真的没有海洋文化传统吗？

在"台独"分子眼中，中国政权统治者奉行大陆主导思维，对海洋一直抱着排斥的态度，压制人民向海洋发展。中国大陆"汉唐以后的大一统思想，使大陆性文化淹没了异质的海洋文化"[②]，认为差不多在这个时候，海洋文化的台湾与大陆的陆地型文化已渐行渐远。因此，中国只有大陆文化，没有海洋文化传统，谈不上什么海洋文化。诚然，由于重陆轻海的传统思想影响，中国历史上的海洋文化活动大部分停留在民间和地方层次，海洋文化的发展史也少见于官方主流典籍记载。海洋信息的缺少，造成了海洋人文历史记忆的缺失和扭曲，这也给了"台独"势力以歪曲历史的机会。但是，这并不能抹杀中国历史上海洋文化的存在。这点已经为众多学者所承认。早在 1984 年，陈昭南先生便在为《中国海洋发展史论文集》所写的引言当中明确指出："中国不只是一个大陆国家，也是一个海洋国家。"[③] 中国的海洋传统源远流长，从春秋时期就开始活跃在中国东南沿海的闽越族便是典型的海洋民族，他们"以船为车，以楫为马，往若飘风，去则难从"，[④] 有着出色的航海能

---

① 陈孔立：《台湾"去中国化"的文化动向》，《台湾研究集刊》2001 年第 3 期。

② 庄万寿：《海洋文化与台湾海洋文化的辩证发展》，台湾《国家政策学刊》，2009 年第 3 期。

③ 中国海洋发展史论文集编辑委员会主编：《中国海洋发展史论文集》引言，"中央研究院"三民主义研究所，1984 年，第 1 页。

④ 袁康、吴平：《越绝书》卷 8 外传，纪地传第十，岳麓书社，1996 年，第123 页。

力。其后裔疍家人被称为"白水郎"或"泉郎"，漂流在今福建、广东、浙江沿海一带，"居止常在船上，兼结庐海畔，随时移徙……冲波逆浪，都无畏惧"，① 是世界历史上少有的以船为家、以海为家的海洋民族。虽然随着中国南方地区落入中原王朝的控制，南方少数民族逐渐与迁入的汉族相融合，但是海洋文化传统却并未因此而消失，而是为汉人所继承和发扬。特别是自唐宋以后，随着海外交往的扩展，海上活动已经成为中国东南沿海居民生活的重要组成部分。"东南滨海之地，以贩海为生，其来已久，而闽为甚。"② 泉州、广州等沿海城市成为了著名的对外贸易港口。即使到了明清时期中央政府推行海禁政策，也阻止不了当地人奔向海洋的步伐。他们敢于冲破禁令，建造大型船舶往来于海外各国之间，积极进行海上贸易，勇于向海外探索、移民，体现了开放进取的海洋精神。他们的海洋活动遍布中国、日本、南洋各处，造成了广泛而深远的影响，形成了跨区域的海洋文化体系，这种情况一直持续至今。种种历史事实都说明，中国自古以来就有着优秀的海洋文化传统，海洋文化是中国文化的重要组成部分之一，在部分地区甚至占据着主导地位。将中国文化窄化为大陆文化，否定中国海洋文化传统的存在，显然是站不住脚的。

第二，台湾海洋文化真的与中国文化毫无联系吗？

既然海洋文化同样是中国文化的重要组成部分，那么它与台湾的海洋文化之间是否有所联系？还是说台湾海洋文化是独立发展的结果？学术界的看法更倾向于肯定前者。陈昭南先生认为："今日台湾是一个汉民族殖民建立的社会，是中国人向海洋发展所造成的历史事实。"③ 台湾著名学者余英时也说过："海洋中国仍然是从中国文化的长期演进中孕育出来的。"④ 而台湾就是这个海洋中国的尖端。从历史上看，台湾文化真正成长为面向海洋的文化，是随着大陆移民对台湾的大规模经营开拓开始的。16 世纪以来，由于中国东南地区人口的急剧增长，让有

---

① 乐史：《太平寰宇记》卷 102，泉州，中华书局，2007 年，第 2030 页。
② 陈子龙等编：《皇明经世文编》卷 400，《续修四库全书》1661·集部·总集类，上海古籍出版社，1995 年，第 190 页。
③ 中国海洋发展史论文集编辑委员会主编：《中国海洋发展史论文集》引言，"中央研究院三民主义研究所"，1984 年，第 1 页。
④ 余英时：《海洋中国的尖端——台湾》，天下编辑：《发现台湾》序言，天下杂志，1992 年。

限的土地资源难以承受，因此富有海洋精神的当地人自然将目光投向了海洋，希望能在那里找到新的发展空间。一水之隔的台湾便是在这种情况下成为他们的开拓目的地之一。在随后的两个多世纪中，大量大陆移民横渡海峡，涌入台湾定居，其中大部分人来自闽南的漳泉及粤东的潮汕地区。这些移民成为台湾海洋活动群体的主要组成部分，他们带去了祖籍地开放进取的海洋精神、以海为生的海洋传统、兼容并包的海洋信仰，在"很大程度上改变了台湾原有的以先住民为主的文化生态环境"①。

当然，也有学者持不同看法，声称台湾的海洋文化在荷据时期就已经和中国大陆脱离了关系，走上了不同的发展道路。黄富三就认为："台湾一进入历史时期即跃入以贸易为导向的海洋文明体系。……由荷人充当'首动者'（Prime Mover）角色，贸易竟成了日后台湾历史与社会发展的持续性特色，而有别于自足导向的中国封建经济。"② 李筱峰更据此认为台湾从荷兰统治时期就已经被拖离中国历史轨道，脱离"大陆封建经济圈"，提前三百年加入海洋文化体系。③ 他声称"台湾的海洋性格，从荷兰时代便展现出来了，甚至有学者说，台湾的开发与世界的走向海洋时代大抵同步而行。荷兰人来台湾之后，经营糖、鹿皮等外销，并且在台湾发展转口贸易。台湾不但已经显现出以外销为导向的经济雏形，而且台湾也已扮演成远东货物集散中心的角色，用现在的话说，简直可称为亚太营运中心。这种以外贸导向为主的经济雏形，使台湾有别于中国大陆上自给自足的小农经济"。④ 这些论点没有与中国大陆的历史联系起来考察，因此得出错误的结论。在这里，讨论两个问题。

一是就台湾大多数人的祖籍地福建而言，如前所述，其海洋文化历史传统更早于台湾。唐宋以来，闽南地区一直是中国海洋经济最发达的地区之一，对外海上贸易十分繁荣。早在唐代，福建的泉州就是对外贸

① 杨彦杰：《闽南移民与闽台区域文化》，《福建论坛（人文社会科学版）》，2003年，第1期。

② 李筱峰、刘峰松：《台湾历史阅览》，自立晚报社文化出版部，1999年，第44页。

③ 李筱峰、刘峰松：《台湾历史阅览》，自立晚报社文化出版部，1999年，第44页。

④ 李筱峰：《台湾历史与文化的特色》，台湾"国父纪念月会"专题演说，2001年7月25日。

易的名港，到了宋元时期更成为世界最大的贸易港之一。著名的西方旅行家马可·波罗在其游记中声称泉州"是世界上最大的港口之一，大批商人云集这里，货物堆积如山，的确难以想象"①。另一位阿拉伯人伊本·白图泰（Ibn Battuta）也形容"该城的港口是世界大港之一，甚至是最大的港口，我看到港内停有大艟克约百艘，小船多得无数"②。即使是实行海禁政策的明朝，也因为福建当地官民不断下海走私，屡禁不止，而于隆庆年间（1567～1572）开放福建漳州月港，"准贩东、西二洋"，③ 并对来往番舶征收商税。④ 而荷兰殖民者直到 1624 年才开始侵占台湾南部，至于对台湾的贸易开发就更是以后的事了。这就是说，中国大陆福建等地"加入海洋文化体系"的时间更早于台湾。可以说，台湾加入海洋文化体系，非但不是与中国脱离关系，反倒应该说是追随了中国大陆的步伐。

二是荷兰统治时期的台湾并没有"脱离"大陆。当时台湾的海洋经济与中国大陆福建等地经济相比，并没有明显的不同。众多历史记载证明，当时中国大陆福建等地的经济，并不像内地那样是以农业为主、自给自足的自然经济。"其实，福建经济从来不是依赖粮食与纺织品的生产，而是依赖各种小商品生产与商品交换。"⑤ 其商品销售和交换在很大程度上仰仗于海外市场。清代官员蓝鼎元对海外贸易之于福建、广东等地的重要性有着这样的描述："闽广人稠地狭，田园不足于耕，望海谋生，十居五六。内地贱菲无足重轻之物，载自番境，皆同珍贝。是以沿海居民，造作小巧技艺，以及女红针黹，皆于洋船行销。岁收诸岛钱财货物百十万入我中土，所关为不细矣。"⑥ 这同台湾以外销贸易为主的经济有着很大的相似之处。而从台湾经济本身来看，与中国大陆之间

---

① ［意］马可·波罗：《马可·波罗游记》第 2 卷第 82 章，福建人民出版社，1981 年，第 192 页。

② ［摩洛哥］伊本·白图泰：《伊本·白图泰游记》，宁夏人民出版社，1985 年，第 551 页。

③ 张燮：《东西洋考》，中华书局，1981 年，第 131、132 页。

④ 关于月港开港的具体时间，史料记载分为隆庆年间和万历年间（1573～1620）两种说法，今从史学界支持者较多的隆庆年间说。但无论是哪种说法，均要早于台湾的荷据时期。

⑤ 徐晓望：《妈祖的子民：闽台海洋文化研究》，学林出版社，1999 年，第 156 页。

⑥ 蓝鼎元：《论南洋事宜书》，《鹿洲全集》，厦门大学出版社，1995 年，第 55 页。

的关系同样非常密切。当时在台湾经营海上贸易的商人，主要是居住在福建沿海的大商人。输出的主要商品是中国大陆的生丝、瓷器、砂糖、丝织品以及台湾的鹿皮。商船除了荷兰船之外，台湾当年还没有造船业，航行海峡两岸的都是中国大陆制造的船只。所以杨彦杰指出："从台湾出发的商船，大部分属于居住在大员的中国商人所有，但也有居住在福建沿海的大商人从台湾派船外出贸易"，他进而指出：荷兰统治时期的台湾转口贸易，"不是建立在台湾本岛社会经济发展的基础之上，而是依靠大陆商品经济发展的水平；而转口贸易的衰败，从某种意义上说，也是大陆社会生产力遭到破坏的反映"。①

因此，从各方面来说，两岸海洋文化都同出一源，同属一体，彼此之间有着密不可分的联系。台湾海洋文化可以看成是中国大陆海洋文化，具体地说是闽南海洋文化的延伸。这种历史文化纽带是无法否定的。

除了前面几个问题之外，关于台湾文化是否只属于海洋，而不包含大陆性文化，同样引起了不少人的质疑。林满红就认为："内陆文明还是台湾的一个文化根源，如果将台湾的文化根源窄化成只有海洋文明，其实并不完整。"② 许信良也承认："它既不完全属于海洋，又不完全属于大陆。"③ 可以说，从学术的角度上看，所谓"海洋文化论"的各个方面都充满了疑问和谬误，在历史事实和真相面前，终究是无法站住脚的。

此外，"台独"分子为了实现其分裂目的，在文化的各个方面都要与中国撇清干系，对大陆与台湾正常的海洋文化交流自然也横加指责。这些人声称"'中国妈祖'是……外国神格，唯有'台湾妈祖'才是真正保佑台湾安全之本土神明"。④ 台湾信众们前往中国大陆妈祖原籍地进香的活动被他们歪曲为一种"'文化的乡愁'，不只不必要，而且对追求新而'独立'的国家台湾，绝对会产生负面的作用"。⑤ 参与者都

① 杨彦杰：《荷据时代台湾史》，江西人民出版社，1992年，第148、152页。
② 林满红：《当代台湾的史学与社会》，《教学与研究》，1996年，第18期。
③ 许信良：《新兴民族》，远流出版事业股份有限公司，1995年，第182页。
④ 董芳苑：《独立于中国之外的台湾民间信仰——兼论台湾社会宗教人之心灵重建》，见张德麟主编《台湾汉文化之本土化》，前卫出版社，2003年，第72页。
⑤ 张德麟主编：《台湾汉文化之本土化》序言，前卫出版社，2003年。

"需要加以心灵重建"①。他们叫嚷要将外来文化（指的是中华文化）从台湾剔除出去，让所谓"真正属于台湾人民的本土政党"取得执政权，才能将海洋文化发扬光大。这些将文化、学术问题政治化，蓄意在两岸人民之间、台湾人内部之间制造分裂对立的狭隘行径，正如有的评论所指出的，恰恰暴露了在这些人身上具有的根本不是什么海洋文化，而是"封闭、保守、短视、狭窄"的"岛屿文化"，② 对照他们自诩的所谓"自由、开放、包容"的海洋精神，无疑是绝大的讽刺。与此同时，台湾的海洋文化却正在遭受破坏，"原有优良的海岸文化资产成为劣质的文化负债。海岸不再可亲、可近"。③ "海上，及保存海洋文化资产最多的海下勘察与考古，在观念上，制度上，技术上长期被忽视。"④ 这让那些真正关注台湾海洋文化发展的人们无法接受。无怪有人发出这样的抱怨："假若想要真正塑造台湾的海洋文化，首先要让老百姓从看得到海，可以亲近海洋开始吧！""如果真的发自内心爱台湾，就请停止在岛内制造仇恨与对立，先效法海洋文化有容乃大的精神，把眼光放长远，然后在爱与包容的基础上，鼓吹正面的海洋文化观，使它真正成为全民的共识。"⑤

总之，这些年来以"海洋文化"为旗号，割裂两岸文化联系的做法，已经成为"台独"势力推行"文化台独"的手段之一。从历史上看，中国大陆有着悠久的海洋文化传统，海洋文化一直是中国文化的重要组成部分。台湾海洋文化是中国闽南海洋文化向台湾的延伸，两岸文化有着密不可分的联系。所谓台湾文化是"海洋文化"，与中国大陆文化有本质区别的说法，在学术上是站不住脚的。

---

① 董芳苑：《独立于中国之外的台湾民间信仰——兼论台湾社会宗教人之心灵重建》，见张德麟主编：《台湾汉文化之本土化》，前卫出版社，2003年，第72页。
② 刘新圆：《台湾需要发展怎样的海洋文化?》，《国政研究报告》，2007年10月4日。
③ 郑水萍：《台湾的海洋文化资产》，见邱文彦主编：《海洋文化与历史》，胡氏图书出版社，2003年，第167页。
④ 郑水萍：《台湾的海洋文化资产》，见邱文彦主编：《海洋文化与历史》，胡氏图书出版社，2003年，第171页。
⑤ 刘新圆：《台湾需要发展怎样的海洋文化?》，《国政研究报告》，2007年10月4日。

近三十年海峡两岸学者
关于马祖列岛人文历史研究的回顾与展望

黄海德*

马祖列岛位于东南沿海的闽江口和连江口外，主要由南竿岛、北竿岛、高登岛、亮岛、大坵岛、小坵岛、东莒岛、西莒岛、东引岛、西引岛等 30 多个岛屿和礁屿组成，陆域面积

将近 30 平方公里，列岛全部海岸线总长有 133 公里。马祖列岛位于台湾海峡正北方，距离台湾岛有 114 海里，离福建沿海仅 10 多海里，历来为海运要冲。马祖列岛古称南北竿塘，宋人梁克家《三山志》称为"上下竿塘"，原属福建省连江县，后割南竿塘隶属闽县，民国年间仍归属连江。据有关史籍记载，列岛以"马祖"为名始于宋代，其名与沿海崇拜的女神"妈祖"有关。相传宋代福建省兴化府莆田县湄州岛渔民林愿之女名"默娘"，事亲至孝，热心公益，深获乡民感佩。后其父出海捕鱼不幸遇难，默娘痛不欲生乃投海寻父，并身负父尸漂至南竿岛，乡人感其孝行，加以厚葬并立庙祭祀，尊称为"妈祖"。该地民间为避讳，遂将"妈祖"改为"马祖"，作为列岛的名称。马祖列岛地理位置特殊，其社会民俗与闽东地区的人文历史有着十分密切的关系。据有关历史文献记载，其开发历史悠久，至元代末年已经"居民丛集，颇称繁盛"，经过明清时期与近现代以来列岛居民的开发和经营，经济文化和民俗传统都有所发展，社会面貌大为改观，成为东南沿海地区一道独特的自然

---

* 作者单位：华侨大学宗教文化研究所。

与人文景观。关于马祖列岛历史传统与社会人文的考察和研究，以前囿于诸多的客观因素，成果较少。近三十年以来，各种因缘和条件逐渐改善，海峡两岸的学者投入了众多的时间和精力，对马祖列岛的历史、社会、宗教、民俗、教育以及与福建闽东地区人文传统的联系等方面进行了不同视角和不同层面的学术研究，取得了诸多的学术成果。近年以来马祖列岛的各界社会人士热心于文化传统的弘扬与发展，连续举办了多次有关马祖列岛人文历史的学术会议，宣传了马祖列岛的丰富人文内涵，扩大了马祖列岛在海内外的影响。本文拟对近三十年以来海峡两岸学术界和社会各界开展和积累的众多学术成果作一综合性的考察与回顾，主要内容为有关历史、宗教、民俗、教育等人文历史的方面，以期通过这一综合的考察和叙述，展现马祖列岛人文历史的整体风貌，同时也展现两岸学术界共同努力所取得的丰富学术成果，并进而反思其不足之处，为今后更加深入地考察、研究和弘扬马祖人文历史与文化，促进两岸的交流和合作，做出不懈的努力，在前贤所取得的成就之上，更上一层楼，为丰富的马祖人文与文化增光添彩。

一、关于马祖列岛社会历史的研究

福建古属百越之地，后称为"闽"。《周礼》中说："辨其邦国、都鄙、四夷、八蛮、七闽、九貉、五戎、六狄之人民。"东汉经学家郑玄注云："闽，蛮之别也。"从历代建置考察，早在秦代就设有闽中郡，汉魏以后多以"闽"指称今福建之地，故清代学者孙诒让注解说："闽，即今福建，在周为南蛮之别也。"南朝时刘宋的谢灵运有《还旧园作见颜范二中书》诗，其中吟道："闽中安可处，日夜念归旋。"此诗之"闽中"即后之"福建"。

根据林金炎先生《马祖列岛记》的考察，马祖的开发已有一千多年的历史，但见诸于

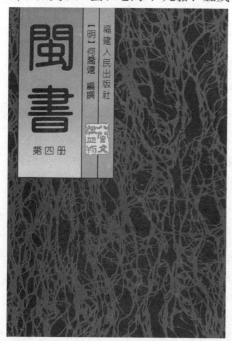

历史文献，大概要属宋人梁克家的《三山志》。该志记载："上下竿塘、大小亭山、桑屿、关岭、蛤沙、北茭镇，俱在县东北海中。"以上记述的地名，宋代时大部皆在连江县东北海中，不过沧海桑田，现在有的已与连江陆地连为一体；只是其中的"上下竿塘"，林金炎先生认为是从五代时闽王王审知辟建的"甘棠港"的谐音演变转化而来，即是现今马祖列岛的"南北竿塘"。经过多年的开发和经营，元朝之时该地已是"居民丛集，垦土成田，颇称繁盛"。明人王仲昭所撰《八闽通志》记述福建所属上下竿塘山云："洪武二十年，以防倭故，徙其民附城以居。"实行"海禁"以后，将上下竿塘的民众尽数迁往内地，马祖之地几成禁区。清朝初年，满清统治者为了封锁东南沿海民众对郑成功等抗清势力的支持，颁布"禁海迁界令"，强迫沿海地区的居民一律迁入内地，"离海三十里，村庄田园皆焚弃"，房屋焚毁，田园荒废，上、下竿塘再次受到严重破坏。清代中期以后，福建沿海连江、长乐等地的贫民又陆续迁居岛上艰苦创业，至清朝末年，南竿塘已有数百户人家从事农渔牧诸业，马祖列岛逐渐开发起来。

关于马祖列岛的古代历史，在宋人《三山志》、明人《闽书》和《八闽通志》、清人《福州府志》和《福建通志》中皆有多少不等的零星记述，但缺乏较系统完整的历史记载，使我们今天对马祖的社会历史仍有许多不甚明晰之处。20世纪，台湾"中研院"历史语言研究所的考古学者曾对马祖列岛数处远古遗址进行了考察和研究，证实6000年前的新石器时期该地即有古人类居住和生活，连江县马祖民俗文物馆曾于2005年发表《马祖炽坪陇遗址研究计划期末报告》，并在馆内精心规划一处"马祖考古展示区"，将历年挖掘到的石器、陶片、贝器、贝壳、鱼骨、兽骨等陈列展示。

大陆学术界迄今尚无专著对马祖列岛的社会历史予以系统深入的研

究，但在有关福建历史的学术专著和论文中也有较多的涉及，其中代表者有福建省社会科学院历史研究所所长徐晓望教授、杨彦杰教授（现任中国闽台缘博物馆馆长）等人合著的《福建通史》和中国历史档案馆张书才研究员撰写的《马祖列岛开发历史初探》等论文。

台湾方面的学者或由于长期居住于该地，或接触有关资料较多，在这方面的研究成果较多。其中最有成就者当推林金炎先生的《马祖列岛记》和《马祖列岛记续编》。20 世纪 80 年代林先生奔走于台北和马祖，从各处图书馆和实地考察获得了大量资料，第一次较为完整地记述了马祖列岛的发展历史，受到当地民众的高度赞誉，称为"一本史料考据的经典敲响了马祖人的历史，也演活了马祖人的生命"，并为"为马祖的根和未来留下了历史"。值得称道的还有马祖列岛各地乡公所编撰的《北竿乡志》、《莒光乡志》、《东引乡志》和《南竿乡志初稿》，一般分列"历史篇"、"人物篇"、"经济篇"、"宗教篇"等，数据丰富，记载翔实，可以作为今后深入研究马祖社会历史的客观依据。

为了展现马祖地区的历史文化内容与特色，1974 年建成"马祖历史文化馆"，以后又新建"马祖民俗文物馆"。文物馆采用闽东建筑形式，造型高低错落，呈现聚落群体意象。文物馆列有马祖印象馆、马祖源流馆、马祖建筑馆、马祖生活馆、闽东学馆、马祖特展馆、马祖产业馆、马祖礼俗馆、马祖工艺馆等九大展馆，分别展现马祖地区的地理地质、自然生态、历史源流、风俗民情、建筑造型、镇宅设施、衣食住行、童谣音乐、闽剧戏曲、婚嫁礼俗、陶瓷雕刻等各个方面的丰富内容，展馆的建成和展出为研究马祖人文历史提供了极为珍贵的第一手资料。

二、马祖列岛的民俗与宗教信仰研究

马祖列岛与福建沿海接近，岛上移民大部来自福建的连江与长乐等地，其民风习俗和宗教信仰深受闽地影响，尤其是尊奉各种地方神灵的民间信仰甚为流行，岛上庙宇遍布，信众甚多，经常举行规模不等的祭拜活动，成为马祖地区居民日常生活的重要内容。

对于马祖列岛宗教信仰的考察和研究，台湾学术界和社会热心人士做了大量的工作，论著较多，成效显著。台湾学界对民间信仰研究用功甚深、卓有成效的学者是辅仁大学宗教学系的郑志明教授。近三十年以来，郑教授在台湾宗教信仰研究方面的专著有《台湾民间宗教论集》（台湾学生书局）、《台湾的宗教与秘密教派》（台原出版社）、《台湾民间的宗教现象》（台湾宗教文化工作室）、《台湾传统信仰的鬼神崇拜》（大元书局）等30余部，撰写发表《台湾斋教的渊源与流变》、《台湾瑶池金母信仰研究》、《台湾民间信仰的济世观》等学术论文100余篇，为台湾的宗教信仰研究做出了重要的贡献。

刘枝万教授是台湾"中研院"研究民间信仰的著名学者，所著《中国民间信仰论集》（台湾《中央研究院民族学研究所专刊》之22）和《台湾民间信仰论集》（台湾联经出版事业公司）在学界影响甚大。刘教授对台湾民间信仰的研究有着自己独到的看法，他认为："民间信仰界说，迄无定论，莫衷一是。台湾情形，更呈错综复杂，一言以蔽之，乃初期移民所信奉，极富地方色彩之日常信仰。"他在为《台湾民间信仰研究书目》（林美容编）所作的"序言"中对台湾民间信仰的主要功能、分类及其产生原因进行了深刻的分析："其卓越信仰，尤反映于守护神之功能面，较为明显。渡台先经风浪之险，必祈佑于护航神，此其一。抵台即遭瘴疠，水土不服，需求护于保健神，此其二。就地开垦，难免原住民抗拒，阻力颇大，因而托庇于驱番神，此其三。开疆土，应有开拓神保佑，顺理成章，此其四。初垦成功，并祈五谷丰登，合境平安，乃祀土地神，此其五。追庄社发展，偶因细故，发生摩擦，导致分类械斗，更须藉地缘关系，团结乡党，以拒外侮，于是崇祀乡土神，此其六。因为开发艰难，牺牲特多，枯骨遍野，助长信鬼尚巫之风，厉神崇拜有加，此其七。随着社会进步，环境愈趋繁复，世态变易，感触日多，祈祷救苦神，解脱苦海，乃是常情，此其八。"从马祖列岛的特殊地理位置和文化历史渊源来看，刘教授对台湾民间信仰的论述和看法同样适用于马祖地区的宗教信仰状况。

值得特别提到的是海峡两岸学者合作撰著的有关民间信仰的专著，这就是大陆厦门大学历史系连心豪教授与台湾辅仁大学郑志明教授合著的《闽南民间信仰》。该书从宗教学和文化学的角度，首先梳理了闽南地区与台湾民间信仰的渊源关系，用了众多篇幅对海峡两岸民间信仰的众多神灵做出了多角度和全方位的审视，论及的神灵有"自然山川信仰"的天公、东岳大帝、三界公、土地公、三山国王、石狮王，"生育女神信仰"的泰山妈、注生娘娘、夫人妈，"冥厉瘟神信仰"的城隍爷、大众爷、五显大帝、王爷，"禅道神仙信仰"的三平祖师、清水祖师、大德禅师、法主公、九鲤仙祖、应魁圣王。"忠义圣贤信仰"的炎黄二帝、关圣帝君、哪吒公、唐太宗、开漳圣王、开闽王、开浯恩主、灵安尊王、三忠公、广应圣王、林太史公、广泽尊王、圣侯公、番王爷，"水神海神信仰"的龙王爷、水仙王、玄天上帝、二郎神、通远王、妈祖，"医神信仰"的华元仙祖、圆山仙祖、保生大帝，"财神戏神信仰"的财神爷、郎君爷、相公爷等，论列全面，考证翔实，有着相当的学术价值。

据林金炎先生所著《马祖列岛记》与《马祖列岛记续篇》记载："马祖列岛供奉神明的庙宇，据统计：南竿有19座，北竿16座，莒光14座，东引5座和亮岛1座，总计多达55座。"马祖列岛共有22个自然村，供奉神灵的庙宇却多达55座，平均每个自然村有两个以上的庙宇，可见民间信仰之普遍。马祖居民除了在建造的庙宇中敬奉神明以外，还有很多在家中供奉祖先灵位或灶神加以祭拜。在林先生的《列岛记》和《续编》中记述的各种神明主要有：

天后妈祖、临水夫人、关圣帝君、玄天上帝、白马尊王、福德正神、五灵公、陈将军、赵大王、周大王等，其中大部分与福建地区的民间信仰神灵有着密切的联系。最为显著的就是对于海上女神"妈祖"的信仰，全岛面积不过30平方公里左右，而供奉妈祖的天后宫就分布于南竿乡的津沙、马祖澳、铁板，北竿乡的阪里、芹壁，西莒岛的青蕃、田澳，东莒岛的福正，东引岛的中柳等各处，几为全岛居民所信仰。

关于马祖列岛的宗教庙宇，2000年出版了由王花俤、贺广义、林锦鸿、萧建福合著的《马祖地区庙宇调查与研究》，对马祖列岛的南竿、北竿、东引、莒光等地的各类寺观庙宇开展了广泛地调查和研究。著

者认为马祖的民间信仰，其渊源来自福州与长乐、连江等地，并融入马祖地区长期造神运动所产生的民间诸神，呈现出多元性的面貌，其中包

括自然界崇拜、物魅崇拜等，主要的祀神有妈祖、白马王体系、五灵公（瘟神）体系、华光大帝、临水夫人、玄天上帝、威武陈将军等。而马祖地区的庙宇与马祖开发息息相关，该地先民以信仰祀神作为日常的心灵依托，马祖地区所属庙宇辟建与存留的相关文物，即是早期聚落开发历程中最为有力的见证。例如铁板大王宫留有元代捐建的石刻，桥仔玄天上帝庙有清初乾隆年间的签板，津沙天后宫有道光与光绪年间碑文，芹壁天后宫竖立有同治年间建庙的刻碑，东莒大埔白马尊王庙香炉等，皆为珍贵的文物史料。著者通过考证认为，马祖早期的庙宇规模较小，后来居民增多，经济有所发展，在民众信仰的需求之下，才扩建或改建成较大的庙宇，产生明显的庙宇工艺。马祖各岛庙宇的建筑形式大多是"风火山墙"，山墙通常高过屋顶，具有防风和防火功能。侧面墙多变化，山墙头则以金、木、水、火、土"五行"为主，其中又偏好火焰形墙面。庙的立面以三梯形为主，因立面和侧面高过屋顶，屋顶不做任何装饰，以线条单纯朴实见长，迥异于闽南式的豪华装饰，从而形成马祖地区的特殊庙宇风格。全书资料翔实，考辨谨严，是从事马祖列岛宗教文化研究的必备书籍。

台湾学者姜义镇著有《台湾民间信仰》一书，1985年由台湾武陵出版社出版。根据作者的介绍，该书是作者在实地调查了台湾100多所寺庙的基础之上所撰写的专著。第一部分"诸神篇"介述台湾民间信仰的神明，主要有释迦佛、观音佛祖、关圣帝君、城隍爷、神农大帝、天上圣母、保生大帝、王爷、注生娘娘、玉皇大帝、三官大帝、清水祖师、开台圣祖、广泽尊王、法主公、三山国王、开漳圣王、七爷八爷、五营元帅等。第二部分"庙宇篇"介绍了台湾鹿港、新竹、彰化、北港、台南等地的民间信仰寺庙数十座。全书搜罗较丰，叙述平实，实为该书的特点。

陈良源先生通过对于马祖地区的全方位考察，撰写了《明清以降政策变迁下马祖地区文化发展》一文。该文采用区域地理与新文化地理学的观点，探讨了位于福建沿海的马祖列岛在不同时期政策变迁下所呈现的区域文化发展状况，以及如何在1999年划设为"风景特区"以后与

2001 年试办"小三通"等政策之下，以"观光立县"，开发出马祖文化发展的新面貌。

对马祖地区与宗教信仰有关的社会现象开展实地考察和做出研究的还有几篇颇有学术份量的研究生学位论文。代表者如台湾教育大学台湾文化研究所的陈孜涵硕士所撰写的硕士论文《马祖列岛民间传说研究》，采用田野调查的方式，以马祖民间传说为研究材料，对马祖列岛的地名民俗的由来、民间信仰与风水习俗的关系、马祖地区的海岛特色与海盗宝藏传说、马祖神明鬼魅传说的社会意义、民间传说的特色、价值与旅游的关系，并对马祖民间传说的文化现象、社会价值及传播意义进行了客观如实的分析和阐述。

台湾铭传大学曹诗颖撰写的硕士论文《马祖民间传说研究》，该文以文献搜集为主，辅以田野调查，对马祖地区民间传说的丰富内容，马祖民间传说的特色和价值进行了客观全面的搜集、整理和研究。该文共有六章，分别考察了马祖的自然环境与人文环境，叙述与马祖传说相关的自然与人文环境，探讨妈祖、白马尊王、瘟神信仰、动物神以及其他神祇的传说，探讨马祖的人物、习俗、风景名胜、食物传说与动植物传说，并运用相关史料及相关文献，探究马祖民间传说的源头、形成原因与价值，以期揭示马祖民间传说演变的历史轨迹与马祖地方传说的文化特色。后有《马祖文献资料所载历史人物传说》与《马祖各村神祇摆明迎神时间表》等附录多种。

上述两篇文章都以考察和探讨马祖地区的民间传说为其研究对象，但由于视角与立论均有所不同，所以行文与见解各有特色。

丧葬礼俗一般属于地域文化的范畴，同民俗信仰皆有紧密的联系。南华大学林骏华硕士撰写的《马祖丧葬礼俗研究》，采用田野调查、非正式访谈等方式并广泛搜集历史文献与乡土材料，对马祖丧葬礼俗的仪式内容与过程、参与者的祭奠活动及其应予遵守的禁忌与规矩等方面进行了多角度的探讨和研究，并在此基础上分析了马祖丧葬礼俗的仪式结构、仪式功能与仪式文化涵义，旨在了解马祖丧葬礼仪的仪式过程及其结构，阐述丧葬活动对于马祖社会及参与丧礼之人的帮助作用，说明马祖丧葬仪式的特点和马祖丧葬的文化特色，进而分析丧礼各个组成因素的意义体系，以从仪式与文化的关系、文化与社会的关系等维度揭示和阐释组成丧礼的各种因素的存在意义与马祖丧礼仪式的深层意义体系。

关于台湾地区的民间信仰以及闽台之间的交流和传播，大陆学者也做了大量的探讨和研究，近年以来也有不少很有学术力量的学术专著问世。

福建师范大学的林国平教授与彭文宇教授合著的《福建民间信仰》（福建人民出版社1993年12月版），以将近30万字的篇幅，对福建地区民间信仰的产生、发展及主要特征，福建民间信仰的主要内容，包括自然崇拜、祖先崇拜、祖师崇拜、女神崇拜、道教俗神崇拜、佛教俗神崇拜等，以及福建民间信仰对于福建文化的影响，福建民间信仰在东南亚的传播和影响等方面，进行了一系列全面系统的客观研究。作者涉足福建民间信仰研究多年，积累了丰富的文献及碑刻资料，此外还搜集了数十万字的口碑资料。作者的这项学术研究，诚如所言，是在福建民间信仰个案研究的基础之上，从史料的考辨入手，结合田野调查资料，"试图从总体上把握福建民间信仰滋生的土壤、发展演变的规律、主要特征以及影响，并着重分析不同类型中的主要神灵发展演变的来龙去脉，力求恢复其历史的本来面目，使读者对福建民间信仰的全貌有一个清晰的认识"。该书辟有专章，专门论述福建民间信仰在台湾地区的传播和影响，认为台湾地区民间信仰的对象不仅有全国性的神明，如关帝、观音菩萨、玄天上帝、释迦佛等，更有大量与福建民间信仰密切相关的地方性神灵，如天上圣母（妈祖）、保生大帝、临水夫人、清水祖师、开漳圣王、福德正神、田都元帅、王爷公等，其中很多神明也是马祖地区各乡居民所信奉祭拜的神灵。

关于福建民间信仰研究的学术专著是福建省社会科学院徐晓望教授所撰的《福建民间信仰源流》（福建教育出版社1993年12月版）。该书从历史演变发展的角度，对从福建古代，历经秦汉六朝、隋唐宋、元明清的福建地区民间信仰的对象和内容进行了详密客观的系统研究，论述的内容有福建古代的图腾崇拜和精灵崇拜，闽中人格神的信仰，隋唐时期的巫道崇拜、禅师崇拜、清官崇拜、乡贤崇拜和医神崇拜，明清时期的妈祖、大道公、定光佛、青山王崇拜等。该书还专门探讨和叙述了福建民间信仰与中国其他地区民间信仰的交流、传播和影响，譬如北方民间信仰的传入和福建民间信仰的北传，书末对福建民间信仰与闽人的思维特征进行了有着独到见解的研究。作者认为，福建民间信仰属于多神信仰，而闽人的多神教又同历史上"兼容并蓄"的文化传统有着十分密切的关系，"'兼容并蓄'文化传统的实质就是博采各民族文化的优秀成分，从而熔铸成新的民族文化，这是我们闽人的宝贵精神财富。我们若能坚持这一文化传统，对福建将来的发展有重要意义"。台湾马祖地区的民间信仰，就其实际状况而论，也同徐教授所阐述的"多神信仰"与"兼容并蓄"的文化传统也有着十分密切的关系。

台湾幼狮文化事业公司于1996年12月出版了一部探讨福建与台湾民间信仰关系的学术专著，这就是林国平教授所撰的《闽台民间信仰源流》。该书采用了纵向的历史研究与横向的文化研究相结合的方法，对福建地区与台湾地区的民间信仰源流进行了客观全面的综合研究。首先，作者论述了从秦汉到明清闽台民间信仰的产生和发展，包含原始宗教与巫术、中原宗教信仰在福建的传播、

福建民间信仰的发展和本土化、福建民间信仰在台湾的传播和影响。接下来作者详细记述了闽台民间信仰的主要神灵，如自然与祖先崇拜、道教和佛教的俗神信仰、乡民社会的圣贤崇拜和王爷、瘟神崇拜等。该书辟有专章，对闽台民间信仰的仪式活动进行了客观描述，主要有画符念咒、扶乩降神、驱邪治病、斋醮普渡等方面的内容。在书的后部分，作者探析论述了闽台民间信仰的多种特征，择其要者有功能性与实用功利性、放任性与融合性、区域性与宗族性。客观而论，这些民间信仰的特征，既体现在福建地区的民间信仰之中，也体现在台湾马祖地区的民间信仰现状之中。

关于马祖地区民间信仰的研究，大陆学者黄建铭、方宝川撰写的《马祖列岛民间信仰文化的基本内涵与特征》，在对马祖地区的众多庙宇及其供奉的神灵，如天后妈祖、临水夫人、关圣帝君、玄天上帝、白马尊王、福德正神、万寿尚书公陈文龙、陈将军、赵大王、肖大哥、五灵公等研究的基础之上，探讨和归纳了该地区民间信仰的基本内涵和特征为：其一为马祖民间信仰文化是中华传统文化的一个重要组成部分，它保留了不少汉族古老民间信仰的共同基质；其二为地方性的神祇崇拜，构建了马祖民间信仰文化的主要内涵和区域特色；其三为民间庙宇的诸神合祀现象，体现了中华传统文化的兼容并蓄精神。作者认为，马祖地区的信仰文化，是与以福州为核心的闽江流域和闽东方言区的信仰习俗密切相关。

福建学者徐晓望教授所撰的《马祖列岛的青蛙神庙》一文，对北竿芹壁村的青蛙神庙进行了实地考察和研究。徐教授认为，从信仰发展史来讲，青蛙神崇拜与古越人的信仰有关；而从武夷山到南平樟湖板的闽江岸，再到福州仓山与马祖的北竿岛，都有蛙神庙的发现，这就使闽江流域现存的蛙神庙连成一线，呈现了民间信仰与社会生产活动的联系及闽江与外岛的信仰传承。

对于马祖地区人文社会历史的研究，应该引起社会和学界重视的就是近年来在马祖召开有两岸学者参加的两次学术会议。

第一次会议是台湾连江文化局以"马祖列岛的发展"为题，于

2000 年在马祖召开了第一次学术会议。会议发表的论文有方宝川《马祖列岛民间信仰源流》，Michel Cartier《根据人口统计学的资料推断马祖群岛的社会危机》（刘增泉译），张书才《马祖列岛开发史述略》，林金炎《马祖历史初探》，范达人《试谈马祖在中国历史上的地位》，夏铸九、邓宗德《马祖地区空间、历史、社会的转变与挑战》等，从不同的角度对马祖地区的历史、地理、宗教、风俗、典故等方面展开了深入的探讨和研究。会后连江文化局将该次会议的论文结集，出版了由邱金宝先生主编的《马祖列岛发展史》，曾在台北的书展上被称为"一本透过来自各地的中外学者专家对马祖的关怀与了解，藉由他们专精的学识从历史、人文以及战争、人口等多项议题切入探讨，对马祖的过去、现在与未来作一番回顾与展望的论文集"。

第二次是 2007 年 10 月 17 日至 18 日，由连江文化局与"中研院"民族研究所共同筹备举办以"妈祖信仰与马祖"为题的学术会议。这次会议有美国哈佛大学费正清东亚研究中心秦琳珍博士、中山大学（广州）历史系陈春声教授、慈济大学宗教研究所林美容教授、"中央大学"客家社会文化研究所吕玫锾助理教授、台南大学文化与自然资源系陈纬华助理教授、台北科技大学建筑系张昆振副教授等中外学者参加。共发表论文 15 篇，计有林美容、陈纬华《马祖列岛的浮尸立庙研究：从马港天后宫谈起》，陈春声《妈祖信仰与明清之际粤人海上活动：以粤东一个著名港口天后宫的研究为中心》，张昆振《清代台湾官方祀典妈祖庙的空间意涵：京师天后宫规制的参照》，朱荣贵《妈祖信仰在南宋的发展与理学的关系》，何泉达《马祖与妈祖之考辨》，吕玫锾《社群的建构与浮动的边界：以白沙屯妈祖进香为例》，陈高志《妈祖与马祖的女性神祇的崇拜》，陈梅卿《日据时代台南大天后宫之绕境：以〈台湾日新报〉记载为例》，陈清香《台湾妈祖宫内的供像探讨》，叶春荣《结构与仪式：文山茶乡五年迎妈祖》，廖迪生《展示传统：香港天后崇拜的当代意义》，苏庆华《马来西亚的妈祖传说和政治话语》，Bosco Joseph《重论神圣与世俗：一个妈祖崇祀的案例》，Chipman Elana "Beigang Chaotian Gong and the Local Production of History"，Nytray Vivian-

Lee "Seeing and Being Seen：Taking Mazu's Darshan "（auspicious sight）。其中林美容和陈纬华教授发表的论文重点研究了马祖列岛"浮尸立庙"的传说与马港天后宫的关系，并认为这一现象亦见于中国东南沿海的小岛，这与小岛社会的边缘性格与自我认同有着密切的关系。陈春声教授从"历史记忆"和"多元诠释"的角度，以粤东樟林地区四个天后宫的传说作为其研究对象，解读出社会发展的不同阶段，诠释说明了宗教的灵验传说正是小区人民的集体记忆，可以与历史的实际过程相验证。吕玫锾的文章以白沙屯妈祖为认同归属的社群，具有不同的指涉内容，即地域社群、家乡社群、宗教社群与想象社群，这四种社群具有共同的以妈祖为信仰的特征，因此社群之间有着边界模糊、交叉重叠的现象。参加会议的学者涉及人类学、宗教学、历史学、建筑学与艺术等多个领域，会议研讨热烈，新见迭出。会后"中研院"民族所还专门选辑论文，编成《台湾人类学刊》"妈祖专号"出版，在海峡两岸均产生了相当的影响。

关于马祖地区的宗教信仰，还有以下文章对之进行了诸多探讨：贺广义《岛屿·群落·元宵祭》（《马祖日报》1994年5月）、《扛乩：人与神的共振》（《连江水》月刊1999年5月）、《多重面貌的白马王——马祖列岛泛白马王信仰体系的探索》（《台湾史迹研究会2007年度论文集》），卓至臻《马祖娘娘的灵地——马港天后宫重修记》（《马祖之光》月刊第7期，1984年5月），王花俤《马祖列岛瘟神信仰探源》（《连江水》月刊，1999年11月号）、《寻查闽越族蛙与蛇的图腾崇拜》（《连江水》月刊，2000年8月号），林蕊《彰化白龙，奉祀五灵公》（《罗星塔》月刊，1986年1月1日），林金炎《水部尚书公——陈文龙》（《今日马祖》季刊，第6期，1995年3月），陈丽玲《陈将军庙的传奇》（《今日马祖》季刊，第13期，1982年4月），刘家国《穿越众神之门，寻访马祖历史》（《马祖通讯》双周刊，第44期，1997年3月），颜立水《闽台王爷信仰》（《台湾源流》15期，1999年9月），谢荣《故乡神明——五位灵公的故事》（《马祖之光》月刊9、10期，1984年8月）等。

三、文化教育与古迹保护

近年，随着马祖列岛社会经济的恢复和发展，该地区的文化教育逐渐受到社会的关注和行政机构的重视，有关文物古迹的保护也被学界纳为研究的对象，出现了一批有价值的学术论文。

文化大学的陈建德硕士撰写的论文《古迹外部环境再利用之研究——以台闽地区第二级古迹马祖东犬灯塔为例》，认为在现有的研究中，对古迹保存维护的原则与手法，多以古迹建筑本体为主要考虑对象，而对古迹外部环境的再利用探

讨较少，因而使得古迹建筑本体与地域环境之关系出现疏离，若外在环境发生改变，势必会降低保存古迹的意义。该论文借助"环境分析"、"景观分析"的研究方法，以台闽古迹马祖"东犬灯塔"为案例，作为具体考察和检验对象，从古迹外部环境的分析入手，寻找具有历史意义的古迹环境，并依其等级做出不同的再利用，旨在探讨古迹外部环境再利用的意义与内涵，并藉由环境的规划及控制，使古迹建筑本体的保存与之相得益彰，并以此共同营造、重现完整的历史情境，让古迹的内涵由室内空间延伸至室外环境，以求达到培养及提升人们心灵层次的功能。该论文能将历史古迹的保护与外在环境的关系相结合予以客观细致的探讨和研究，既有一定的学术价值，又有相当的现实意义。

世新大学王传平硕士撰写的《马祖芹壁传统聚落保存效益评估之研究》，认为马祖地区民风纯朴，保有原始人文与风貌，其中尤以位于北竿塘的"芹壁聚落"为代表的闽东式传统建筑最具特色与保存价值；

而近年以来推行的"闽东传统聚落保存"计划，重在传统建筑旧观的修缮和保存，但却忽略了在推行计划时如何以较少的资源制定有效规划来推动地区的整体发展。因此作者提出：应在推展聚落保存同时，最重要

的并非将旧式传统建筑修缮回复旧观，应聚焦于地方政府在资源稀少状况下，强化地方治理能力的提升，并在政府机构的协力运作下，推动"小区总体营造"，将聚落保存之效益，扩及整体文化、经济及观光等方面，以发挥整体最大之效益。该文共有五章，通过文献数据、文史记载、相关理论及常住居民访谈等途径，分别就芹壁聚落保存的回顾、聚落保存效益研析、聚落保存价值评估、研究的架构与假设、问卷的设计与实施、深度访谈的数据分析等方面进行了多方面的考察、多角度的研究，将个案研究推展至"聚落保存"的过程中，以探讨文化保存、经济的发展及促进地方观光等方面，希望有助于构建产生整体效益影响的解决之道。

台湾师范大学杨雅心硕士的学位论文《马祖地区地名的意涵———一个关于环境识觉的研究》，将史料文献与田野调查相结合，广泛细致地考察了马祖地区南竿、北竿、莒光、东引等各乡岛礁地名的由来及其涵义，得出马祖境内的地名主要由三大群体所言说创造而成。这三大群体是马祖闽东民系的识觉特性、英国海军的识觉特性与台湾驻军的识觉特性，各类地名皆可视为三大命名群体在识觉马祖地区后，所形成之环境意象。该文自成其说，颇有新意。

台北大学刘润南硕士撰写的《马祖观光事业发展策略之研究》，基于马祖地区在政治解严以后经济发展滞后的现实状况，对马祖地区"观光立县"的内在环境和外部条件进行了客观考察，以企业管理相关理论TOWS矩阵分析与价值链分析等角度，研究寻求提高马祖竞争优势的观光事业的发展策略。全文共有六章，对全球观光事业总体环境、两岸观光事业外部环境、台湾与离岛观光事业环境、马祖与金门、澎湖县观光环境进行了详细考察，并对马祖观光事业的发展进行了详细的个案分析，提出了未来马祖观光事业的竞争策略。

童谣与语言都属于语言文化的范畴，这方面有几篇文章分别对"马祖童谣"、"北竿方言"与"闽东语言"进行了饶有意义的研究。

童谣作为语言的原生态，孕育了语言文学的艺术母体，保存了最精粹的初民生活形态，是前人传承的智慧结晶。存在于不同时代的童谣，反映了不同时代的平民生活，追溯童谣发展的历史及其内涵，可以探索人类文明的初始踪迹。民俗学家认为，童谣是民族的心理状态与生活习性的直接表现。台东大学黄英琴硕士撰写的《马祖童谣研究》，采集马祖四乡五岛的传统童谣，并就童谣内容与形式进行了深入探讨。全文共有六章，以征集的马祖童谣文献资料与实地考察采录作纵向研究分析，以马祖童谣与马祖地区风教文物互动的关系、马祖童谣的形式内容、文学技巧、艺术表现与马祖童谣的文化内涵、妇女儿童形象作横向分析研究，并以目前马祖地区人口分布组成入手探讨目前面临的文化失落危机，将地区的文化传承模式与搜集的母体童谣开展比较研究，对马祖的文化溯源与氏族组成，马祖童谣产生的背景原因，马祖童谣的内容与分类，马祖童谣的形式与结构，马祖童谣的语言与表现技巧等多方面进行研究，颇有心得。

台湾大学杜佳伦硕士所撰写的《马祖北竿方言音韵研究》，该文重点探讨马祖地区北竿的方言音韵。首先从表面的语音表现推论构建马祖话的基本音系，再针对变调系统、声母同化、韵变现象等共时性的语音变化，分别讨论表面变化的内部规则与条件限制，并厘清声、韵、调三者交互影响的关系。接着针对不同闽东方言、不同村落、不同世代的语音差异进行比较，寻找出其语音变化差异以及世代间的语音落差。最后再将马祖话的音韵系统与中古音系以及反映四百年前福州音系的《戚林八音》进行历史音韵比较，分析马祖话的历史音韵层次，以及近四百年来的内部独特变化及未来的发展趋向。该文旨在通过这项研究理清马祖北竿方言音韵系统中的各种"变异"，以呈现马祖方言的复杂音韵面貌。附录有《马祖北竿方言元音辨音征性分析表》、《马祖北竿方言辅音辨音征性分析表》与《马祖北竿方言分类词表》等三种。

《连江渔村方言词汇调查研究》是福建师范大学王海燕硕士对位于黄岐半岛的连江县苔菉镇的方言词汇进行了四次实地考察，经过大量调研所写出的一篇学术论文。作者通过研究认为，连江方言与福州话同属闽东方言区的南片方言，而苔菉话是一种乡村口音的福州话，与城内口音的区别较为有规律。苔菉生产生活领域的许多词汇，与内陆城市相比有着自己的地域特色。首先在渔业生产方面有大量的词汇，具有渔区特色，这也是苔菉方言词汇最独特的一面。其次苔菉的乡村生活形态保存了较多传统的习俗，日常生活词汇中有大量词语反映了这种较为保守的社会文化特征。苔菉的这些生活及渔业生产词汇与城镇词汇的不同正是两个地区不同的生活背景所造就的。作者从收集的日常词汇中选取了反映渔村社会生活及经济生产活动的词语近2300多条，还收集了渔区的熟语200余条，逐条加以注音释义。作者期望，论文"所收入的实地调查材料对以往的福州方言文献有着拾遗补阙的价值，此外在词汇的领域广度方面也能与《福州方言词典》等数据形成城乡对照，互补地展现福州方言词汇的全貌"。连江的苔菉与马祖列岛隔海相望，两地的语言虽然有所不同，但同属闽东语系，互相之间有许多相通之处，王海燕硕士对于苔菉方言的研究应对马祖地区方言的研究有着一定的参考价值。

教育与地区的发展有着十分密切的关系，近年来台湾的学术界、教育界与社会各界都对马祖地区的教育状况给予了相当的关注，下面几篇论文就马祖地区有关教师、学生与学校行政领导的有关方面进行了严肃和认真的研讨。

铭传大学陈秀玉硕士撰写的论文《马祖地区教师知识管理与教学效能之普查研究》，以马祖地区的小学与中学教师作为研究对象，主要采用文献探讨法与问卷调查法，辅以访谈法开展研究，目的在于了解马祖地区教师知识管理与教学效能的现状，探讨不同背景下马祖地区教师在知识管理与教学效能之间的关系。该硕士论文所获得的研究结论主要有：马祖地区教师知识管理与教学效能现况表现接近符合；马祖地区教师知识管理整体及各层面在教师背景变项之平均数差异小、标准偏差具有一致性；马祖地区教师教学效能整体及各层面在教师背景变项之平均数差异小、标准偏差具一致性；马祖地区教师知识管理与教学效能具有显著的正相关；马祖地区教师在知识管理工作上遭遇的困境在于行政支持、教师知识来源管道、信息设备使用；马祖地区教师知识管理各层面中，以知识应用对教师教学效能整体最具解释力。作者并在此研究的基础上对教育行政机构提出了多项颇有参考价值的建议，如倡导知识管理理念，奖励学校推动知识管理；规划明确完善的教师进修管道，增进教师教学效能提升；建立教学档案，有助教学数据管理；教师心态应适时调整，以适应整个教育环境的变化情况，进一步扩充教学领域上的专业知识和能力。凡此种种，皆有极强的实际针对性，若获采纳，相信对于马祖地区中、小学教育的提升必然有所帮助。

　　铭传大学曹博钧的硕士论文《马祖地区教师教学档案实施现况及其功能之研究》，主要探讨马祖地区教师实施教学档案的现状及其对教学档案功能的意见。研究采用文献分析与问卷调查法的方法，首先搜集有关文献，探讨教师实施教学档案的理论基础及其内涵。其次以"马祖地区教师教学档案实施现况及其功能之调查问卷"进行问卷调查，将马祖地区中小学（含附设幼儿园）的所有教师作为研究对象，实施普查。作者共发出问卷124份，将调查结果予以次数分配、百分比、平均数、标准偏差等统计方法，进行资料分析与讨论，获致以下结论：马祖地区的中小学教师普遍建有教学档案；马祖地区教师对教学档案功能的意见属中上程度；不同性别、学历、学校类型的教师对教学档案发挥功能的意见没有显著差异；二十一年以上教学年资的教师对教学档案发挥功能的意见明显高于其他年资教师；兼行政职务的教师对教学档案发挥功能的意见高于非兼行政职务的教师；有参加研习及实施教学档案的教师对教学档案发挥功能的意见高于没有参加研习及实施教学档案的教师。作者希望能将此研究结论提交教育行政机构与学校进行参考。

　　屏东科技大学蔡慧音硕士所撰写的《幼儿教师数学教学知识管理之研究》，以"质的个案研究"为研究取向，采用访谈法、观察法与档案分析法，选取屏东县市五名幼儿教师作为研究对象，进行现场数据的搜集、分析与讨论，旨在了解幼儿教师数学教学知识管理的途径与问题，并分析幼儿教师应予具备的数学教学知识的内涵与特性，获得了以下重要结论：在数学教学知识管理的途径方面，幼儿教师知识获得的途径有

"正式学习"与"非正式学习"两大类；而知识储存的途径包括"文件储存"、"信息储存"及"人员储存"等三种。

铭传大学陈紫开的硕士论文《马祖地区国民中小学校长转型领导与学校效能关联性之研究》，主要探讨马祖地区中小学校长转型领导与学校效能关联性的研究。据作者介绍，研究的目的主要有以下几方面：探讨不同背景变项及学校环境变项的中小学教师对校长转型领导的知觉差异情形；探讨不同背景变项及学校环境变项的中小学教师对学校效能的知觉差异情形；探讨中小学校长转型领导与学校效能的关系；根据研究分析结果，提供具体建议，以提供马祖地区教育机构、中小学校长及储备校长作为改善行政领导、增进学校效能的参考。在研究过程中，作者通过文献探讨与半结构访谈，将校长转型领导与学校效能有关理论与实证研究，作为论文的理论架构；以"国民中小学校长转型领导问卷与学校效能问卷"为研究工具，对马祖地区中小学教师实施全面普查，获得如下结论：在中小学不同教师背景变项方面，发现"建立愿景"与"智识启发"为教师们优先所认同的层面，普遍均不重视"魅力影响"层面；中小学不同环境背景变项方面，发现"建立愿景"与"智识启发"为教师们优先所认同的层面；且"魅力影响"层面较低；中小学不同教师背景变项方面，发现"教师教学质量"为教师们优先所认同的层面，而以"学生表现"与"小区与家长参与"层面为最低；中小学不同环境背景变项方面，"教师教学质量"为教师们优先所认同的层面，而以"小区与家长参与"层面为最低；在校长转型领导与学校效能关连性的讨论中，校长转型领导与整体学校效能呈现中、高度正相关。作者的研究严谨客观，且具有相当的现实意义。

以上是对两岸学术界关于马祖列岛人文历史研究的初步回顾，由于囿于客观条件，对于两岸学者论著和文献的搜集必然有所不足，难免挂一漏万，个别重要的著作和文章可能尚未论及，在此谨表歉意；再者限于笔者的识见和水平，倘有舛错，尚望教正，并期待随着两岸学术交流的增多，今后与各位同仁来共同做好这件有益之事。

我们可以看到，由于近年来社会的重视和学界的投入，对于马祖地区历史文化的研究已然取得了不少成果；但是检视已有成果与展望未来，仍然还有许多有待努力之处。首先是虽然目前的研究已有众多成绩，但从研究内容来看，显得比较分散，还缺乏对马祖地区的历史和社会开展整体研究所获致的成果，譬如类似"通志"或"通史"这样的大型著作。其次，对于马祖地区的宗教、民俗、教育、考古、文物等方面进行的研究，需要学界、教育界和社会各界有心人士的热心支持和倾力投入，设置专业课题并开展长期的深入研究，以争取在原来取得成就的基础之上，更上一层楼。目前更为重要的是，倘若因缘合和，能有机会将以上的设想转化为现实的话，则需要海峡两岸的学者和社会热心人士加强交流和合作，制定出多种可行的研究项目和方案，落实责任，脚踏实地，分步实施，期收成效。如此方能希望在不太长的时期之内，对于马祖地区人文历史的研究能够取得更大的成就，如此也才不会辜负会议主办者的心意和期望。

参考文献：

1. 古籍

［汉］赵晔著，苗麓点校：《吴越春秋》，江苏古籍出版社，1986 年。

［宋］梁克家：《三山志》，北京方志出版社，2004 年 9 月。

［明］何乔远：《闽书》，福建人民出版社，1994～1995 年。

［明］黄仲昭修纂：《八闽通志》，福建人民出版社，1996 年。

［明］胡宗宪：《筹海图编》，台湾商务印书馆，1986 年。

［明］沈有容：《闽海赠言》，台北文海出版社，1978 年。

［清］顾祖禹：《读史方舆纪要》，台北乐天出版社，1973 年。

［清］里人何求：《闽都别记》，福建人民出版社，1983 年。

［清］施鸿保：《闽杂记》，台北闽粤书局，1968 年。

［清］徐景熹修，鲁曾煜等纂：《福州府志》，台北成文出版社，1967 年。

［清］郝玉麟等监修，谢道承等编纂：《福建通志》，台湾商务出版社，1983 年。

［清］陈寿祺等撰：《福建通志》，台湾文献委员会，1993 年。

［清］周亮工：《闽小记》，福建人民出版社，1985 年。

［清］江日升：《台湾外记》，台湾文献丛刊第 60 种，台北大通书

局，1987 年。

[清] 徐鼒：《小腆纪年》，北京中华书局，1957 年。

[清] 夏琳：《闽海纪要》，台湾文献丛刊第 11 种，台北大通书局，1987 年。

[清] 高拱乾：《台湾府志》，台湾省文献委员会，1992 年。

[清] 杨捷：《平闽记》，台湾文献丛刊第 6 辑，台北大通书局，1987 年。

[清] 林焜熿修：《金门志》，台湾文献丛刊第 80 种，台北市大通书局，1987 年。

[清] 周凯总纂：《厦门志》，台北成文出版社，1967 年。

2. 专著

连横：《台湾通史》，台湾文献丛刊第 128 种，1962 年。

董苑芳：《台湾民间宗教信仰》，台北长青文化事业公司，1980 年。

胡朴安：《中华风俗志》，上海文艺出版社，1988 年。

陈国强等著：《百越民族史》，中国社会科学出版社，1988 年。

李亦园：《信仰与文化》，台北巨流图书公司，1990 年。

刘枝万：《台湾之瘟神信仰》，《台湾民间信仰论集》，台北联经出版事业公司，1990 年。

林金炎：《马祖列岛记》，自印，台北文胤打字印刷有限公司，1991 年。

徐晓望：《福建民间信仰源流》，福建教育出版社，1993 年。

林国平、彭文宇著：《福建民间信仰》，福建人民出版社，1993 年。

何培夫：《台湾地区现存碑碣图志·澎湖县篇》，台北市"中央图书馆"台湾分馆，1993 年。

林金炎：《马祖列岛记续篇》，自印，台北文胤打字印刷有限公司，1994 年。

曹常顺著：《马祖庙宇简介》，台湾连江县发行，1995 年。

林国平：《闽台民间信仰源流》，幼狮出版社，1996 年。

李乾朗：《马祖大埔石刻调查研究》，台湾连江县，1996 年。

何培夫：《金门、马祖地区现存碑碣图志》，台北市"中央图书馆"台北分馆，1999 年。

汪毅夫等：《金门史稿》，鹭江出版社，1999 年。

邱金宝主编：《第一届马祖列岛发展史国际学术研讨会论文集》，台湾连江县社会教育馆，2000 年。

王花俤等编著：《马祖地区庙宇调查与研究》，台湾连江县社会教育馆，2000 年。

林金炎：《马祖地区方言初探》，台北马祖文教协会，2002 年。

刘家国、邱新福：《东引乡志》，台湾连江县东引乡公所，2002 年。

淡江大学编纂委员会、续修连江县志纂修委员会编审：《福建省连江县志第 5 册》，台湾连江县，2003 年。

邱新福：《北竿乡志》，台湾连江县北竿乡公所，2005 年。

林金炎：《莒光乡志》，台湾连江县莒光乡公所，2006 年。

李仕德：《追寻明清时期的海上妈祖》，台湾连江县，2006 年。

蔡相：《台湾民间信仰专题》，《天妃显圣录》，《妈祖事迹考释》，台北空中大学发行，2006 年。

连江县主编：《"妈祖信仰与马祖"国际学术研讨会论文》，台湾连江县，2007 年。

3. 论文

林金炎：《马祖东莒古迹-勒石怀古》，《今日马祖》季刊第 2 期，1979 年 4 月。

陈丽玲：《陈将军庙的传奇》，《今日马祖》季刊，第 13 期，1982 年 4 月。

罗星塔：《郑堂的趣事》，《今日马祖》季刊，第 33 期，1982 年 4 月。

谢荣：《故乡神明——五位灵公的故事》，《马祖之光》月刊 9、10 期，1984 年 8 月。

林蕤：《彰化白龙，奉祀五灵公》，《罗星塔》月刊，1986 年 1 月 1 日，第 3 版。

吴宇娟：《五通神传说研究》，东海大学中国文学研究所硕士论文，1988 年。

林金炎：《水部尚书公——陈文龙》，《今日马祖》季刊，第 6 期，1995 年 3 月。

刘家国：《穿越众神之门，寻访马祖历史》，《马祖通讯》双周刊，第 44 期，1997 年 3 月。

王花俤：《马祖列岛瘟神信仰探源》，《连江水》月刊，1999 年 11 月号。

颜立水：《闽台王爷信仰》，《台湾源流》15 期，1999 年 9 月。

贺广义：《扛乩——人与神的共振》，《连江水》月刊，1999 年 5 月号。

王花俤：《寻查闽越族蛙与蛇的图腾崇拜》，《连江水汇集》年刊，台湾连江马祖日报社，2000 年。

林金炎：《带你走过马祖历史时光隧道》，《连江水汇集》年刊，台湾连江马祖日报社，2000 年。

方宝川：《马祖列岛民间信仰源流》，邱金宝主编《第一届马祖列岛发展史国际学术研讨会论文集》，台湾连江县社会教育馆，2000 年。

林锦鸿：《乡野传奇新说——马祖狐仙故事》，《马祖地区庙宇调查研究》，台湾连江县社会教育馆，2000 年。

刘家国：《竿塘枭雄林义和》，《马祖通讯》双周刊，第 106、107 期，2004 年 4 月。

黄建铭、方宝川：《马祖列岛民间信仰文化的基本内涵与特征》，《中国宗教》，2005 年，第 5 期。

林美容、陈纬华：《马祖列岛的浮立庙研究——从马港天后宫谈起》，《"妈祖信仰与马祖"国际学术研讨会论文》，台湾连江县，2007 年。

陈建德：《古迹外部环境再利用之研究——以台闽地区第二级古迹马祖东犬灯塔为例》，文化大学建筑及都市计划研究所硕士论文，2001 年。

林骏华：《马祖丧葬礼俗研究》，南华大学生死学研究所硕士论文，2003 年。

王雅仪：《临水夫人信仰故事研究》，成功大学中国文学系硕士论文，2003 年。

杨天厚：《金门城隍信仰研究》，台湾中山大学中国文学系硕士论文，2003 年。

刘润南：《马祖观光事业发展策略之研究》，台北大学企业管理学系硕士论文，2004 年。

黄英琴：《马祖童谣研究》，台东大学儿童文学研究所硕士论文，2004 年。

杨雅心：《马祖地区地名的意涵——一个关于环境识觉的研究》，台湾师范大学地理学系硕士论文，2006 年。

杜佳伦：《马祖北竿方言音韵研究》，台湾大学中国文学研究所硕士论文，2006年。

王海燕：《连江渔村方言词汇调查研究》，福建师范大学中文系硕士论文，2006年。

陈孜涵：《马祖列岛民间传说研究》，台北教育大学台湾文化研究所硕士论文，2007年。

曹诗颖：《马祖民间传说研究》，铭传大学中国文学系硕士论文，2007年。

王传平：《马祖芹壁传统聚落保存效益评估之研究》，世新大学行政管理学研究所硕士论文，2007年。

陈秀玉：《马祖地区教师知识管理与教学效能之普查研究》，铭传大学教育研究所硕士论文，2007年。

曹博钧：《马祖地区教师教学档案实施现况及其功能之研究》，铭传大学教育研究所硕士论文，2007年。

蔡慧音：《幼儿教师数学教学知识管理之研究》，屏东科技大学幼儿保育系所硕士论文，2007年。

陈紫开：《马祖地区国民中小学校长转型领导与学校效能关联性之研究》，铭传大学教育研究所硕士论文，2007年。

三 文化图像

福建南部与台湾南部的请王送王仪式

石奕龙[*]

所谓的请王、送王仪式是闽台闽南人某些地方特有的一种宗教实践，其仪式过程通常如下：某个水边的村镇，在定期的某个时间点里，从水边（河边或海边）请一或几尊"客王"（其称之"代天巡狩"，或"代天巡狩王爷"，或"大总巡"、"代巡"、"千岁"、"王爷"等）到该地巡狩、镇守或祭祀几天后或几年后，用木骨纸糊的，或纯木制的王爷船将其送走。送王时，过去有用木制的王船放于水中，让其漂流走的"游地河"与将木骨纸糊的王船迁至水边并放火烧之的"游天河"两种形式，现统统为"烧王船"的游天河形式，而且不论是木骨纸糊的王船与木制的王船均如此。

请王、送王仪式是闽南人特有的一种宗教实践，但其仅存在于福建南部特别是泉州湾沿岸、厦门湾沿岸地区与台湾南部地区。[②] 我们先看一看台湾的情况。

一、台湾的请王送王仪式过程

黄文博所著的《南瀛王船志》曾对台湾各地的请王、送王仪式做了

---

[*] 作者单位：厦门大学人类学系。

[②] 有人认为福州五帝庙的"出海"也是同样的仪式，因此代天巡狩王爷与五帝一样也是属于瘟神系统，这是一种错误的看法，对其的讨论与争辩，笔者有另文，就不赘言。

一些归纳，他说：三四百年来，台湾地区的王船信仰①，大致已定型，依田野调查的资料分析，至少可以分成六大系统，每一系统皆有其领域、风格和独特的风貌，由南到北为：

（一）东港溪流域系统；（二）二仁溪流域系统；（三）曾文溪流域系统；（四）八掌溪流域系统；（五）朴子溪流域系统；（六）澎湖地区系统。② 东港溪在台湾最南部的屏东县境内，二仁溪是台南市和台南县、高雄县的界河，曾文溪是台南市与台南县的界河，八掌溪是台南县与嘉义县的界河，朴子溪在嘉义县境内，澎湖与云林县、嘉义县在同一纬度上。虽然黄文博的归纳并不一定完全准确，例如在云林县中部海边的台西乡也有请王送王仪式的存在，但不管怎么说，这些地方均在台湾的南部地区，换言之，在台中以南的沿海村镇多可以见到请王、送王仪式，而在台中以北的台湾北部地区沿海就很难见到这种仪式的存在，台湾东部地区可以说从来未见。

黄文博还归纳了一下台湾请王送王仪式的一般过程，只不过他用"王船祭"或"王船信仰"来界定，如他说："台湾王船信仰虽有东港溪流域、二仁溪流域、曾文溪流域、八掌溪流域、朴子溪流域和澎湖地区流域等六大系统，但外观上，都由'造船仪式'开始，经'请王入醮'、'迎王绕境'到'祭船仪式'，再到'送王仪式'而结束，循此脉络可掌握各地王船信仰的梗概。"③

"造船"一般分为三个阶段："艍祭活动"、"打造王船"和"王船出澳"。

"艍祭活动"计有四个步骤："取艍"、"造艍"、"请艍"和"安艍"。所谓的艍，也有人用"椮"字，它们都是土俗字，前者用"舟"字为偏旁，表示其为舟的一部分，而"参"字为表音的；后者以"木"为偏旁表示龙骨由木料构成，"参"亦是表音的。台湾人用韦氏拼音来记闽南方言的音，其为 chhiam。而在大陆，用拉丁拼音来记录闽南方言的音，其表现为 qiang，实际上这个闽南方言音的本字应该为"签"，即指包括王船在内的"福船系"各类船只的龙骨，这是因为龙骨为长条状，类

---

① 对请王、送王仪式，黄文博用"王船信仰"、"王船祭"来界定，笔者以为不妥。因为其容易引起误读与误导，故以"请王、送王仪式"来界定，可能可以更准确地认识这一汉人特别是海峡两岸闽南人的民间宗教实践。
② 黄文博：《南瀛王船志》，（台）南县文化局，2000 年，24 页。
③ 黄文博：《南瀛王船志》，（台）南县文化局，2000 年，37 页。

似"篓"这个字的本来意思——细长条的木制品。故下面虽引用黄文博的陈述，但笔者使用"篓"或"龙骨"来替代"簪"或"椮"字。

"篓祭"的第一步骤为"取篓"（取龙骨），即选取龙骨之材，其尺寸和来源，需依照神示来选。传统龙骨应以活树的树干为之，像榕树、樟树、龙眼树、樣仔树（芒果树）……甚至刺竹亦可，取篓时必备香案，并以锣鼓、香阵相迎，这以台南县西港庆安宫最具排场；晚近环保意识抬头，砍树不易，乃多直接到木材工厂里选择材料。

第二步骤为"造篓"（造龙骨），即将树干取回王船厂，委请造船师傅制成龙骨，其形状多为"⌣"状。

第三步骤为"请篓"，即将制好的龙骨送到送王地点（烧王船地）举行请篓仪式，请道士为龙骨开光点眼，择时（由神选定）赋予神灵，如烧香请神，用朱砂笔在龙骨前后左右念咒点捺，象征龙骨已获得神性。此外，这时也需为王爷的先头部队如纸糊的官将大爷、兵卒、水手等开光，以便进驻王船厂执行任务。在台湾不同地区，所请的官将大爷有些不同，如曾文溪、二仁溪、八掌溪一带，必请"总赶公"和"厂官爷"，前者是领航之神，后者是督造王船之神，不过在这些地方，人们只是为他们安一神位，而不纸塑神像。在东港溪流域则请俗称"大公"的神，此神专门负责"看罗盘"，功能类似"总赶公"，其造型为清代的官爷。澎湖地区则请"大厅爷"和"厂官爷"，前者是王爷的总管，其功能是督办送王祭典的行政官，是澎湖地区必请的神祇，后者的功能也是督造王船，在澎湖可有可无。

第四步骤为"安篓"，取篓后，以锣鼓、香阵等将龙骨迎入王船厂安篓，就是将龙骨"安座"于船台上。同时，做"合船底"仪式，又造船师傅在龙骨前后钻洞，埋入诸会首或醮祭执事所献的硬币，以示"安篓生财"，密封后，结束一连串的篓祭活动。接着就是打造王船的程序。

打造王船，即全权委请造船师傅依照神示的尺寸建造王船，分木工与彩绘两部分，彩绘部分多由造船师傅另聘画师完成。现在制作一艘渔船大小的木制王船，大致需要一个月的时间，造价约为五十多万台币；而竹骨纸糊的王船也需要十多万台币。

王船造好后，就进入请王送王祭典的准备期，这时庙方会择日先举行"安梁头"、"安崁巾"和"安龙目"等仪式，接着再择日举行"王船出澳"仪式，即将王船推出王船厂，进水"抛椗（抛锚）"，而在此之前还有"竖桅"、"盖帆"等仪式。

安梁头即安龙头，其为在船首（梁头）部位吊挂 12 条五色线，每条线下系 3 枚铜钱，表示平安发财，其下双龙图案中央安放一个兽面铜镜，形成"双龙抢珠"图像，用于照妖避邪。然后在铜镜上再覆盖红布，此即"安崁巾"，其有抑制凶煞之意。最后，在王船前方两侧各钉一个"龙目"，并用净炉熏之，此为"安龙目"。

安龙目后，象征王船已如一条有灵气的神龙，于是庙方再择日为王船举行"进水出澳"的仪式，在出澳前还需为王船竖桅与盖帆，即竖起前中尾三支船桅及将各桅的风帆升起，表示王船"扬帆待发"，再将王船由王船厂推出，此称王船出厂，再移到停泊地抛椗，将王船的"椗齿"浸于王船前盛水的缸钵或盆桶中，象征王船暂时停泊在这里，等待王爷等登舟。近年来，由于王船越造越大，在王船厂中已无法竖桅、盖帆，所以，竖桅与盖帆都改在王船出厂抛椗后才进行。此后，开始让信善"添载"，有的地方特别是曾文溪流域及其南北地区，还将"七星平安桥"与王船捆绑在一起，让信善来过关，这也成了庙方的一种新的生财之道。

王船出澳后，请王、送王仪式就逐一开始了。

首先是"请王入醮"，请王即迎请王爷（千岁爷、代天巡狩、大人、总巡等）莅临之意。所迎请的王爷一般叫"客王"，即"代天巡狩至此为客的王爷"，民间尊称"代天巡狩"。请王一般都在海边或溪河水边进行，以符合"王爷来自海上"的民间传说，而且这一地点与请签和送王的地点基本相同。请王的时间，有的在白天，有的在午夜。东港溪、二仁溪流域和澎湖地区多在白天，尤其是上午最多；其余则多在午夜，特别是曾文溪流域及其南北一带，原因可能和各地对王爷的态度有关。选择白天请王的地区，多将"千岁爷"公开化，而午夜举行的地区则将王爷神秘化，利用黑夜进行以彰显其神秘色彩。

在水边请到王爷后，得将王爷请入庙宇为其设立的"代天府"安座，让信善们祀奉，由此也开始从事"王醮"，这一般都请道士团来从事，常见的为三朝、五朝、七朝王醮，有的地方如澎湖也可能做一个月。王醮期间，除了道士团做一系列道教的仪式外，民间所举行的是一连串的"宴王"（亦称"贡王"）。有建醮者，宴王通常融于醮祭中进行；无建醮者，则依该地的祭程举行。一般而言，送王前的最后一场宴王都是最为讲究排场的。

请王安座入醮后，除了朴子溪流域系统外，其余各地都会举行 1～

4 天的王爷绕境游行或出巡活动，此即"迎王绕境"。不过各地的称谓可能有些不同，如东港溪流域一带称作"迎王"，曾文溪流域一带叫"刈香"，澎湖地区谓之"出巡"，而且有"游海景"的"海巡"和"游山境"的"陆巡"的不同。此外，由于澎湖地区请王与送王之间的时间间隔很长，所以澎湖地区的这种出巡不再请王后举行，而是在送王前几天内或前一两个月内举行。

这类出巡主要是"王爷出巡"，其形式是王爷的神辇里供奉着"王令"出巡，因为王船需几十人抬才可陆上行舟，所以早期王船无法出巡，现在，王船多置于车上运动，故有的地方王爷出巡时，王船也跟着出动。其次，跟随王爷出巡的还有各地的各种阵头，如八家将、宋江阵、蜈蚣阁、牛犁阵等，所以出巡的队伍往往浩浩荡荡。场面最为壮盛的，有曾文溪流域的苏厝、西港、佳里，二仁溪领域的茄定、关庙、归仁和东港溪流域的东港、南州、小琉球等地。

绕境之后，除澎湖地区接着进入长达一个月的醮祭外，台湾本岛上的各地都开始做祭船和送王的准备了。

祭船即"拍船醮"，道士团主持，为即将扬帆起航的王船"净船"。整个净船的仪式可能包括"和瘟"、"添载点仓"、"唱班点将"、"开水路"等仪式程，而在有些地方还有其他仪式，如在东港，祭船前还有"迁船"活动。该活动就是迁动王船游境，为辖区做最后的"押煞"工作，所以每当王船经过，各家各户都会同时举行"改运"的仪式，将晦气厄运等让王船载走。此俗原本为东港一带流行的风俗，但近些年来，各地也多效仿他们，迁船活动变得较为普遍化。

"和瘟"的道士科仪多半在午夜举行，透过和瘟仪式，借由道士的法力，以温和的手段请瘟神、疫鬼、邪煞等走路。在曾文溪流域一带则强调"解缆"仪式，道长以象征的手法为王船解开缆绳，表示等待起航。此仪式后，就开始"添载点仓"，道长依《王船舱口簿》逐一点念行船所用的民生器具百物，使之无一不具，让王船行于海上能衣食无忧、娱乐无缺。接着"唱班点将"，逐一叫念王船官将兵卒是否已经全员上船。再接着就是"开水路"，先在船头、船尾泼洒清水，象征潮水已到，然后在船前用锄头划一道长痕，表示已为王船开了水路，象征王船可以直航大海了。接下来就是送王仪式了。

送王即"恭送王爷启行"之意，俗称送王船。在清代中叶以前，多采用"送之水滨"的放水流的形式，此俗称游地河。虽然到 20 世纪初仍有此俗，但常因"祸延他地"或出海不便等理由而慢慢改为火化的形式，即所谓的"游天河"，也俗称"烧王船"，今天"烧王船"已成了最流行的形式。

送王仪式各地所见大同小异，都是将王船送到海边或河滨的空地上火化。送行的方式以推、拉王船行进为多，只有朴子溪流域一带还维持着以肩扛的方式运送王船。火化的时间，东港溪流域都在午夜之后进行，其余地区则在白天进行，不过曾文溪及其南北一带多在上午举行，朴子溪流域多在傍晚举行，而澎湖地区则不定。此外，在火化王船后，有的地方还有"抢鲤鱼"的习俗。①

上述的一般程序，黄文博说是台湾的一般情况，但准确点说，应是台湾本岛上的一般情况，而在澎湖地区，情况有些差别，这主要表现在：澎湖地区的村落请王仪式与送王仪式之间的时间间隔都比较长，如黄文博归纳的澎湖请王、送王程序为：1. 请王多依童乩神示而定时日，所请王爷皆称客王；请王时同时迎请大厅爷和厂官爷来祀奉。2. 请王数年后才送王，一任三年，任满可呈送疏文禀请玉帝准予留任，有些地方更成为"留王"。3. 有关王船，通常等王爷决定离境时才造。4. 王船造后，全庄轮流"送菜"（添载）。5. 王爷离境前，先行迎王绕境，王船行于阵前。6. 迎王结束后建醮，有公醮和私醮，时间长达一个月。7. 王醮结束后举行祀酒宴王之礼，"报马"必须表演"查夜"。8. 送王前，"小法仔"要行"结账"仪式。9. 送王时，神职人员要向王爷"辞职"，以免被带走。10. 火化后，偃旗息鼓，默默离开，以免王爷又回来。②

由此看来，我们实际上可以将台湾定期举行的请王送王仪式过程分为两类：一类为先从事送王的准备工作，然后请王（包括绕境）、送王（包括祭船等）仪式在较短的时间内持续运作，此为台湾本岛上的情况。另一类为请王与送王分别从事，先请王，请王后需纸扎王爷等神像供奉，过几年送王，送王之前才开始造王船等送王的准备工作，③ 这是澎湖地区的一般情况。此外，有的地方实际上还存在不定期的送王仪式，

---

① 黄文博：《南瀛王船志》，（台）南县文化局，2000 年，第 37～49 页。
② 黄文博：《南瀛王船志》，（台）南县文化局，2000 年，第 35～36 页。
③ 现因经济实力增强，多数地方都在请王后就开始造王船。参见余光弘、黄有兴撰修的《续修澎湖县志》卷十二《宗教志》，澎湖县政府，2005 年。

其原由是因地方不靖而为，① 故现已少见。因此，我们大体可以将台湾的请王、送王分为不定期与定期两大类，定期还可以分为短时间从事请王送王程序的形式、请王、送王间隔较长时间的两类。

二、福建南部的请王、送王仪式过程

在福建，请王送王仪式俗称"请王送王"、"送王船"或"做好事"、"做祖事"等，其仅存在于闽南地区，特别是厦门湾与泉州湾沿岸地区，分定期与不定期两大类。不定期的如泉州富美宫的送王仪式，多因地方不靖、不宁才举行，而且其程序多为富美宫的主神萧王爷（萧望之）奉命派遣手下的各姓王爷用王船押送瘟神或邪煞、肮脏等出境的形式，故其多没有请王程序，而只有送王程序。

定期的请王送王仪式分为两类，一类为请王来驻跸、镇守几年后，再行送王爷离任的送王仪式的形式，即请王与送王仪式相隔几年的形式。另一类则是请王与送王的仪式在短时间内完成的形式，而且在这一类中，还包括了一些不造王船，甚或连王爷也不糊制的简单的请王送王形式。下面我们粗略地看些实例：

1. 请王与送王仪式相隔几年的请王送王形式

在厦门市同安区的吕厝村，就存在着这类请王送王仪式。吕厝村通常定期在子、辰、申年请王、送王。一般的情况是王爷年的正月初四迎接新任的王爷，而在十月里送上一任的旧王，如以一任王爷的情况看，这种举动为请王后，需在四年后才送王。其过程大体如下：

1）请王或接王

据华藏庵边上的《华藏庵史略碑志》记："代天巡狩以子、辰、申命任岁次，是年孟春初四迎接新任王爷。此日吕厝、卿扑、三社吕（四口圳、古湖、后垵）旗鼓辇队，更有迢郡邻邑邻梓之众多善男信女，千里不辞，诚心而至，共赴海沿，迎接新任王爷。"王爷接到后，则顺着吕厝和何厝村北的大路返回，先到何厝祠堂拜拜，然后走到同溪车路上，再从那里转进吕厝村，先到吕姓祠堂拜拜，然后回到华藏庵，并在当天或隔天由乡老与童乩们用卜筊或扶乩等方式来了解新任王爷的尊姓，如壬申年请的是吴王爷。

---

① 余光弘、黄有兴撰修：《续修澎湖县志》卷十二《宗教志》，澎湖县政府，2005 年，第 17 页。

2）请新任王爷到各村坐镇

这科王爷入华藏庵后的几个月中，附近的一些村落会派人扛着神辇来此，把新王爷的名号写于一张红纸（即神位）上，放于神辇中抬回村里拜拜并让新王在该村驻守四年。这种活动的范围大体是以现同安区的西柯镇、祥桥镇为主，例如西柯镇的潘涂村农历二月十二日接去新王，下山头村三月十五接新王去该村拜拜，祥桥镇的四口圳村是正月十六接新王等等。

3）农历三月举行俗称"迎香"的巡境或绕境或出巡活动

据《华藏庵史略碑志》曰："季春望日各村筹精巨异式多种艺术行伍，据四口圳埔会合，序列视察大游伍，游览村道，翌日复聚卿扑，依此续游，俗曰迎香。"

4）决定送王的日期与时辰

四年后的丙子年六月决定送走壬申科吴王爷的日子与时辰。事先庙方会请择日师选几个日子与时辰，然后在王爷前卜筊决定，确定后张榜公布。如1992年六月决定送四年前接来的戊辰科（1988）郑王爷的日子与时辰为农历十月廿九日凌晨四时。这样，四方善男信女就有所准备，届时会赶来参加送王仪式。

5）送王回庵与竖高灯

农历八月开始到十月，凡在四年前正月到三月间请当年新任王爷到本村坐镇的各村落，都会陆续把请去的王爷神位送回华藏庵，然后一起在吕厝华藏庵送王时送走。

农历十月初二，吕厝和东头埔村都要竖起灯篙，使"旧王调本部他镇兵将返庵，期待离任出发"。此外，从十月初二开始，吕厝华藏庵理事会就从厦门市请匠人来此地，在何厝的何姓祠堂里糊王爷、差役、神驹、王船等，而这些都需在十月二十六以前完成。而在糊王船的过程中也有祭筊等仪式。

6）迎王、敬王、送王

1992年十月廿九日送戊辰科郑王爷的那天早上，吕厝华藏庵先派人去隔壁村子何厝的何姓祠堂中，将制作好的王爷、王爷的手下、王船等迎到吕厝华藏庵布置好，开光后，接受村民的敬奉，同时也有道士做王醮。下午，王爷的神辇在吕厝村与东头埔村中"吃香接"，接受村民的"敬王"供奉。廿九日半夜，王船启行先迁船至王船地（即烧王船的场所）。凌晨四点左右，由乩童等来到华藏庵上身后，大伙扛着王爷等到王船地，将王爷送上王船，然后点火，送王爷离任。[1]

2. 请王与送王仪式在短时间内完成的形式

在一个较短的时间段中连续完成请王与送王仪式的这类请王送王形式在闽南地区比较多见，漳州市角美镇鸿渐村的请王、送王仪式就是其中一例。

鸿渐村请王与送王仪式定期在鼠、兔、马、鸡年的十月举行。

2005年为鸡年（乙酉年），即村民所谓的"到科年"。在农历八月初十，鸿渐村的凤山宫组织村民到东屿村的王爷庙水美宫刈香，并在那里卜筊，问今年来的王爷的姓氏。通过卜筊，得知今年"到任"的王爷为"朱王爷"。刈香以后，凤山宫理事会又派人去请角美镇龙田村的道士推算"王船龙骨开斧"（即签祭）、竖灯篙、请王、开荤、送王的吉日与吉时。根据推算，选出农历九月初二王船龙骨开斧，九月三十日竖灯篙，十月初一请王爷或迎王爷，[2] 十月初四开荤，十月十一到十三日举行王醮与送王。此后就根据此择定的日程从事仪式过程。

1）签祭

农历九月初二，理事会请来道士、木匠和纸扎师傅，由他们在许氏大宗祠里举行王船龙骨开斧仪式。然后以宗祠为王船厂，在里面糊王船、王爷等，并供奉厂厅公与妈祖，他们是造王船的监督官与护送王船出海的保护神。从事完签祭后，由木匠师傅造船的骨架，再由糊纸师傅完成王船的制作，还有王爷及其随从如侍女、印童、吼班、差役，以及请王送王时需要的一些纸扎器物。

当师傅们忙着为仪式准备纸糊的王爷、王船等时，宫庙理事会也在请王仪式前抓紧选出这次科仪的头家和"主会"等，他们将充当王醮中的主祭等。

2）竖灯篙布置醮场

根据理事会的通知，鸿渐村的各家各户在九月三十日（公历11月1日）都重新换上新的门联，竖起灯篙。理事会的成员则负责布置村里的各宫庙，村中的三座庙宇前都竖起了灯篙，换上了新门联，如太保公

---

① 石奕龙：《同安吕厝村的王爷信仰》，《台湾与福建社会文化论文集》，（台）民族学研究所，1994年，第192～198页。
② 有的地方也称"请水"，既在水边（海边、江边等）请王，也指请水神赐予圣水，用于净坛。

庙的门联为"向阳门第纳千祥，如意人家生百福"，横批为"代道宣扬"。凤山宫中门的对联为"代天巡狩宣德化，为是解厄布仁风"，横批为"代天巡狩"；左边门的对联为"天泰地泰三阳泰，神安民安合境安"，横批为"五福盈门"；右边门的为"建醮三朝庆吉祥，天恩吉庆表诚心"，横批是"吉祥贵富"。凤山宫作为客王的"代天府"，其庙前竖了两支灯篙，一阳一阴，以便邀请招呼神灵、鬼魂等来赴宴。大宗祠因暂作王船厂，其门前也竖有两支灯篙，对联也新换成"合家平安添百福，满门和顺纳千金"，横批则是"五福呈祥"。

灯篙竖起，象征该村落正式进入仪式时间，从这一天开始，他们需要斋戒三天，吃素净身，并以素的供品祭祀王爷，以示虔诚敬意。其次，灯篙竖起，也建构了一个仪式空间，其表示这一空间向天神、地祇、鬼魂等发出邀请，欢迎他们来这一仪式空间中享宴，共襄盛举。

3）请王与净灯篙

农历十月初一早晨五点（卯时）左右，来自角美镇龙田村自静靖应会坛的道士就和理事会的人一起，抬着凤山宫的神灵到村中许氏大宗祠门口迎请王爷。他们在那里吹法号、摇帝钟等，用盐米、净水洁净后，为纸糊的王爷以及随从等开光，表示王爷请到，然后敲锣打鼓将纸糊的王爷神像迎到凤山宫中安座。

在闽南地区，民间认为这类王爷为代天巡狩王爷，如凤山宫的理事许阿强就对笔者说：王爷是代天巡狩王爷，替玉帝巡狩民间。另一位村民则说：王爷是巡按，过几天村里把王船做好，上面会挂十几盏灯笼，那是王爷巡按的省份。他每隔两年来这里巡狩一下，住几天就走，不常驻扎在村里，而且每次来的王爷姓什么也只有"到科年"时通过"问神"才知道。所以，有请王送王祭典仪式的村落几乎都没有代天巡狩王爷自己的庙宇，因此，当这类王爷来到一个村落时，通常都需要借用当地主要的村庙或祠堂作为临时驻跸的代天府，以便村民举行仪式。也因此，闽南的俗民常说"无柴雕的王爷，只有纸糊的王爷"，他们都是客王。鸿渐村凤山宫的主神为保生大帝，配祀神中虽有一尊王爷，但他并非 2005 年乙酉科所请的朱王爷。

当纸糊的王爷神像请到凤山宫时，宫庙理事会的人，把本科轮值来的朱王爷，即纸扎的王爷神像摆在正殿的位置，其旁各有一执扇侍女与一中军印童，一班扛着回避、肃静长脚牌的吼班则安置在两旁低处。而在前殿（即门厅）正中摆放的八仙桌上，安置本庙中的王爷木雕神像，其左侧的八仙桌上，则安置纸扎的监督造船与护航的厂厅公与妈祖及妈祖的部将千里眼、顺风耳和一班吼班随从。同时，凤山宫中也挂出"王府"龙灯和"三朝王醮"的宫灯，以表示这一仪式时间里，凤山宫就是代天府。

代天府布置好，摆上素供品（因是斋戒期间），道士和庙中的"三坛头"联手为之净场，同时也为庙前的灯篙做了"祀旗挂灯"的净灯篙科仪和安上符箓，在把庙宇神灵所属的五营神兵派出后，[①] 他们就到村中竖有灯篙的家庭去做净灯篙的仪式。由于竖灯篙的人家不少，所以道士分为三路到竖有灯篙的人家净灯篙。

4）斋戒期间的祭祀与开荤、添载

九月三十日，竖起灯篙后，村民开始斋戒，素食净身，以表示对神的敬意。在这三天中，凤山宫中的供品都是素的，如果盘、钱盒与甜茶，村民去凤山宫代天府敬王时，供奉的也是素食，如斋菜、水果等。

斋戒三天后，于十月初四开荤，即开始用三牲祭祀天公、王爷。除了代天府外，各家在这天的早晨也需在家里摆一个"天桌"用三牲祭祀天公，以表示开荤。这以后到初十为止，村民就可以带着三牲、五牲甚至生的整猪、整羊来庙里祭拜、"贡王"，并根据理事会的通知，给王船添载，一家至少添载金纸600张、米两担、柴两担（即四小包米、四小捆柴，以代表米两担、柴两担，也代表送给王爷等的柴米油盐，而且多多亦善）。

5）装饰王船等

美轮美奂的王船是送王祭典中的主角，在请王前，木骨与竹骨扎成的船体已做好，请王后，糊纸师傅就需要在十月十三日前将其制作与装饰好。师傅糊纸、裱布把船形弄好后，再用彩纸等装修、装饰。船首"犁头壁"上画有对称的、上涌的浪花纹，上面有一阴阳相拥的太极。犁头壁上方，装饰一立体浮雕的狮面吞口，以模仿古代官船的模样。船尾装饰着双龙抢珠的图案，并写有"顺风相送"的吉祥语。后舱尾上设有奉祀妈祖和厂厅公的官厅，官厅的后部插着五方龙旗或五营旗。船的中部则有代天府。船身的"船稳"之下为白色，上装饰一些水波纹、云纹；船稳之上的船帮，装饰着八仙和一些代表富贵吉祥的图案，以及画有"龙目"与泥鳅，前者象征王船即真龙，后者则代表船体滑溜，能快

---

① 此以五营旗代替，其安置在庙的广场前部，边上也钉有五营符。

速行进。船帮上还插有水手、神将等纸扎神像和许多小旗，两边并各有些十二生肖旗；船头两旁各插有写着"代天巡狩"、"合境平安"的红色醮旗；船尾则插着"三军元帅"、"天上圣母"、"帅"的黄色令旗。此外，船尾部还插有纸糊的"万民伞"，表示这船是一种官船。甲板上有三根桅，此外如船舵、锚锭等也一应俱全。

除了装饰王船外，糊纸师傅还需扎一些其他神像与物品，如普度用的"大士爷"、"浴室"，门神殷郊、殷洪，镇守路头的"路头尪仔"，挂在船上的省份灯笼，让村民还愿用的戏盒等。

6）建立神坛与闹厅

十月十日下午，龙田村的道士们来到鸿渐村，他们先在庙里搭建王醮期间的神坛，民间俗称此为"排三宝，点天灯"。他们在凤山宫的后殿设三清坛，在纸扎的王爷神像周围挂上三清、四御、天师、雷公等布质神像，每张神像下有一神案，上供着给神灵的疏文。王爷神像前安置有长条神案，上蒙着写有"代天巡狩"名号的"八仙彩"，上供着四个"斗灯"。其前面的供桌上，也排列一排疏文，并放有磬、木鱼等道士做仪式用的法器。桌子前有一小空间，为道士做仪式的空间。而在内坛的坛口则设一个"金阙"，以其来隔断内外。

三官坛则设在前厅，其正中供奉宫庙中原有的木雕王爷，而且把前几日安放在王爷近旁的差役、吼班等也移到这位王爷的身边。其左边仍供奉着纸扎的妈祖与厂厂公。此处比较开放，村民可在此供奉祭品与上香。

神坛安置好后，需要"闹厅"，所以在晚饭后八点左右，道士们集中起来在三清坛中敲锣打鼓半个钟头，理事会的工作人员则在庙门外放鞭炮，热闹一番，象征王醮的道场已设立，三朝王醮的仪式准备就绪。

7）消灾祈安醮会

十月十一日，王醮正式开始。这天所做的科仪，道士说是"祈安清醮"，村民则说是"王爷醮"，各有各的表述。清早五点，道士就盥洗净身穿上道袍后起醮，他们启鼓、发奏表文、请神、竖旗，念了十几道牒，竖起七星灯、玉皇旗，为门神开光，启请"圣真洞"等各路神仙光临，拉开三朝王醮的序幕。宫庙的三坛头也行动起来，在庙前用清水与草料等"犒兵马"（也称"犒军"）。起醮后，道士们也贴出"灵宝祈安植福金章"的榜文告示，训令境内阴阳两界，遵循法纪，扬善除恶，并告知今年参与王船祭典的村中执事和各家户主名单以及仪式的程序等。

早饭后，道士们分为两大组，一组在庙中从事祈安消灾醮会，一位道长在庙中诵经、献敬，头家中的三主今天轮到在庙中代表全村人跟着道长做主会献敬、午敬等科仪。所念的经文有：灵宝五斗真经、灵宝三官宝忏、三官经、玉枢经、灵宝祈安清醮朝天宝忏等。另一组则是到各家去做"入户祈安"科仪。晚上，三清坛内举行"分灯卷帘"科仪。村中的戏台上则演着酬神戏。在正式演出前，演员需扮成天官、八仙、状元夫妇的模样来到凤山宫，在庙堂内祭拜一下，表演传统的"三出头"：天官赐福、八仙贺寿、状元送孩儿，祝愿鸿渐村村民能有福禄寿，添丁、添财，仪式完成后才返回戏台去演"大戏"。

8）进拜朱表

三朝王醮第二天的主要科仪，道士说其叫进拜朱表，也称登台拜表，而村民则称之为"天公祭"或"拜天公"。十月十二日一大早，天还没有亮，代天府门前广场已经搭好一个临时的神坛，原内坛坛口的金阙临时移到台上，挂在那里象征南天门，其前的供桌上安置一个纸扎的宫殿，内有玉皇大帝的神位，以代表天庭，供桌上还有斗灯与道士的法器、香炉等。台下则有一些供桌，最前面供着一头嘴里含着一柑子的生猪，后面的供桌上，则供着公家与头家的供品，每份有包括猪头在内的三牲、发糕、年糕、红龟粿、红圆、甜饭、果盘、饯盒、茶、酒、天金、寿金制成的元宝、黄色的高钱等。各家各户也自己扛一小桌按顺序排在广场上以及庙两边的路上，上面堆满了各式供品如三牲、红圆、红龟粿、酒、茶、天金、寿金、高钱、鞭炮等，香炉中点着香，桌上点着红烛，使这个庙埕广场被挤得水泄不通，且香烟缭绕。

清晨六点吉时一到，道士团开始做"灵宝祈安清醮进表"科仪。道士先在坛下的供桌前念灵宝祈安清醮进表科仪的经文，发表邀请天上神灵前来参加祭典盛会，然后登上象征天界的神坛，在坛上祭拜、"送天书"、进表、诵《灵宝祈安清醮进表科仪》经文等。

早饭后，道士分成两组，到有竖灯篙的村民家中去做俗称"拜灯篙"的入户祈安仪式。庙中则留有一道士念经、做午敬等。

晚上，代天府前的小河边举行"燃放水灯"仪式。七点左右，高功道士在水边念祭文，执事人员在岸边烧纸钱后，往水中施放了12盏水灯，并将带来的供品尽数洒入水中，意为燃放水灯普照晶宫泽国道场等，照亮黑暗的水面，祈求神灵等保佑人船平安，禳除灾难，去祸迎祥。

9）迁船巡境

十月十三日，道士说这天的仪式为普度、烧船，而村民说这天主要是送王。上午七点左右，在道士与三坛头的合作净场下，王船从祠堂的厅堂中移到祠堂前的埕上，此为"王船出厂"。村民将王船固定在一个用杉木做成的架子上，并安上生肖旗、五营旗、醮旗，把桅杆、船帆等放在船的甲板上。

八点左右，凤山宫的三坛头再次用盐米为王船洁净，道士则吹着法号为其助威，然后，放起一阵激越的鞭炮，聚集在祠堂门口的锣鼓队、军乐队也奏起乐来，顿时锣鼓喧天，军乐队的进行曲响彻云霄。在此喧闹声中，村中16名男性村民将王船抬起，船上有一"舵公"敲一面小锣指挥，一支浩浩荡荡的队伍开始出发，此即王船出澳去村中绕境巡游。这种迁船巡境或王船巡境的主要作用就是为鸿渐村每个社的村民做最后的"押煞"工作。因此，王船所到之处，各家各户燃放鞭炮，摆香案持香膜拜迎送，祈求改运纳福，并将晦气、厄运、邪煞、肮脏等让王船"载"走。绕境完，王船停在王船地，即凤山宫后的一块空地上。

10）祭船

王船落地后没多久，庙中的三坛头、主会等开始布置俗称"船头醮"或"祭船头公"的祭船仪式的场所，他们在王船前面插上黄黑两面大旗，黄色的大旗上写着"无上正真三宝天君、太上无极大道、玄中紫洞宗师、三十六部尊经、混合百神、告盟三界、祈安清福、道庆迎祥"等神灵的名号与祈福语言，实际上是一个巨大的符令。黑旗则据说象征该地是送王地即烧王船的地点，这些都是王醮中的器物。此外，也在船的前面安置了供桌等，并给王船装上18个写有各省份如福建、广东、广西等名称的灯笼，这些灯笼表示王爷是十八省的巡按，同时也表示王爷将去这些省份巡游。

各家各户也在这段期间陆续来到王船前摆上供品祭拜。十点半左右，去入户祈安的道士和头家们回来，他们集中在代天府拜祭王爷后，鱼贯来到王船前举行俗称"船头醮"或"祭船头公"的祭船仪式。道士在榜文上则称此仪式为"和瘟净醮"。

这时王船前摆满各家的供桌，上面满是供品。道士则在供桌前诵念《灵宝禳灾船醮科仪》经文，然后为王船净船、开光、开水路，将王船的两个锚锭放在王船前的两桶水中，表示王船已停泊在港湾中，可以准备起航了。

11）登座普度

烧王船之前需要做的最后一个大型祭礼就是道士所说的"登座普度"，民间则俗称"做普度"，其主要是祭鬼，为孤魂野鬼饯行。由于凤山宫前的广场比较小，普度场面铺展不开，所以普度的道场改在村中心的广场上举行。在村中心的戏台对面设有一个普度公坛，内供奉着还未开光的普度公。戏台上，执事们为道士的科仪设立了一个神坛，一溜供桌像主席台一样地横在戏台的前部，供桌上摆着道士的法器，如木鱼、铙、帝钟等，和要施舍的供品如馒头、水果、糖果、饼干、香烟、大米等，中间的一张桌子上压着一张黄表纸写的"本坛疏"。戏台下还堆着一些给孤魂野鬼用的斗笠、草鞋、毛巾、肥皂、牙刷、牙膏、扑克、纸牌、象棋等，和两个纸扎的浴室，其分男女，据说这是给来享用普度盛宴的男女幽魂分别净身使用的。戏台下的广场上，家家户户早已自己扛来小供桌，上面摆满了祭品，其中除了香烛、三牲、果盘、钱盒之外，还有专用于祭拜鬼魂所用的白米和饭菜，以及银纸、库银、经衣（上印着各种日用品，如裤子、衣服、锅、手表、电冰箱、热水瓶、电视、音响等，代表给鬼魂带到阴间使用的器物）、龙图（上印有官服的图案，给鬼魂用的）等。

下午三点左右，普度的吉时一到，道士团随着乐师们的伴奏，来到普度场，先为普度公开光，让普度公坐镇，而使各路鬼魂不许乱来。然后，登台而坐，面向台下的信众诵念《灵宝禳灾祈安普度科仪》的经文和疏文。根据道士科仪的进度，头家代表信众在普度公前拜请各路鬼魂来到醮场，去浴室沐浴后出来享用祭品。在台上的指令下，信众们纷纷将自家带来的经衣、龙图等，拿到普度场专辟的一个角落，将其堆成一座小山，这些都将烧给孤魂野鬼们带回阴间使用。待道士们诵念一会儿经忏后，就开始进行"普度品洒孤净筵"的环节，道士将供桌上的祭品一一画符洁净，打上手印后，洒向台下，台下的信众也纷纷拥到台前争抢。据说将这些道士洁净后洒下来的祭品包起来放到自家的米柜里可以驱魔避邪，保佑自家五谷丰登，平安吉祥。待此施舍环节结束后，普度仪式已近尾声。大约五点，道士们念完经文，发出可以烧金的指令，台下的信众就将自家带来的银纸送到焚化处，而主会执事们则把普度公、纸扎的浴室、斗笠、草鞋等公家备置的普度物品送到焚化处，然后点火烧化，村民们也把带来的鞭炮扔进火中。在震天响的鞭炮声中，道士团下台返回宫庙中，信众也开始收拾物品散去，准备迎接整个王船祭典最高潮的到来。

12) 烧王船

烧王船即民间俗称的"送王"或"送王船"。送王就是"恭送王爷启行"的意思，在道士的榜文上写为"送王爷归洞府，送仙舟归海岛"。俗谓"送王船"是因为王爷启行多乘船而去，所以民间也称送王为送王船。在清朝中叶以前，闽南地区在送王时多采用以木制王船"送水之滨"的放之水中流走的方式，俗称此为"游地河"。但是后因为木制王船漂到他地后有"祸延他地"之弊，或有出海不便、堵塞航路之弊等原因，在清中叶之后，闽南各地逐渐改用火化纸糊或木制王船的方式来送王了，此俗称为"游天河"，也即现在人们常说的烧王船。

根据道士事先的择定，农历十月十三日晚上八点半为烧王船的吉时。六点多吃完晚饭，宫庙里的执事们就开始为送王准备了，他们将堆在庙里、村民送来为王船添载的柴、米、油、水、锅及船上的贵重物品装到船上，金纸则堆在船的周围，为送王仪式开始做准备。在他处贴着的王醮榜文也揭下来，送到船上，镇守在村中 11 个路头的路头尪仔也撤回来，先放在庙里。

七点半左右，凤山宫就开始热闹起来，送王的村民陆续来到宫庙附近，把广场、道路都挤得水泄不通，在宫庙边上候场的军乐队、威风鼓等这时也开始吹吹打打演奏起来，乐曲声、锣鼓声震耳欲聋；有些村民在王船周围施放烟火，各式各样的焰火冲天而起，绽放出漂亮的图形，也映亮了夜空。

八点左右，道士团在王爷前占卜获得神灵准许后，执事们将安奉于代天府的王爷、印童、侍女、妈祖、厂厅公、差役等几十尊纸糊神像送出庙门，在净香炉的前导下，送到庙后的烧王船地点，并依其角色的不同，一一装进王船内各厅舱，各安其位。而门神、路头尪仔等则送到凤山宫前的广场上，送走这些神灵后，凤山宫关起两个边门，表示王爷已离开代天府。

八点半左右烧王船的吉时一到，道士在王船前做了简单科仪之后，执事即开始点火"送驾"，有的在宫庙前点燃了纸扎的门神等，有的则在王船的头尾点起火来，火舌一点一点地在王船上升起，不一会儿，就迅速地吞噬着整个船身，边上送王的人群看着火焰的升腾，不断地喊着："发啊！发啊！"，与此同时，各式焰火齐放，绚丽的火花在空中绽放，照亮了整片夜空。鞭炮声、锣鼓声、唢呐声更是响彻云霄。众人执香作揖恭送王爷出海，祈求好运留下，坏运带走。烧了好一会儿，在信众们的注视中，船的骨架坍塌，尾桅头桅也相继倒下，最后中桅也终于被大火烧断而倒下。根据民间的习惯，中桅倒下就象征着烧王船仪式的结束，中桅倒下指向的地方，意味着那个方向的村庄会兴旺发达；同时，那个方向也成为醮后首先拆灯篙的方向。因此，当送王的人们见中桅倒下，即知道此次烧王船仪式的结束，王爷等已乘着王船游上天河，又去别的地方执行代天巡狩之职。至此，各艺阵和信众也相继离去。

13）净油押煞

烧完王船后，代天府前的灯篙也熄了灯，表明各路神灵已离开返回。宫庙的执事和道士们还得马上进行俗称"喷油"的净油押煞活动，为各家各户洁净家户。由于需在夜里完成，而村中家户也比较多，所以道士和庙中的执事人员分成五队到各家去做净油押煞的科仪，以便在规定的时间内完成。每一队都有好几个人，其中一人敲锣，一道士吹法号念咒，一人持一把长柄大勺子，勺子里盛着火油，并点燃着，另一人则提着一瓶酒精或烈酒，每到村中一家，就在其家门口往油火上喷酒精或烈酒。碰到雾状的酒精，勺子里面的火会顿时"噗哧"一声腾高起来，发起尺把高的火焰。这象征着为该家洁净，腾升的火焰也寓意有发家的意思。鸿渐人相信，通过这样的喷油押煞洁净之后，就能家宅平安，兴旺发达。

14）谢天公

十月十四日，送王祭典完成的隔天，宫庙和竖有灯篙的家户都将灯篙卸下来。由于鸿渐人将做灯篙的竹竿留下来以后继续使用，所以只把灯篙头部加设的龙眼枝拆下来，祭拜一下灯篙神，然后和金纸一起烧掉，此俗称"谢灯篙"。然后，凤山宫还需要在宫庙中举行俗称"谢天公"或"压醮尾"的仪式，将请在宫庙侧边的本庙神灵复位，供上祭品，拜谢他们，同时以这些祭品等答谢祭典活动中执事的有关人员。至此，三年一科的鸿渐村请王送王祭典彻底落下了帷幕。[①]

3. 简单的请王送王仪式

穆厝村是厦门岛上的一个城中村，其原在钟宅湾边上，由于城市的扩展以及围海造地，现穆厝离海湾有一点距离。穆厝村每年都举行请王

---

① 石奕龙：《厦门湾里的请王送王仪式》，《地域社会与信仰习俗》，中山大学出版社，2007年，第284～298页。

送王仪式，民间俗称送王或"做好事"。由于每年都做，所以其规模是一年大一年小。做大规模仪式时，穆厝人可能请人糊王爷与王船，但做小规模的仪式时，穆厝人就没有纸扎的王爷与王船。然而其仪式过程仍有请王、送王过程，只是仪式中的象征物有所不同。

穆厝村有座二河宫，其主祀神灵为崇德尊王，配祀有妈祖、哪吒等。其请王送王都在农历十月份，2005年为十月十八日（2005年11月20日）举行。十七日主要是布置代天府，他们将该庙的前落布置为代天府，因当年是小规模从事，故没有请人来用纸扎王爷、王船，只是在后厅的厅口设一天公坛，供奉玉皇大帝与三官大帝等神位，并用其将前厅与后厅隔开，在天公坛前摆放一张长桌，后放三张椅子，以此表示有三位王爷（康、金、李三姓王爷，由乩童卜筊确认的）将来该地接受村民的供奉。同时，也请来戏班，准备酬谢神恩。

十八日早晨，将本庙中的神灵请出，安置在庙左前的神辇中，既表示迎接代天巡狩王爷之意，也便于晚些时候的绕境活动。然后，由二河宫的女乩童在庙门前靠海湾的一边"呼请"王爷入代天府已布置好的座位就坐，此即简单的请王。

接着为简单的敬王或祀王，即在桌上摆上三份供品，此为贡献给这年请来的三位客王的。村民也陆续来供奉与祭拜，由于场所的关系，供桌摆在庙右的埕上，便于村民来祭拜、敬王、添载等。

大约十点左右，三坛头则在庙左的埕上作法"犒军"，即祭祀王爷带来的兵将。之后，女乩童在庙内主神前祭拜上身，在庙内外作法，最后告之王令，可以出巡了。故村民整好队伍，抬着各种神辇去村里绕境、押煞，此为"王爷巡境"。

傍晚，再在乩童的指挥下，将村民添载送来的东西，米包、柴捆、金纸等一并火化，送王爷回去，是为送王，同时，也由王爷的押解，将穆厝这一社会空间中的"肮脏"等一并送走，而结束一年一度的请王送王仪式。

三、闽台请王送王仪式的比较

从上述两地民间主体的宗教实践情况看，厦门湾与泉州湾沿岸的请王送王仪式与台湾南部的请王送王仪式存在着一些同与异之处。首先，仪式的名称上看，两地的闽南人多俗称为"送王"、"送王船"、"送船"、"王船祭"、"王船祭奠"等，道士与文献上则称其为"王醮"，在福建南部还有"做好事"、"做祖事"的称呼，但从来就不称其为"出海"，因此，"出海"仪式是福州地方的仪式，与请王送王仪式本质与意义均不相同，并非同一类仪式。

第二，两地的请王送王仪式都是由村落主办的，并非某种神灵的庙宇专有的，即非王爷庙专有的。如在福建南部，厦门同安吕厝的华藏庵虽俗称"王爷宫"，但其称呼是因有请王送王仪式而来，并非其主神为王爷，实际上其主神为水仙尊王（大禹、屈原、伍子胥、李白、王勃）、吕洞宾、姜太公吕尚、日月二大使（殷洪、殷郊）等，并非王爷，该村称鼠、龙、猴年为"王爷年"，届时都在年初迎本届的新王，年底送上一届的旧王。厦门岛上穆厝的二河宫主神为崇德尊王与妈祖等，也都不是王爷庙，但他们每年都从事俗称做好事的请王送王仪式，只不过一年大热闹一年小热闹。漳州市角美镇鸿渐村凤山宫的主神为保生大帝吴夲，他也不是王爷，该村称鼠、兔、马、鸡年为"到科年"，届时都有请王送王仪式。台湾的情况也如此，刘枝万研究过的台湾台南县西港乡庆安宫有请王送王仪式，但该庙主祀的是妈祖而非王爷。[1] 当然，有的供奉王爷的庙宇，也有请王送王仪式，但其仪式所请的和送的王爷都是俗称代天巡狩的客王，而不是该庙里所供奉的王爷。除了极少数外，多数地方请来的王爷，要想知道其姓什么，得通过"问神"的形式才能得知。如台湾屏东县东隆宫主祀神为温王爷温鸿，但其请来与送走的是五府王爷朱、池、李、吴、范中的一位或几位。[2] 在福建有的村落的请王送王仪式是由宗祠举办的，也就是说，仪式在宗祠中或前面举办，如厦门海沧的新垵村，其村庙主祀谢安，但举办请王送王仪式时，是在宗祠内举办，即将宗祠的前厅作为代天府，王船则停泊在宗祠外，而不在村庙里举办。厦门岛上的钟宅村也是如此，虽然该村有观音庙、妈祖庙、相公庙，但他们的请王送王仪式也是在宗祠前举办。所以，两地的请王送王仪式均为村落与宗族的事务，而非某个庙宇专有的仪式。

第三，两地同样有不定期与定期举办的请王送王仪式。定期举办的，台湾多三年一科，如台南县西港乡庆安宫、苏厝长兴宫和屏东县东

---

[1] 刘枝万：《台湾台南县西港乡瘟醮祭典》，《民族学研究所集刊》47 期（1979 年），第 84 页。

[2] 康豹：《屏东县东港镇的迎王祭奠》，《民族学研究所集刊》70 集（1990 年），第 128 页。

港镇东隆宫都是三年一科，都以丑、辰、未、戌为"科年"。而在福建南部，有一年举办一次的，如厦门的穆厝、蔡塘；有在闰年举办的，如厦门港；也有三年一科，如漳州市角美镇鸿渐村、乌屿村、寮东村都将鼠、兔、马、鸡年作为到科年；有的则四年一科，如厦门同安区的吕厝村、厦门岛上的钟宅村都以鼠、龙、猴为王爷年；有的六年才举办一科，如厦门岛上的何厝与杏林的高浦村就是如此；甚至还有十二年一科的，如龙海市的石码镇，等等，故有些细微的差别。

此外，福建定期举行的请王送王仪式多在农历九到十一月里举行，送王的时间通常都不会超过冬至。而在台湾南部，有的地方在农历三月、四月里举行，有的则在十月中举行，所以也显示了一些不同。

第四，两地过去送王时同时并存有两种形式：一、把木制的王船放于海湾或江河中，让其自由地漂流出去的游地河。二、在海边或江河边将木制或木骨纸制的王船用火化之的游天河。因此，过去会因捡到漂来的王船而引起某地也形成这种请王送王仪式的情况发生。实际上，澎湖、台湾南部有的地方的请王送王仪式就是捡到福建南部送出的王船后形成的。现在，两地都用游天河的形式来送王，所以人们现也用烧王船的俗称来称呼请王送王仪式。

第五，两地的请王送王仪式过程中，尽管俗称可能有些不同，但都存在着王爷绕境或王爷出巡的仪式，有的地方还有王船绕境的仪式，而且随着扛抬王船的迁船方式改变为车载王船行进，"王船出巡绕境"的活动越来越盛和普遍化。而且当王爷出巡或王船绕境时，往往是万人空巷，人们喜欢围观，并愿意去触摸王船或王爷神辇，或将王船上洒下来的东西如金纸带回家保平安，而不是在王爷出巡或王船绕境时躲避它们，这表示王爷给人们带来的不是灾祸、肮脏，而是福音和福气。还有，有的地方在烧王船前夕，会将王船上的东西弄些下来，带回去保平安。有的地方则求王船上添载的米包带回去保平安，或者抢鲤鱼旗回去保平安，这些都说明王爷与王船与瘟神无关。

第六，从举办请王送王仪式群体的主位意识看，村民的意识多将王爷视为来本地巡狩的巡按，如笔者在角美镇鸿渐村调查时，当地的村民就认为来该地的王爷是18省的巡按，所以他们在王船上挂出18个省份的灯笼，以表示来该地的王爷是18省巡按。又如厦门吕厝人认为王爷是来此上任、坐镇的神祇，四年一任。

举行请王送王仪式时，人们多会用对联表达他们对王爷的看法，因此这些对联可以视为地方族群的主位意识，如台湾台南县西港乡庆安宫在 1964 年送王时，代天府中就新换了许多对联，其有的曰：

值某于而出巡，子民念切；届某冬以涖任，冬日爱深。

年属某年，体天心而奉职；月为某月，行王政以保民。

赫厥声，敷施政教，直令里舞村歌；巡所守，安定人民，真可颂功昭德。

稽古出巡，必须五载；奉天布政，只限三年。

它们表述的是说王爷来此地巡狩、施政教，这表明台湾西港人也认为王爷是巡按一类的大员，并没有将其视为瘟神。

有的对联则曰：

相貌巍巍，尽扫妖魔归海岛；神灵赫赫，深数德泽遍乡间。

帝德好生，阖境歌安阜；天心仁爱，属邑尽升平。

体天行道，惟凭王法；施泽厚民，不昧帝恩。

政本王政，褒诛善恶；心体天心，爱养人民。

屏逐妖魔，至矣尽矣；表扬善类，神之明之。

体天心而奉职也；行王政以保民焉。

国泰民安，群沾德泽；风调雨顺，共乐雍熙。①

也就是说，西港人认为王爷能给他们带来德泽、仁爱、国泰民安、风调雨顺等，并可以将该地的妖魔屏逐或除尽，因此他们欢迎王爷来，而不是排斥他。

福建南部情况也一样，如漳州市角美镇鸿渐村凤山宫在 2005 年送王时的对联曰：

代天巡狩宣德化，为是解厄布仁风。横批：代天巡狩。（大门）

天泰地泰三阳开泰，神安民安合境安。横批：五福临门。（左门）

建醮三朝庆吉祥，天恩吉庆表诚心。横批：吉祥贵富。（右门）

---

① 刘枝万：《台湾台南县西港乡瘟醮祭典》，《民族学研究所集刊》47 期（1979 年），第 97 页。

合家平安纳百福，满门和顺得千金。横批：五福呈祥。（宗祠大门）

其表述的与西港庆安宫对联所表达的几乎一样，即为王爷歌功颂德，王爷到该地是为了"宣德化"、"解厄"、"布仁风"，因而当地人可以"合家平安"、"满门和顺"、"纳百福"、"得千金"，显然，在鸿渐人的眼里，王爷带来的是吉祥，与瘟神不是一回事。

第七，当我们注视两地请王送王仪式中的出巡或绕境队伍时，就可以看到一些有意思的地方差异存在。台湾各地的王爷出巡或王船绕境时，来助阵的阵头中，通常有蜈蚣阁、宋江阵、龙阵、狮阵、马队、牛犁阵、"八家将"等。而在福建南部各地的请王送王仪式过程中，王爷出巡或王船绕境时，通常都看不到"八家将"、牛犁阵这类阵头，有的则是蜈蚣阁、宋江阵、龙阵、狮阵、"大开道"、车鼓阵、拍胸舞、公背婆、高跷等。这种差异表明，福建南部地区与台湾南部地区的居民虽然都是闽南人，但因一水之隔，地域的差别也在这种民间艺阵的展演中显现出来。从福建整体民俗的角度看，"八家将"是福州文化的因素，在福州的一些庙宇特别是五帝庙才附属有"八家将"的阵头，而纯粹的闽南地区文化中并没有这一因素。我们知道，台湾人中虽然祖籍闽南的人们占大多数，但其中也包括了祖籍为福建其他地方的人，如福州人、兴化人等，而且在台湾，虽然也存在着不同祖籍人们的边界，但相比之下，不同祖籍的人们相互混杂、接触的现象都比福建地区强烈，因为台湾的族群分布是大杂居、小聚居，而在福建，则闽南人、兴化人、福州人的边界较明显。因此，在台湾不同祖籍的人们的相互接触、混杂强于福建，混杂、接触多，相互采借各自原有的文化因素的现象也就多，文化涵化或文化合成的现象也就可能多，所以，在台湾这种汉人各种亚文化比较混杂的背景下，台湾闽南人的文化中出现福州文化的因素就不是什么值得奇怪的事。换言之，这一现象是一种文化接触、涵化或文化合成的结果。

第八，如果我们检视过去关于请王送王仪式的官方文献记载，可以看到，福建这边的文献都没有把"王爷"表述为"瘟王"，但都比较一致地说从事这类仪式是浪费钱财的举动。如：

有所谓王醮者，穷其奢华，震铜炫耀，游山游海，举国若狂，扮演凡百鬼怪，驰鹜攒力，剽疾争先，易生事也。禁口插背、过刀桥、上刀梯、掷刺球，易伤人也。女妓饰稚童，肖古图画，曰台阁，坏风俗也。造木舟，用真器浮海，任其所之；或火化暴天物。疲累月之精神，供一朝之睇盼，费有用之物力，听无稽之损耗。圣人神道设教而流弊乃至于此，犹曰："得古傩遗意。"岂不谬乎？①

这里提到了厦门地区王爷出巡之事为"游山游海，举国若狂"，也说出巡时有许多阵头跟随或助阵，如"驰辇"，即扛着神辇狂奔的情况，"台阁"，即现在的艺阁、蜈蚣阁、大阁等，而且当时用"女妓饰稚童"，装扮成戏剧人物，坐或站于台阁上游行；还有出巡队伍中的乩童们的展演，他们"禁口插背、过刀桥、上刀梯、掷刺球"等。同时也提到当时有的地方"造木舟，用真器浮海，任其所之"，即现在所说的游地河；有的地方则火化，即现在所谓的游天河或烧王船。当然，官方认为这类王醮仪式是"暴天物"，"费有用之物力，听无稽之损耗"，是荒谬的行为。这种批评在其他官方文献中也能见到，如乾隆《龙溪县志》卷二三载蓝绶世的《渎神私议》说：

然则祈安有说乎？曰：祈安上元节即本社神明祈之，如祈谷、祈麦、祈年，岁丰熟，人物阜安，至秋报之。人朴而礼质，意诚而神享，故可继也。然则今之祈安非耶？曰：非也，上元节已行之矣，今所祈何事乎？彼将曰：五王来。难之曰：来何事？彼将曰：察善恶。难之曰：察善恶，奚祈安？彼将曰：冀免罪耳。难之曰：罪可以祈而免，是王徇人情而违帝破法也。王谁欺，欺天乎？若然，则烧米更非乎？曰：罪之罪、惑之惑者也。即如彼言，王来察善恶，刑赏毕，而王行矣，守此欲何为乎？守此以待食，虽稍知礼义廉耻者不为，而谓王为之乎？且王神也，黍稷非馨，必待人柴米而后食，则王所缺者，不独肥甘轻煖也，前乎此者王何食？后乎此者王何食？王之为馁也，多矣。此其无有而不足信，岂待辨说而后明哉？然则造船亦非乎？古者送神以纸为舟，后易之以布，今易之以木，不愈加恭敬乎？曰：不惟不敬，而且有罪，古之时送神也，存其意，舟车夫马，以纸为之，东西南北，惟其所之……今木船之设……所费至百余金，不止夺中人数十家之产，以投之水中无用之

---

① 周凯等撰修：《厦门志》，道光十九年（1839）版卷十五《风俗》，鹭江出版社，1996年，第517页。

地，其为祸尤酷也。至船中所办之物——妓女、赌具，亵渎侮慢，罪不胜诛，而首事听之。此幸无神犹可，如其有神，其获罪当不旋踵而至矣，可不慎哉。

又如民国的《石码镇志》卷三记云：

俗十二载迎王爷，始至祖宫，次大宫，次新行，次大码头，次西湖，终及新洲。凡王爷驻跸处，或高结彩楼，或侈张锦幔（俗谓之不见天）、陈百宝，或妆台阁，扮故事，列旌乐，迎神阅境，费不赀。而修醮演剧，祀王犒将，则阖镇皆然。虽穷乡无能免者。历数岁，王始返驾。又必造巨舰，贡粮糒，进百货，大会神人而后送之，总计所耗不下五六十万金。奢靡如此，良可慨也。

再如民国十八年《同安县志》卷二十二《礼俗》十《迷信丁类》云：

请王莫稽所自，往往三五年举行，大书代天巡狩。先期盛设仪仗帐幕，近海者造龙舟，名曰王船。樯、桅、篙、橹俱备，旗帜悬挂如总督阅操，依筊定去期。行有日，居民以牲醴致祭，演剧，并备器皿柴米各物，满贮船中，届期将船挂帆，乘风送出海洋，任渔船搬取。其船飘流到何乡，该乡则迎而祀之。筊择期，乃送去，每一次费不下万金，亦陋俗之可嗤也。[1]

总之，福建的官方文献中，记录了请王送王的仪式，但都不称王爷为瘟神，而主要是批评此仪式靡费，到民国时期，有的还将此类宗教实践视为迷信。然而，台湾的官方文献也记录了当时台湾的请王送王仪式情况，但除了同样批评这类仪式靡费外，多把王爷表述为瘟王。如：

康熙五十六年（1717）周钟瑄主修、陈梦林编纂的《诸罗县志》卷之八《风俗志·汉俗·杂俗》说：

---

[1]　林学增等撰修：《同安县志》，民国十八年（1929）版卷二十二《礼俗》十《迷信丁类》。

敛金造船，器用、币帛、服食悉备；召巫设坛，名曰"王醮"。三岁一举，以送**瘟王**。醮毕，盛席演戏，执事俨恪，跽（跪）进酒食；即毕，乃送船入水，顺流扬帆以去。或泊其岸，则其乡多厉，必更禳之。相传昔有荷兰人夜遇船于海洋，疑为贼艘，举炮攻击，往来闪烁；至天明，望见满船皆纸糊神像，众大骇；不数日，疫死过半。近年有舆船而焚诸水次者，代木以竹，五采（彩）纸褙而饰之。每一醮动数百金，少亦中人数倍之产；虽穷乡僻壤，莫敢怿（吝）者。[1]

又如康熙五十九年（1720）王礼主修、陈文达编纂的《台湾县志》卷一《舆地志·风俗杂俗》曰：

台尚王醮，三年一举，取**送瘟**之义也。附郭、乡村皆然。境内之人，鸠金造舟，设瘟王三座，纸为之。延道士设醮，或二日夜、三日夜不等，总以末日盛设筵席演戏，名曰请王，进酒上菜，择一人晓事者，跪而致之。酒毕，将**瘟王**置船上，凡百食物、器用、财宝，无一不具。十余年以前，船皆制造，风篷、桅、舵毕备。醮毕，送至大海，然后驾小船回来。近年易木以竹，用纸制成，物用皆同。醮毕，抬至水涯焚焉。凡设一醮，动费数百金，即至省者亦近百焉；真为无益之费也。沿习既久，禁止实难；节费省用，是在贤有司加之意焉耳。相传昔年有王船一只放至海中，与荷兰舟相遇，炮火矢石，攻击一夜；比及天明，见满船人众悉系纸装成。荷兰大怖，死者甚多。是亦不经之谈也。[2]

再如康熙六十一年（1722）巡台御史黄叔璥的《台海使槎录》卷二《赤嵌笔谈·祠庙》云：

三年王船备物建醮，志言之矣。及问所祀何王？相传唐时三十六进士为张天师用法冤死，上帝敕令五人巡游天下，三年一更，即五瘟神；饮馔器具，悉为五分。外旋池府大王灯一盏，云伪郑陈永华临危前数

---

① 周钟瑄主修：《诸罗县志》，康熙五十六年（1717）版卷之八《风俗志·汉俗·杂俗》，《台湾史料集成：清代台湾方志汇刊第三册》，文建会，2005年，第232页。

② 王礼主修、陈文达编纂：《台湾县志》，康熙五十九年（1720）版，台湾文献丛刊第103种，台湾银行经济研究室，1967年，第60页。

日，有人持柬借宅，永华盛筵以待，称为池大人，池呼陈为角宿大人，揖让酬对如大宾；永华亡，土人以为神，故并祀焉。①

复如乾隆二十九年（1765）王瑛曾的《重修凤山县志》卷三《风土志·风俗》云：

> 台俗尚王醮，三年一举；此**送瘟**之义也。附郭乡村皆然。境内之人，鸠金造**木**舟，设**瘟王**三座，纸为之。延道士设醮，或二日夜、三日夜不等；总之，（以）末日盛设筵席演剧，名曰**请王**。执事俨恪，跪进酒食。既毕，将**王**置船上，凡百食物器用财宝，无一不具，送船入水，顺流扬帆以去。或泊其岸，则其乡多厉，必更禳之。每一醮动费数百金，省亦近百焉。虽穷乡僻壤，莫敢惜（吝）者。
>
> 民间斋醮祈福，大约不离古傩。近是，最慎重者曰王醮。先造一船曰王船，设王三位（或曰一温姓、一朱姓、一池姓），安置外方，迎至坛次。斋醮之时，仪仗执事、器物筵品，极诚尽敬。船中百凡齐备，器物穷工极巧，糜（靡）金钱四五百两，少亦二三百两。醮毕，设享席演戏，送至水滨，任其飘去（纸船则送至水滨焚之）。夫傩以逐疫，圣人不妨从众。至云船泊其地，则其乡必为厉，须建醮禳之；噫！神聪明正直而壹者也，岂有至则为厉而更禳之理？且人亦何乐为不见益己而务贻祸于人之事耶？此理之不可信者也。②

再复如光绪十八年（1892）林豪撰修《澎湖厅志》卷九《风俗风尚》载：

> 各澳皆有大王庙，神各有姓，民间崇奉维谨。甚至造王船，设王醮，其说亦自内地传来。内地所造王船，有所谓福料者，坚致整肃，旗帜皆绸缎，鲜明夺目；有龙林料者，有半木半纸者。造毕，或择日付之一炬，谓之"游天河"；或派数人，驾船游海上，谓之"游地河"，皆维

---

① 黄叔璥：《台海使槎录》，康熙六十一年（1722）版卷二《赤嵌笔谈·祠庙》，台湾省文献委员会本，1996年，第45页。
② 王瑛曾：《重修凤山县志》，乾隆二十九年（1765）版卷三《风土志·风俗》，台湾文献丛刊第146种，大通书局，第59页。

神所命焉。神各有乩童，或以乩笔指示，比比然也。澎地值丰乐之岁，亦造王船，顾不若内地之坚整也，具体而已。间多以纸为之，然费已不赀矣。或内地王船偶游至港，船中虚无一人，自能转舵入口，下凡（帆）下椗，不差分寸，故民间相惊以为神，曰"王船至矣"，则举国若狂，畏敬特甚。聚众鸠钱，奉其神与（于）该乡王庙，建醮演戏，设席祀王，如请客然；以本庙之神为主，头家皆肃衣冠，跪进酒食。祀毕，仍送之游海，或即焚化，亦维神所命云。窃谓造船送王，亦古者逐疫之意，使游魂滞魄有所依归，而不为厉也。南人尚鬼，积习相沿，故此风特甚，亦圣贤所不尽禁。然费用未免过奢，则在当局者之善于撙节已。①

还有日据初的《安平县杂记》记载清末、日据初台湾王爷祭祀仪式时说：

台俗尚王醮，三年一举，取送瘟之义也。附郭乡村皆然。境内之人，鸠金造**水舟**，设**瘟王**三座，纸为之，延道士设醮，或二日夜、三日夜不等。总以末日盛设筵席、演戏，名曰"**请王**"。执事俨恪，跪进酒食，既毕，将瘟王置船上，凡百食物、器用、财宝，无不具。送船入水，顺流扬帆以去；或泊其岸，则其乡多厉，必更禳之。每一醮，动费数百金，省亦近百焉。虽穷乡僻壤，莫敢（违）恡（吝）者。②

近海庄民有王爷醮，十二年一次，用木制王船禳醮三日，送船出海，任风漂流。间有王船停滞他庄海岸，则该庄亦要禳醮；不然，该庄民人定罹灾祸。此有明验也。③

六月，白龙庵送船。每年由**五瘟王爷**择日开堂，为万民进香。三天后，王船出海（纸制王船）。先一日，杀生。收杀五毒诸血于木桶内，名曰"**千斤担**"。当择一好气运之人担出城外，与王船同时烧化。民人

---

① 林豪撰修：《澎湖厅志》，光绪十八年（1892）版卷九《风俗风尚》。
② 《安平县杂记》，日据初，撰者不详，台湾文献丛刊第五十二种，台湾银行经济研究室，1959年。《风俗附考》，日据初，撰者不详，台湾省文献委员会版，1993年，第12页。
③ 《安平县杂记》，日据初，撰者不详，台湾文献丛刊第五十二种，台湾银行经济研究室，1959年。《风俗现况》，日据初，撰者不详，台湾省文献委员会版，1993年，第14页。

赠送品物米包，名曰"添载"。是日出海，锣鼓喧天，甚闹。一年一次，取其逐疫之义也。迎神用杀狮阵、诗意故事（即诗意阁或艺阁）、蜈蚣坪等件。[①]

　　民间祭祀之礼……又有建醮请王，餐祀极其丰盛。或一庄一会，或数十庄一会。有一年举行一次者，有三五年举行一次者，有十二年举行一次者，择吉日而行之，为费不少。[②]

　　其大者，城厢及村庄各里庙建三五天醮事，或作王醮（台地所谓王爷者，俗传前朝有三百六十多名进士，同日而死，上帝怜之，命血食四方，故民间有"代天巡狩"之称。其实不然。如萧王爷者，碑记谓汉之萧何，大约古人正直为神，其名不可考，概称之曰"王爷"。沿漳、泉旧俗也），必延请道士演科仪、诵经咒、上表章于天曹以祈福。[③]

　　上面引文中的黑体字，是笔者为了让人可以一目了然地看出差别而设的。当我们把这些台湾的官方记载与福建的比较一下，可以看到，福建的记载比较切合行动主体的社会实际，而台湾在康熙年间的官方记载中，就已经犯了一些混淆不同事务的错误，即在他们的记述中，已把"送王"记为"送瘟"，也就是说，已把送瘟与送王原本不同性质的仪式混为一谈，由此产生的逻辑是："送瘟"送走的是瘟神，送王送走的是王爷，既然"送瘟"与"送王"是一回事，因此王爷就是瘟神，因而王爷也就是当然的"瘟王"了。上述的逻辑，应该就是王爷"被记述"为"瘟王"的实践逻辑。然而，这种实践逻辑是错误的，因为其没有仔细分辨"送瘟"与"送王"仪式的意义，从而把两种性质与意义都不相同的仪式混淆了，从而得出错误的结论或记述。实际上，这些矛盾在记载中也是显而易见的，如黄叔璥的《台海使槎录》就把被张天师冤死的36位进士转化的"王爷"，与"五帝"（张、钟、刘、史、赵）这类瘟

---

　　① 《安平县杂记》，日据初，撰者不详，台湾文献丛刊第五十二种，台湾银行经济研究室，1959年，《风俗现况》，日据初，撰者不详，台湾省文献委员会版，1993年，第15页。

　　② 《安平县杂记》，日据初，撰者不详，台湾文献丛刊第五十二种，台湾银行经济研究室，1959年，《官民四季祭祀典礼》，日据初，撰者不详，台湾省文献委员会版，1993年，第19页。

　　③ 《安平县杂记》，日据初，撰者不详，台湾文献丛刊第五十二种，台湾银行经济研究室，1959年。《僧侣并道士》，日据初，撰者不详，台湾省文献委员会版，1993年，第21页。

神"并置"在一起，即将"五帝"这五位如假包换的、至少从宋代以来就明确是瘟神的神灵嵌入了代天巡狩王爷系统中，成为 36 姓王爷中的一部分，从而混淆了两类不同性质与意义的信仰或仪式。这种混淆直接影响到后人的记载，因为，地方志编写的传统是晚期的地方志往往都要先抄前期的记述，然后再记录一些自己当时的所见所闻。如我们从乾隆年间王瑛曾《重修凤山县志》的记载中就可以看到，在记述台湾的王醮时，前一段文字是直接抄自康熙年间的《台湾县志》，因此，其除了个把字外，几乎完全一样，故这段文字中延续了"送瘟"、"瘟王"的表述，但在完全由他们自己撰写的段落里，陈述相同类的王醮仪式时却没有用"瘟王"或"送瘟"，显然这是一种自相矛盾的现象。在《安平县杂记》中，这些矛盾与混淆更加明显。在上引的记载中，第一段明显是抄康熙《台湾县志》的，第二段谈的是十二年一科的请王送王仪式。第三段讲的则是五帝庙的"送瘟"仪式，但其将康熙年间黄叔璥所表述的"五瘟神"变成"五瘟王爷"了，正式将"五帝"与王爷连接起来，为五帝冠上了王爷的名衔而成为"五瘟王爷"。后两段又是叙述请王送王的仪式。这种矛盾、混淆的存在，不仅对视文字史料为圭臬的历史学有深刻的导向作用，而且是造成现阶段历史学界将王爷表述成瘟神的缘由之一。实际上，由于文字所具有的"霸权"力量，这些混乱的记载也会对民众的行为实践甚或文化的生产与再生产形成误导性的影响，从而也根据这些古人的说法为基础来建构他们当下的实践。所以，对这些官方文献中与历史实际不符的地方，应该加以肃清，以还历史的本来面目，而对此需进一步详细辨识与讨论，在这里限于篇幅，笔者就不再赘言了。

略论临水夫人信仰的发展与演变

黄晖菲*

临水夫人，俗名陈靖姑，又称陈进姑或陈静姑，福州下渡人。临水夫人民间称呼众多，又称顺天圣母、顺懿夫人、陈夫人、陈太后，福州一带常呼之"大奶"、"奶娘"。临水夫人以保护妇孺，灵验显著而闻名，其信仰范围主要在福建北部，并辐射到浙江南部、江西东北部等，清代末期，随着福州地区的移民传入台湾，并被台湾人民称为"注生娘娘"②。由于临水夫人的信仰历史悠久，影响广泛，学术界对其研究亦由来已久，学者们多侧重于对其民间传说、民俗活动方面的研究，侧重于分析其作为妇女儿童的保护神之方面的探讨。本文拟从临水夫人信仰的发展与演变进行脉络把握，从而进一步分析福建地方神明如何与福建地域社会紧密结合，透过神格提升、信仰功能拓展，实现其在民间信仰中地位的发展和演变。

一、由巫及神——临水夫人神格的确立过程

关于临水夫人的传说各有差异，在目前所能见到的各类方志文献中，有关其生平记载，亦各不相同，能找到关于临水夫人记载的方志文献大致如下：明成化、弘治间《八闽通志》、明万历《古田县志》、明万历《福州府志》、明嘉靖《罗川志》、清康熙《福建通志》、清乾隆《古田县志》、民国《古田县志》等。这些方志文献中记载大致类同，但对于陈靖姑的生卒年、出生地、父母，甚至夫家的记载，都不甚一致。

---

* 作者单位：中国闽台缘博物馆。
② 林国平：《闽台民间信仰源流》，福建人民出版社，2003年，第119页。

如明嘉靖《罗川志》载：

（崇福官）其神姓陈，讳靖姑，生于唐大历元年正月十五日，福州下渡人。适本县霍口里西洋黄演，由巫为神，乡里祀之。①

明万历《古田县志》卷十三载：

临水，神姓陈，家世巫觋。祖玉，父昌，母葛氏。生于唐大历二年，神异通幻。嫁刘杞，孕数月。会大旱，脱胎往祈雨，果如注，因秘泄，遂以产终。诀云："吾死后，不救世人产难，不神也。"卒年二十有四。②

以上两则方志材料中，所记载的陈靖姑生卒年虽大体一致，但一说为"唐大历二年"，另则说为"唐大历元年"，相差一年；另外，对于其夫家记载则完全不同，一则谓"嫁刘杞"，另一则谓"适本县霍口里西洋黄演"。这样的不同同样体现在关于临水夫人的传说之中，尤其是地方传说大多以陈靖姑为唐末五代人为主，关于陈靖姑的生卒年份之考，许多学者都曾进行过探讨③，在此不赘述。值得注意的是虽然有这种种的不同，但其记载有一定的一致，即生前"家世巫觋"，"由巫为神"，类似的记载亦体现在各类文本传说之中。

如明万历年间的《绘图三教源流搜神大全》中记载：

年十七，因兄陈二相陷困古田临水白村蛇洞中，乃往闾山洞王女学法……④

清人何求所编《闽都别记》中记载：

---

① ［明］高相撰修：《罗川志》嘉靖刊本卷三，《寺观志》，第7页。

② ［明］《古田县志》：卷七，《秩祀志》，《万历福州府属县志》，方志出版社，2007年，第121页。

③ 关于临水夫人的生卒时间，主要有唐代说和唐末五代说，魏应麒老师曾专文探讨过，薛婧在《从临水夫人信仰看福州民间信仰的特色》一文中有提及，连镇标老师的《多元复合的宗教文化意象——临水夫人形象探考》中亦有一定分析，并认为临水夫人为唐中叶人的说法比较可信。

④ 魏应麒，《福建三神考》，国立中山大学语言历史学研究所，1929年。

年十六，父母迫之嫁，不从，被金甲神拽去闾山许真君处学法。[①]

《闽杂记》中则载：

兄牧牛山中，靖姑饱饲遇馁妪，以所饲食之，妪授以神箓。[②]

说明陈靖姑生前或出生于巫觋之家，学习了一定的巫觋之术，或者曾经拜师学习过相关的法术，生前应为女巫。那么，陈靖姑是如何从一个女巫进一步发展为地方女神的呢？

福建民间素有"好巫尚鬼"之传统，汉代以后，汉人入闽与当地土著融合，衍生了大规模的造神运动，因此福建民间的很多地方神原为由巫觋转变而来。民间传说必须有一定的故事蓝本。陈靖姑死后能为人们所传诵，其生前必有一定的过人之处，或对一方百姓有过一定的贡献。结合方志而言，其生前擅祈雨，这在农耕社会是十分重要的功绩，据说福州地区每遇旱灾必请出临水夫人，设坛祈雨，或与临水夫人生前擅作法祈雨有关。另一传说为唐德宗年间，福州天久不雨，灾情严重，陈靖姑应官府之请，脱胎筑坛作法，果然普降甘霖。不久，因坠胎祈雨大伤身体，加上祈雨劳累成疾而死，身死成神，后世遂以之为祈雨之神灵。这与上述所引方志中有一定相似，即临水夫人死前曾因大旱脱胎祈雨，祈雨之说未可信，当时旱情严重则是事实。据福州文史资料选编载，民国三十二年（1943），福建全省大旱，闽江水位下降，附近南平县的樟湖坂地方河底，露出行舟者所称的鲤鱼石，上有古刻"元和二年天大旱"字样。"元和"为唐宪宗年号，元和二年为公元807年。如所传说，陈靖姑死于唐德宗贞元六年（790），则祈雨之年当与此相去不远。近今尚可听到道士所念的经文中，有"元和二年天大旱，大奶祈雨渡江来"的句子。大奶即陈靖姑，所云当年天大旱，与河底石刻的字样相符。[③]

---

① 魏应麒：《福建三神考》，国立中山大学语言历史学研究所，1929年，第20页。

② 魏应麒：《福建三神考》，国立中山大学语言历史学研究所，1929年，第20页。

③ 《文史资料选编（第2卷）·社会民情编·新中国成立前史料》，福建省政协文史资料委员会编，2001年，第183页。

人们或据其女巫生前助人之原型，在其死后进行供奉，并给予更多的人物塑造，使其具备成为神的初步条件。

由人及神，除了生前有惠于一方百姓之外，更为重要的是需有其死后灵异事迹的传诵，并且包括其前身来源的传说。从各类方志而言，在记述陈靖姑的生平之后，会记载其应验之事，大致为斩白蛇、化身救产之事，虽然版本不一，救治时间、地点、对象有所不同，但大致故事结构基本一致。对于其前身的传说，《绘图三教源流搜神大全》叙述为观音大士为解救古田临水村蛇精害人而剪指甲化作金光投胎而来，《闽都别记》则十分完整地叙述为：

天复年间——901～903——观音大士因泉州洛阳桥欵绌将停工，乃化身美女，泊舟江中，请人抛掷金银，中者随之为妻妾，掷空不中之银以助建桥。因此得掷空之银甚多，后来吕洞宾亦将化身来掷，观音急与王小二掷中，俾众乐愿自亦借风隐遁，王小二因人财两空含恨投水而死。同时，吕洞宾来至江边，不见观音乃将银向空洒掷，被观音尘拂一拂，其银反向洞宾身上扑来，洞宾举袖抵拂，而头上青发已被银粉粘白一根。洞宾将此根白发拔弃水中，其发即变一白蛇而逝。观音在空中知白蛇将为世患，乃啮指血弹送陈家投胎为女身以收此蛇，更将王小二转世刘家与弹指化身之女配为夫妇，以了掷中之缘。

这则传说常见于观音的传说中，在林国平老师所著的《闽台民间信仰源流》中也有相关记述，但却摇身变为泗州佛的传说①。可见神话传说常有附会串用之嫌，从生前的神话传说，到生平的乐善助人，再到死后屡现灵验，使临水夫人的传说更臻完善，有了民间传说的不断丰盈，临水夫人信仰在民间基础已经逐渐厚实，但更为重要的标志应是官方的确认。

明万历《古田县志》中收录了元末明初人张以宁撰写的《临水顺懿庙记》。这篇庙记应是现存最早的有关陈靖姑的文献资料，也是有关临水夫人确立神明地位的可参考资料，该庙记云：

古田东，去邑三十里，其地曰临川，庙曰顺懿，其神姓陈氏。肇基

---

① 林国平著：《闽台民间信仰源流》，福建人民出版社，2003年，第225～226页。

于唐，敕赐额于宋，封顺懿夫人。英灵著于八闽，施及于朔南。事始末具宋知县洪天锡所树碑。皇元既有版图，仍在祀典，元统初，浙东宣慰使元帅李允中实来谒庙，瞻顾咨嗟，会广其规，未克就事。及至正七年，邑人陈遂尝掾大府，概念厥初状神事迹，申请加封……

这篇庙记记载古田临水庙"肇基于唐"，可见临水夫人信仰在唐朝末年已经形成。其神明地位的确立，当以民众修建宫庙进行朝拜为准，再者"敕赐额于宋，封顺懿夫人"，可见，最迟至宋朝，临水夫人得到了朝廷的权威认可。至此，临水夫人完成了从女巫到女神的转变。

二、神格提升——临水夫人信仰的进一步发展

临水夫人信仰所谓"肇基于唐"，在唐后期已经形成，但其真正在官方与民间享有地位，却是在400多年后的南宋，从我们现今可查的相关资料中可略知一二。如成书于南宋淳熙九年（1182）的著名福州地方志、梁克家所纂的《三山志》，其中对福州祠祀详加记述，却只字未提临水夫人庙，可见临水夫人信仰到了南宋前期在福州地区仍未有足够的影响。[①] 不过，到了南宋中晚期以后情况则大为不同，因临水夫人屡屡"显圣"，获得了官方的多次敕封。具体相关文献资料中记载如下：[②]

宋淳祐间——1241～1252——封崇福昭惠慈济夫人，赐额顺懿。（《福建通志》、《台湾县志》）

徐清叟请于朝加赠封号。（《铸×余闻》引《建宁府志》）

据明嘉靖《建宁府志》载："徐清叟浦城人，子妇怀孕十七月不产，举家忧危。忽一妇女踵门，自言姓陈，专医产。徐喜留之，以事告，陈妇曰：'此易耳'。令徐别治有楼之屋，楼心穿一穴，置产妇于楼上。仍令备数仆，持杖楼下，候有物坠地，即捶死之。既而产一蛇，长丈余，白穴而下，群仆捶杀之。举家相庆，酬以礼物，俱不受，但需手帕一方，令其亲书'徐某赠，救产陈氏'数字。且曰：'吾居古田县某处，左右邻某人，翌日若蒙青眼，万幸！'出门忽不见，心常疑异之。后清

---

① 林拓著：《文化的地理过程分析：福建文化的地域性考察》，上海书店出版社，2004年，第368页。

② 魏应麒：《福建三神考》，国立中山大学语言历史研究所，1929年，第22～23页。

叟知福州，忆其事，遣人寻访所居。邻舍八云："此间止有陈夫人庙，尝化身救产。"谛视之，则徐所题手帕已悬于像前矣。人归以报，徐为请于朝，赠加封号，并宏其庙宇。"①

元延祐——1314～1320——追封淑靖。（《福建通志》引《西洋宫碑记》）

清雍正七年——1729——皇后宣封天仙圣母。（《福建通志》引《西洋宫碑记》）

清人何求所著《闽都别记》中详细记载了临水夫人的传说及受封过程。②

以斩白蛇功，闽王封为临水夫人。

以救国功，闽王璘加封崇福临水夫人。

以祈雨功，闽王璘封崇福昭惠临水夫人。

宋淳祐间，徐清叟请于朝加封崇福昭惠慈济夫人。

地方文献记载与民间传说版本，临水夫人所受官方敕封对象并不一致，《闽都别记》中多数记载为闽王敕封，但相同的是关于宋淳祐间徐清叟请于朝加封一说，此事记载尤为详细，且版本不一，但内容大致一致。为何单就此事记载得尤为详细？笔者认为应与徐清叟其人地位有关，据《八闽通志》卷三十载：

（福建路安抚司）安抚使 …… 魏了翁 赵必愿 徐清叟 吴潜
吴渊 马天骥 江万里 洪天锡（上八人俱见《名宦志》）③

徐清叟之名赫然在列，可知应是确有其人，作为宋代一名地方官员，其对临水夫人信仰的认可所产生的影响与力度无疑比民间影响来得大，并且在另外一种层面上，体现了其时官方对临水夫人信仰的认可。

从临水夫人到崇福昭惠慈济夫人再到天仙圣母，自南宋以后，临水夫人名声大振，所谓"英灵著于八闽，施及于朔南"。除了神格上的步

---

① ［明］夏玉麟、汪佃纂：《建宁府志》卷二十一，厦门大学出版社，2009 年第 679 页。

② 魏应麒：《福建三神考》，国立中山大学语言历史学研究所，1929 年，第 22～23 页。

③ ［明］黄仲昭著：《八闽通志》卷三十，秩官，福建人民出版社，2006 年，第 850 页。

步提升，临水夫人的部属也不断增加，并进一步丰盈起来。

明万历《绘图三教源流搜神大全》中其部属有：

圣兄陈二相公，圣姐威灵林九夫人，圣妹海口破庙李三夫人，张、萧、刘、连四大圣者，铜马沙王，五猖大将，催生圣母，破产灵童，二帝将军。①

《闽都记》中，则多了宫女三十六人：

闽王赐宫女三十六人为女弟子。②

至清人何求所著《闽都别记》中，其部属记述为：

江氏虎奶、丹霞大圣、王杨二太保、石硖二奶、林九娘夫人、李三娘夫人、邹铁鸾夫人、高雪海夫人、刘氏痘妈、白痘哥——俗称金舍人、柳七娘夫人、蔡姑婆、三十六官人。③

临水夫人与林九夫人、李三夫人常被信徒合起来供奉，称为三奶夫人，不同版本的传说中对于其部属的描述各有不同，但大致相同的是三奶夫人及三十六宫女，其中又以三奶夫人的说法较早出现，可见其部属的形成过程是一个不断完善，并与其神格提升相互映衬的过程。

三、神职多样——临水夫人信仰的进一步演变

关于临水夫人的传说资料及版本颇多，因此临水夫人信仰很大程度上是依靠其传说传播的。较为详细记载临水夫人传说的有《闽都别记》、《陈十四传》、《陈靖姑传》、《闽都记》、《大奶灵经》等，其中又以《闽都别记》尤胜，以近二十万字对其传说事迹进行了描述，较为完整地体

---

① 魏应麒：《福建三神考》，国立中山大学语言历史学研究所，1929年，第17页。

② 魏应麒：《福建三神考》，国立中山大学语言历史学研究所，1929年，第17页。

③ 魏应麒：《福建三神考》，国立中山大学语言历史学研究所，1929年，第17页。

现了其神职的变化过程。

据《闽都别记》所载，陈靖姑十六岁时因不肯出嫁，被金甲神拽至闾山许真君处学法，三年后学成回家，此时已有黄杨二太保为其护卫。回家后，陈靖姑即开始了为民间降妖除魔的过程。先后收复驱除包括白蛇精、长坑鬼等在内的妖怪，嫁至夫家后，更是帮助夫婿评判多桩冤案，并帮助闽王斩除白蛇精所幻化之王后，救出宫人三十六，从而受到闽王敕封"临水夫人"。至此，陈靖姑完成了从女巫到女神的转变，并且具备了一般神明所具有的普遍功能——即降妖除魔、锄奸辟邪，此为其确立在民间信仰的第一步。

随后，在临水夫人二十四岁，且怀有身孕三个月之时，为了帮助民众摆脱干旱之苦，脱胎祈雨，却因被白蛇、长坑鬼所害，不幸夭折，临终前留下"吾死后不救世人产难，不神也"之言。从临水夫人被害遇难的传说中，临水夫人的信仰功能开始明确起来，即保护妇孺，"扶胎救产"。其传说也开始由斩妖除魔转向"扶胎救产"，其中最有代表的当属化身产医为浦城徐清叟子妇救治的故事，在明万历何乔远所编之《闽书·灵祀志》及明嘉靖《建宁府志》中均有详细记载。此外，其早先传说中所收服的部属功能也进一步明确起来，构成一个庞大的生育神系统。

以其三十六宫人为例，其分工是十分细致的：①

三十六宫婆官：1. 古田县注生婆官陈大娘。2. 瓯宁县送喜婆官王大娘。3. 仙游县扶产婆官郑大娘。4. 南平县注生婆官李大娘。5. 闽县前安胎婆官何大娘。6. 清流县送子婆官林大娘。7. 崇安县送花婆官林大娘。8. 连江县注禄婆官刘大娘。9. 莆田县注福婆官郑大娘。10. 顺昌县养仔婆官林大娘。11. 浦城县抱男婆官刘大娘。12. 上杭县唤仔婆官吴大娘。13. 建阳县洗仔婆官郑大娘。14. 建安县教行婆官李大娘。15. 将乐县教坐婆官林大娘。16. 光泽县教笑婆官刘大娘。17. 侯官县注寿婆官何大娘。18. 罗源县拨胎婆官郑大娘。19. 建阳县教食婆官刘大娘。20. 浦城县教话婆官何二娘。21. 宁化县讨食婆官郑三娘。22. 闽清县保珠婆官林四娘。23. 侯官县保疹婆官王大娘。24. 德化县报喜婆官黄五娘。25. 连江县白花婆官林六娘。26. 连城县红花婆官高

① 魏应麒：《福建三神考》，国立中山大学语言历史学研究所，1929年，第17～18页。

大娘。27. 闽清县弥月婆官吴大娘。28. 宁化县血刃婆官杨大娘。29. 罗源县羊刃婆官何大娘。30. 连江县腰抱婆官林三娘。31. 建阳县注贵婆官石大娘。32. 长泰县注富婆官郑大娘。33. 长乐县扶产婆官黄大娘。34. 仙游县解关婆官林大娘。35. 莆田县送生婆官何二娘。36. 顺昌县注男婆官吴大娘。

以上为例，我们可以看到除了临水夫人专门负责"扶胎救产"之外，她的下属生育神系统几乎统括了妇幼儿童的所有事宜，从注生婆、白花婆、红花婆、送喜婆、唤子婆等具有满足妇女祈子的神明，到安胎婆、保珠婆、扶产婆、送生婆等保护孕产妇的神明，再到弥月婆、养仔婆、保疹婆等保护婴幼儿健康成长的神明，还有专门教育儿童学习良好行为的教坐婆、教食婆、教行婆，以及保佑儿童一生富贵安康的注贵婆、注富婆，可以说几乎涵盖了妇女儿童的一生，对妇女儿童起到了无微不至的庇佑，可以满足妇女儿童的所有需求，因此，可以说将临水夫人保佑妇孺的神职发挥到了极致。

另外，关于三十六婆官的籍贯说法也各不相同。小说《临水平妖传》中的三十六婆官籍贯分布于福建各地，而《婆神科》的三十六婆官籍贯则不仅在福建省，涉及江西、浙江、湖南、广东、安徽和江苏。这也在一定程度上反映了临水夫人信仰的传播范围是十分广泛的。①

除了具有保佑妇孺的专职功能之外，随着临水夫人香火的进一步鼎盛，其面对的信徒不再仅限于妇孺，信徒更是将其功能从单纯的保佑妇孺延伸到驱邪祛病保平安方面，从而使其专职化的功能有了普遍化的发展。《闽都别记》第一二八回载："临水夫人香火如此显应，各处之人家或患邪或得病，皆去临水宫请香火。即无事之家，亦去请香火装入小袋内供奉，以保平安。"②

此外，临水夫人还具有掌管江河的职能，闽江流域的船民崇拜临水夫人的也不少。③ 这或许与其生前擅于祈雨的传说有关。并且随着明清时期中琉航海活动的逐渐频繁，临水夫人也被纳入了海神的范畴。嘉靖年间陈侃、高澄使琉球海上遇险时，求救于天妃。后经天妃降箕，说：

---

① 林国平著：《闽台民间信仰源流》，福建人民出版社，2003年，第118～119页。

② 薛婧著：《从临水夫人信仰看福建民间信仰的特色》，载于《闽台民俗散论》，海洋出版社，2006年，第279页。

③ 林国平、彭文宇：《福建民间信仰》，福建人民出版社，1993年，第84页。

"吾已遣临水夫人为君管舟矣，勿惧！勿惧！"才转危为安。回到福州后，高澄偶然在福州水部门外发现了临水夫人祠，忙请教祠中道士。"道士曰：'神乃天妃之妹也。生有神异，不婚而证果水仙，故祠于此。'又曰：'神面上若有汗珠，即知其从海上救人还也。'"① 众所周知，至明清时期海神信仰以妈祖为最，如谢杰《琉球录撮要补遗》中所载："航海水神，天妃最著。"② 因此，临水夫人随着闽江流域的船民进入了琉球航海中，并被信徒以"水仙"的名义纳入海神范围，成为妈祖的妹妹，具有救助海上受难船只的功能。至此，临水夫人的信仰功能被进一步扩大了，自基本的降妖除魔，到独有的保佑妇孺，再到保护闽江水域，甚至最后亦可以救助海难。可见，神职功能的变化，是随着信徒的需求不断增加的。

四、总结

通过分析我们可以看到，临水夫人信仰的发展过程并不是一帆风顺的。其"肇基于唐"，在唐后期已经形成，但其真正在官方与民间享有地位，却是在 400 多年后的南宋，从其传说来看，临水夫人会祈雨，擅驱妖斩怪，但最终却以能保赤保婴、"扶胎救产"而闻名，并在民间信仰中享有独特地位。闽台地区好巫尚鬼的传统是民间信仰滋生的肥沃土壤，在此基础上，更是衍生出了诸多"由巫而神"的地方神明。又因在古代社会中，医疗卫生条件落后和家庭经济条件有限，普通百姓在遇到无法解决的问题时，更多的是求助于巫觋或所谓鬼神来解决，尤以妇女生育、儿童成长之事为最，临水夫人信仰即是在这样的需求中应运而生。

而随着其信仰的不断发展，临水夫人的神格通过官方的认可亦得到了不断的提升，整个祭祀系统开始逐渐地庞大、不断地细化，成为一个完善的系统。同时，其神职的功能亦随着信徒的需求，不断地扩大开来，从基本的驱妖除邪，到专有的"扶胎救产"，再到普遍化的祛病保平安，由闽江流域水神，到"天妃"妈祖之妹，辅助救助海难。临水夫人信仰的演变过程与福建地区的社会文化特点紧密结合，不断延伸，体现了福建民间信仰发展的典型特征。

---

① 高澄：《临水夫人记》，见萧崇业《使琉球录》第 142～143 页，台湾学生书局，1969 年。

② 谢必震：《明清中琉航海贸易研究》，海洋出版社，2004 年，第 31 页。

近代闽南基督教会的发展特点

李双幼*

自 1842 年，美国归正会首先到厦门传教，英国伦敦会、长老会等其他传教差会接踵而至，他们主要以厦门为基点，向漳、泉、汀、龙、永各地开拓传教区域。闽南基督教会早期主要由这三个差会通力合作，联合布道，后来随着范围的扩展，才划分宣教区域，各有不同。简要言之，归正教会的差传工作，集中在同安中部、安溪上游，以及九龙江西溪的石码一带，足迹遍及漳州的天宝、南靖、平和等地；长老会的宣教区域，分布在晋江流域一带，教务伸展至泉州、永春，也有在漳州南溪的漳浦、云霄、诏安等南部区域发展，以连通在汕头的教会事工；伦敦会则设教在同安的马巷、灌口和惠安一带，还在漳州的海澄、北溪以及龙岩一带，并以闽西的汀州作为最终目标。此外，美国长老会、美以美会、安立甘会、基督复临安息日会、基督徒聚会处等在闽南也先后有规模不等的教会组织。

据统计从 1842～1865 年，全国基督教徒约有 3000 人，仅厦门教区（包括厦、漳、泉及龙岩部分地区）就占了三分之一，[②] 这个数字的具体来源不得而知，但从中我们可以看出闽南教区在中国基督教会中所占的位置不可小觑。在闽南传教的三大差会沿着河流向内陆发展的宣教方式和"由差会协助自立，与差会维持紧密关系"的教会自立模式都具有

---

　* 作者单位：泉州学研究所。

　② Donald Matheson, *Narrative of the Mission to China of the English Presbyterian Church*, London, James Nisbet & CO. 21 Berners street 1866, 76. 厦门是福建省东南一个重要岛屿，闽南教会从厦门一岛开始，传教士以厦门教区统称闽南教区。

闽南地方特色，它又广泛而紧锣密鼓地开展了差会合作与教会合一运动，弄清楚闽南基督教会的发展特点有助于我们了解基督教在中国沿海地区的发展情况。

一、宣教的"河流网络之拓展"方式①

闽南的交通条件促使基督教差会采用沿着河流网络逐步向内陆拓展的宣教方式。闽南的地域环境和交通网络，主要由晋江和九龙江的沿河水运组成，北部的晋江流域、南部的九龙江流域和东部的厦门海岛区域，为传教士的传布工作提供了便利的水路交通。闽南教会初创于开放通商的厦门，而后从沿海地区沿水路逐渐进入内地。

鸦片战争后，沿海开辟了五口通商，西方传教士从南洋群岛至中国各通商口岸传教。来到厦门的传教士多数先在新加坡、爪哇和婆罗洲等东南亚地区活动，他们经常可以遇见在此经商的闽南人，并在与这些闽南华人华侨的接触过程中，了解到闽南地区的具体情况，借以习得闽南方言，进而沿着闽南与南洋之间的交通路线，根据闽南地理和交通网络，在沿河流域的城镇逐步推进并建立会堂，发展沿江宣教事业。这条河流拓展路线也是历来闽南的商业经营与海外贸易所依托的平台，传教士们就是循着这样的河流网络，逐步在闽南开拓出一片教会片区。

在闽南进行传布工作的外国差会主要有三个：美国归正会、英国长老会、英国伦敦会。1840年，美归正教牧师雅裨理首先到厦门传教，其他传教差会纷纷接踵而至，以厦门为基点，向漳、泉、汀、龙、永各地传播。闽南的基督教差会早期先是联合布道，通力合作，后来随着范围的扩展，才划分宣教区域。

归正会首先于1840年进入厦门，建立新街和竹树两个元老堂会后，开始向内地开拓新的教务，积极向漳州地区发展会务，② 即沿九龙江发展至漳州各地，开始在内地的宣教事业，构成"九龙江福音路线"。主要有两条路线：其一，以龙海石码会堂（1855）为基地，沿九龙江西溪，建立漳州会堂（1865），继而天宝会堂（1871）、龙山会堂（1885），

---

① 姜嘉荣：《清季闽南基督教会之研究》，香港浸会大学哲学硕士学位论文，1999年9月未刊稿，第31页。

② D. McGillivray, *A Century of Protestant Mission in China*, 1807~1907, Shanghai, American Presbyterian Mission Press, 1907, p369.

进而南靖山城会堂（1885）；第二条路线以平和的琯溪（小溪）会堂（1868）为基地，沿九龙江南溪向东南，建立坂仔会堂（1874）、南胜会堂（1878）、五寨会堂（1880），更延伸到漳浦一带。[①]

长老会刚开始的工作基本上只限于辅助其他两会，没有另设教堂，直到1853年开始经营白水营教会，并以此为基地沿着九龙江水系向漳州腹地推进。1856年，开始安海以北泉州诸地之外的传布事业。为了保持各地教会的联通，避免长远路途的奔波和劳累，长老会更利用各教会之间的水系交通，建造"福音船"，便利在各地的传教活动[②]，此后又增造船只，教务渐次发展。长老会之有白水营、安海，南北对峙，时人称为南北教会。南方白水营、马坪等处由宾为霖、仁信负责，而杜嘉德、宣为霖专门负责安海。南方之白水营教会颇发达，扩展到马坪、龙文时、坑尾、桥内等处，大有应接不暇之势。而安海形势颇不相同，遭逐十余年，教会方开始建基。

伦敦会是近代最早进入中国传教的新教教会，早在1807年就派马礼逊来华。总的来说，伦敦会在厦门之外，还有四块教会片区：漳州、惠安、北溪和汀州。漳属教会由传道人员乘坐"福音船"，由漳州溯流直上天宝、山城、琯溪等处传教而发展起来；惠安一地由先在海沧信教的信徒援引而入；北溪指发源于龙岩的九龙江主流段，光绪六年（1880）成立包括龙岩、漳平、宁洋与华安县的部分地区在内的北溪区会，1919年交付给归正会管理[③]；汀州偏处闽西，1892年伦敦会决定派出完全由华人自理的宣道团前往传教，并成立汀州区会，下辖有长汀、连城、宁化、清流、归化等教区。

总体而言，闽南基督教会经过19世纪60年代以前艰难的初创时期以后，抓住1860年《北京条约》允许传教士在中国自行信仰、传授基督教的机会，开始着手划分布道区，从刚开始的几个"元老"教会，沿着主要河流流域向内地拓展。此后教会发展迅速，教徒人数增加很快，

---

① 所标注年代为基督教传入时间，见姜嘉荣：《清季闽南基督教会之研究》，香港浸会大学哲学硕士学位论文，1999年9月未刊稿，第56~57页。

② Donald Matheson, *Narrative of the Mission to China of the English Presbyterian Church*, London, James Nisbet & Co. 21 Berners Street, 1866, pp. 18~19.

③ 周之德：《闽南伦敦会基督教史·北溪区教会历史目次》，鼓浪屿圣教书局，1934年，第11页。

传教站点也不断扩展，直至内陆的龙岩、汀州地区。

二、基督教差会间的合作与跨教的冲突并存

闽南基督教会从 19 世纪 40 年代开始至新中国成立前正好一个世纪有余，在这段时间内，三个外国差会除了分工传布外，往往采取合作互助的方式，这是闽南基督教会的一个特色。相对于公理宗的伦敦会，长老会和归正会由于同属长老宗，在教会组织管理和教理信仰上自有相通之处，因此两会之间进行了密切的合作与传教，以至于有些教徒甚至不清楚两会之别。然而与基督教差会之间的亲密合作的同时，基督教派与天主教之间存在着极大的冲突和矛盾，尤其在惠安一地，两教之间的冲突不时出现，甚至发展为两派教徒之间的械斗，最后只能求救于官府和乡绅协调解决。

1. 基督教差会之间的合作

教务传布工作。三差会之间长期以来一直处于密切合作的关系。长老会初来闽南并没有直接建立自己的教会组织，而是以归正会的新街礼拜堂为共同活动场所，协助归正会和伦敦会的传布及教育、医疗等工作①，直到开拓了漳州、泉州其他区域后，才分别以白水营和安海两个教会为基点建立南北两个传布范围。即使后来三差会建立了各自的传教区域，也还是经常互相合作，才有 20 世纪 20 年代闽南大会成立的基础。此外，在闽南进行过零星传布的其他差会也或多或少地跟这三个差会进行协调合作，并最后退出闽南。如 1888 年，安立甘会将蓬壶划归长老会泉西堂会，1896 年又将永春的高丽、达埔和德化的雷峰三个支会划入其下。全国长老总会成立以来，国内各宗派兴起了大规模的联合运动，"永春美以美会，又因其总会经济困难，不能继续派布道人员，于是与本会合一的动机，遂不可遏止"。② 福清的美以美会也将其在辋川一地的教会事工转移给伦敦会，自此退出惠安。

教职人员的培训。三差会深感闽南本地传道人员的需要和欠缺，因此都致力于本土教职人员的培养上。1860 年前，三差会都各设有自己的神学校及其附设的普通中学，归正会有寻源斋，伦敦会有观澜斋，长

---

① 陈增辉：《福建基督教史稿》（下），未刊稿，第 163 页。
② 吴炳耀：《闽南大会报告书》，《中华基督教会全国总会第三届常会议录》，第 92 页。

老会有回澜斋。1884年，归正会和长老会首先联合，寻源专办中学课程，回澜专办神学课程。1907年观澜斋与回澜斋联合办厦门圣道书院。1912年长老会在泉州创办"福音学院"（初级道学），1921年归正会在寻源中学增设道学科（高级道学），1926年三差会又把厦门圣道书院和福音学院联合起来，名曰"圣道专门学校"，1944年泉州金井圣经学校也合并进来。组合后的高等神道学校，由各差会的传教士共同执教，"其学科比前较为完备，而程度亦较前增高"①。欲任圣职的学生，必须严格按照要求读完所有神学课程，方可由堂会或区会介绍推举之。即使后来本土华人牧师的按立仪式也由各传教士共同执行。

社会事业。由于教徒大多不识字，为了方便教徒读经研道，约1851年归正会传教士罗啻、打马字和伦敦会传教士养为霖等在共同教育实践中，合作编集简明易晓的白话字，用23个罗马字母编制闽南方言②，此为中国文字罗马字母化的一个创举。再如，1881年长老会和归正会在厦门鼓浪屿共同创办澄碧中学，1907年并入归正会的寻源书院，并由三差会共同管理③。初期，学校都为三差会的男女教士负责管理，称为"主理"，下设有校长、监学掌理教务，而在乡村的小学，多由牧师、传道兼任校长、教员④；医疗事业上，在早期没有正规的医院和诊所之前，传教医士往往不分教派辖属，在各地巡回行医。教会发展到一定规模，乃在各地分设医院，泉州（城内）、平和、漳浦、永春、漳州（城内）、惠安、汀州、龙岩、同安等地均设有规模大小不等的医院。1936年，三差会议及医院合一事宜，决议将漳州之协和医院、漳浦之源梁医院、琯溪之救世医院、龙岩之爱华医院合并为一，指派协和为总医院，其余为分院，同时又开办有护士学校⑤；此外，三差会在以后相继组织起来的男女青年会、鼓浪屿救拔会（Kulangsu Slave Refuge）以及1887年创办的怜儿堂（Pitty Little Children Home）等慈善事业上合力工作，后来又一起致力于闽南大会属下的女宣道会（The Women's

---

① 陈秋卿：《闽南长老伦敦两会合一之进步》，《中华基督教会年鉴》1914年，（台北）中国教会研究中心、橄榄文化基金会联合出版，1983年再版，第26页。

② 吴炳耀：《百年来的闽南基督教会》，《厦门文史资料》第十三辑（1988年），第96～97页。

③ 高令印等编著："厦门文化丛书"《厦门宗教》，鹭江出版社1999年，第118页。

④ 张连金：《闽南教会教育概述》，《闽南圣会报》1945年6月，第17页。

⑤ 苏赞恩：《闽南教会医务概况》，《闽南圣会报》第11、12期合刊，第13页。

Missionary Society)① 的成立。

2. 基督教与天主教的冲突

基督教是由于在教义和信仰上出现分歧，自天主教宗教改革后而出现的，所以人们也将它称为新教。在中国的一百多个大小传教差会、修会，依照势力自行划分传教区域，在行政上、经济上都独立行事，不免臃肿重叠，以致出现力量分散而相抵消的现象，甚至有时为了争夺地盘、争夺教徒而闹矛盾。最早入华的基督教传教士马礼逊 1807 年初入中国时，就受到天主教士的极大排斥。天主教与基督教之间的冲突在闽南，尤其在惠安表现得相当突出。

闽南教会遇到的矛盾与冲突有一个阶段性的转变，即由前期的民教冲突逐渐转为教会之间的矛盾碰撞。这是由当时传教事业的发展所决定的。在传教的初期，由于教义与传教方式对民间传统礼教和风俗习惯的冲击，当地民众与传教士之间矛盾比较严重，便发生了多起的教案。到了后期传教事业打开局面，教派之间的矛盾也开始凸显出来，甚至出现了势弱的民众利用天主教来对付基督教的现象。惠安的两教冲突在天主教的介入时就已埋下隐患。惠安属伦敦会的传布区域，辋川堂会成立后，惠安文会因看不惯官府对教会的顾忌再三，随即在钟厝乡引进天主教，与之对抗，以后又有多个基督教徒转而往附天主教，此后两教大小摩擦事件不断。教会牧师周之德是这样描述："凡我教会开设之地，天主教亦虱其间，其教友每恃势横行，神甫不问曲直，动辄袒护其徒，抗官府，祸地方，殃民众，肆无忌惮，见我教根基已固，妒火中烧，欲谋摧残，以遂其并吞之志。"② 虽然周之德的教会立场要让人掂量其中几分事实，但仍可从中看出，天主教和基督教之间的斗争时有发生。在闽南其他地方也发生类似事件，比如安溪湖头的基督教徒欲建会堂，一直受到天主教徒的阻挠，1922 年才得以建成。

更严重的冲突甚至引起了基督教徒与天主教徒之间类似于群体械斗的惨案，列强、官府、士绅先后卷入其中。1896 年，涂岭后头村的天主教徒和四洲村的基督教徒由于偷瓜事件而起冲突，天主教徒焚毁基督教堂，埋伏攻击基督教徒，致使双方大张旗鼓，群体械斗，有多名教徒

---

① 何丙仲摘译，朱昭仪审校：《厦门差会史话（1842～1942 年）》，《厦门文史资料》第二十一辑。

② 周之德：《闽南伦敦会基督教史·惠安基督教史略》，鼓浪屿圣教书局 1934 年，第 48 页。

被击毙，房屋被毁无数。1909 年，山腰大房小房械斗，小房的基督教徒庄有才往大房基督教堂做礼拜途中被人杀死，牧师陈和礼将此事告知英国驻厦门领事，英领事照会清政府，清政府饬令惠安县知事剿办缉凶，伦敦会也派陈和礼、方希贤到山腰督办，但九个月未果，该知事因办案不力被革职。[1]

同属宣传基督福音的天主教与基督教之间之所以会出现冲突，主要是因为由来已久的教义教规上的左见。表现在传教方式上，基督教比天主教更重视医疗、教育和外出发放宣教传单，这种相对开放的宣教方式在某种程度上使基督教派有更多机会接触民众，也更容易争取到民众的信服和信仰，这就使两方在争取信众方面有所争端。另外从惠安士绅引入天主教的动因可见基督教这一特权阶层的介入，使士绅在地方上的权威与影响大大削弱，因此地方士绅引天主教传入惠安，实际是为了"以夷教制夷教"。教案发生后，地方官员非但无力镇压，且惧于双方传教士压力，释放双方肇事信徒，甚至作为中间人，调停交换双方人质，显示了地方官府的权力也被架空，更凸显了基督教与天主教特权阶层对地方权威的削弱。[2]

三、积极的教会合一运动

来华传教的基督宗派教会繁杂，恶性竞争的不良后果在教会内部引起了一场自觉的合一运动。教会合一运动首先在宗派各自系统下进行，进而又发展至组织超宗派的基督教机构。尤其是长老会以统一在华长老宗教会为口号，首先发起了闽南基督教会的合一运动，成为全国长老宗总会成立的先机，并努力将合一的组织范围扩展到全国的基督教会，力图组建一个跨教派的教会组织。闽南教会走向合一的道路，初始举动是同属长老宗的长老会和归正会在 1862 年把漳州、厦门、泉州三地的教会合组为漳泉长老大会，简称为漳泉大会。此后伦敦会也加入到闽南教会的合一事宜中。

1. 漳泉大会与伦敦和会

---

[1] 陈书涛：《惠安的两起教案》，《惠安文史资料》第二辑，1984 年 3 月 10 日，第 59～60 页。

[2] 张钟鑫：《本土化与信誉重建——泉州地区基督教会研究（1857～1949）》，福建师范大学硕士学位论文，2003 年未刊稿，第 32～34 页。

基督教自 1842 年首入闽南，经过早期几年开拓性的辛苦布工后，1862 年教会和教会礼拜堂已遍布厦漳泉各地。为了传教和统一领导的方便，两公会倡议联合，于 1862 年 4 月 2 日在厦门成立漳泉长老大会 (Presbytery)，也叫"大长老会"①，时称"漳泉大会"。漳泉大会成为 20 世纪中国教会"合一运动"的先驱，其大会所在地——新街会堂也因而被称为"中华第一圣堂"。漳泉大会 (Presbytery) 属于"两级制度"的教会行政组织，下设有堂会 (Church)，且须有由长老 (Elders) 和执事 (Deacons) 组成的"长执会"，自行处理本堂信徒的事务。一般而言，长老六名，负责管理、指导、监察和牧养堂会教务，执事两名，职责包括办理会计、管理教产和服事会友②。申请设立堂会的必要条件是：教徒人数在 25 人以上；经济上能够独立；有 2 名长老，4 名执事；有经济能力聘请牧师；有自建的礼拜堂。③ 堂会下还设支会和讲道所。漳泉大会由地区内各堂会的牧师和"代议长老"组成，负责审查区内各堂会的事务，如考核、同意堂会的组成，设立传道师考试，调解各堂会纠纷等。

1873 年，伦敦会在厦门、漳州、惠安各属区的中西牧师和传道聚集厦门，讨论教治，并规定在各属区设传道会，各堂设执事会，到民国初年改传道会为带议会。大会决议将伦敦会闽南各教会组合为统一的和会。和会起先决定分春、秋两季集会，1882 年议定只在春季召开。1892 年开始，和会发起由华人自主传教的本地布道会，前往龙岩、漳平、北溪等地传道。自此伦敦会进一步扩展原有范围，在 1919 年改称为省议会，建议设五带议会，即金厦同灌、漳州、惠安、北溪、汀州。和会在统一协调伦敦会在闽南的教会传教和组织活动上发挥了积极作用，促进了伦敦会的教务事工，并为伦敦会与长老宗的合一做了准备基础。

2. 闽南基督教总会

① Band, Edward, *Working His Purpose Out：The History of the Presbyterian Mission*，1847～1947. London, Presbyterian Church Press, 1947, pp. 49. Donald Matheson, *Narrative of the Mission to China of the English Presbyterian Church*，London，James Nisbet & Co. 21 Berners Street，1866，p. 72.

② 姜嘉荣：《清季闽南基督教会之研究》，香港浸会大学哲学硕士学位论文，1999 年 9 月未刊稿，第 135 页。

③《晋江市志》，三联书店 1994 年，第 1324 页。

长老宗与伦敦会下的教会组织结构大致相似，只是稍有一些不同细则，比如欲革出教务职员，长老宗须禀请大会，而和会则权归教会自行办理；[①] 在教务职员中，伦敦会未曾设立长老，而长老宗未曾设立女执事。两会"虽教政各操，名目迥异，而精神上则俨如划一……且教会比邻之处，俱有合组祈祷会、任职会、青年会、布道团，及其他慈善事业，已数十年如一日矣"，两会的组合顺其趋势。

自漳泉大会成立后，闽南堂会数目激增，另分泉属大会和漳属大会开管理。为了更妥善分配和安排闽南事工，1893 年"闽南（长老）总会"（Synod）正式成立，[②] 教治构架遂改变为堂会——漳属大会、泉属大会——总会的三级制度，牧师和"议事长老"首先在两大会中处理堂会事务，再经两区大会委任代表，参加总会议事，自此教会教务功能规划更分明而细致。

漳泉大会以及之后闽南长老总会的成立，实际上已经为与伦敦会的进一步联合做好铺垫。1909 年开始，闽南长老总会与伦敦和会开始协议合一事宜，经过多次商议，终于 1919 年取得联合，组为闽南基督教总会。治会机关的大议会由各教区的堂会派出牧师和长老合组而成，凡是关于教理、教义的争端，大会都有听审的权力。[③] 属下本分五区，后因惠安偏远，联通不便，另为一区而成六区议会，分治各区域中的教会（堂会），六区分别为：一、厦门区，以思明、金门、同安三县治及安溪之一部分为其工区；二、泉永区，以晋江、南安、永春、安溪四县为其工区；三、漳州区，以龙溪、海澄、漳浦、长泰、平和、南靖、诏安、云霄、东山九县为其工区；四、惠安区，以惠安一县为其工区；五、北溪区，以龙岩、漳平、宁洋三县为其工区；六、汀州区，以汀州府治为其工区。[④]

3. 中华基督教会闽南大会

长老宗是在华基督教派中举足轻重的一支，据 1914 年统计，其教

① 周之德：《闽南伦敦会基督教史·教史概论》，鼓浪屿圣教书局 1934 年，第 55 页。

② John Gerardus Fagg, *Forty Years in South China: the Life of Rev. John Van Nest Talmage, D. D.*, New York, Anson D. F. Randolph, 1894, p. 178.

③ 张葆初：《长老宗史略与其合一运动》，《中华基督教会年鉴》（8）1914 年，中国教会研究中心、橄榄文化基金会联合出版，1983 年再版，第 49～51 页。

④ 《中华基督教会年鉴·各省教会状况·闽南教会现状》，民国十七年（1928 年）九月，第 23～24 页。

友总数有 101 000 人,居全国教会 28％,[①] 其组织之大,统一组合势在必行。从 1890 年首议联合事宜,经多年商议筹备,1922 年合组了中华基督教会临时总会,1927 年中华基督教会正式成立,闽南基督教总会加入其中,成为下设的一个支会——闽南大会。

中华基督教会的组织形式为四级制,即堂会——区会——大会——总会,中华基督教闽南大会分有五个区会,分别为厦门区会、泉州区会、漳州区会、北溪区会和惠安区会。闽南大会每年一度召开,集合五区代表,统筹闽南教务,凡关于大会的全体事件,皆由大会年会议决推行。[②] 创办有《闽南圣会报》,报导教会信息,也有自己的书局,即闽南圣教书局。教会所设的各组织,如宣道会、传道公会、牧师孤寡会、教士养老会、圣道学校、教育会等都隶属其下。

四、"由差会协助自立,与差会维持紧密关系"的教会自立模式

所谓自立,指的是教会发展至一定阶段,为消除基督教的"外国色彩",脱离外国差会的操作而独立出来,走上华人教徒自治、自养、自传的途径。1881 年,英国长老会在汕头会议上正式提出"三自"(three self)口号,[③] 此后,"三自"逐渐成为自立运动的主旋律。"三自"运动立足于"自养",追求华人教徒的"自治"和"自传",力图摆脱外国教士和教会的管理和控制,促使本土教徒和教会组织的自立,并最终为各地教会的合一奠定人力和组织上的准备。

在这场自立潮流中,闽南教会走在前列,并通过合一建立的自治教会组织模式,掀起了教会组织重组革新的浪潮。1856 年,厦门新街和竹树两会堂联合创立闽南首个"长执会",彼此共同管理两堂会事务,闽南堂会组织开始出现,这是中国教会自立运动的滥觞,同时也开启了闽南的堂会自治制度,成为漳泉大会的组织基础。漳泉大会也是全国最早的基督教自治区会,具有创始性的重要地位,为全国其他地区教派的合一与自治做出榜样。同时,它也是在传教士的策划和努力下,由差会

① 《中华基督教各宗派述略》,《中华基督教会年鉴》1914 年,(台北)中国教会研究中心、橄榄文化基金会联合出版,1983 年再版,第 18 页。

② 吴炳耀:《闽南大会报告书》,《中华基督教会全国总会第三届常会议录》,第 90 页。

③ 邢福增:《文化适应与中国基督徒:1860 至 1911 年》,香港建道神学院1995 年,第 68 页。

协助成立并自立的，之后的一系列活动也都与差会保持紧密的联系，这种"闽南长老会"模式，成为中国自立教会三大模式之一，① 在近代中国教会史上举足轻重。1920 年，闽南基督教总会进而组成为"中华基督教闽南合一会"，其宗旨即为"联络闽南基督教会合力进行，共图自养、自治、自传之教会，普及救世之精神，发扬基督教完全之主义于世界上"②，对"三自"的重视于此可见一斑。闽南这种"由差会协助自立，与差会维持紧密关系"的教会自立模式，"往往有'中华教会'的名称，组织完善，层次分明，中西共组教会机构，不少主要职务由华人担任，但经济、人事实权多操西人之手"③。在自治方面，许多牧师担任教会要职；在自养方面，大多堂会能自聘牧师；在自传方面，各个堂会均能自设支会。

自治：漳泉大会的成立宪章规定，"华人处理闽南教会的日常事务，归正和长老两会的传教士不可控制大会议决，只担任'咨询顾问'角色，大会更可审核个别传教士列席资格，并包括取消传教士在大会的列席资格"④，充分体现了教会自治的精神与决心。堂会的自治，其基础乃是华人担任堂会神职人员，特别是牧师、传道二职。故闽南基督教会在各地相继成立堂会以来，即致力于自立发展，先后自聘牧师，其余传道、长老、执事均由华人担当。自此，华人教徒从参与会务决策开始，逐渐成为教会会务决策的主导力量，真正达到以华人意愿治理教会的目的。此外，在教育、医疗、出版、慈善等教会社会事业方面，在外国传教士的发动和协助下，华人教徒逐渐成为主持各项教会事业的主要力量。

自养：为了促进各堂会自养，闽南教会首创用自养换得自治的强制性手段。事起于1889 年，属漳州堂会的天宝、山城两会欲自立为堂会，漳泉大会在调查之后决定两会"现当仍归漳州牧师教治，待自己有力足

---

① 其余两种模式为：华中"中国耶稣教自立会"模式，完全与差会脱离关系，摆脱外国传教士控制的纯独立形态；华北的"中华基督教会"模式，完全由平信徒发起，与差会、传教士没有任何关系。参见查时杰：《民国基督教史论文集》，台北：宇宙光出版社1994 年，第33～35 页。

② 陈秋卿：《闽南教会合一的经过》，《中华基督教会年鉴》（6），（台北）中国教会研究中心、橄榄文化基金会联合出版，1983 年再版，第186 页。

③ 张化：《基督教早期"三自"的历史考察》，载于朱维铮主编《基督教与近代文化》1994 年，第156 页。

④ 姜嘉荣：《清季闽南基督教会之研究》，香港浸会大学哲学硕士学位论文，1999 年9 月未刊稿，第117 页。

以延聘牧师，然后自立可也"。自此大会规定："嗣后欲新分立者，非力足选聘牧师者，不准分立。自天宝等会分立以后，再有分立者，均以此为标准。"① 从而使教会的自治与自养同时进行。这种带强制性的、以自养换自治的方法，其目的正是强调各堂会首先应在经济上能自养。所谓自聘牧师，其经济基础自然主要来源于华人教徒自身的捐款上，然而除此之外，还有教会神职人员、教会社会事业等诸多项目的费用。事实上，闽南各堂会传道及其所属支会牧师及传道等神职人员的薪俸，除个别堂会可自行承担之外，其余均需仰仗差会。而在教会社会事业方面，医院、学校、报刊也大多难以自养，还得依赖于差会的经济支援。

自传：相对于自治、自养来说，闽南教会在自传方面着力较少。根据长老宗的规制，教治组织发展到总会（Synod）阶段，即可以成立布道团进行传教，自此闽南总会也开始成立自己的华人宣道团往各地传教，是为闽南教会自立发展的一项重要内容。宣道会的倡立始于1868年发起的华人自立活动，② 长老会也设有类似团体专营东山一岛。1882年，漳泉大会成立由本地教职人员组成的宣道会，此乃闽南教会自传的重要机构，主要任务是往内地（1892年开始主要在汀州府辖永定县）传教，该会设有12会员组织会务，包括募款、派遣教士、巡查等事务。③ 之后由于汀州路途遥远、方言不同，牧师布道巡视均有不便，遂将该地教务托付汕头长老会和归正会分理，转而将事工移设金门、东山两岛，以后又扩散到泉州北关与仙游交界之地，此为中华基督教自传先河。此后随着女信徒数量的增加和发展需要，又另外设立了女宣道会。

总的来说，闽南教会始终无法实现完全自养，经济上仍或多或少地依赖外国差会，在决策与管理上，难免受差会掣肘。这种"由差会协助自立，与差会维持紧密关系"的教会自立模式一方面极大地促进了闽南地区教会的自养发展，并直接带动了自治与自传的进步；另一方面，使闽南基督教会无法与差会脱离关系而形成纯独立形态，因此随着抗日战争的爆发，西方教会在人力与财力方面的全面撤退加深了闽南教会的经营难度，却也逼出教会走上完全独立之途。

---

① 许声炎：《山城堂会史略》，见《闽南中华基督教会简史》，中华基督教会出版社，1934年，第19页。

② D. McGillivray, *A Century of Protestant Mission in China*，1807～1907, Shanghai, American Presbyterian Mission Press，1907, p. 8.

③ 许声炎：《闽南长老会八十年简史》，第106页。

四

文献梳理

罗文藻与明清"礼仪之争"

——福建天主教第一个主教罗文藻相关信件分析

郭少榕*

宗教是人类社会的一种文化现象，基督教是西方文化的重要组成部分，西方传教士们都相信基督教文化优于其他文化，因而在其传播宗教文化过程中，经常有意无意地矮化、贬斥其他文化特别是东方文化，进而导致了文化之间甚至国家之间的冲突。自从基督教（唐、元朝传入的称为景教、也里可温教，明、清为天主教，清末以后除了天主教即基督教旧教以外，更多的是基督教新教）传入中国以后，就不断上演着中西文化包括宗教文化交流、融合与冲突的戏剧。特别是明末天主教传入中国后，中西文化冲突更为剧烈。其中最著名、影响最深远的当属起源于福建福安的教民祭祖事件，继而延续了两百年的中西"礼仪之争"，这场中西文化交战持续了 200 年。

天主教第一位中国籍主教罗文藻的经历和心路历程典型反映了这种交融和冲突。研究"礼仪之争"时期罗文藻与教廷的来往信件，将促进我们深入了解历史上福建籍教徒和传教士对中西礼仪之争的真正态度和作为，并了解早期中国传教士为探索基督教本土化所付出的努力，这对我们在现代的中西文化包括宗教文化交流中采取何种正确的方式将不无启示。

一、明清"礼仪之争"的背景与罗文藻经历

罗文藻（1616～1691 年），乳名罗才，字汝鼎，号我存（拉丁名Gregorioiopez），1616 年出生于福建福安县罗家巷村。在少年时代，天

---

* 作者单位：福建省教育科学研究所。

主教堂传教士见他衣食不足，雇他为教堂佣工。在教堂的耳濡目染中，罗文藻也逐渐皈依天主教。1633 年，多明我会士黎玉范与方济各会士利安当到福安宣教，是年秋，罗文藻在利安当带领下"受洗"，以"额我略"为圣名，称"罗额我略"。

罗文藻的家乡福建福安正是引爆"中国礼仪之争"的关键地区。罗文藻入教不久，闽东的多明我会士和方济各会士就挑起了关于中国礼仪的争论。多明我会、方济各会传教士初来闽东时，并未理会教徒在家中遵守的中国礼仪包括一些祭祀活动。如高崎就发现由艾儒略施洗的十位福安文人教徒具有"如此根深蒂固的向他们的先师孔子、灵牌及死者礼敬的礼仪"①，但高崎并没有立即反对这些文人教徒的行为，所以很顺利地在闽东立足，并使天主教在闽东迅速发展。但利安当和黎玉范的处理方式就十分激进。在一个偶然的时间，利安当的汉语老师（王达窦）将汉字"祭"解释为一种祭祀（如天主教的弥撒）和对先祖的纪念活动，这引起他的怀疑。以黎玉范、利安当为首的传教士在参加了福安穆阳缪姓宗祠的祭祖仪式后，认定这些礼仪具有迷信色彩，认为应该禁止中国教徒的祭祖等活动。② 但耶稣会士认为儒学不是宗教，其思想和礼仪不构成对基督神明的亵渎。多明我会和方济各会修士与耶稣会士在这一问题上发生了激烈争议。"他们（多明我会士）首先指责耶稣会士允许中国教徒祭祀祖先之位和崇拜偶像。其次他们说汉语里的'天'，是物质天——苍天的意思，决不能代表天主教的'天主'。"③ 1635 年 12 月 20 日和 1636 年 1 月 21 日，方济各、多明我两会在福州两次联合召开调查法庭，召集中国教徒 11 人进行当庭问答关于中国礼仪的问题。利安当与黎玉范将调查结果带到马尼拉，数年后文件到了罗马，并在欧洲引发了一场著名的"中国礼仪之争"④。

在多明我会、方济各会传教士的不断游说下，1645 年，罗马教皇通谕，禁止中国教徒参加祭孔、祭祖。罗马教廷的"禁祭令"是基督教

---

① 张先清：《17～19 世纪福安乡村教会的历史叙事：官府、宗族与天主教》，第 62 页。

② 张先清：《17～19 世纪福安乡村教会的历史叙事：官府、宗族与天主教》，第 64～66 页。

③ ［法］白晋著，冯作民译：《清康乾两帝与天主教传教史》，光启出版社，1977 年，第 38 页。

④ 李天纲：《中国礼仪之争》，上海古籍出版社，1998 年，第 39 页。

文化与儒家文化的第一次正面交锋，它公然反对在中国已根深蒂固的儒家文化习俗，招致了中国儒者和当政者的反感。为此，清康熙帝、雍正帝和乾隆皇帝先后发布了"禁教令"，开始了持续近 200 年的中西文化交战。期间，天主教传教士在中国的地位非比明末，大部分时期，他们不仅不能公开传教，而且面临被驱逐、被捕杀的命运。同时，中国各地方官员采取多种措施令信教者"改邪归正"，并兴办官学、书院，力图振兴儒学。许多士人纷纷脱离天主教会，重新捡起儒家经典著作。当时，许多教堂如福建福安的城关本堂、溪东本堂，宁德城关本堂，霞浦城关本堂等等，或被毁或被没收。

期间，利安当赴南京与耶稣会士讨论中国礼仪问题，作为利神父的得力助手，罗文藻伴同前往。1635 年，罗又随利安当到菲律宾汇报中国礼仪之争情况。1637 年，罗文藻陪伴两方济各会士到北京，与汤若望商讨中国礼仪问题，后回福建传教。1638 年 11 月 21 日，罗文藻在宁德被捕，被拘留 23 天。1639 年，多明我会士黎玉范神父被驱逐，罗陪伴黎经澳门赴马尼拉，次年返闽。1644 年 10 月 10 日，罗又陪利安当到菲律宾，遇飓风，漂泊到安南顺化，次年 5 月 20 日才抵马尼拉，不久入多玛斯学院，半工半读两年，学习拉丁文、神学等，并得了西班牙名字 Lopez，即罗俾士。

1647 年，罗文藻回福建，协助建造汀州教堂，此时，罗文藻已经是个能够独当一面的传教士。黎神父于 1650 年 1 月 1 日在福安顶头村将多明我会会衣授给罗文藻，正式收录他为中国第一位多明我会士。1654 年 7 月 4 日，罗在马尼拉晋铎，继而在菲律宾华侨中传教。1655 年返回，在闽、浙一带传教，施洗 500 余人。1665 年，罗文藻第四次去马尼拉，筹措传教经费，当时中国禁教严格，多明我会、方济各会和耶稣会都委托有中国人身份的罗文藻回国视察各省修会所辖教务，因此，罗文藻遍历闽、浙、赣、粤、晋、鲁、湘、川、苏、徽、直隶诸省，在两年内带领 3000 多人受洗。[①]

二、困惑与论争：福建传统文化和对天主教礼仪文化的冲突与争论

在外国传教士掀起的中西"礼仪之争"中，中国特别是福建教徒成了他们争论的牺牲品，他们对双方截然不同的说教困惑，在精神上颇受

---

① 方豪著：《中国天主教史人物传》，宗教文化出版社，2007 年。

折磨。天主教徒不得祭祖、祭孔，这样一来，"中国人"和"基督徒"之间的身份认同就发生了严重冲突。中国教徒"想获得'拯救'，同时他还想作为一个'中国人'得到'拯救'。想成为'中国基督徒'或者'儒家基督徒'，是他们一生中最重要的愿望。如今要把它们拆解开来，要么'中国人'，要么'基督徒'，确实是让他们肝肠寸断的事"①。其中有一个事例：闽东最早一批天主教徒缪士响（Juan Miu）和他的朋友郭邦雍（Joachim Ko，即郭若亚敬），也是迎接多明我会传教士高崎入闽东传教的虔诚信徒，他们伤心而迷惑地发现以前被（耶稣会）允许的行为现在受到禁止，并伴随着可怕的威胁。缪向艾儒略（Giulio Aleni）发出了令人伤感的恳求信："若亚敬和我都因为这些烦恼而茶饭不思，辗转难眠……（修道士们）禁止我们做一些事情，他们说那是致命的罪过。现在我们期望您将我们引入天堂，但您与他们相反的教授正在伤害我们，也在伤害您自己。我写这封信时泪眼模糊，茫然无措。请给我指明方向。盼望早日答复，令我早日安心。"②

福建教徒的茫然无措同样体现在中国籍的传教士身上。那些多明我会和方济各会的外籍传教士们，"除了信仰法籍人士外，不信任任何在中国的传教士们，因此有些教士到现在都很灰心"③。

罗文藻的困惑和灰心也不亚于当时的任何一位中国教徒或传教士。自受洗后的 20 年，罗一直伴随着传教士既作伴从又当翻译，数次往返菲律宾，又到过南京、北京和所经州县。17 世纪 40 年代中西"礼仪之争"开始时，罗文藻已经协助利安当传教，后由于清廷禁教，外国传教士大部分离开中国，他成为教会在中国的"支柱"。对"中国礼仪之争"，罗文藻身临其境，双方观点一清二楚，作为反对中国礼仪的多明我会传教士，同时又是具有悠久文化传统的中国人，他既要面对教会的"禁祭令"，又顶着中国的"禁教令"，此时他的处境是尴尬的。

作为中国人，他理解并认同家乡民众包括教徒的中国式"礼仪"，

---

① 刘家峰：《离异与融会——中国基督徒与本色教会的兴起》，"严谟的困惑：18 世纪儒家天主教徒的认同危机"。

② Navarrete, Domingo, *Controversias antiguas, y modernas de la mission de la gran China*. Partially printed Madrid, 1679, but not published, p.507. 转引自赵殿红《明末清初在华天主教各修会的传教策略述论》，《韩山师范学院学报》2002 年 3 月第 1 期。

③ 《罗文藻主教致教廷传信部枢机团书》（1689 年 8 月 26 日），见《罗文藻主教文献特辑》。

正如他自己表白的："我是一个中国人，我曾在马尼拉时，很艰难地学会了西班牙文和一点儿拉丁文，但我对欧洲的礼尚往来知道得不多。对于神学和教会法律没有我对自己国家的学问和法律那么有经验。"① 因此，他明确向教廷表明："两个修会（即多明我会与方济各会）对中国的宗教和礼仪的看法是错误的。而我所提出的观点是依据中国古代书籍中找到的真理及根据我自己在中国生活七十年的经验，而我又是本地人，我也一直在研究这些礼仪。"②

由于赞同敬祖祭孔，罗文藻受到了外国传教士的排挤。他代替外国传教士赴全国各地处理教务，并能够在禁教的形势下不断吸引民众入教，但他仍受到了教会的指责。1674 年在一些了解、信任罗文藻的外国传教士的推荐下，教廷委任他为巴西利衔主教，委任书于 1677 年才送达中国，但直至 1684 年，罗仍未得到祝圣。此期间，多明我会马尼拉会长召他前往菲律宾，在马尼拉，主教安多尼嘉德朗神父指责他"是魔鬼的莠子，是修会的敌人，不许回中国"③。1684 年 1 月 25 日，罗文藻在写给教宗依诺增爵十一世的信中说："省会长安多尼嘉德朗神父在没有听取参议会神父们意见的情况下，不顾一切地阻止我祝圣。并说，如果我受圣，就要将我驱逐出多明我会，且要让在中国传教区的多明我会士们离开中国，并将不再给我任何的帮助或经济上的支持，也不派通晓神学的神父来帮助我。若回中国，就开除出会，并从中国撤回全部会士。"④ 在同一天的另一封信中，罗说："中国传教地区的区会长艾伯多禄神父抛下了属下及当时刚进入教外人受迫害时期的传教区，他以作我的同伴为名陪我去马尼拉，并同我一起上船启程。自称同伴的他一到马尼拉就好像变成了我的主人。""艾伯多禄神父看似十分自爱，他放弃了所有牧灵的好的效果，只按照自己的意见，认为他自己一点错误都没有，尽管他没有我的经验，也没有我对中国典籍字义的理解能力，在没有听取任何人的意见之下，独断独行地决定取消我主教职位，阻止我受

---

① 《罗文藻致传信部枢机团书》（1685 年 4 月 13 日），见《罗文藻主教文献特辑》。

② 《罗文藻被选主教致传信部枢机团书》（1684 年 1 月 25 日），见《罗文藻主教文献特辑》。

③ 郭慕天：《罗文藻主教的遭遇和功绩》。

④ 《罗文藻被选主教致教宗依诺增爵十一世书》（1684 年 1 月 25 日），见《罗文藻主教文献特辑》。

祝圣，设法留我在马尼拉，并称呼我为修会的仇人，用我曾是耶稣会朋友的说法及在争论中我会遵从他们的见解为理由侵犯我。"①

面对艾伯多禄神父、安多尼嘉德朗神父等外籍传教士的指责和专横的决定，此时的罗文藻内心充满了困惑和无奈，他只能在内心呼叫："没有救济，没有同伴，没有神学顾问的帮助，让我无路可走。"② 他在1689年回忆自己担任主教所经历的曲折情形时，一度说："在当时我感到很痛苦、很难耐，不愿去想别的，以我的年龄只想休息以及得到安宁。""因为自己所处的环境，既不可以说是一个主教，又不是一个会士，在这种处境下，我宁愿隐居到深山中做一个隐修士较好。"③

同时，对于教廷的"禁祭令"，罗文藻忧心忡忡："因为我是中国人，我终身为了建立和保存这些教会而辛苦工作……看到教会在这样的情形下，令我有双倍的痛苦和难受。我写这信是不愿意有一天要说这个传教事业已经毁灭了，证实这些话并不难，假如掀起相反信仰的教难，教士们势必会从教堂和教友中退出，继而离开中国，教友们将会为失去牧者们而流泪，尽可能使信德的火焰燃起，看到传教士们为基督而受苦，教友们会得到精神上的安慰，并能坚持他们的信德。"④ 而在面临教会内部的迫害时，他选择了向教廷申诉，在给教廷的信中，他说："我在过去的生活中，从没有经历过迫害、欺诈、伪装，我生长在基督的诚实和宗教的真理中，从没想到上述中国传教区的区会长艾伯多禄会侵犯我的人格及主教职位，但他到这里来的目的是为了出卖我，所以他为了自己的目的对我祝圣主教和回中国管理那些省份这两件事情作了不良的安排。"⑤

可见，作为虔诚的天主教徒，罗文藻宁愿怀疑造成他及其他中国传教士和教徒困境的原因是个别外籍传教士的个人不良品质引起的，这些

---

① 《罗文藻被选主教致传信部枢机团书》(1684年1月25日)，见《罗文藻主教文献特辑》。

② 《罗文藻被选主教致教宗依诺增爵十一世书》(1684年1月25日)，见《罗文藻主教文献特辑》。

③ 《罗文藻主教致教廷传信部枢机团书》(1689年8月26日)，见《罗文藻主教文献特辑》。

④ 《罗文藻主教致教廷传信部枢机团书》(1689年8月26日)，见《罗文藻主教文献特辑》。

⑤ 《罗文藻被选主教致传信部枢机团书》(1684年1月25日)，见《罗文藻主教文献特辑》。

人是出于争权夺利的私心，才反对耶稣会的正确传教方式。"我不会因此责备那些简令或诸位枢机阁下和圣座的安排，我对此极度尊重，因为我觉得它充满了圣意和公德，我也不是不知道那些简令是为了拥护信德及传教区的利益而作的。我只对那些执行简令的人表示不满意和遗憾，他们刻意不向您们报告在执行简令时所遇到的困难，好像他们太热心找寻建立自己传教事业的方法而忽略了其他的传教事业。"① 因此，尽管不理解教廷的"禁祭令"，罗文藻并不怀疑基督教教义，他认为西方教廷并不了解中国实际，也不理解中国传统文化对中国人根深蒂固的影响，并受到了一些外籍传教士的蒙蔽。

三、坚持：在中国传教的确需要与其他地方采取不同的传教方式②

面对来自教会内部的迫害，罗文藻并不妥协。一方面，他不断写信向教廷解释："我写此文章的目的是想把两个修会所持的争议及不同的看法，用我已经证实的观点让它们相互沟通，力争使中国所有的修会在服务于教友之间能和平相处，避免恶表相向及不和睦，齐心为天主做事。"③ 同时，他希望教廷能够多听听中国人的声音："我现正仔细研究关于神父之间对敬孔祭祖的争论。在巡视完我代牧区中所有的教友团体之后，我将尽量让传教士们表达他们的观点，到那时我会和亚尔高列衔主教（我希望那时他已经有一些从中国来的消息）一起按照天主的意愿来决定该怎么做。我们也会把决定报告给诸位阁下，好让你们做出最后的裁决，让所有的传教士们同心同德。"④

罗文藻坚持认为："在中国传教的确需要与其他地方采取不同的传教方式。"⑤ 也就是说，基督教在中国必须本土化才能被接受。1610年利玛窦神父去世时，其耶稣会的继任者金尼阁坚持其传教方针，1613

---

① 《罗文藻主教致教廷传信部枢机团书》（1689 年 8 月 26 日），见《罗文藻主教文献特辑》。

② 《罗文藻被选主教致传信部秘书函》（1683 年 3 月 3 日），见《罗文藻主教文献特辑》。

③ 《罗文藻被选主教致传信部枢机团书》（1684 年 1 月 25 日），见《罗文藻主教文献特辑》。

④ 《罗文藻致传信部枢机团书》（1685 年 4 月 13 日），见《罗文藻主教文献特辑》。

⑤ 《罗文藻被选主教致传信部秘书函》（1683 年 3 月 3 日），见《罗文藻主教文献特辑》。

年请求教宗：为中国教会教务的独立请求成立中国耶稣会省（当时中国耶稣会由日本会省管辖，这一请求未能成功）；请求允许中国的传教士戴帽子举行圣事；请求允许中国神父用中文来举行礼仪；请求欧洲各国耶稣会援助中国教会经费。① 这些请求部分被当时的教廷批准，如允许用中文举行礼仪，可惜当时因没有经书未能实行，后来耶稣会士利类思于1654～1678年翻译出了弥撒经书和圣教日课，但教廷又收回了特权。罗文藻十分认同耶稣会这一传教政策："耶稣会的神父们在中国将近一百年了，他们以典范的行为和周到的工作态度为天主服务。以前我知道他们的传教区发展十分迅速，又有许多好的教友……"②

在1683年12月25日，罗文藻写了一封致中国传教士的信件，明确要求这些传教士不必等待听取主教的命令再决定用什么方式传教，而只要听取本地会长的要求，根据当地实际情况确定传教策略。信件全文如下：

"我，罗额我略得天主及圣座的恩宠，被选为巴士而衔主教，中国地区及高丽（韩国）代牧，因吾主耶稣基督之名，借此封信劝说在中国传教的所有修会的传教士们，特别是奥斯定会的会士（这些人中有的现居于广东省，时刻等待着进入中国内陆的机会；有的在今年将进入内陆；另外将来还会有一些传教士准备进入中国），请你们不要有任何顾虑。借此封信，我向各位保证你们可以听命于你们本会长上的命令及享有自己的特权或豁免权，而不必按照圣座的规定来听从我的命令，如果不这样做，中国的传教事业将停滞不前。直到我通知教宗，这样的决策（即在中国传教的会士们听命于主教）将会引发出种种不良的后果，教宗看到这些后果也会毫不犹豫地废除以前要求会士们听从主教命令的所有法令。"③

1685年，罗文藻在广州由方济各会意大利主教伊大任为其祝圣，成为第一个中国籍主教，掌中国北部诸省教务。同年六月，罗文藻到南京任职。到任后即上书教宗，希望宽免中国籍神父读拉丁文的要求，使

---

① 赵殿红：《明末清初在华天主教各修会的传教策略述论》，《韩山师范学院学报》2002年3月第1期。

② 《罗文藻致传信部枢机团书》（1685年4月13日），见《罗文藻主教文献特辑》。

③ 《致信于中国传教士》（1683年12月25日于马尼拉），见《罗文藻主教文献特辑》。

中国人能更容易提升为神父。又要求豁免教士们要发誓听从主教的命令。① 同时，他请求教廷允许一些耶稣会士不要宣誓（执行教廷的"禁祭令"），因为，"在我代牧区的五位耶稣会士，天主教君王（指法国君王）的数学家，他们不适合执行这样的命令……我不算他们是传教士而只当是数学家，允许他们不宣誓能暂时施行圣事的权柄和理由"。②

1667 年，重视西方天文术算之学的康熙帝玄烨亲政，他放宽了教禁，天主教在中国的传布遂由秘密转向公开。1680 年，罗马教廷在福建设"宗座代牧区"，并兼理浙、赣两省传教事务，主教府设在福建的福安穆阳。天主教在华传教事业有所恢复。福建地区多明我和耶稣会士的争议，本来已经渐渐平息。就在这时，又是由于福建教会内部的争议，"中国礼仪之争"再度引起全世界的注意。1684 年，罗马教廷任命巴黎外方传教会会祖巴陆（Pallu）为福建首任宗座代牧，并委之"管辖中国教务之权"，巴陆到达穆阳不久即病故，继任者为颜当（Carolus Maigrot）。颜当在 1687 年到 1696 年担任了福建代牧教区主教。在他担任主教期间，再一次挑起了"中国礼仪之争"。1693 年 3 月 20 日，颜当发出一项命令，决定在福建教区全面禁止天主教徒参加祭祖和祭孔仪式。更甚者，他还命令福建地区所有教堂把仿制的康熙皇帝赐给汤若望的"敬天"大匾统统摘去，因为他认为中国皇帝所敬之"天"，非信耶稣基督的教徒们应敬之"天"。已经延续了半个世纪的传教士内部的"中国礼仪之争"重新激化。

对这一次朝廷再次禁教的始作俑者颜当的作为，罗文藻也十分不满。虽然罗文藻去世时，颜当还未发出禁祭令，但罗已经预见到此人将带来的教难："颜当神父对待诸位代牧缺少应有的尊重，就算他有足够的理由也不该以这种态度来惩戒他们或毁坏他们的名誉。我想他是完全出于热忱而这样做，但他也可以用别的办法或说法来表达。""颜当神父反对视察员的行为并没有至此罢休，与此同时，也使方济各会在这些传教区的省会长奥斯定巴斯卦神父不安，他想要巴斯卦神父承认他是福建省的代理代牧及全中国的代理署理，又用默特罗堡衔主教在一六八六年

---

① 胡秀林、颜素开编：《宁德人杰》，海风出版社，2000 年，第 156～159 页。
② 《罗文藻主教致教廷传信部枢机团书》（1689 年 8 月 26 日），见《罗文藻主教文献特辑》。

寄给他的一些信件来证实厄利奥堡衔主教（陆方济各）逝世后的安排。"① 同时，罗文藻对颜当传教政策进行了强力抵制。

在罗文藻离世之前两年，他对教廷的传教政策也开始怀疑和抱怨了："我不想叫教士们宣誓。我也不能信服诸位枢机阁下在这样的环境中会愿意或企图用其他的办法。"②

因此，罗文藻强烈希望基督教本土化，最重要的应该是传教人员本土化。他上书罗马，要求准许他祝圣一批信德坚固、懂得教会道理、热心传教事业但不会拉丁文的独身教友为神父，让他们用中文举行弥撒付圣事，念日课，"至于把我国家的人祝圣为神父，虽然不多，但无疑地可以找到一些合适的人选……那些上了年纪又有经验的好教友是我们非常重视能当神父的。我已经有大家都相识的五位很正直且很重视神品的教友，天主保佑这些人，我会在合适的时机祝圣他们。"③ 因此，他不受葡萄牙保教权的节制，未经葡萄牙国王的同意，向教宗举荐意大利人方济各会神父良尼沙为副主教，以及祝圣吴渔山、刘蕴德、万其渊三位华人为司铎，这都表现出罗一心一意培养本地神职的决心。同时，他希望"主给这边儿的教友们较多自由"。为建立本地化教会，他做出了努力。

罗文藻等中国传教士一生为传播基督教义竭尽心力，但由于其中国人的身份，以及对中国儒学文化的某些思想、礼仪的认同而屡遭外国宗教势力的责难。他为了使基督教本土化而创设培养中国神职人员学院的举动也屡遭阻挠。1691 年，罗文藻是怀着传教不能自主的遗憾去世的。罗主教逝世后，直到 250 年后的 1926 年才有 6 位中国主教被祝圣。

四、结语：基督教文化本土化的勇敢探索

罗文藻与教廷来往的信件典型地反映了教会中国本地化的艰苦历程。总的来说，罗文藻的传教理念与利玛窦的"传教士中国化"的理念一脉相承。如果说利玛窦的传教"超越了仅仅传播宗教的范围，而更具

---

① 《罗文藻主教致教廷传信部枢机团书》（1689 年 8 月 26 日），见《罗文藻主教文献特辑》。

② 《罗文藻主教致教廷传信部枢机团书》（1689 年 8 月 26 日），见《罗文藻主教文献特辑》。

③ 《罗文藻致传信部枢机团书》（1685 年 4 月 13 日），见《罗文藻主教文献特辑》。

有了一种文化交通的意义"①，那么以罗文藻为代表的中国传教士反对西方教廷的"禁祭令"的努力，是对基督教文化本土化的勇敢探索。他对基督教本土化所付出的努力，得到了当时中国教徒的拥戴，以及一些外国传教士的肯定，也影响了许多外籍传教士的传教策略比如方济各会士利安当等等。应该说，罗文藻与利安当既是师徒，思想观念也是互相影响的。方济各会原来是反对耶稣会士，禁止为教徒亡父母举行敬礼的，利安当也是挑起中西"礼仪之争"的推手之一②。但是，1649年，利安当重返中国欲恢复传教事业时，"方济各会士越来越看清楚，是不能反中国传统礼教而行的，因此由禁止而走向支持对教徒亡父母的敬礼，也就是与耶稣会打成一片""甚至在后来甘愿同耶稣会士一起接受教会当局的处罚"③。

正如罗文藻在一封信中提到的，如果按照教廷不许敬孔祭祖的规定，"许多人会背教或怀疑西欧人来中国不是为了劝人进教和扶助灵魂，而是另有企图"④。事实上，外国教会派传教士来华的目的绝不单纯是传教，"西、葡两国传教士常常将传教与国家利益纠葛一处"⑤。无论是明末清初，还是清末民国时期，基督教会从来没有正确认识到中国文化的影响力，始终希望以基督教文化取代中国的传统文化，这反映了基督教传教士的殖民者心态，他们对中国文化传统的干涉已经涉及了中国内政，所以才会引发一次又一次的教案。

实践证明，经过几千年的发展，融合吸收了各民族多元文化的中国文化已经深深渗入中国人的生活中、骨子里，特别是在传统文化底蕴深厚的福建等区域，大部分福建本土基督教徒即使如罗文藻等经过几十年的教会教育和传教熏陶，虔诚信仰基督教义，但对中国传统文化仍有着难以割舍的心理，并希望能将基督教文化"拿来"而非由他国强行侵入，表现了大部分中国信教者的爱国情怀。

---

① ［日］柯毅霖著，王志成、思竹、汪建达译：《晚明基督论》，四川人民出版社，1999年，第48页。

② 李天纲：《中国礼仪之争》，上海古籍出版社，1998年，第39页。

③ 韩承良：《中国天主教传教历史》，思高圣经学会出版社，1994年，第130页。

④ 《罗文藻主教致教廷传信部枢机团书》（1689年8月26日），见《罗文藻主教文献特辑》。

⑤ 张先清：《17～19世纪福安乡村教会的历史叙事：官府、宗族与天主教》，第64页。

报刊舆论与乙未反割台斗争研究

——以《申报》为中心

陈忠纯*

　　甲午战败，清政府被迫割让台湾予日本，但台民义不受辱，掀起了波澜壮阔的反割台斗争，在中华民族反抗外来侵略的历史上，写下了光辉的一页。台民的拒日斗争，引起国人的关注和同情，反割台舆论风起云涌。[②] 作为当时国内仅有的五家中文报纸之一，《申报》十分关心台民的反割台斗争，除了转登台民公告，译载外文报道，还专门派员到厦门等地探访台岛近情，掌握反割台斗争的最新进展，发表了大量有关台民抗日活动的评论。1895 年 2 月底，日军即将攻台的消息传出，《申报》对台防的报道便逐渐增加。待日军进犯澎湖后，《申报》几乎每日都有报道台湾绅民抗日活动和战事进展的消息，一直到 1895 年 11 月底，随着台民抗日活动的减少，报道才逐渐消歇。同时，《申报》下属的《点石斋画报》，依据这些报道内容，刊登了近四十幅有关台民抗日运动的图片。[③] 而从 1895 年 4 月起至 11 月初，围绕割台引发一系列问题，《申报》还配发了 40 多篇评论，尤其在抗战初起的 5、6、7 月份，

---

　　* 作者单位：厦门大学台湾研究中心、台湾研究院。

　　② 学界对甲午战争期间的社会舆论的研究成果，并不鲜见，主要有董丛林：《对〈申报〉关于甲午战争的政论之考察》，见戚其章、王如绘主编：《甲午战争与中国和世界——纪念甲午战争 100 周年学术讨论文集》，北京：人民出版社，1995年；龚书铎：《甲午战争期间的社会舆论》，《北京师范大学学报（社会科学版）》，1994 年第 5 期；郑师渠：《〈万国公报〉与中日甲午战争》，《近代史研究》，2001 年第 4 期；王维江：《清流与〈申报〉》，《近代史研究》，2007 年第 6 期等。但专门对反割台斗争的社会舆论进行研究的文章，则尚付阙如。

　　③ 参见《点石斋画报》四集之"书"集、"数"集，广州：广东人民出版社，1983 年影印本。

每月都多达 10 篇左右。相对于同时期的《直报》等其他中文报纸，①《申报》对于反割台斗争的报道分量最重，且更为详细与全面，颇受读者关注。②

但是，长期以来，学界对《申报》与反割台斗争的关系关注不够。实则，《申报》是当时最重要的中文报纸之一，探讨这一问题，不仅为了解当时国人对台民反割台斗争的反应所必需，而且，也有助于我们进一步深化对整个甲午战争的理解。

一、台民反割台运动与《申报》态度的转变

台湾地处东南一隅，为邻近数省的天然屏障，战略地位极为重要。甲午战争期间，战事尚未蔓延至台澎时，《申报》虽曾提醒清政府应加强台澎的防御，但对日本据台的野心估计不足，认为日军之意不在台湾一隅，而在北洋地区，防务的重心在北不在南，而且台防经累次加固，有刘永福等人驻守，自是固若金汤，即使日军进攻，也能应付自如。③其实，当时日本觊觎台湾的消息早被中外各方所关注，时任两江总督兼南洋大臣张之洞还为此专门去电李鸿章探听。相较之下，《申报》则轻视侵台的消息。即使有日军南下澎湖消息传出，《申报》尚怀疑是日军声东击西之计，④ 而"台湾不过海外一隅之地，于我之大局无伤"，坚持认为日人意在北洋："夫所争之地者，非北洋而何?"⑤ 待日军于 1895 年 3 月底攻占澎湖，且停战条款所划范围未包含台澎，《申报》才意识到日人对台湾乃志在必得，转而希望守台将兵严为防守，以遏凶锋。⑥

1895 年 4 月 17 日，《马关条约》正式签订。19 日，《申报》便透露了部分条款，第一条即为"台湾一带地方永远让与倭人"⑦。但《申报》对割台等屈辱条款表示理解，对和议终成表示欢迎，⑧ 并以《欣闻和

---

① 《直报》虽有转发台澎战事的消息，但述多论少。

② 《申报》出于对信息可靠性的怀疑，曾一度暂停对台事的报道，很快就有读者去信询问，希望能多了解台事确情，可见当时读者对台事的关心。参见《答客问台湾近事》，《申报》，1895 年 8 月 18 日。

③ 《论中国防务北重于南》，《申报》，1894 年 12 月 15 日。

④ 《台防安稳》，《申报》，1895 年 3 月 10 日；《台防述要》，《申报》，1895 年 3 月 21 日。

⑤ 《论倭人注意不在台湾而在北洋》，《申报》，1895 年 3 月 1 日。

⑥ 《电述停战确情》，《申报》，1895 年 4 月 1 日。

⑦ 《和议续闻》，《申报》，1895 年 4 月 19 日。

⑧ 《俄罗斯财赋兵制考略》，《申报》，1895 年 4 月 21 日。

议》为题，报道杭州民众闻和议，"一时喧传，人心遂定"①。知晓《马关条约》的内容后，内外大臣、朝野上下纷纷上书谴责日本的贪婪无耻，要求拒约抗战，清廷内部也为是否同意批约发生激烈争议。《申报》却为和议辩护，想当然地以为主持和议之人另有"深谋密计运乎其中"，而外间之人，"管窥蠡测，亦无怪其訾议丛生"，攻击反对和议的声音是"欺君误国"②。

中日议和初始，听闻日人有割台之议，台民时刻警惕和议信息。停战条款不及台湾，台民预感前途不妙，向朝廷抗议，③ 但日本对台湾垂涎已久，坚持割占全台。无心再战的清政府，虽极力辩驳亦无济于事。待知晓割台成为和议条款，台民即刻请求台抚唐景崧代奏朝廷，反对割台，掀起激烈的反割台运动。此时《申报》竟指责台民仅顾台湾一地，而不知缓急轻重："台地尚在门户之外，而东省已为堂奥之中，其轻重不又有别耶？"就台湾与辽地的战略地位相权衡，认为台湾轻于东省，为大局言，可弃"枝叶"保"根本"。但当时台民主动起来反抗割地，掀起声势浩大的反割台运动，他们或请台抚代奏，或由台湾举人联名上书，与在京各省举人一道，造成一股强烈的反割台舆论，上达天听。这股舆论让《申报》不由得感叹道："乃台人共怀愤激，不甘让于倭人，东省人民不闻有伏阙上书，显陈利害，岂朝廷待民之心有厚薄耶？抑人民之气节有不同耶？"④《马关条约》签订的次日，即4月18日，丘逢甲领衔全台绅民电奏，质问台湾并未被倭人占领，"何至不能一战"？表示宁可决一死战，不愿将台湾拱手让与倭寇。⑤

台民的激愤哀号让《申报》彻底改变了在割台问题上的态度，而其最大的认识转折，则在于意识到割地问题所牵涉的不仅仅是台湾一地的战略地位问题，更重要的是生活在该土地上人民的感情："诚以割地一事，不独失土，抑且失财失民为害最巨。"⑥ 所谓轻重缓急之事，其实自在人心："在草野人民何知轻重，然其心之所发，若有不约而同者，

① 《欣闻和议》，《申报》，1895年4月21日。
② 《论中日和议换约事》，《申报》，1895年5月10日。
③ 《台民孤愤》，《申报》，1895年4月13日。
④ 《论割地轻重》，《申报》，1895年5月9日。
⑤ 《署台湾巡抚唐景崧奏丘逢甲率全台绅民誓与台共存亡电》，戚其章主编：《中日战争》第3册，中华书局，1991年，第74页。
⑥ 《论和约之弊以割地为最重》，《申报》，1895年5月18日。

然后知轻重之故，自在人心，不必远而求者也。"①《申报》无法漠视台民的忠心义胆，公开表示对台民的同情与支持。该报强调日本即使割台之地，也无法割占台民之心，而民心不服，其地难割，将来日人莅台，必将遭受台民的坚决抵抗，这样一来，日军必兴师动众，台民亦必全力抗拒。故而，这样的和局，不仅达不到弭兵的目的，还可能引发新的战争。该报进一步指出，割台问题涉及民心向背的大事，不可失台民之心，更不可失百姓之心："古者得天下，必先得民心，所谓众所归往之为王也。今者民心固结未散，而舆图日削，不能为保全之计，是真难索解人矣。当轴者慎勿以和局之可成而视台湾为疣赘也。"②

《申报》连续发文支持台民。5 月 15 日，丘逢甲等台湾士绅集议台北筹防局，发布《台民布告》，并致电总理衙门及各省疆吏，宣布台湾自主，留唐景崧理台事，请刘永福镇守台南。③ 17 日，《申报》全文转载了《台民布告》。19 日，该报又发文公开支持台民这一大胆的义举，解释说割台与前此割让港澳不同，并非清帝明谕割让，而是李鸿章行"便宜行事"之权，擅自割让，故"则是将全台割畀日本，非朝廷畀之，直全权大臣畀之也"，把割台的罪责推给李鸿章。同时该报为台民的义举辩护，称台民反对割台，并非违抗朝廷，而是与李鸿章相抗："台民于朝廷固不敢抗，岂全权大臣亦不敢抗乎?"该报还警告日人，台民素称强悍，台地素号富饶，"以言战，则誓死不去;以言守，则饷项常充"，欲得台湾必将付出极大代价，劝其三思而行。④ 5 月 21 日，《申报》追溯明清以来国人含辛茹苦地开发台湾的历史，感叹"积累数百年而片刻不能保守，经营数十世而一旦易于弃捐"⑤。25 日该报又以《书台峤绅民电禀后》为题，再度回顾台湾的开发史，称台民拒日决心，实源自清帝"厚泽深仁，有以结民心而作士气也"⑥。

由上可知，《申报》发出反割台的呼声，除了受到举国上下反割台

---

① 《论割地轻重》，《申报》，1895 年 5 月 9 日。

② 《论日人还地》，《申报》，1895 年 5 月 16 日。

③ 《申报》迟至 5 月 24 日才获知后一封电禀，次日登载原文，并加按语评论为之辩护："虽措词不免有过激处，然亦可见海峤愚氓，各怀忠悃，苟非我国家深仁厚泽，浃髓沦肌，曷克臻此。"见《录台峤绅民电禀原文》，《申报》，1895 年 5 月 25 日。

④ 《论台民义愤》，《申报》，1895 年 5 月 19 日。

⑤ 《论台湾得失之难易》，《申报》，1895 年 5 月 21 日。

⑥ 《录台峤绅民电禀原文》，《申报》，1895 年 5 月 25 日。

的舆论影响外，更重要的是受台民英勇的反侵略精神的鼓舞。其立场的根本转变，反映举国上下对割台的不满与抗议。事实上，《申报》在割台问题上反映出的民心问题，也给统治者带来很大的困扰。在轰轰烈烈的拒和谏诤运动中，官员、举人上书反对割台的一个重要理由，即是台民忠义，割台恐将失去民心。[①] 光绪帝谈到台民意欲死守台湾时，也叹言"台割则天下人心皆去，朕何以为天下主"[②]。

二、对台湾民主国的希望及其破灭

台民的反割台斗争愈演愈烈，为了争取列强的支持，以丘逢甲为首的士绅决定援循西例，于1895年5月25日在台北成立台湾民主国。这一事件，在时人看来，不啻于石破天惊。在仍处王朝统治之下的中国，敢于成立"民主国"，无疑具有强烈的反叛意味。即使支持台民反割台活动的张之洞，也劝其不可用"民主"一词。[③] 钦差大臣刘坤一则称之为"创千古未有之奇"[④]。对于《申报》而言，如何报道"民主国"一事，也颇费斟酌。该报从西报得知台湾成立民主国时，表示不敢轻易相信，强调此事反映台民反抗之决心。[⑤] 待至6月3日，《申报》确认民主国已成立，始转台民成立民主国的十六字电奏："台湾士民，义不臣倭，愿为岛国，永戴圣清。"并评论说，台民"力拒鲸鲵之寇，仍称蚍蜉之臣"，并非叛清，[⑥] 还特意刊发唐景崧致各省大吏的电报，内称"事起仓促，迫不自由"，而台湾虽自立，"仍奉正朔，遥作屏藩"[⑦]。6月10日，《申报》照录唐景崧发布的立国布告，称其"心存报国，不忍轻弃台民"，台民亦"誓死以殉，不愿归倭奴管辖"，因之举义旗成立民主国。[⑧] 这些报道，都着意说明台民自立，关键不在于形式，而在于其反

---

① 黄秀政：《台湾割据与乙未抗日运动》，台湾商务印书馆，1992年，第87页。

② 翁同龢：《翁文恭公日记》，见中国史学会主编《中日战争》第4册，上海人民出版社、上海书店出版社，2000年，第550页。

③ 张之洞：《致台北唐抚台》，见《张之洞全集》第8册，河北人民出版社，1998年，第6410页。

④ 刘坤一：《致张香涛》，见《刘坤一遗集》第五卷，中华书局，1959年，第2153页。

⑤ 《书台峤绅民电裹后》，《申报》，1895年5月26日。

⑥ 《自称岛国》，《申报》，1895年6月3日。

⑦ 《唐抚唐薇帅致各直省大吏电稿》，《申报》，1895年6月3日。

⑧ 《台湾立国记》，《申报》，1895年6月10日。

抗日人的精神。故唐景崧未奉诏内渡，是不愿以土地让人，可谓"中国之忠臣"；台民拥立民主国，是不欲为日人之臣民，堪称"中国之义民"，足以"张中国之威，而奋士民之气"，而全国人民均翘首企盼台民捷音。①

值得注意的是，在甲午战事日趋不利之时，《申报》不时有变法图强的呼吁，提出改革政治的根本在于"用人无中外之分，行政以君民共治"②，以扭转国中上下隔绝，不能群策群力的弊病。③从这个意义上说，台民成立民主国，对内无疑有利于发动士绅民众一同抵抗外侮，与《申报》的政论若合符节，但该报却对"民主国"一事只字不评，显然是出于避免太过刺激清廷的考虑。所以，直至台湾全岛陷落，该报仍在强调成立民主国乃出于无奈，并非反叛行为。④

《申报》提醒台民抗日应有持久的准备，这无疑是权衡敌我力量所提出的正确观点。5月30日，论者在《论台民义愤当筹持久之计》一文中，指出抗日的出路在于利用台地丰富的资源，内和成一体，外联欧西，行持久之战，⑤建议台民"修睦强邻，缉和与国，内修改〔政〕治，外结厚援，上下一心，官民一体，搜军实，厉器械，足饷糈，精制造，旺物产，兴商务"，以为若能如此，则"地虽一隅，足与天下抗衡，全在人自为之耳"⑥。同时，论者也对困难之处多有剖析，尤其担心枪械粮饷供应不足，难以持久抗敌："所虑者，军械火器米食饷项者，皆守局外之例，转运殊难，相持既久，恐有不济。倭人以此为可图，旁观亦以此为可虑。"就此，该报希望台民早谋退路，设法乞援欧西，"无论德法英俄各国，谁不欲得此繁富之区"⑦。但《申报》对列强援台的判断过于天真，实际上，当时在华势力最大的俄英两国，前者早已表示对日本占领台湾毫无异议，而后者试图扶持日本牵制俄国，更无干涉台湾问题的打算。

《申报》对台民抗日决心报以热切的期盼，在6月6日发表的《论

---

① 《论台事关系匪轻》，《申报》，1895年6月11日。
② 《论中国强邻逼处□〔昌〕图变计》，《申报》，1895年5月20日。
③ 《论中国有转移之机》，《申报》，1895年1月5日。
④ 《答客问刘大将军事》，《申报》，1895年11月3日。
⑤ 《论台民义愤当筹持久之计》，《申报》，1895年5月30日。
⑥ 《论守台湾宜谋持久》，《申报》，1895年6月3日。
⑦ 《论台湾终不为倭人所有》，《申报》，1895年6月6日。

台湾终不为倭人所有》一文中称:"台民未必终为倭败也,台民其勉乎哉。"① 可时势发展并不遂其心愿。5 月 29 日,日军自澳底登陆,台军一战即溃,唐景崧置百姓于不顾,仓惶内渡。消息传来,《申报》失望之情溢于言表:"台湾之事几蹈辽东故辙,岂辽东之兵不足用,而台湾之兵亦无用耶? 即台湾之兵不足用,岂台湾之民亦无用耶?"该报认为之所以造成如此形势,唐景崧负有不可推卸的责任,"既不能筹之于前,慨然自任;又不能筹之于后,脱然而行",为台民惋惜不已。② 不过,《申报》过后仍认为不能过于苛责唐景崧,指出台地民心兵心皆为不一,而唐景崧本为文臣,对于军事非其所长,要担当组织抗日之重任,实过其能力之外。③

三、声援台民,颂扬抗日英雄

　　唐景崧内渡,台北失陷,刘永福继之成为台湾抗战的领导者,其所镇守的台南成为抗日中心。6 月 28 日,台南各界聚集关帝庙,公推刘永福继任"台湾民主国"总统,并铸印呈献。刘永福拒接总统印,但表示将领导台湾绅民抗日到底。

　　刘永福乃抗法名将,经中法越南一役,威名远扬,故自其调往台湾帮办军务后,《申报》认为台防自此固若金汤,断不致为倭人蚕食。④台湾自立后,《申报》一度希望唐景崧与刘永福这对曾在抗法战争中合作过的老搭档,再显神威。⑤ 不料战事一起,唐景崧即先行内渡,台北沦陷,全台军火饷糈,落于敌手。《申报》担心仅剩刘永福在台南孤军作战,"既无接济,又无外援",终不能久持。⑥ 不过,刘永福率军力挫日军的消息很快传来,⑦ 让《申报》重新看到希望。⑧ 6 月 25 日,《申报》转登了刘永福宣明坚持抗日保台、激励民心的告示。该报回顾刘氏抗法的英雄事迹,称赞刘永福乃"台峤长城",必将用在越抗击法人之

---

① 《论台湾终不为倭人所有》,《申报》,1895 年 6 月 6 日。
② 《论时变之速》,《申报》,1895 年 6 月 20 日。
③ 《论台湾自主之事》,《申报》,1895 年 6 月 26 日。
④ 《论中国防务北重于南》,《申报》,1894 年 12 月 15 日。
⑤ 《论台事关系匪轻》,《申报》,1895 年 6 月 11 日。
⑥ 《论时变之速》,《申报》,1895 年 6 月 20 日。
⑦ 《刘军挫日》,《申报》,1895 年 6 月 17 日。
⑧ 《论台事》,《申报》,1895 年 6 月 21 日。

术痛击日人。①

此后，捷报频传，《申报》极为欢喜，赞扬台民抗日的勇气和功绩，比照大陆对日军节节败退，可见战争的胜负，不在地之大小，而在民众的抗敌决心："以台湾之小，彼反屡战屡挫，向日趾高气扬之态，至此已不知消归何处……地不以小限，惟视居是地者之贤否优劣，以为转移耳。"②

当时有关刘永福抗日的报道，成为大陆各报的焦点。如《直报》以《黑旗又胜》等为题，报道台南战况。③ 而《申报》最为集中，内容极其丰富。《申报》据台客的描述，称颂刘氏军法严明，颇得将士百姓拥戴，"几至五体投地"。《申报》对刘永福的指挥作战能力赞不绝口："大帅不独智勇兼全，且能操纵得法，宜得每战必克，所向无前也。"④ 又称其临危不惧，相机应变，始能转危为安，收复彰化，"民心暂惊而即定，海中岛国俨然有磐石之安"⑤。因此，台民不致被日人所奴掠，"咸当向军门顶祝焚香而已"⑥。该报呼吁台军内部应在刘永福的统一指挥下，和衷共济，避免内耗，统筹全局。⑦ 对台湾抗日的未来更具信心，"有刘大帅镇守其间，终不使其据为己有，谓予不信，请观其后"⑧。

同时，《申报》也指出台军尚不能过于乐观，应考虑枪炮弹丸无人接济，虽"民心固结不摇，亦万难徒手以搏"，为此，该报提出两个策略，一为"迅攻台北"，若军力雄壮，应主动出击，夺回军械饷糈；一为"不用攻而用守"，先整顿台军，扫除奸细，驱逐无斗志者，坚守城池，使倭人不敢轻举攻击，同时节省弹药，实行屯田之法，解决粮饷问题，坚持两三年后，待兵力渐厚，再徐图规复全省。⑨

但是，《申报》的报道与评论，很大部分与实情不符。6月中旬，日军越过淡水河自北部南下，途中虽屡遭抗日军民的痛击，损失惨重，但台湾军民同样付出很大代价，只能延缓日军推进的速度。而且，台中

---

① 《读刘军门告示敬书其后》，《申报》，1895年6月28日。
② 《论人不以地限》，《申报》，1895年8月9日。
③ 《黑旗又胜》，《直报》，1895年7月20日。
④ 《论刘大帅本领实有大过于人处》，《申报》，1895年7月26日。
⑤ 《论刘渊亭军门实有大过人之才》，《申报》，1895年10月4日。
⑥ 《屡闻台军告捷喜而书此》，《申报》，1895年7月14日。
⑦ 《论台事宜和衷共济》，《申报》，1895年7月25日。
⑧ 《论日人终不能据有台湾》，《申报》，1895年7月7日。
⑨ 《筹台篇》，《申报》，1895年7月21日。

南部抗战的大多数时期，既非刘永福亲自指挥，主力也非刘军。当地的义军首先在新竹、苗栗地区抗击日军，黎景嵩等领导的新楚军守卫漳化，刘军主要参与的是台南地区的战斗。各路抗日力量在战斗中虽有一定的合作，但总体上缺乏统一指挥。台南名义上是台湾抗日的中心，中南部的抗战基本上却处于各自为战的状态。8月初，日军进逼台中，应黎景嵩的请援，黑旗军吴彭年部首次参与苗栗地区的战斗。而刘永福本人则是到战争的最后阶段，才亲自出面整合其他抗日队伍，直接领导台南地区抗敌。①

《申报》误报台中南部的抗敌形势，关键原因是消息不畅。大陆无法及时准确地了解台民的抗日斗争，普遍认为台湾的抗日斗争均由刘永福领导，即使清廷上层也是如此。翁同龢所获台湾战事的报告，也称刘永福"杀倭不少"②。刘永福当时已被拥戴为抗日统帅，名义上统领着整个台湾的抗战，其所镇守的台南，是台湾前往大陆的主要渡口，抗日消息大都出自该地。向大陆的请援，也多出自刘永福。加之他本人的赫赫声名，大陆方面很自然地把刘永福及其黑旗军视为这些战斗的主要领导者和主力，并在报道过程中，有意无意地把刘永福塑造成统摄全局的抗日英雄。当时不仅是《申报》，其他报纸，如《直报》、《新闻报》、《万国公报》，均以为是刘永福在指挥战斗，"刘大将军"的传奇在大陆传开。③《直报》经常转载《沪报》、《新闻报》、《申报》以及香港地区报纸的相关消息，重点关注的也是刘永福及黑旗军的抗倭斗争，还不时称颂刘永福的英明神勇："刘渊亭军门坐镇台湾，与日人相持已历数月之久，胜仗频闻，海□〔氛〕渐息，遂使弹丸之地，竟等磐石之安，军门之侠气英名不特流播于山陬海澨间，即远方之狄听风声者，人人有仰止之思，诚何异儿童颂君实，走卒知司马哉。"④ 同属《申报》馆的

---

① 黄秀政：《台湾割据与乙未抗日运动》，台湾商务印书馆，1992年，第333～335页。

② 翁同龢：《翁文恭公日记》，中国史学会编：《中日战争》第4册，上海：上海人民出版社、上海书店出版社，2000年，第563～564页。

③ 需要指出的是，早在中法战争期间，《申报》首次派遣记者到前线采访军情，重点报道了刘永福和黑旗军的抗法事迹，使刘永福声名更加远扬。《申报》也因报道抗法战事大获成功，扩大了影响。此后，《申报》经常关注刘永福的活动，对他的评价一直很高。参见徐载平、徐瑞芳著：《清末四十年申报史料》，新华出版社，1988年，第133～136页。

④ 《述刘军门轶事》，《直报》，1895年9月10日。

《点石斋画报》还根据《申报》的相关报道，刊载了不少描绘刘永福率领"刘家军"痛击倭寇的画像，让刘永福的"抗日英雄"形象更加具体，如"倭兵中计"、"名将风流"等。①

随着对台岛局势了解的深入，《申报》终于发现刘永福其实尚未亲临火线。8月13日，《申报》刊载的《台湾近状》首次对以往的报道作了更正，称抗敌主要是台地的"客民"，黑旗军尚未参战，但也在积极备战："此间得台湾消息，知刘渊亭大帅尚未躬亲战阵，历次与倭人交战者，皆是客民。此种客民无事时从事田畴，临敌则舍耒耜而操戈载，所用枪械药弹皆系上品，且复预备多多。故倭人惟占据从前华军所弃地方，并不能向前攻击。至于刘军布置，一切颇极精详，告诫所部之兵，不准轻敌一弹，以便养精蓄锐，他时痛击倭人云。"② 有读者询问一些台民大胜倭寇的传闻的真假，《申报》回复肯定这些传闻反映了民众的心愿，"皆出自我圣清忠义之民意"，对真实性则不敢苟同，指出台岛自立后，大陆未再予支援，汇聚全岛精华的台北又已陷落，仅剩台南等贫瘠之地，"欲制械而制局已付之敌人，欲筹银而绅富又相率言旋"，即使刘永福智勇双全，也只能悉心防守，欲其主动进攻，收复台北，并不现实。③

不过，《申报》仍坚持刘氏统摄抗日全局的地位，毕竟他是抗战全局中不可或缺的精神支柱。《论刘军门守台以筹策胜》一文，想象刘氏坐镇台南，从容调度指挥全岛抗战的情形："军门坐镇台南，未尝亲统大军，但以精选将才，振作士气，合全台为一体，如身之使臂，臂之使指，屈伸运动，无不如志，不动声色，从容坐镇，已能奠台疆于磐石之安，此诚能以筹策胜人也。"④ 大陆各报仍继续报道台民与黑旗军大捷的消息，一直到台南陷落，刘永福内渡，才接受失败的现实："夫事苟能尽心竭力，即兵败将亡土地尽失，亦时势之使然，无不可以对台民，亦无不可以对天下。即天下不能谅之，台民不无怨之，而究不能设其忠勇才义之志，而致与庸医懦将等量而齐观也。"《申报》为台民惨遭倭寇和败兵土匪的肆意蹂躏悲叹，"台民何罪，而遭此大劫耶！"⑤ 同时，迥

① 参见《点石斋画报》"书集"、"数集"，广东人民出版社，1983年影印本。
② 《台湾近状》，《申报》，1895年8月13日。
③ 《答客问台湾近事》，《申报》，1895年8月18日。
④ 《论刘军门守台以筹策胜》，《申报》，1895年8月2日。
⑤ 《台厦续闻》，《申报》，1895年10月30日。

异于对唐景崧的评价，《申报》为刘永福最后避走厦门辩解，维护其完满的抗日英雄的形象，① 强调以刘氏的才、勇、忠、义，犹不能守住台南，非刘氏之过，其在不利情况下，奋力抵抗，已尽其人事，不可强求："刘帅所据者，日人之地也。据日人之地而不能守，则走可以也，死何为者？即不死，朝廷亦不能罪之，非但不能罪，抑且可以用之。"②

《申报》从台民英勇顽强的抗敌精神中，看到民族的希望，指出民主国成立本为希求得到欧美列强的支持，可列强不仅袖手旁观，更有坐待渔翁之利的企图。但台民并未放弃，仍然团结抗敌，"台存与存，台亡与亡，传之天下，共见共闻"，此义举实足以震动天下。而更重要的是，这种抗争的精神，让举世看到中华民族所具有的反抗精神："俾薄海内外闻之，知中国固有人在。我君可欺，而我民不可欺；我官可玩，而我民不可玩。"③ 该报回顾了与泰西通商以来，列强用坚船利炮轰开中国大门，"挟其长技以凌我"，清政府虽恩威并举，但皆不得要领，反倒受其轻视。而此次台民的抗争，对于因甲午战败而面临列强分割的中国而言，着实是打了一剂强心剂，"足关系天下之大局，而快天下之人心"，既张扬了国人的英勇抗敌的精神，也有力地震慑了列强，"始知我中国之民，未可轻视也。从旁观觊觎之心，自此或稍知止乎"④。

四、《申报》反割台言论的历史地位透视

在反割台运动兴起之后，《申报》受台民爱国精神的感召及反割台舆论的影响，旗帜鲜明地表达对反割台斗争的支持。尤其当中日在烟台如期换约，《马关条约》正式生效后，官员上书拒约宣告失败，清廷内部为台民请愿的声音逐渐消歇，《申报》等报纸成为为抗日保台运动呐喊助威的唯一声音，反映了国人对割台的愤慨与对台民抗争的支持。

---

① 《接论台事》，《申报》，1895 年 11 月 1 日
② 《论台事》，《申报》，1895 年 10 月 31 日。
③ 《论台民义愤亦足以震慑远人》，《申报》，1895 年 7 月 15 日。以往论者引用此文时，都局限于论述其发出"抗日保台"或反对割台的声音，其实其内涵并不仅在此，而更多的是该报受台民感动，觉悟到民众的力量对于国家的意义。有论者曾指出此文有申论"民为贵"的思想，但若上升到"国民革命运动的前奏"，则似有诠释过度之嫌。黄秀政：《台湾割让与乙未抗日运动》，台湾商务印书馆，1992 年，第 91 页；《答客谈连日本报所译倭人电信》，《申报》，1894 年 9 月 20 日。
④ 《论台民义愤亦足以震慑远人》，《申报》，1895 年 7 月 15 日。

甲午战争时期的《申报》在报界已颇具影响，有销量亚洲第一之说。[1] 当时国内的报纸尚处初创时期，阅报风气虽已渐开，但未风行。全国中文报纸仅有五家，各报馆总共日销量也不过四五万张，这就更凸现《申报》在报界的地位。[2]《申报》在台民抗日保台斗争期间，勇于突破清廷的限制，对台民的"义愤"示以同情和赞赏，并提出某些建议，在当时的环境下，实属不易。与其他中文报纸相比较，《申报》对反割台运动的评论与报道程度更深、更广。《申报》不但派"访事人"在厦门收集有关台湾的消息，还大量转载、翻译上海和香港各地的中文与西文报纸，尽可能提供有关反割台运动的新闻，并及时予以评论。作为一份外人所办的报纸，其言论的立场与取向，总体上是在中国人一方，这与同为外人报纸的《万国公报》迥然不同。后者在中日交战初始，虽一度支持中国，但随着战局的演变，为了英美列强在远东的利益，不惜混淆是非，站在日人一面，攻击中国为非正义一方，具有典型的两面性。[3] 在对待台民拒日问题上，《万国公报》极尽攻击之能事，认为台岛既已割让，就应放弃抵抗，不可再战。[4] 该报似乎担心刘永福若胜，即有所谓"救亡压倒启蒙"的危险，声称"刘军必败，盖贻中国之辱；刘军偶胜，断非中国之福"，全然不顾民众的情感。其实如《申报》所言，台民的抗日精神非但不会因不合公法为列强所不满，反倒有利于振奋人心，一扫近代以来清廷委曲求全，为列强所轻视的处境，从而发出抗日救亡的最强音！《申报》之所以迥异于《万国公报》，与两份报纸的性质有关。两者虽然都是外人创办的报纸，但《申报》是份商业报纸，追求"义利兼顾"，必须顾及中国人的情感而不致影响销路，如该报自言："所卖之报章，皆属卖华人，故依持者惟华人，于西人犹可依持乎？"[5] 后者则纯为教会报纸，不必虑及读者的情感，可以大张旗鼓地为其背后的利益集团服务。从编撰人员看，《申报》主要由中国人主持。[6]《万国公报》的主笔是在华传教士，参与撰述的中国人，思想

---

[1] 《答客谈连日本报所译倭人电信》，《申报》，1894 年 9 月 20 日。

[2] 《扩充报务议》，《申报》，1895 年 10 月 28 日。

[3] 郑师渠：《〈万国公报〉与中日甲午战争》，《近代史研究》，2001 年第 4 期。

[4] 海上蔡子：《新语八》，见《万国公报》第 80 卷（1895 年 9 月），第 24 页，华文书局股份有限公司 1968 年影印版，第 15500 页。

[5] 《论本馆作报本意》，《申报》，1875 年 10 月 23 日。

[6] 宋军：《〈申报〉的兴衰》，上海社会科学院出版社，1996 年，第 10 页。

也颇受到外人影响。① 因此，该报以外人自居，对中国政事评头论足，这与《申报》有意识地消融华洋畛域的做法明显不同。② 如上节所提，《申报》曾因怀疑有关刘永福抗日事迹信息的真实性，减少了相关报道，但当读者提出抗议，要求增加相关报道时，《申报》很快便恢复了相关内容，并肯定这些传言"皆出自我圣清忠义之民意"③。《万国公报》的攻击则与之形成鲜明对比："若仍虚张声势，假托公愤，并捏造谣言，曰刘大将军打东洋，微论秋凉气爽，日兵进台南，观乎新竹、苗栗二县之沦亡，可谓殷鉴。"④《申报》的商业化倾向及其以中国读者为中心的办报原则，使其更加重视中国人对甲午战事、割台及反割台问题的关心，并以此作为评论与报道的重心，最大程度地反映了中国人对于割台问题的态度和关心。由此，在反割台运动的新闻舆论中，《申报》因其态度与立场，处于最为核心的地位。⑤

反割台运动期间的《申报》等报刊热情洋溢的言论，或许可以看成近代报刊舆论发展的一个分水岭。《直报》也预见到报纸对于发动民众、抵御列强的无理贪婪要求有巨大的潜力。⑥ 经历甲午战败、赔款割地的惨痛教训后，国人变法图强的呼声日益高涨。此后，报纸在开启民智、宣传变法维新诸方面的优越性终为维新志士所重视。戊戌维新期间，各种报馆如雨后春笋迅速出现，报刊舆论的独立性愈加明显，社会功能与地位不断崛起，报刊逐渐从社会舆论的边缘走向核心。

---

① 郑师渠：《〈万国公报〉与中日甲午战争》，《近代史研究》，2001 年第 4 期。

② 徐载平、徐瑞芳：《清末四十年申报史料》，新华出版社，1988 年，第 39～40 页。

③ 《答客问台湾近事》，《申报》，1895 年 8 月 18 日。

④ 海上蔡子：《新语八》，《万国公报》第 80 卷（1895 年 9 月），第 24 页，华文书局股份有限公司 1968 年影印版，第 15500 页。

⑤ 因其对政事的关心和以华人读者为主的办报方针，《申报》得以击败《上海新报》等其他华文报纸，确立其在上海乃至全国的地位。参见王维江：《清流与〈申报〉》，《近代史研究》，2007 年第 6 期；李仁渊：《晚清的新式传播媒体与知识分子——以报刊出版为中心的讨论》，稻香出版社，2005 年，第 78～82 页。

⑥ 《论报馆宜多设》（续前稿），《直报》，1896 年 2 月 3 日。

明郑时期台湾文人心态与社会民风的真实写照

——《全台诗》第一册初探

何绵山[*]

诗可以证史，亦可以观史。台湾文学馆编纂出版的《全台诗》第一册，是明郑时期台湾文人心态与社会民风的真实写照。

一、郑氏父子的诗

郑成功（1624~1662），福建南安人，初名森，字明俨。15岁补南安县博士弟子员，师从徐孚德、钱谦益，钱为其取名大木。清军陷北京，福王立南京，不久亦亡。后唐王即位福州，改元隆武，赐其朱姓，改名成功，故俗称国姓爷。清军南下，其父郑芝龙降清，母翁夫人殉难。成功誓举义旗抗清，永历帝王封其为延平王。1659年成功出师北上，入长江，围南京，声势颇振，未几因轻敌致败而南归。1661年成功率军收复台湾，沿明朝政制治理台土。1662年病逝于台南。

郑成功能诗，彭国栋评其诗："五言雅近选体，七言直写胸臆，不刻意求工，而忠义之气，溢于言表。"[②] 成功戎马一生，诗作不多，《全台诗》仅收录一首《复台》："开辟荆榛逐荷夷，十年始克复先基。田横尚有三千客，茹苦间关不忍离。"前联言逐荷复台为收回炎黄祖宗的基业，后联表示坚持其素志而不畏艰苦。全诗直抒胸臆，凛然有忠义之气。诗如其人。

郑经（1642~1681），为成功世子，讳锦，字式天，号贤之，又号

　＊　作者单位：福建广播电视大学闽台文化研究所。

　②　彭国栋：《广台湾诗乘》，台湾省文献会，转引自《全台诗》编辑小组编撰：《全台诗》第一册，远流出版事业股份有限公司2004年2月版，第69页。

元之，继成功之后为台湾领导者，拒绝降清，并时而出兵攻清。内则改革政治，发展经济，普设学校。后以兵败，从大陆沿海撤回台湾，从此无意进取，耽于饮酒赋诗，围棋射猎。1681年病逝。郑经擅长作诗，彭国栋评其诗："语有思致，非仅存六朝形骸者。"① 郑经的诗，《全台诗》录有470余首，其中古体近百首，今体近300首，多为嗣位后之作。其诗题材颇广，有戎行、感事、述志、写景以及反映社会现实等，以写景物为多。戎行诗如《关山月》："万里关山月，长照征夫袖。碧汉绝纤云，清辉如白昼。明月故乡同，山水异方秀。城头夜柝鸣，空山啼猿狄。旌旗卷暮烟，画角茨朝宿。将军不解甲，令严谨烽候。何日靖胡氛，归献单于首。"先写月夜之色，次写边城悲壮，后面四句则写将军身不解甲、军令谨严、心怀壮志的形象。以景衬人，表现了征战将士的豪雄。与陆游的《关山月》题材相类，但情境各自不同。《从军行》诗云："沙漠胡尘扫未空，邯郸壮士始从戎。露光夜冷太阿剑，烟气朝侵大宛骢。晓出栉风龙塞外，暮归冒雪雁关中。艰难历尽心犹锐，跋涉休辞志自雄。"前面两句写壮士从戎为了扫空胡尘，接下两联以对偶句描绘壮士手持宝剑骑着骏马冒着烟露风雪，奔驰于边关塞外，虽历尽艰难和跋涉辛苦，但心头充满喜悦而气概豪雄。全诗刻画了壮士的英雄形象，歌颂了壮士誓扫胡尘的豪情壮志。此类诗歌，往往用对偶句极力形容军容之壮、军声之威。如《咏昔年北征》："风吹旗旌龙蛇动，雪映刀兵日月明。"《剑气摇边月》："旌旗扇影天星动，剑戟摇光塞月弯。壮志飞冲云汉表，军声响震沙河间。"诗人以渲染之笔，不仅用以表现大军的压倒气势，也显示将士的忠勇和壮志凌云，产生一种鼓舞人心的作用。

感事诗主要是痛愤故国之亡和中原未复，如《痛孝陵沦陷》："故国山河在，孝陵秋草深。寒云自来去，遥望更伤心。"又如《三月八日宴群公于东阁道及崇弘两朝事不胜痛恨温周马阮败坏天下以致今日胡祸滔天而莫能遏也爰制数章志乱离之由云尔》长诗，前半痛陈崇祯之亡，缘于温体仁、周延德等贪赃腐慵、嫉贤误国；后半痛陈弘光之亡，则由于弘光帝贤奸不辨，罢硕儒而用小人，而且酗酒好色，置政事于马士英、

---

① 彭国栋：《广台湾诗乘》，台湾省文献会，转引自《全台诗》编辑小组编撰：《全台诗》第一册，远流出版事业股份有限公司2004年2月版，第7页；另本文诗歌原始资料均出自《全台诗歌》第一册，恕不一一注释。

阮大铖等人之手。全诗以骚体形式，边痛陈明末朝事，边抒愤恨之情，事实情真，既总结了明亡的历史教训，又说明了用人是治乱兴亡之关键，可作后来治国者之鉴，也表达了作者对故国沦亡的痛愤。《咏史》是一首读史有感而作的诗，诗中概述自舜禹至南宋高宗的历代兴亡之事，着重说明亡国的原因在于国君"信谗不悟信到死"，"奸臣误国害忠良"，其关键在于国君的贤明与昏庸。从作者郑经本人来说，他治台慎行并善于用人，专任陈永华治政，并有意传位其庶子，与其善于总结历史兴亡教训不无关系。

从述志诗可以看出郑经一生的志尚，《少年行》刻画了一个任侠少年的形象："邯郸壮少年，生来尚高义。羞为守钱虏，轻财又乐施。不平拔剑助，视死犹儿戏。语言重一诺，千金不携二。门前拟公卿，朝出从云骑。日日在酒家，呼朋同欢醉。"诗中的少年，崇尚高义，轻财乐施，轻生重诺，见不平则拔剑相助，实际寄托了作者年轻时的志尚。《自叹》一诗则抒发了他的凌云壮志："自叹身居在阁中，此心尚欲乘长风。余闲便舞双飞剑，无事尚弯两石弓。龙伏紫渊犹未出，凤栖碧树且谩翔。待时若遇红云起，奋翼高腾大海东。"《东楼望》则表明了他的凌云壮志在于澄清天下："临风动远怀，击楫念清澄。"而《悲中原未复》一诗，更通过抒发中原未复的悲痛之情，表达了其抗清复明的誓志："胡虏腥尘遍九州，忠臣义士怀悲愁。既无博浪子房击，须效中流祖逖舟。故国山河尽变色，旧京宫阙尽成丘。复仇雪耻知何日，不斩楼兰誓不休。"事实上作者自19岁继位之后，即为酬其素志，累次出兵进攻福建清军。在其逝世的前一年（1680）写下了《满酋使来有不登岸不易服之说愤而赋之》一诗："王气中原尽，衣冠海外留。雄图终未已，日日整戈矛。"然而此时清廷已统一大陆，在康熙治理下，国力日渐强大，而台湾孤悬海外，已难与清廷抗衡，况且屡战屡挫。作者在此诗中虽然表示坚持素志，但已知势穷力绌，故心灰意怠，即于次年尽委政事于陈永华，以其长子为监国。自己则建园亭别墅，纵情欢饮较射，夜以继日。客观的形势终于摧堕了作者的素志，说明了统一中国的大势不可阻挡。

郑经写了不少景物诗，有些诗用点染手法来摹写景物，如《观沧海》："荡荡临沧海，洋洋涣碧波。日月若涌起，星辰尽滂沱。乘风飞巨浪，声如发怒诃。呼吸百川水，藏纳不为多。言环转连天地，华夷在盘涡。大哉沧海水，万里未尽趖。"前面两句用"荡荡"、"洋洋"形容沧海雄伟壮阔，中间八句则以日月涌起、星辰滂沱、风浪之怒、呼吸百川等极力点染，末用赞颂作结。从而展现了大海浩瀚、广博、渊深、宽容和环天转地、包罗世界的形象。与曹操《观沧海》相较题材虽同，却别有一种境象。虽无抒志之句，而向往钦慕之情自在其中。有些诗从不同的时空角度描写自然之景，如《群峰悬中流》："海际群峰耸，峨巍半接空。水浮苍树外，山隐绿波中。远望皆相似，近看各不同。云烟多宿绕，朝起日朦胧。"先写海际群巍之态，次写其于海中之状，继从其远近与朝夜所呈现的外貌，显示了海上群峰多姿多态，雄伟壮观，别具陆上群山的壮美和异趣。有些诗则用旁衬手法突显吟咏的主要对象。如《秋尽》："秋尽冬来霜始垂，槛外寒风卷碧漪。满空纷纷飘白絮，一山漫漫横素丝。两岸荻芦俱凄菲，径边残菊傲霜枝。江枫红叶尽凋落，惟有松柏独自持。"前四句泛写秋尽萧瑟之景，为写菊、松作铺垫，后四句则以荻芦凄菲旁衬菊花傲霜，以江枫凋落旁衬松柏自持，从而突出显示了菊、松的坚节和清操。作者吟景正以自喻，表明自己的政治志节。

明郑之时的台湾社会，主要是农渔社会。这种社会现实生活，在作者的笔下时有表现，如《题农夫庐舍》："山家无别业，野老树桑麻。草舍隐林里，竹篱横半遮。孤村山环侍，幽杳一径赊。碧涧傍阡陌，清流隐水车。农务春方殷，耕锄力转加。负耜南亩去，平芜到日斜。饭牛于泽陂，播谷在汙邪。归来日薄暮，月明照几家。"先用两句点明山村田家的主业，以下6句描述农家的外貌和周围景物，深处山中，山环水绕，阡陌纵横。后8句写农家春时劳作，日暮月明方归。既展示了农舍周围有景物之美，又称扬了农夫一心从事农业生产的辛勤。又如《樵父词》："惟见一樵夫，暮暮砺斧斤。朝出入云雾，长友麋鹿群。丁丁声不息，落叶何缤纷。山深树丛杳，幽泉时听闻。闲去濯青涧，倦来卧绿芬。樵路无远迩，多在山峣嶷。歌声出幽林，日暮归田里。世事任安危，岁月相终始。"诗中描写了樵夫终年在深山中砍木的生活，表现其自食其力、自乐其业、与世无争的情景。《刺棹观渔》则是一首表现渔夫生活的诗："挥棹轻舟出，聊作捕鱼游。渔子施下网，江鱼更著绹。大小乱腾跃，皆从草里廋。提纲心细细，双手缓轻收。小者放归去，大者入笼头。鲜鲙和醇醪，日落挂西楼。清风载歌舞，醉罢齐狂讴。"具体描述渔夫下网、鱼儿入网、渔夫收网只取大鱼放归小鱼，以及煮鱼下酒歌舞和酒后狂歌的情状，表现了当时以渔为业的人们生活。以上三首诗歌，见出作者善于描写细微情节表现农渔生活，反映了当时台湾农、渔虽然辛苦,但亦有自食其力、满足温饱的乐趣。《牧人》诗云:"和煦天气任遨游,驱牛上山群聚休。亦有披襟松间卧,亦有树上乱狂讴。大牛喘息溪谷里,小犊欢舞在林丘。日暮归来横短笛,不辨岁月任悠悠。"既写牧人逍遥之状,又描绘大小牛各自情态,对偶两联情状活灵活现;末后两句更显出遗世忘机的情思。在诗人笔下,简直是一幅世外桃源图。这种世外桃源的境界也见于《江村》一诗中:"一曲清溪绕孤村,绿竹猗猗作翠垣。篱边寂寞无龙吠,江中出没有风豚。夹岸桃花迷游客,穿尽杨柳乃知门。草庐野叟曳杖出,满眼携抱皆儿孙。长者溪边沿水戏,幼者胸前抱髯掀。怡笑自得天地外,不管闲尘岁月奔。"不仅自然景物如画,令人向往,而且富有天伦之乐,全无尘外之忧。

作者有些诗歌也写了台湾的节俗,如《元夕》:"元夕千家灯火开,星光灿烂映金台。禁城春色重重锁,玉漏钟声点点催。红粉清歌竟夜彻,碧空明月送人来。今宵好景休轻过,薄酒藜羹茶数杯。"《端午》诗云:"士女满沙洲,鼓声出素流。风吹彩旆动,日映画桡浮。争胜喧江岸,夺标闹浦舟。归来天薄暮,齐唱过南楼。"前一首描绘灯月交辉、清歌彻夜的盛况,后一首展现了龙舟竞渡夺标、观者如云的热烈场面,洋溢着欢庆节日的气氛。台湾得天独厚,一年三熟,明郑之时地广人稀,沃饶之土,千里尚荒。郑氏父子行十年生聚十年教养之策,休兵息民,鼓励发展农业生产,并实行屯田之制,寓兵于农,于是辟地日广,岁收颇丰,而又轻徭薄赋,糖米远销外洋,获利不菲,吸引外来垦殖者日众。郑氏父子虽多次用兵于岛外,而岛内几无战事,社会稳定,人乐其业,亦乐其生。可见作者诗中描写的台湾社会及民情,虽有溢美,而基本属实。但作者诗中未有一字一句涉及台湾土著,又可见郑氏父子统治势力尚未深入高山深谷的土著所居之地。

郑经也写了不少以妇女为题材的诗。或吟浣纱女,或吟采莲女,或吟妒妇,或吟闺思。其《川上女》诗:"绿柳依依在水湄,春风剪拂千条披。重阴碧岸浣纱女,纤纤双手浑素丝。野花斜插压绿鬓,青衣短裙露香褵。形容端庄非下品,不施脂粉淡蛾眉。捣练终日无休歇,默默不语自沉思。朝暮行行川上过,迎风不胜步傲傲。娇艳绝世真无比,轻盈较胜西家儿。"先以春风绿柳做全诗的背景,引出主人公浣纱女,接下以点染和铺张手法,描绘主人公浣纱、头饰、衣着、形容等,以显其端庄素淡、勤劳沉静,末以比较手法作结,展现了浣纱女的娇艳轻盈之美。《秋闺月》一诗写闺妇相思之苦。前 6 句写秋月秋风,引出闺中思夫之情，后8句则铺写闺妇思夫的复杂心情："妾伴闺中月，君倚塞上露。无限长相思，将欲其谁诉？千里寄情言，难罄双尺素。寂寞怨夜长，空把更筹数。"一在深闺，一在边塞；欲诉相思，无人可听；欲寄情言，尺素难尽，只能怨恨夜长寂寞。寥寥数语，入木三分写出闺妇思夫是多么痛苦与无奈。《军行别》则是一首别有格调的妇诗："胡虏炽，中原移。群邪起，正道衰。国家遭变，天子流离。士怀激烈，共兴义师。君行策马，临风感悲。妾与君别，在水之泜。春风发发，起我离思。燕燕于飞，双双背翱。君为大义，不敢怨咨。寸心恻恻，念兹在兹。行矣此始，万里驰驱。努力加餐，慰我情私。"此诗用三言、四言句组成，女主人公为了"大义"与夫相别，虽然心中"恻恻"，但仍勉励丈夫远征，并嘱咐"努力加餐"，以慰其私情。写出了其以国事为重私情为轻的爱国情怀，可算是一篇爱国妇女之诗。全诗以女主人公为第一人称倾吐别情写成，国事与私情交织在一起，情真意切，娓娓动人，但终以勉励为国事驰驱作结，把诗情推向高潮。

二、遗民诗人

明亡后，一些曾在明朝当官任职者，为保名节不甘事清，或流亡台湾，或受邀入台，在赴台和留台期间写下了一些诗篇。

王忠孝（1593~1660），字长孺，号愧雨，福建惠安人。明崇祯元年（1628）进士，任户部主事。性耿介，不徇私情，屡遭宦官邓希诏构陷入狱，后平反，崇祯甲申（1664）之变，忠孝投入福王幕下，为反清复明奔走，居厦门，应郑成功之邀移居台湾，颇受礼遇，74岁病逝。《全台诗》录其诗作17首，主要反映其渡台和在台的情况和思想感情。《同辜在公年兄抵澎湖坐渔舟风雨大作赋此志感》一诗，写其赴台舟行的情况："中原遭板荡，王室叹飘摇。孤臣惭报国，只有励贞标。波涛经荐险，风雨任萧萧。非敢侈忠荩，分义不容浇。逢有同心侣，罔恤艰与夷。兰芷芬共臭，松筠叶相依。踽踽漏帆下，衣衫湿侵肌。呼炉煨村酒，藉以避寒饥。开樽雨复作，徙倚靡所之。舟子形忧叹，家僮怀郁伊。何以度长宵，浩吟破闷诗。矢志既如此，团厄莫须疑。偃卧板帆眠，辗转畏淋漓。"先表明为了忠贞报国与同伴渡海赴台，然后写舟行的艰险，表现了矢忠明朝之志，也写出当时渡海的艰难与风险。在一些诗中，作者也表示了对故国的依恋和自己的忠忱，如《卧茅斋有思》："弃家入殊域，念国廿余年。"《渡海羁栖》："殊方林壑惊崄岘，故国黍苗叹郁森。"有的诗则写在台所见，并表明开拓台湾的意愿。在《东郊行》诗中写道："逸兴踏芳郊，春风处处同。心烦傍岸柳，身弱怯繁霜。椎结多随汉，衣冠半是唐。好将开济手，文治接鸿濛。"前四句写郊行所见自然之景和自己心情；五、六句写台人装束，可看出台人依然保留着汉民族的传统文化风俗；后两句则表示要以"文治"开拓治理台湾。作者心怀故国之痛，故多忧烦之句，但又能从忧烦之中破脱而出，显示其对忠贞的自信和对未来的寄望，因而其诗虽有忧伤之情而无萧瑟之气。《东方首春有怀》："江山别刱雄风壮，书剑犹存灏气留。"唱出昂扬之声。

徐孚远（1599~1665），字闇公，晚号复斋，江苏华亭人。明朝末曾与陈子龙等倡组几社，明亡后助夏允彝抗清，后从鲁王至厦门，授左佥都御史。1658年明永历帝封郑成功延平郡王，成功迎孚远至金门。1658年，孚远受成功指派往云南向永历帝复命，孚远行到安南（今越南）被阻，乃折返厦门。1661年随成功入台，不久又返厦门。1663年，清军攻陷金、厦，孚远欲携眷回乡，不果，滞留于广东饶平，两年后病逝。孚远为明末著名诗人，著有《钓璜堂存稿》诗集20卷，《全台诗》仅录其诗24首。这些诗大约写于厦门与台湾之间，1665年明永历帝拜定西侯张名振为元帅，统师北伐。孚远作《送张宫保北伐》一诗："上宰挥金钺，还兵树赤旗。留闽纾胜略，入越会雄师。制阵龙蛇绕，应天雷雨垂。一戎扶日月，群帅奉盘匜。冒顿残方甚，淳维种欲衰。周时今大至，汉祚不中夷。赐剑深鸣跃，星精候指麾。两都须奠鼎，十乱待非熊。烟阁图形伟，殷廷作楫迟。独伤留滞客，落魄未能随。"诗中盛赞张名振北伐壮举，殷望其能功成名就，并以自己未能随军而深感遗憾。孚远身在台、厦，仍不忘故国，其《陪宁靖集王愧雨斋中》诗云："轩车夕过喜王孙，呼取黄衫共酒尊。入钓新鱼堪一饱，小斋明烛好深论。龙无云雨神何恃，剑落渊潭气自存。饮罢不须愁倒极，还期珍重在中原。"前半写饮酒共论大事，后半言时机未到但浩气尚存，劝同席者"不须愁倒"，仍以恢复故国事业为重。其《东夷》一诗，也表达了这种愿望："东夷仍小丑，南仲已专征。部落哀刘石，崩奔怯楚荆。况闻蒙面众，皆有反戈情。一举清江汉，河难靖九京。"形势愈来愈对抗清复明的事业不利，他日日登高远眺大陆，空自盼望能够恢复明室江山。在《春望》诗中，表明了他的哀伤和焦灼期待的心情："春光一去不重来，日日登山望九垓。岸虎水龙俱寂寞，高皇弓剑几时回。"孚望之诗苍劲悲凉，从这些诗中可看出其充满坚韧不屈之志。再如《书怀》："移家不惜乡千里，种秫何嫌水一方。"《桃花》："千载避秦真此地，问君何必武陵回。"又显得多么豪迈。

卢若腾（1600～1664），字闲之，号牧州，福建金门人。明崇祯十三年（1640）进士，宦浙江布政使左参议，廉洁爱民，有"卢菩萨"之称。唐王立，授右副都御史，加兵部尚书。守平阳，力抗清兵，负伤遇水师救出。闻唐王被俘，愤而投水，为同僚所救。后至舟山、闽海，1663 年东渡，寓居澎湖，次年病逝。若腾著作甚丰，传有《留庵文集》、《留庵诗集》、《岛噫诗》等，但有关台湾之作不多。《全台诗》录其诗仅 9 首。若腾诗善于写实，如《将士妻妾泛海遇风不任眩呕自溺死者数人作此哀之》一诗，写其渡海所见："少妇登舟去，风涛不可支。眩眸逢蝍蛦，艳质嫁蛟螭。尽室为迁客，招魂复望谁。化成精卫鸟，填海有余悲。"足见风涛之险恶，非体力强者，难胜海浪翻腾之苦，尤其体弱之妇女。从一侧面见出东征将士不畏艰险收复台湾，也说明初期移民去台垦殖者中绝少妇女的一个原因。《东都行》描述郑成功收复台湾前后的台湾情况。先从地理说台湾在中国之东，"南对惠潮境，北尽温麻程"，靠近广东、福建；次说"红夷"侵入台湾筑城开市经营；继言郑成功收复台湾，开垦拓疆，号为东都。然后以较大篇幅描述开垦台湾所历的艰难。一是遍地灌木蔓草："灌木蔽人视，蔓草冒人行。"二是蛇兽横行："木杪悬蛇虺，草根穴狸鼪。"三是多毒虫瘴泉："毒虫同寝处，瘴泉供任烹。"恶劣的自然环境，致使开垦的人们"病者十四五，聒耳呻吟声"。而且粮食难继，"况皆苦枵腹，锹锸孰能擎"。因而开垦的进度受到了严重的影响："自夏而徂秋，尺土垦未成。"在这诸多困难之外，开垦者还要受到红夷和土人的骚扰和阻挠："红夷怯战斗，独恃火器精。城中一炮发，城下百尸横。林箐深密处，土夷更狰狞。射人每命中，竹箭铁镖并。"因而造成了"而今战血溅，空山燐火盈"的悲惨景象。作者用铺陈和铺张的手法，写出了当年开垦的种种艰难和开垦者付出的巨大代价，从而见出台湾今日之繁荣发达，大陆移民是作出了不可磨灭的贡献。在《海东屯卒歌》中，作者则描述了屯卒开垦的实况："故乡无粥饘，来垦海东田。海东野牛未驯习，三人驱之两人牵。驱之不前牵不直，偾辕破犁跳如织。使我一锄翻一土，一尺两尺已乏力。哪知草根数尺深，挥锄终日不得息。除草一年草不荒，教牛一年牛不狂。今年成田明年种，明年自不费官粮。如今官粮不充腹，严令刻期食新谷。新谷何曾种一茎，饥死海东无人哭。"诗中具体描写了开垦的辛苦，经过一年时间，才开垦荒地成田，然而尚未种植，官粮的供应便停止了，开垦的屯卒只有饿死。作者揭示了官方所规定的对屯卒供应粮食条令的不合理，表示了对屯卒的无限同情。台湾的初辟，最大困难无过于自然条件的恶劣和粮食的短缺。作者在《长蛇篇》诗中描写了长蛇的凶恶，不仅人马不足充其腹，还能吞食牛车，而且嚼食铠甲剑矛钢铁之类如兔鹿，人若遇之往往葬身蛇腹。《石尤风》一诗，则描述了石尤风的强大威力："吹卷海云如转蓬，连艘载米一万石，巨浪打头不得东。"从大陆来的粮船因此不能如期到达："东征将士饥欲死，西望粮船来不驶。再遭石尤阻几程，索我枯鱼之肆矣。"可见台湾的开辟，除了大陆移民付出了辛劳的血汗和生命代价外，还要依靠大陆粮食的支持。若腾之诗，用铺陈写实的手法描述了其所见所闻，间用夸张形容，情节往往令人惊心骇目，大大增强了诗的艺术效果，颇能反映郑成功开辟台湾之艰难。

沈光文（1612～1688），字文开，号斯庵，浙江鄞县（今宁波市）人。少以明经贡太学，明亡后，往依永历帝于广东肇庆，授太仆少卿。1651年至金门，后往泉州，船遇飓风，飘流至台。郑成功至台，待以客礼。成功去世，郑经颇改其父之政，光文为赋以讽，几遭不测，乃变服为僧，移居目加溜湾（今善化一带），教授生徒，兼施医药惠民。郑克塽降清，光文与一些明末遗老共结东吟社，互相唱酬。光文寓居台湾30余年，授徒讲学，为开辟台湾文教事业作出巨大贡献，被誉为"海东文献初祖"。诗文著作甚丰，为台湾文学史上著名诗人。其诗多已散佚，《全台诗》录其诗100多首，为明郑时期台湾诗人留诗最多者。沈光文之诗，可分为抒怀、咏物等，其中以抒怀为多。他寓台前后历荷兰占领、郑氏统治及清统治三个时期，除极短时期受到郑成功礼遇外，相当长时期穷困而不得伸其志，故其诗多抒写其穷困处境及抑郁不平之意。例如《有感》："所恨饿而不死，人情无怪其然。久当困厄如鬼，日逐清虚若仙。谓尔乘车可羡，嗟余弹铗堪怜。从今只安时命，夫亦何敢怨天。"虽然饥饿困厄，但并不怨天尤人，而是安时知命，自求"清虚"。再如《东曾则通借米》，他个人虽然"自顾已忘荣与辱"，但"何当稚子困饿啼"？为了孩子不得不向友人借米。然而有时贷米却无人回应，深深刺伤了他的自尊心，深感人情的势利。在《贷米于人无应者》诗中写道："我来避世如避秦，上下无交馈赠屯，倘能屈曲为小贬，何妨白日竟骄人。骄人者流世所敬，不辨笑邪反笑正。大家势利正营营，谁向此中审究竟。"如此的困厄和世态，有时使他难堪欲死。一年端午，人家快活过节，他却无米可炊，愤而写下一诗《癸卯端午》："年年此日有新诗，总属伤心羁旅时。却恨饿来还不死，欲添长命缕何为！"郑成功收复台湾，对他优礼有加，他也激赏郑成功，曾在《题赤崁城匾额图》一诗中，表露出对郑成功驱荷兰侵略者收复台湾的功业的热情歌颂："郑王忠勇义旗兴，水陆雄师震海瀛。炮垒巍峨横夕照，东溟夷丑寂无声。"台湾收复后，成功未及任用他，便在一年后病逝。郑经嗣位后，既缺乏乃父坚定不移的意志，政治作风也与乃父不同，大幅变更了乃父的政制和旧臣，光文自然也遭冷落，时有不满之声，引起了郑经的猜疑。他几遭不测，隐匿山野，销声避祸，但心中总有不平之气，虽不敢直接抒发于诗，但仍然从一些诗中隐约含蓄地表露出来，其《自疑》诗云："我自知人人未知，为人谋得已偏疑。拈诗且脱寒酸气，做梦偏多欣喜时。卧学袁安愁饿死，乞同伍员欲投谁。可怜声应年来少，一味虚脾只自欺。"诗说自疑，实际是说为人善谋反而遭疑；要自脱寒酸境遇，却多是欢喜梦空；困顿的处境像袁安，但虽有伍员复仇之志也无处可以投靠。前6句说尽无端被疑、难酬壮志的悲愤，末以"自欺"作结，更是倍加痛切。又如《言忧》诗云："明识忧无用，忘忧实不能。安危思覆卵，进退履春冰。怀杞终何益，支天未可凭。东山谁稳卧，怀想古凝丞。"诗中含蓄地抒发了作者心中之忧是台湾明郑权的安危与存亡。作者虽有此忧，但自己进退两难，忧之何益？因为要支撑台湾明郑政权，已无凭借。含蓄地表达了他对郑经治政的深深失望，也预示了这个政权不会长久。生活的穷困和政治的失望，使作者不时撩起思乡和思归之念，如《怀乡》："万里程何远，萦廻思不穷。安平江上水，汹涌海潮通。"又如《望月》："望月家千里，怀人水一湾。自当安蹇劣，常有好容颜。旅况不如意，衡门亦早关。每逢北来客，借问几时还。"不管看到汹涌的海潮，或明亮的月光，都会让他想到千里、万里之外的家乡，想到什么时候能够回去。在《隈草戊戌仲冬和韵》（其一）中，他更表达了思乡怀归的复杂心情："宁不怀乡国，并州说暂居。无枝空绕树，弹铗又歌鱼。炼骨危疑集，盈头珍惜梳。感追无限际，悔绝惜年裾。"作者透露了怀乡思归的原因：一是原只打算在台湾"暂居"一时，期望恢复故国之后回乡；二是在台湾生活相当穷困，常常饥饿无给；三是政治上投靠无门，难酬其志；四是遭到无端的猜疑，处身孤危。因而甚悔当年离乡来台。满腔交织着辛酸、悲愤和悔恨，反映了末世文人流落海隅无奈和无告的悲哀。然而他终于没有在明郑灭亡前离台回归大陆，主要是儒家传统的忠义思想对他的浸淫。在不少诗中，他常常表露了这种思想。例如《陬草戊戌仲冬和韵》（其三）："义旗嗟越绝，剩得此顽民。矫矫心如石，丝丝鬓欲银。中山几度醒，故国十三春。尚慎虚瞻陟，天寒夜泣旻。"表示自己是忠义之心、坚如铁石的"顽民"。《陬草戊戌仲冬和韵》（其五）："一自椎秦后，同人在海山。冠裳不可毁，节义敢轻删。受冻频坚骨，撄霜茂长颜。南阳高卧稳，罔识世途艰。"表示自己不敢轻毁故国冠裳，不敢轻删儒家的节义，即使受尽饥寒之苦，也要坚持自己一身傲骨。《葛衣吟》（题下注：永乐时，有河南佣者常衣葛衣，余绍兴出奔，亦只衣葛，今已两载）云："岁月复相从，中原起战烽。难违昔日志，未泯一时踪。故国山河远，他乡幽恨重。葛衣宁敢弃，有逊鲁家佣。"表示不忘昔日抗清复明之志，不忘故国衣冠。甚至在一些咏物诗中，更含蓄表达了自己坚贞的节操。《野菊》云："野性偏宜野，寒花独耐寒。经冬开未尽，不与俗人看。"又《咏篱竹》云："分植根株便发枝，炎方空作雪霜思。看他尽有参天势，只为孤贞尚寄篱。"以野菊、篱竹托凌寒不移孤忠之志。郑克塽降清后，康熙宽待遗民的政策和海峡两岸已无政治和地理的隔碍，他坚持操节和归乡已不存在什么矛盾，于是他可以回乡了。他的故知姚启圣时任闽浙总督，答应接他返回故里，不幸他未启程而启圣背发病而死，于是回乡之事便泡汤了，而他也在 76 岁时病逝台湾善化。值得一提的是，在这些遗民中，只有沈光文留下了描写台湾土著的一首诗《番妇》："社里朝朝出，同群担负行。野花头插满，黑齿草涂成。赛胜缠红锦，新妆挂白珩。鹿脂搽抹惯，欲与麝兰争。"诗中描写土著妇女出行时的装饰，表现了土著的特殊文化风俗，道出了土著爱美不俗的品性，洋溢着作者赞赏之情。纵观光文的诗作，作者的品性、生活和处境，使他的诗交织着感伤、抑郁和悲愤不平，在表现手法上则直抒与含蓄互用，能直抒的则直接从口呼出，不便直言者则借景物或故典以宣其隐衷，委曲中更显出其悲愤之情。可见其在台湾是多么无奈窘困，为其忍辱和执著付出了一定的代价。

台湾明郑时期诸诗人，皆生长于明末，经历了明亡之世，且又深受儒家传统的教育，故皆怀有忠贞不贰、救亡报国之心，宁肯流亡亦不移其志，使得他们的诗歌具有共同志趣特点。然而由于他们出身、地位、经历和所处的环境以及个人性格的不同，个人诗歌中所表现的内容、情感、风格也不相同。以郑氏父子而言，郑成功雄健有余，郑经多吟咏风花雪月及妇女之篇。其他诗人而论，光文寓台颇久，然而其人耿直，对郑经治台颇有不满，则遭受猜疑，故其诗较之诸人，颇多抑郁不平，含蓄于中，不如忠孝之昂扬，亦无孚远之苍劲。这些诗人的诗作，都不同程度地反映了明郑这一时期文人的心态和社会现状，是研究这段特定历史的珍贵文献。

五 文博园地

复合型独木舟与亚太航海术的起源

吴春明[*]

"南岛语族（Austronesian)"分布于北起台湾，经东南亚，至西南太平洋三大群岛及东非马达加斯加岛，包括印度尼西亚、美拉尼西亚、密克罗尼西亚、波利尼西亚等四大分支，是世界上分布范围最广的海洋文化族群。南岛语族的海上扩散与广泛分布，充分体现了海洋文化的流动性、扩张性与开放性特点。南岛语族的起源研究，成为民族学、考古学、语言学、海洋史与航海史等多学科领域共同关注的一项重要学术课题。

"南岛语族"起源涉及华南与东南亚地区数千年来的史前文化关系，因此新石器时代文化的考古发现与比较研究，成为探索南岛语族起源的最重要学术工作。林惠祥先生曾依据台湾、东南亚等有段石锛、有肩石器、印纹陶等遗存与华南大陆的一致性，将台湾史前文化看成大陆东南土著顺海洋"漂去"的结果，将作为南岛语族一支系的"马来人"（即印度尼西亚语族）看成与华南"百越"土著同源。张光直也将距今6000～5000年间的台湾大坌坑文化看成是大陆东南金门富国墩等新石器文化的传播。[②] 史前文化的传播与土著人群移动，最终形成了南岛语

---

* 作者单位：厦门大学海洋考古学研究中心。

② 林惠祥：《台湾石器时代遗物的研究》，《厦门大学学报》1955 年 4 期；张光直：《新石器时代的台湾海峡》，《考古》1989 年，第 6 期。

族这一世界上分布范围最广的海洋族群。①

　　然而，史前期华南土著向环中国海、西太平洋区域扩散的舟船工具是什么？这是长期困惑文化史、民族史、航海史学界的一个难点。我国航海史学界一般认为，广州汉墓出土的东汉陶船模代表了东南沿海早期海船的形态，而华南沿海考古持续发现距今 8000 年至 2000 年的各式独木舟船的远洋航海能力从未获得认可。具体讲，史前独木舟的海上抗颠覆能力、远洋航行动力、离岸导航技术等成为困惑航海史学界的重要疑点，也是一些"海洋疑古派"否认史前，甚至先秦时期存在远海（洋）航行的主要问题。

　　实际上，南岛语族的四大分支都有独特而高超的航海技术，南岛语族的复合型独木舟、娴熟的使帆技术和星象风向导航技术等，是成就这一族群大规模海洋扩张的航海技术保障。从本质上说，东南亚、太平洋南岛语族航海交通工具的重要特征是独木舟的复合型。所谓复合型，主要指双体独木舟（Double canoe）、单边与双边的边架艇独木舟（Outrigger canoe）两类。复合型独木舟具备了独木舟轻便灵活的特点，又具有抗横向摇摆的功能。民族学家调查发现，波利尼西亚土著驾驭复合型独木舟，配备原始风帆，每天在太平洋上可航行 235 公里，是世界舟船体系中的特殊类型。② 17 世纪以来，欧洲航海家先后"发现"了太平洋，民族学者、风俗画师、传教士、殖民官员等相继记录了许多远

---

　　① 林惠祥：《中国东南地区新石器文化特征之一：有段石锛》，《考古学报》1958 年，第 3 期；张光直：《中国东南海岸考古与南岛语族的起源问题》，《南方民族考古》第一辑，四川大学出版社 1987 年；吴春明：《南岛语族起源研究"闽台说"商榷》，《民族研究》2003 年，第 4 期；Peter Bellwood, *Prehistory of the Indo-Malaysian Archipelago*, Honolulu：University of Hawaii Press，1997. Patrick V. Kirch, *On the Road of the Winds：An Archaeological History of the Pacific Islands before European Contact*, Berkeley：University of California Press, 2000. Tianlong Jiao, edited, *Lost Maritime Cultures：China and the Pacific*, Honolulu：Bishop Museum Press, 2007.

　　② A. C. Haddon and James Hornell, Canoes of Oceania, Vol. Ⅰ, The Canoes of Polynesia, Fiji, and Micronesia, Bernice P. Bishop Museum Special Publication 27, Honolulu Hawaii, 1936. Vol. Ⅱ, The Canoes of Melanesia, Queenland, and New Guinea, Bernice P. Bishop Museum Special Publication 28, Honolulu Hawaii, 1937. Vol. Ⅲ, Definition of Terms, General Surney, and Conclusions, Bernice P. Bishop Museum Special Publication 29, Honolulu Hawaii, 1938. Adrian Horridge, Outrigger Canoes of Baliand Madura Indonesia, Bishop Museum Special Publication 77, Honolulu Hawaii, 1987.

海、远洋航行的复合型独木舟资料。

作为南岛语族发源地的华南沿海的史前航海术不能与南岛语族的航海术无关，黔东南台江施洞苗族子母船的调查发现及其与太平洋"边架艇独木舟"的比较研究，就是重要的证据。[①] 在调查研究的基础上，综合探索复合型独木舟与南岛语族的祖先——华南土著先民的史前舟船文化关联，是华南史前航海舟船形态、亚太航海术起源研究上的不能忽视的重要课题。

一、太平洋的双体独木舟

双体独木舟，就是利用横木或者船舱上部的平台设施，将两艘独木舟船并列连接，成为两条独木舟的复合体。18 世纪以来，西方航海家进入南太平洋群岛后，在太平洋上发现了形态各异的双体复合独木舟。太平洋的双体独木舟有三种组合形态：一为完全相同的两艘独木舟紧靠相连，多见于波利尼西亚南部的马克萨斯群岛至新西兰一带。二为完全相同的两艘独木舟间隔一定距离相连，整个船体上部比较宽阔，常见于波利尼西亚北部的夏威夷等地。三为西太平洋类型，形态、大小都不完全一致的两艘独木舟的连接体，常见于密克罗尼西亚。

1. 波利尼西亚南部的"两舟紧接型"

一幅反映 1642 年新西兰默多勒海湾（Murderers Bay）的战争画面中，土著毛利人驾驶双体独木战船围攻荷兰殖民者的远洋大帆船（图 1）。毛利人的双体独木舟尖首尖尾，艏部高高翘起，两条并列的独木舟船舷连接，有左右五对划桨，并配置掌向的尾桨，个别独木舟配备三角帆。

1768～1779 年，库克（James Cook）船长三次太平洋探险的随同画家韦伯（J. Webber）、霍吉斯（W. Hodges）等人，清晰地记录了波利尼西亚土著双体独木帆舟的民族志画卷。

1777 年，霍吉斯描绘的马克萨斯群岛的塔希提（Tahitian）海滨，至少有 4 条复合型独木舟（图 2）。中间两艘为土著语称为"提排鲁埃"（Tipairua，"游船"之意）的双体独木舟，两侧为单边架艇独木舟。双

① 吴春明：《中国东南与太平洋的史前交通工具》，《南方文物》2008 年，第2 期；《黔东南台江施洞苗族"子母船"及其在太平洋文化史上的意义》，《贵州民族研究》2008 年，第 5 期。

图 1　1642 年新西兰毛利人的双体独木战船

体舟与前述毛利人的独木舟比较相似，并列连接的两条独木舟船舷完全紧靠在一起，而且船艏上翘，其中之一还竖立高耸的雕柱。船体中后部船舷之上搭建有舱室。

图 2　1777 年塔希提岛土著的提排鲁埃双体独木舟

　　见于 1774 年塔希提巴雷（Pare）海域的土著战船图像，形态与提排鲁埃类似，但规模更大，船艏的雕柱较为突出，战船的尾部还搭建一矮平台，站立着部落首领或战船指挥官，并有一名武士捍卫（图 3）。

　　美国 Bishop 博物馆收藏有 1854 年制作的马克萨斯群岛土阿莫土（Tuamotu）群岛 Fatatau 岛的双体独木舟模型（图 4）。从该模型看，这类双体独木舟并列连接的两舟基本靠近，船上设置合二为一的篷屋，并置双桅单帆，配掌向的尾桨。

　　2. 波利尼西亚北部的"两舟分隔型"

图 3　1774 年塔希提巴雷海域的双体独木战船

图 4　1854 年马克萨斯群岛 Fatatau 岛的双体独木舟模型

　　在一幅描绘 1643 年汤加海滨所见的土著复合型独木舟遭遇法国殖民者船只的情景画中,左侧的复合船为两条瘦长的独木舟并列连接而成,两舟之上铺设宽阔的甲板,船艏设置三角帆,两独木舟尾部各配一只尾桨。该画右侧为单边架艇独木舟和两艘法国人兵舰(图 5)。

图5　1643年汤加海滨所见的复合型双体独木帆船

　　1778年韦伯笔下的夏威夷部落战士驾驶的双体独木"战船"图像，可见连成一体的双舟战船形态厚实、修长，但双体结构稳定、平衡，两独木舟之间有一定的间隔，划桨与蟹形三角帆混合动力，分别竖立于双舟上的两桅杆共同支撑一面蟹形帆（图6）。

图6　韦伯1778年描绘的夏威夷部落双体战船

　　太平洋上的双体复合型独木舟多是利用连接的舟体的横向板材，铺设、建造宽阔的船体上层建筑。1791年Piron描绘的汤加岛的满载船员和乘客的双体独木客船就是一个典型例子，这一复合船体底部的两条独木舟形体瘦长，实际上只是起到浮体的作用，两舟间隔很大，舟舷之上铺设宽阔的甲板，甲板上再设置舱室与桅杆、帆席（图7）。

图 7　1791 年的汤加岛双体独木客船

在现代夏威夷艺术画卷中，常见夏威夷土著传统的双体复合独木帆船在太平洋上航行的复原景象，生动地表现出这类帆船既轻便又稳定、既灵活又具有强大动力的优点（图8）。

3. 密克罗尼西亚群岛的"大小组合型"

无论是"两舟紧接型"，还是"两舟分隔型"，这两类双体独木舟都是两条完全相同的独木舟的组合连接。但随着太平洋群岛复合型独木舟技术的发展与相互影响，实践中单边架艇独木舟的轻便、灵活特点，被双体独木舟所吸收，于是在密克罗尼西亚群岛出现了大、小两条独木舟的组合连接。

斐济诺多阿（Ndrua）双体独木舟，就是一大一小两条独木舟的并列连接，小舟某种程度充当单边架艇的一侧浮材功能。与一般的双体独木舟将风帆设置在两舟之间不同，该船的帆桅也竖立在大独木舟上（图9）。

大小组合型的双体独木舟在波利尼西亚群岛也有发现，在土阿莫图群岛（Tuamotu）见于 1839 年的双体独木舟模型就是，不过该船的三角形风帆仍设置于两舟之间（图10）。

总之，双体独木舟是太平洋土著南岛语族重要的航海工具，双体的稳定性和抗横向摇摆、抗侧翻性能，使得原始时代的独木舟具有了很大的航海适应性。太平洋的双体独木舟既可以成为船体瘦长、桨帆合用的战船，也可成为具有宽大平台、篷屋的客船与渔猎捕捞船，适应土著民族的各种海洋社会经济生活需要。

图 8　夏威夷土著的双体复合独木帆船复原图景

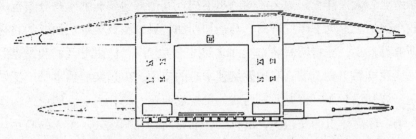

图 9　斐济诺多阿的双体独木舟平面图

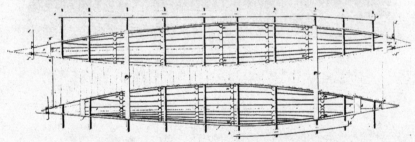

图 10　1839 年土阿莫图群岛的双体独木舟模型

二、东南亚与太平洋的边架艇独木舟

边架艇独木舟（Outrigger Canoe）是在独木舟的一侧或两侧加装与独木舟同向的舟形浮材（Float），成为独木舟复合体。根据一侧、两侧架设浮材的差别，可以分成单边架艇独木舟和双边架艇独木舟两类。在东南亚、太平洋上，边架艇的分布不同，其中双边架艇独木舟分布范围较小，历史上见于印尼群岛、马达加斯加、科摩罗及美拉尼西亚的路易斯亚德群岛、托雷斯海峡与澳洲北部昆士兰海岸，波里尼西亚和密克罗尼西亚群岛历史上没有双边架艇独木舟的使用。单边架艇独木舟广泛发现于波利尼西亚、密克罗尼西亚、美拉尼西亚、新几内亚、印尼的一些岛屿，印度洋上的安达曼、尼科巴、尼亚斯、马尔代夫，东非的马达加斯加和科摩罗群岛，几乎就是整个南岛语族的分布范围。

1. 东南亚、美拉尼西亚、密克罗尼西亚双边架艇独木舟

20 世纪初民族学家在美拉尼西亚群岛 Taku 海域拍摄到南岛语族所用的双边架艇独木舟。独木舟形态瘦长，两侧对称展开的小独木舟形的浮材，犹如飞机两侧的翼展。舟体与浮材间的连接横杆上铺设宽阔的平台，是该边架艇的主要活动舱面，可划桨，可设帆（图 11）。

图 11　美拉尼西亚群岛 Taku 海域的双边架艇独木舟

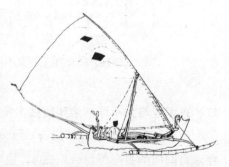

图 12　印尼巴厘岛的双边架艇风帆独木舟

印尼巴厘岛所见的近代双边架艇，大体反映了东南亚群岛地带边架艇的形态与结构特点。这类独木舟形态宽短，侧视为鱼形船身，两侧翼展的横杆弯曲成垂直向下的弓形，两侧对称架设简洁的圆筒形浮材。架设有可调节方向的三角形帆（图12）。

双边架艇的两侧翼展横杆可以根据独木舟的形态、大小、功能和海域状况，调整宽窄。印尼南部 Nissan 群岛的双边架艇独木舟的横剖面，表现出非常宽的两侧翼展，显然可以获得很大的平衡性、稳定性（图13）。

图 13　印度南部 Nissan 群岛的双边架艇独木舟横剖面图

2. 东南亚、太平洋的单边架艇独木舟

马克萨斯群岛不仅是双体独木舟发达的地区，更是单边架艇独木舟发达的地方。17～18 世纪欧洲殖民者画卷中可常见土著人的双体独木舟、单边架艇与欧洲人的大帆船同时出现，如前引图 2（1777 年的塔希提岛）、图 5（1643 年汤加海滨）等都是。库克的随船画师霍吉斯 1774 年描绘的马克萨斯群岛群岛塔胡阿塔（Tahuata）的 Vaitahua 岛海滨，就是土著人驾驭的两艘配有三角形蟹形帆的单边架艇，艄部高高翘起，舟身有繁缛的几何形纹雕刻。Neuchatel 博物馆收藏的单边架艇独木舟模型与之相类。哈佛大学 Peabody 博物馆有一件 1817 年收藏的马克萨斯群岛的单边架艇独木舟模型，是迄今此类模型中最古老的，可与霍吉斯的画像比较（图 14）。

与其他的复合型独木舟一样，很多单边架艇的船员、乘客活动面及货舱并不在狭窄的独木舟体内，而是位于连接独木舟与边架浮材的横杆上搭建的宽阔平台、篷屋。如斐济海域所见的土著单边架艇，在瘦小的独木舟体与一侧边架浮材之间，搭建宽敞的平台，整艘边架艇配置了巨幅的三角形帆席，为轻便的舟体提供了强大的动力（图 15）。

欧洲殖民者进入波利尼西亚后，很快发现了边架艇独木舟的奇妙、科学之处，设置现代风帆的单边架船只成为欧洲人海上活动的重要工具（图 16）。

作为东南亚、太平洋群岛广泛分布的一种特殊的舟船形态，单边架艇与双边架艇的分布空间有所差别，双边架艇主要分布于东南亚和美拉

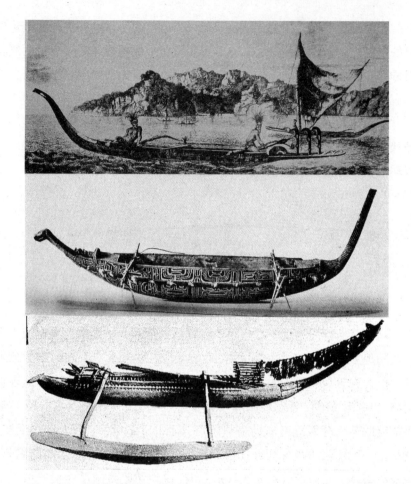

图 14　18 世纪法属波利尼西亚的单边架艇（上，1774 年霍吉斯画卷；中，
Neuchatel 博物馆藏模型；下，哈佛大学 Peabody 博物馆收藏的 1817 年模型）

图 15　斐济的单边架艇独木舟

图 16　法属波利尼西亚 Leeward 岛的现代边架艇

尼西亚群岛，而单边架艇则分布于从东南亚到太平洋的广阔空间。民族学家认为，这种差别是边架艇独木舟产生、演变与传播过程的反映。美国 Bishop 博物馆的哈登（A. C. Haddon）、霍内尔（James Hornell）认为，双边架艇的出现早于单边架艇，在远洋航海中，单边架艇的性能优于双边架艇，单、双边架艇形态的空间分布，反映了印尼群岛、美拉尼西亚群岛一带的双边架艇向东发展、扩散、演变为密克罗尼西亚和波利尼西亚群岛上单边架艇独木舟的过程。

三、东亚复合型独木舟的民族考古探索

在南岛语族的故乡中国东南，乃至整个东亚大陆沿海，史前与先秦的远洋航海交通工具形态是什么？考古、船史与航海史的研究，均未给出满意的答案，这与考古学文化比较研究不断发现、证实的数千年来史前文化跨海交流的史实不协调。

笔者近年在开展环中国海海洋舟船民族考古调查研究的同时，对已有考古资料也做了一次重新检讨与分析，取得了一些新的线索。[①]

1. "舫舟"、"方舟"与古代双体独木舟的发现

双体独木舟是太平洋民族志上常见的南岛语族航海舟船，在史前东亚考古资料中尚无明确的证据，但在中国古代的历史、考古资料中却有明确的线索，或与史前航海民族的技术传承有关。

---

① 吴春明：《中国东南与太平洋的史前交通工具》，《南方文物》2008 年 2 期；《黔东南台江施洞苗族"子母船"及其在太平洋文化史上的意义》，《贵州民族研究》2008 年，第 5 期。

"舫"是古代仿照船型的水上建筑，是中国古代园林艺术的一部分。但是，"舫"的原意却不是船型建筑，而是"并舟"之意，在周汉时期很常见。

《史记·张仪传》："舫船载卒，一舫载五十人与三月之食，下水而浮，一日行三百余里，里数虽多，然而不费牛马之力，不至十日而距扞关。"《索隐》释"舫"为"并两船也"。

《尔雅·释水》描述了周礼等级制度上对使用舟船的规定，"天子造舟，诸侯维舟，大夫方舟，士特舟，庶人乘泭"。这里的"维舟"就是四船并联，"方舟"就是两舟并联，即"舫舟"。

在我国考古发现中还未见史前、上古的双体航海独木舟，但 1975年在山东平度泽河东岸的海滩上发现的一艘隋代双体木船，却为这一探索提供了关键的证据。该船实际上是两艘纵向扩展式独木舟并联起来的，左右两侧的船体分别是由三段粗大树干刳成的独木舟纵向连接而成的加长式独木舟，残长 20.24 米，两列独木舟之间连接横梁，梁上覆以20 根横板。参照太平洋双体独木舟的航海实践，这种规模的双体独木舟如果配备风帆设施，在海洋中航行是没有任何问题的。有趣的是，这条发现于古海滩上的双体独木舟，正是南方特产的樟木和枫香制造的，因此它就是一条沿海北上的"特殊"海船（图 17）。[①]

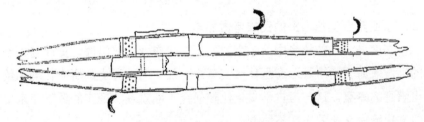

图 17　山东平度隋代双体独木舟

类似的发现，还有 1991 年在韩国全罗南道珍岛郡发掘的一艘大型宋代独木舟。该舟残长 16.85 米，由三段樟木使用榫卯结构连接而成，船底部的"保寿孔"内放置了 8 枚中国宋代铜钱，中部为两孔桅座，碳14 测定为 710±30 年，应是来源于中国宋朝的南方地区。[②] 该独木舟的

---

① 山东省博物馆、平度县文化馆：《山东平度隋船清理简报》，《考古》1979年，第 2 期。

② 袁晓春：《韩国珍岛发现中国宋朝独木舟》，《海交史研究》1994 年，第 1期。

左右不对称平面形状是耐人寻味的，船体左舷板是一条直线造型，与正常的舟船不一样，右舷为正常弧线造型（图18）。那么，该独木舟是否可能是双体独木舟的右侧残存呢？如果可能，其左舷的直线造型正是为了与未能保存或尚未发现的左侧独木舟相匹配，成为一艘完整的双体独木舟帆船，这种可能性不是没有的。这与前引图 9 斐济诺多阿（Ndrua）双体独木舟的平面形态一致。

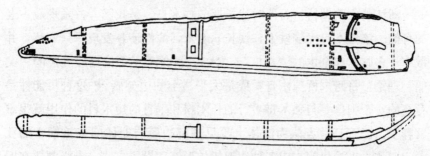

图18　韩国珍岛宋代风帆独木舟

此外，在日本的土著海洋社会中，也有双体独木舟的使用。据《虾夷家财图说》记载，1845年北海道船家的"舫"就是这类双体独木舟（图19）。[1]

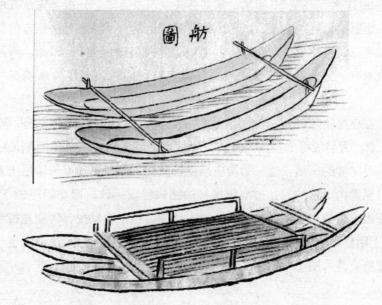

图19　日本北海道虾夷之舫

---

① 松浦武四郎：《虾夷家财图说》，函馆市立图书馆藏弘化二年，1845年。

因此，东亚大陆及相邻地带具有使用双体独木舟的稳定的历史传统，这一传统或与史前、上古先民的航海舟船历史积淀有关。

2. 萧山跨湖桥等地的独木舟与"边架艇"

相对于东亚考古发现中双体独木舟的明确线索，南岛语族的另一类航海交通工具边架艇却未有明确的考古证据，但华南沿海的若干考古线索值得关注。

浙江萧山跨湖桥新石器时代早期的独木舟，是我国考古发现最古老的舟船。该独木舟艉端残失，残长 5.6 米，两侧还各发现一只木桨，并散布许多圆木和剖木的"木桩"、"木料"，蒋乐平等依据凌纯声的"戈船"理论，将跨湖桥独木舟看成是太平洋上的边架艇。[1] 这种可能性是存在的，否则这些与独木舟平行的长木料和垂直的短木料的作用就很难解释了。至于有学者认为船体上不见捆绑边艇与船体间连接横木的孔洞，对比太平洋民族志中各种边架艇的形态和设置方式，未必都要在船舷穿孔捆扎横木，况且独木舟船舷的大部分已经残失，原来是否有穿孔结构已不得而知。

独木舟的东北侧的多块竹篾编制的席状物，其中编号 30 的一块残长达 60 厘米、残宽 50 厘米，从共存关系与遗迹形态分析，完全有可能是一面原始船帆的遗存。以竹篾编制船帆也是太平洋土著民族志的重要内涵之一，福建泉州宋元沉船的船帆也是竹篾编制的。[2] 因此，跨湖桥的独木舟，完全有可能是一艘适于海上航行的双边架艇独木帆舟（图20）。

福建博物院陈列一艘连江浦口鳌江河畔发现的西汉独木舟，残长7.1 米，为整段樟木刳成的方艏方艉独木舟。在靠近船首的两侧舷残留有一对对称的凹槽，这一结构应是设置横杆的，与夏威夷和印尼土著独木舟船舱内设置的捆扎边架艇横杆的结构特征一致。而在船尾的下面，还挖出十多截直径约 6.5 厘米的原木残段，当年的发掘者含糊地推测是"舟上附件，或为行船工具"[3]。因此，连江汉代独木舟，很可能也与双边架艇有关（图21）。

---

① 浙江省文物考古研究所等：《跨湖桥》，第 50 页，文物出版社 2004 年。

② 福建省泉州海外交通史博物馆：《泉州湾宋代海船发掘与研究》，海洋出版社 1987 年，第 60 页；中国科学院自然科学史研究所等：《泉州法石古船试掘简报和初步探讨》，《自然科学史研究》，1983 年，第 2 期。

③ 卢茂村：《福建连江发掘西汉独木舟》，《文物》1979 年，第 2 期。

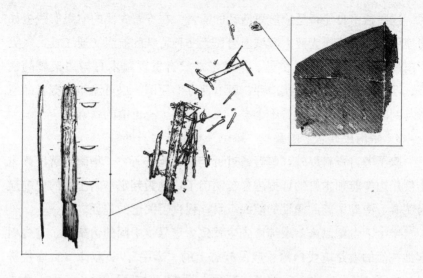

图20　跨湖桥独木舟及共出的木料、篾席

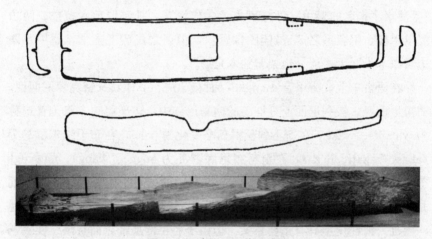

图21　福建连江汉代独木舟

此外，福建县石山博物馆陈列一艘在在闽侯荆溪镇的闽江河床发现的奇特独木舟，"这艘独木舟结构复杂，它长约11米、宽0.95米，是由一根直径约1米的楠木制成；独木舟一侧船舷有四组方孔和凹槽，与另一独木舟或圆木拼接，保持航行时的平衡。"发现者已经把它推定为边架艇，该舟C14测定年代为1466±45年，约当南朝时期。①

总之，华南史前、早期历史考古资料中，有不少独木舟的考古发

① 黄庭满：《闽侯发现独木舟属于南北朝时期》，《福建之窗》2003年12月20日，http://www.66163.com/netu/fjnews/displaynews.netu? ClassName＝dskb ＆ newsid＝152384；林瑞明：《闽侯发现南北朝独木舟》，《福建文博》资料。

现，这些独木舟能否适应航海活动的需要？在土著先民的航海实践中如何使用？边架艇作为亚太海域土著民族一种特殊的航海交通工具，多见于南岛语族的民族志，史前、早期考古没有发现独木舟与边架艇的横杆、浮材之间确定的连接遗存，既有保存的原因，也可能与发掘者的思考与判断有关。但上述若干个案，无疑提供了有价值的线索。

3. 华南民族志上的番族"蟒甲"与苗族"子母船"

除了考古资料以外，笔者通过近年来的调查研究，华南土著民族志中使用边架艇独木舟的证据越来越明确了，这为判定华南土著的史前航海工具、南岛语族起源期的航海工具，提供了关键的佐证。

半个多世纪以来，凌纯声先生就致力于寻找中国的边架艇，首先引起他注意的就是清代台湾番族民族志上的"蟒甲"。黄叔璥《台海使槎录》卷六"番俗六考——北路诸罗番十附载"："蟒甲，独木挖空，两边翼以木板，以藤缚之。"清人陈淑均《噶玛兰厅志》卷五"番俗六考"："番渡水小舟名曰蟒甲，即艋舺也，一作蟒葛。其制以独木挖空，两边翼以木板，用藤系之。"虽阙图像资料，但证之民族考古学，蟒甲"两边翼以木板"无疑就是边架艇独木舟。[①]

在语言学上，蟒甲音 mangka，而在印尼、菲律宾、密克罗尼西亚、美拉尼西亚、波利尼西亚等群岛的南岛语族中，边架艇独木舟也普遍称为 wangka、waka，在新不列颠群岛略变化为 haka，在布干维尔群岛为 vakas、bakati、hakas，在新赫布里底群岛为 angge、wanga、nawangk 等[②]。这充分说明，清代的台湾土著还使用的蟒甲不是一般的小船，而是与太平洋南岛语族边架艇独木舟一样的舟船，在亚太民族史、"百越——南岛"海洋史上具有重要意义。但由于蟒甲的孤证，而且缺乏实物与图像证据，未能引起民族、考古学者的重视。

2008 年 6 月 27～29 日（农历五月二十四至二十六日），在一年一度的施洞苗族龙船节期间，我专程赶赴黔东南台江县施洞镇，调查、勘测了完整的苗族子母船的形态、结构与建造工艺。研究表明，这一子母船就是华南史前边架艇的活化石，为探寻南岛语族先人、华南史前土著

① 凌纯声：《古代中国与印度太平两洋的戈船》，载《中央研究院民族学研究所集刊》第 26 期。

② A. C. Haddon and James Hornell, *Canoes of Oceania*, Vol. Ⅲ, *Definition of Terms*, *General Surney*, *and Conclusions*, p. 71, Bernice P. Bishop Museum Special Publication 29, Honolulu Hawaii, 1938.

航海交通工具，提供了确凿的证据。[1]

台江县施洞镇是黔东南州重要的苗寨，位于清水江上游，依山傍水，农历五月划龙船是黔东南苗民的重要民俗活动。龙船节中，施洞镇十里八乡苗寨多派出龙船参赛，我考察、测绘了平地营、柏子坪、塘坝、唐龙四个村寨的龙船，发现各村龙船形态与规模都大同小异，以一大两小独木舟组合的子母船为特征。施洞现在所用的龙船多是上个世纪80年代以后建造的，因大型原木的缺乏，一大母船已不用整木建造，而采用多件木材拼合而成，但仍然保持"刳木为舟"的独木舟楫形态特点，与清乾隆徐家干《苗疆闻见录》所载"其舟以大整木刳成五六丈，前安龙头，后置凤尾"的结构一致。清水江岸的十里八乡的子母船，每年仅苗族龙舟节这一天才被移至江边参加划龙舟竞赛，平时都被拆卸后停放在各自的龙船棚内（图22）。

图 22　施洞龙船棚内的子母船

以平地营村龙舟为例，母船全长23.6米，舯部横断面近圆形，舯部最宽处0.6米，舱内艏部深度0.54米，舯部深度0.46米，艉部深度0.38米，舱面从艏到艉平铺五列横板，船内不分舱。两侧子船等长14米，宽0.38米，舯部深度0.37米。两侧子船与中部母船之间通过母船舱面五列横板上方的五列横杆连接，连接处采用全榫卯栓扣结构和竹青篾条捆扎，不见螺栓、铁钉以及船体穿孔等（图23、24）。

施洞苗族子母船与太平洋边架艇独木舟的高度共性：

第一，两者都属于复合独木舟结构，都是在一大型独木舟的一侧或两侧附加一小型或两小型的独木舟艇，通过增加船体的横向阻尼力，达到独木舟的抗横向摇摆性能，两者形态构造的设计出发点是完全一样的。所不同的是，子母船的双边子船是紧贴着中间的母船的，横向阻尼

①　吴春明：《黔东南台江施洞苗族"子母船"及其在太平洋文化史上的意义》，《贵州民族研究》2008年，第5期。

图 23　黔东南台江施洞苗族子母船　　　　图 24　黔东南台江施洞苗族子母船

力比较小，而太平洋的边架艇与中间的主独木舟间都有一定的间隔，横向阻尼力更大。这点差别应与水上环境的差别有关，施洞子母船更适合相对狭窄和相对平稳的江河环境，而太平洋边架艇更适合宽阔而多风浪的海洋环境。

　　第二，两者都是通过若干连接横杆，将双边或单边舟艇附加于主体独木舟上。所不同的是，子、母船体之间都是固定的五列横杆，横杆与母船、子船船体间以榫卯栓扣、绳索捆扎固定，而太平洋上连接边艇的横杆有 2～4 根不等，横杆与舟、艇的连接方式多样（图 25、26）。

图 25　施洞子母船的连接方式

　　第三，苗族与南岛语族都重视仪式舟船的保存，施洞子母船除每年农历五月的龙船节外，都停放在专用的龙船棚中，类似的情形广见于太

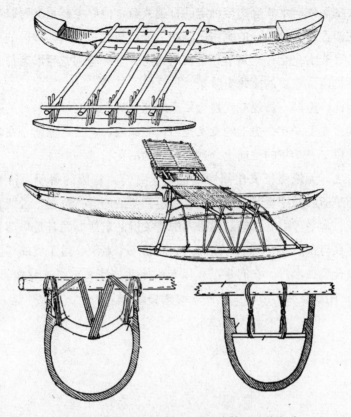

图 26　太平洋边架艇横杆与独木舟体的连接方式

平洋的南岛语族，台湾高山族中也有类似的独木船屋。[①] 华南土著与南
岛语族对舟船的共同重视，当然，南岛语族边架艇独木舟常见的风帆是
施洞龙船所没有的，应与施洞龙船的特殊功能有关。

　　因此，黔东南台江施洞苗族的子母船与东南亚、太平洋群岛南岛语
族的边架艇独木舟，从本质上说都属于同一类型的复合独木舟，而且这
一复合结构都是出于基本相同的抗横摇摆的设计理念，是世界舟船体系
中非常特殊的类型。

　　清水江为沅水的上游水系，是黔东南重要的河流之一，沅水、清水
江水系正是苗族先民、周秦汉唐以来长江中游的苗蛮系统濮系族群西迁
进入湘黔山地的重要通道。清水江流域及西江上游水系的都柳江流域都

---

　　① 台湾总督府临时台湾旧惯调查会原著：《番族调查报告书（第一册—阿美
族、卑南族）》，"南势阿美里漏社"，"中研院"民族学研究所 2007 年编译出版；笠
原政治编，杨南郡译：《台湾原住民族映像——浅井惠伦教授摄影集》，台湾南天书
局 1995，第 193 页；笔者所见雅美船屋。

还有大批侗族、水族等比较确定的百越族裔，他们主要是汉唐以来随着百越的消亡而部分西迁的瓯骆民族的后裔，在这一共同区域内的濮、越系裔的民族文化交流也是十分密切的，这为理解施洞龙船形态与结构的特殊性提供了重要的文化史背景。

因此，施洞子母船应就是太平洋南岛语族之边架艇独木舟的逻辑原型，其在太平洋文化史上的意义是不言而喻的，它很可能就是在华南海域消失了二三千年的史前土著远洋舟船的活化石。

总之，无论是汉文史籍中的舫舟、方舟，番族的蟒甲、苗族子母船，还是浙江跨湖桥、福建连江等暂不甚明确的考古资料，说明在事关东南亚、太平洋南岛语族起源研究中最关键的东亚，尤其是华南百越故地，存在与东南亚、太平洋南岛语族同属一个系统、适于史前与上古航海的复合型独木舟。它们是汉晋以来中原北方华夏、汉文化南下之前，"百越—南岛"族群海洋文化体系的核心部分。

武夷山崖居考古与闽中"洞蛮"人文

佟　珊[*]

在中华民族多元一体格局中，闽中文化作为其中特殊的一环，是古代"七闽"奠基、汉晋以来南迁汉人传承与发展的一支地域性社会文化传统，是以中原为中心的大陆性文化与东南沿海海洋性文化的过渡、衔接地带。闽中史前文化土著性、封闭性特征明显，秦汉以后南下汉民在与本地土著的融合过程中，其独特性被继承与发展，成为区域特色鲜明与人文内涵多样的地方历史文化。

闽中特殊历史文化的形成与其地理的封闭性和自然环境的多样性有密切关系。尤其是在多样生态环境下产生的不同经济形态、聚落文化等，是闽中历史发展的基础。闽中地形以丘陵、山地为主，多见洞穴、岩阴环境：西北部的武夷山脉为陆相盆地沉积岩，奇峰峭壁上有许多天然的裂罅和岩洞；武夷山脉与戴云山脉一线间的喀斯特地貌分布区内也常见石灰岩山洞；闽东南沿海的花岗岩地区球状风化的巨石叠压，多形成天然的洞状岩阴，这些环境都为崖洞聚落文化的发展提供了客观的条件，也使闽中成为中国东南崖洞聚落文化的主要分布区之一。闽中地区丰富的史前、上古、历史时期直至近现代崖洞聚落文化，包括了史前居住聚落、宗教性聚落、生产性聚落、人文建筑等多种功能形态，是土著民族文化、经济活动、宗教信仰、理学传播等多样闽中历史文化的载体，是能够反映闽中历史变迁的物质遗存之一。但是在对闽中历史的研究中，作为聚落形态特点之一的崖洞聚落却很少受到学者的关注。

崖洞聚落是以天然洞穴、岩阴为依托形成的聚落文化，是考古学聚

---

* 作者单位：厦门大学人文学院历史系。

落形态研究中重要的一类，是东南地区始于史前、上古，持续发展至今的一种特殊聚落人文。史前、上古的洞穴、岩阴遗址在东南地区的考古工作中，有不少发现。《后汉书·南蛮传》中也记载，南蛮民族的祖先盘瓠有"走入南山，止石室中"的洞居习俗，而随后的文献中还多见百越后裔"随山洞而居"、"自蛮洞出居"、"以岩穴为居址"等崖洞聚落习俗传承的记载，甚至在近现代的文史资料与民族志调查中仍可看到崖洞聚落的存在。目前考古学中聚落考古、景观考古学方法兴起，越来越重视对人类文化与自然地理环境之间关系的探讨。崖洞聚落文化是所有聚落形态中人类文化与环境相互结合最为紧密的一种，并不仅仅是早期人类对自然环境的一种被动适应与无奈选择，而是人类文化与地理、生态环境相结合形成的一种特殊的聚落人文形态与聚落景观。但在过去对崖洞聚落的研究中往往只重视洞穴中、岩阴下的早期堆积，只注重史前文化遗存，而忽视了对历史时代堆积与地面建筑遗迹的发掘与记录，更少见对崖洞聚落与人文内涵关系的讨论。东南山地丘陵间广泛分布的山洞、岩厦既是早期华南土著聚落文化的发源地之一，同时也是认识历史时期、甚至近现代东南地区内不同地域文化的重要内容。

一、武夷山崖洞聚落的发现与分布

武夷山是著名的世界自然与文化双遗产地，以九曲溪为中心的武夷山风景名胜区是山中自然景色与人文景观荟萃之地。九曲溪水两岸名峰突起，溪涧穿流其间，历代的寺庙、道观、书院、摩崖题刻等人文景观在这种山水环境中繁荣发展。

武夷山风景名胜区属于典型的丹霞地貌，燕山构造运动奠定了它的基础，峰岩、山峦一律从西向东单面翘起，西面成 20°～25°倾斜、坡度平缓，东面则呈悬崖峭壁，形成了许多峭壁和深谷，总计三十六峰，七十二岩。其间主要河流有崇阳溪、黄柏溪、九曲溪三条，呈树枝状，属山地河流。除这三条主要的河流外，山间还有众多断裂发育的沟谷涧流，较具规模的有章堂涧、流香涧、仙桃涧、流云涧、桃花涧、金井坑等。① 在丹崖峭壁与枝状河流交错分布的地理环境与多样的人文背景下，武夷山地区发展出一种以丹霞地貌为基础的崖上聚落人文遗产，它

---

① 福建师范大学地理系：《武夷山》，《地理知识》，1974 年，第 4 期；福建省地方志编委会编：《福建省志·武夷山志》，方志出版社，2004 年。

是武夷山文化遗产的重要组成部分。从广义上来讲，崖上聚落包括崖洞居与崖葬两部分，这些保留在崖壁上的文化遗产，是史前、上古以来中国东南土著民族历史文化的有机组成部分。[①]

周汉以来，随着中原北方文化的南渐，华夏与汉人的梯次南迁，东南土著"奇特"人文逐步引入汉文化的视野，出现于汉文史籍。《史记·封禅书》、《汉书·郊祀志》中，记载了武夷山中祭祀武夷君的祀典，唐宋以来的王朝史志中也多有关于武夷山的记载。明代以来，闽中地方志《闽书》、《八闽通志》、《福建通志》、《崇安县志》中对武夷山的山水、名胜、人物等多有记述。

对山中各种自然与人文景观最详细的描述莫过于武夷山专志。自宋至清，闽中文人为武夷山撰述了多部武夷山水志，但至清乾隆初，只剩下明代衷樨生、徐表然和清代王梓、王复礼四种版本。此后不久，崇安籍文人董天工回到武夷山，将这四种版本的武夷山水志进行考证、编纂，于乾隆十六年（1751）编成了24卷的《武夷山志》，较为完整地收集了关于武夷山自然、人文景观的各种描述、艺文等资料，是了解武夷山古代风貌的重要资料。[②] 这本山志就记载了武夷山中近30处崖洞聚落建筑遗存，这些崖洞居址[③]为：

复古洞，"望鹤台之岩际，内有宋羽士白玉蟾丹炉，元羽士金志阳、余复婴咸居之"。复古庵，"又名彭山精舍，复古洞前。宋元时，皆道流栖止，明嘉靖中重建，寻废，今僧净清结庵居之"。

紫云庵，在复古洞之右，即望鹤台之侧，"国朝潘养素坐化于此，今羽士刘教龙修道处"。庵已废。

铁板嶂，在"大王峰右，石崖峭削，色如铁板，盘衍数十丈，高称之。编梯以升，上有泉数道泻下，入仙桃涧。明万历间，崇安文学吴世济筑别业于崖半，有先月亭，今废"。

仙女梳妆楼，在云虚洞凌虚的悬崖上，"云虚洞壁中有小楼两楹，不施瓦，乡人名此，盖孔、庄、叶三女仙修真处。洞中石碣二具，宋刻"。

---

① 吴春明：《中国东南土著民族历史与文化的考古学观察》，厦门大学出版社，1999年。

② 福建省地方志编委会编：《福建省志·武夷山志》，方志出版社，2004年。

③ 文献均摘自董天工辑：《武夷山志》，台湾成文出版社有限公司，1974年。

赤霞洞，位于一曲"赤霞岩半，正对庐峰，有庵随洞高低布置，甚有意致。朱文公、蔡西山所常游，明陈省勒'赤霞洞天'四字于壁"。

毛竹洞，在一曲"鹞子岩南，蓝原之东，宋王通及知微子居此洞"。

凌霄峰下虎啸岩，石壁"上下数千尺，总为一厂，拔地而起，以渐斜出至巅，遇雨则崖溜飞下，其落处距岩址约四五丈，厂下屋宇风雨皆不及也"。虎啸岩下有天成禅院，"明僧丽空构庵于此，曰虎啸庵，崇祯间释道盛曾住此数年，题曰西来岩，勒于土地岭南壁，后为白莲教占据，王令详逐，并以俸银二百建造，有印牌存武夷宫，康熙四十六年，释超煌居之"。

二曲敛袖峰、太平岩"俱依附于岩麓，为院中楼阁连架所及，岩后曰茶坡"。

泊庵，在"小九曲崖上，明末僧道桓及其徒明智创建，自水滨循石径盘回而上至庵，自庵左绕出崖巅，平视对岸，金鸡洞若咫尺焉"。

五曲痴颐窝，"接笋峰定心亭后，又名栖霞所，为汪三宝留蜕处，旧有小楼，今废"。

幼溪草庐，在五曲云窝处，"万历十一年，长乐陈幼溪省合上下云窝构屋以居，极精丽……今皆废，惟岩间勒字尚存"。

五曲天柱峰，在"更衣台左，峭拔特立，无径可迹，近有造梯建屋者，麓有五石，号五老石"。

碧霄道院，在七曲"碧霄洞前，今废，小仰前面陡立。士人呼为老君岩"。

八曲鼓子峰，"半壁石罅有虹板仙蜕，倚崖为屋，名石鼓道院"。石鼓道院，"岩半飞楼，一派，殊高敞，可以远眺溪山。初为道院，唐侍宸王文钦修炼之所，明宏治间毁于火。嘉靖时邑人江子静者乘月跻峰顶，云得丹诀，遂重构室于此，曰栖仙馆，后改为庵，赵司马复易名莲子庵"。

八曲涵翠岩，"在鼓楼岩右，半崖三石洞。万历间山人谢智辟而居之，董少司空应举有谢洞记勒石，李中丞材为题'涵翠岩'三字勒壁。智号活水，人因称其洞曰活水洞，后为董司空别业，明末，支刺史永昌亦栖遁于此"。

九曲白云庵，"在灵峰上，近时新构者，临崖，轩窗高敞，凭栏远眺，溪自西来，盘回如带，星村之田畴、庐舍、野店、山桥俨然如画，庵有石井，极甘"。

九曲云岩，"在仙岩左，其东北据四曲李仙岩不远，上有石室可容百人，名云岩洞，相传昔为巨蟒所踞，有詹法师者驱之，仍创庵曰'云岩庵'，今废"。

山北马头岩，"在梅岩南，一名磊石岩，五石并列，势若腾骧，俗称五马奔槽。国朝僧如修构室居之，僧逊樵重建，名磊石庵。岩北一代名襄衣林，岩南曰茶林"，亦称凝庵，明代谢肇淛诗云"石室倚岩隈，松门锁不开。仙遗蝉蜕去，人问马头来。草没阶前地，床滋雨后苔。丹台双白鹤，遥逐紫云回。"

杜葛岩，"在梧桐窠北，其巅可远眺城市。相传昔有杜氏葛氏隐此，山隈垒石为门，入径绝幽。又传为姓杜名葛者尝纠乡兵于此，以御山寇，亦名杜葛寨。由石门进不数武，悬崖嵌空，风雨不侵，乃高真燕集之都，曰会仙洞，是为下洞。由兹登蹑，石蹬盘折，鸟道萦纡，名曰小有洞，是为上洞。万历初，道人程常静建吕仙亭于此，因石为龛，以安仙像；又建会仙楼三间，以祀玉皇诸仙。又傍为云水楼，楼旁夹蜗为静环室，其炊餐处镌曰飞霞岩。同时，浦城吴司丞中立隐此，勒'景阳洞天'四字于壁，易葛为辖，曰杜辖岩，谓路径幽曲，杜绝车辖也；匾其庵曰'养恬庵'，为之记。明末，邑人邱四可弃诸生隐，亦居于此。岩背有万历时草鞋仙尝结小屋以居，今遗蜕犹存"。

水帘洞，"丹霞嶂北，亦名唐曜洞天，石壁广数十丈，高称之，斜覆为厂，中构祠观数处，不施陶瓦，风雨不侵"。清微洞真观，"水帘洞右。宋道人江成真建。明嘉靖间，道人杨本空夏创修亭宇，称水帘道院，直指樊献科易名'白龙观'"。三贤祠，"水帘洞内右，祀宋刘屏山子翚、朱晦庵熹、刘岳卿甫"。

霞滨庵，在山北水帘洞东北，东西贯穿章堂洞北岸，岩下有古寺庵，"不藉瓦甓，曰霞滨庵，国朝僧悦可建"。今已圮废。

曼陀岩，"霞宾岩南，有洞曰曼陀洞，有僧寮。国朝施其恂筑室隐于此"。

白花岩，在"霞宾岩西北，一岩横亘数十丈……下有玉华洞，土人呼为蝙蝠洞。国朝僧圆中结茅其下"。

龙头洞，在鹰嘴岩西北，"刘官寨北，洞中国朝邑士裴光绪建有潜龙楼"。

章堂岩，"石壁耸拔，有瀑布自岩顶下，大旱不竭。岩半有云水洞，僧寮悉结其中，望之若挂木末，甚有趣致"。

青狮岩，"白花岩西，突兀类蹲狮，又名形狮岩……旁有石洞，生成瓮牖，国朝僧睹贤筑室居之……对岩之北有鼎山庵，国朝龙溪居士邱文近筑室于此"。

山北莲花峰，"竹筇岩西北，峰峦巃从，竹柏苍郁，编梯而上，顶复平坦，上有石洞可居"。

现代考古学者对武夷山崖壁上文化遗产的调查、研究，主要集中于崖葬（或称悬棺葬），已有比较系统的调查报告与研究成果①，然而对崖壁上的居住遗址缺乏系统的调查研究。2004年6月，在厦门大学人文学院的武夷山社会实践考察中，我们已经注意到崖洞聚落人文在武夷山人文内涵中的重要性，发现这种文化遗产"在整个九曲溪流域都有大量分布，是一种独具特色的崖上聚落形态"②，于是对武夷山悬崖峭壁上崖居表现出来的多种建筑结构与功能形态进行了简要的分类与叙述，但是由于对崖居的调查并不全面、系统，所以对其具体内涵未做细致的描述与深入的探讨。③2011年11月厦门大学人文学院吴春明教授、武夷山世界文化遗产监测中心俞建安主任带领考察组对武夷山崖洞聚落遗存地点及相关的崖葬、摩崖题刻等进行了实地调查、测绘与记录，深化了对武夷山崖上聚落遗存的认识。

武夷山的崖上聚落，不仅是建在崖洞里、崖壁前的特殊建筑遗存，同时还承载着多元的人文因素，通过对崖洞聚落的考察、分析，可以从侧面了解武夷山历史与文化的发展变迁。从目前已知的资料看，武夷山的崖洞聚落遗存相对集中地分布在九曲溪北岸的山峰、山北章堂涧一流香涧的两岸。遗迹的分布位置大致可以分成两类：一类以天车架、白云禅寺、活水洞等为代表，所在地势较高，位于山、岩的半腰，崖洞为横向延伸开列，形势险要、视野开阔；另一类以七十二板墙、"土国在"、

<hr/>

① 福建省崇安县文化馆等：《福建崇安县架壑船棺调查简报》，《厦门大学学报》1978年，第4期；福建省博物馆等：《福建省崇安武夷山白岩崖洞墓清理简报》，《文物》1980年，第6期；崇安县文化馆文物组：《武夷山船棺的分布与现状》，《民族学研究》第四辑，民族出版社，1988年；曾凡等：《关于武夷山悬棺葬的调查和初步研究》，《文物》1986年，第6期；吴春明：《中国南方崖葬的类型学考察》，《考古学报》1999年，第3期。

② 吴春明：《2004年度武夷山世界文化遗产监测报告》，《武夷山世界文化遗产的监测与研究》，厦门大学出版社，2005年，第27页。

③ 佟珊：《武夷山崖居与华南土著早期聚落形态》，载《越文化实勘研究论文集（二）》，科学出版社，2008年。

双仁书院、止止书屋等为代表，位于山岩脚下的谷地，周围地势平缓，为相对封闭的幽僻环境（图1）。

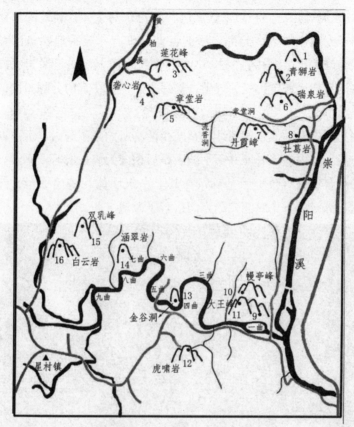

图1　武夷山崖洞聚落调查地点分布示意图

　　1. 鼎山庵　2. 虚灵洞　3. 妙莲寺　4. 硲心岩民居　5. 云水烟霞　6. 水帘洞　7. 天车架　8. "土国在"　9. 止止书屋　10. 七十二板墙　11. 升真观"前殿"　12. 宾曦洞　13. 双仁书院　14. 活水洞　15. 石鼓道院　16. 白云禅寺

二、武夷山崖洞聚落遗迹形态的类型学考察

　　武夷山的崖洞聚落遗迹作为一种特殊的聚落形态，与一般平地建筑最主要的差异表现在对建筑地点的选择上。倚靠天然的岩体作为建筑的一部分是崖居最重要的特点，建筑所依靠的自然岩体形态决定着崖居的形态。武夷山中的崖洞形态多样，使得山中的崖洞聚落遗存也呈现出多样化的特点。有的建筑全筑于宽敞的自然岩洞内，有的借峭壁上的崖罅嵌于山体之上，有的则依靠上覆下敛的岩阴构筑更为复杂的建筑。根据

所依自然环境的不同，武夷山的崖居建筑大致有崖洞型、崖罅型和岩阴型三种大的形态分类。

1. 崖洞型崖居。利用天然崖洞作为建筑的主体，建筑的整体或大部分位于天然崖洞内。此类崖居的特点是没有一般平地建筑的梁架结构，人为修筑主要集中在对岩穴内岩壁的改造上，或是凿岩、或是铺板，将洞室环境修筑得更为规整，更适合居住，在其内分隔不同的空间单元。

例如涵翠岩的活水洞遗址，整个生活场所均建于洞内，上下四层呈横列布局。洞内的岩底原并不平整，是后期人为修凿成若干平台，并以修凿的平台、垂直台阶为基础，在其上垒筑墙体、搭建平台、铺砌地面，通过分级的方式对洞穴的空间进行了改造（图2）。

图2　涵翠岩的活水洞遗址内部遗存

又如垄心岩民居，在崖洞内部夯筑土墙分间，土墙一直延伸至洞外，土墙上留有木构门窗，与崖洞构成整体建筑，是通过构造墙体的方式分隔洞穴内的空间。

青狮岩虚灵洞窟则是另一种崖洞型的崖居。崖居所依洞穴狭小，两壁及地面均不规整，但是在岩壁及岩底的石块上，都发现了人工开凿的柱洞、沟槽，应是在岩壁的基础上铺设木板，在岩洞内又构造了一个木质的空间。

2. 崖罅型崖居。崖罅即横向延伸的长而窄的崖缝，是岩层结构经流水侵蚀而形成的，是一种特殊的崖洞形态，与普通的崖洞相比，崖罅除了呈横向开裂外，一般都形成于陡直的崖壁之上。该类型的崖居是在险要的峭壁上利用大型的崖罅结合人工修筑形成建筑，地势陡峭。崖罅深且宽处，就将崖罅作为建筑基础，在洞室的内部凿壁、垒墙或搭建干栏建筑；而崖罅较窄小处仅设护栏或铺设栈道，将崖罅内不同部分的建筑单元联系在一起。如丹霞嶂的天车架，东部崖穴最宽敞，是整个聚落的活动中心，西侧设运输货物的吊井框架，两个单元之间的崖荫狭窄，仅在外部设维护木栏，做通道使用（图3）。

图3　天车架古崖居局部

莲花峰的妙莲寺，整个崖罅也是斜向分布，略呈两层，下层地势相对平缓，依岩体建设干栏式建筑，上部的崖罅位置险要，崖罅内部宽敞，修凿成深且平整的空间，外部辅以木结构，构成寺庙主殿，上、下层的建筑间崖罅狭小，则铺设栈道，利用栈道将两处崖罅相连，使整体建筑半嵌于崖罅内，是典型的崖寺。

3. 岩阴型崖居。岩阴也是崖洞的一种特殊形态，虽具有上覆下敛的特征，但因侵蚀在岩下形成的遮蔽空间不如崖洞大，需要更多的加工才能形成较为封闭、完整的建筑，武夷山的崖居多属于此类。根据修筑方式的不同，这一类型的崖居又可分为两种不同的形态。

第一类以章堂涧云水洞、杜葛岩"土国在"等崖居为代表。此类崖居遗存的特点是在岩体上留有大量的凿孔与凹槽，这些人工痕迹分布在岩顶、岩壁及岩底，是用来架设房屋木结构的基础，是以木结构为主要构筑方式的岩阴建筑遗存（图4）。"土国在"岩壁上的凿孔规律地呈四排分布，内部建筑很可能存在分层。虽然在岩阴下风雨可避，但是木结构建筑始终更容易受到雨水或山顶流水的侵蚀，所以在此类建筑的岩阴顶部，一般都有人工开凿的导水槽，保证了岩下建筑的干燥（图5）。

第二类以幔亭峰七十二板墙（图6）、双乳峰石鼓道院旧址为代表，此类崖居所依靠岩阴的倾斜角度相对较小，以夯土筑墙作为主要的建筑手段，岩阴与三面夯筑的土墙共同围成建筑主体，然后在岩顶及与岩壁平行的墙体间架设木架，其上铺草为顶。

依崖而建是崖洞聚落建筑的根本特点，因崖洞形态的不同，武夷山崖居大致可分为上述崖洞型、崖罅型、岩阴型三种类型，每种崖居建筑形态在其构筑方式上又有一定的特点。相对而言，崖洞型崖居的构筑最简单，建筑方式以凿岩修壁为主，以修整、分隔原有的洞室内空间为主要目的。崖罅型崖居则以砖石、木构形态混合的形式加以修筑，一般在崖罅的洞室内凿岩、砌墙，而在外部架设木结构的门窗、栈道、护栏等设施，使得此类崖居远望之犹如一座座"空中楼阁"镶嵌在悬崖峭壁之上。岩阴型崖居从形态上看，与一般的平地建筑最为接近，一面依岩、三面垒砌围墙，或是夯土、砖砌，或是木构板墙，尤其是在宽大的岩阴下，建筑还出现分层的形态，如杜葛岩的"土国在"、幔亭峰的"七十二板墙"，都在岩阴和墙体上留下规律分布的多层孔槽，是架设多层建筑的残迹。

图4　章堂洞崖荫的"云水洞"建筑残迹

图 5　杜葛岩"土国在"崖居之"不二门"建筑

图 6　幔亭峰"七十二板墙"崖荫建筑内部

三、武夷山崖洞聚落的功能分类

距今 3000 多年前，居于武夷山的闽越先民就将他们的"仙舟"安置在九曲溪两岸的悬崖峭壁之上，先秦至汉初之际，闽越土著居民又在崇阳溪畔修建了规模宏大的中心城市，与散布于河岸两侧的滨河聚落构成了繁盛一时的闽越国中心。晋唐以来，随着汉人南迁入闽，道、佛等宗教逐渐传入，并因武夷山清静、适合修行的环境而繁荣，道观、寺院遍布山间；至宋代，思想文化基本形态的儒、释、道汇集于武夷山一带，尤其是南宋时期朱熹在武夷山从学、著述、传学等活动，使武夷山一度成为理学传播的中心，武夷精舍等书院成为当时最有影响的书院，自此历代理学家纷纷在九曲溪溪畔峰麓择基筑室，开办书院讲学。武夷山独特的山水环境还造就了独具品质的武夷岩茶，自北宋以来就享誉世人，为茶中佳品，与本地烧制的陶瓷茶具一起演绎了武夷茶文化，元代以来成为贡茶，明清更远销海外，武夷山作为闽中茶叶生产的中心之一，山中谷地满是茶园，焙茶之所比比皆是。可以说，自上古以来，武夷山地区就是闽中人文历史发展的一个中心。

在武夷山文化遗产的实地调查中，我们发现武夷山这些多元的人文因素与其独特的山水环境密切联系，在峭壁与溪流穿行间留下痕迹，武夷山崖上聚落便是其中之一。通过对崖洞聚落遗存的实地调查与文献记载的检索，武夷山崖居向我们展示了其多样的文化内涵，从悬于崖罅的寺庙、道观，到立于岩边的书院、别院，再看架于峭壁的"天车"与囿于绝谷的寨堡，武夷山的崖居建筑体现着宗教、理学、茶文化等不同的人文因素与武夷山历史中的特殊事件。

1. 仙窟洞府与宗教崖居

武夷山是一座宗教名山，据历代山志记载，山中的宗教建筑有上百处之多。先秦到汉，武夷山的洞天不仅是传说中"仙人"的修行之所，还是渴望求仙得道、喜爱高崖穴居的道家设坛修真之所，武夷山脉的多处天然洞穴成为仙窟洞府。据《真升化玄洞天记》云："所传武夷君、皇太姥、王子骞等十三仙人之说，虽语涉荒远，然今之登山者，矫首于云际，天半悬崖断壁，人迹不到之处，往往有仙函、仙蜕、仙机、药瓶、丹鼎、钓竿之类，百千劫而不坏。然所谓仙灵窟穴，群真受馆，岂妄也哉？"①

晋唐以来，佛教也逐渐在闽中地区盛行，武夷山中的宫观、寺庙大多巧借武夷山特殊的地理结构，修建崖居形态的宗教建筑。从武夷山崖洞聚落遗存来看，多数的崖居都是因宗教功能而兴起的，如章堂洞"云水烟霞"、瑞泉岩水莲道院（图7）、莲花峰妙莲寺（图8）、白云岩白云禅寺、双乳峰石鼓道院、青狮岩鼎山庵等都是文献记录中山中著名的宗教场所，多于明代建成，历经修葺使用，其中石鼓道院的历史还可以追溯到更早的唐宋时期。

图7　水莲道院之"三贤祠"

综合这些崖居形态的宗教建筑遗迹及记载，不难发现它们在选址与结构上有很多相似之处。从选址上看，宗教性的崖洞聚落建筑多位于地势较高、较为偏僻的山中，远看"若挂木末"不知去路，实则可由攀山小道拾级而上，环境幽僻却不险要。从建筑结构上看，这些宫观多在山岩半腰的崖洞、列罅构建，岩洞本身上覆下敛，建筑依托洞体可不施片瓦，在洞内岩体上凿刻柱洞、墙槽，置木楼，前后以石砌筑山门，形成一座座悬于崖壁上的空中楼阁，或缀于半崖，或嵌入裂隙，整个建筑限于自然岩阴的覆盖之下。

---

① 转引自朱平安：《武夷山摩崖石刻与武夷文化研究》，厦门大学出版社2008年。

图 8　莲花峰顶的妙莲寺

2. 理学文化与崖居书院

武夷山晚对峰上"道南理窟"摩崖题刻概括了武夷山在宋代理学南传历史中的重要地位。北宋时期著名的理学家胡安国、杨时、游酢等已经开始在武夷山传播理学。到南宋，朱熹落籍武夷山，在武夷山活动近六十年，从学、著述到创办武夷精舍等书院传学，既推动了朱子理学的形成与发展，也使武夷山成为理学传播的一个中心，九曲溪畔的书院纷纷成立。目前在九曲溪两岸有据可考的书院就有近 30 处，其中不乏崖居形态的遗址。例如四曲溪北的双仁书院、一曲溪北止止庵后的止止书屋。

与前述宗教性崖居位于高山半腰不同，崖居形态的书院多位于溪畔谷地之内，周围地势相对平缓，建筑倚靠的也并非危崖列𬟽，而是山脚岩壁或者巨石叠垒形成的石室空间。从选址上看，崖居形态的书院与其他功能的崖居有很大的差别，崖居书院并非险、奇，而是选址幽静之所。书院是读书、修习、著述、讲学等文化活动场所，也是文人们的日常活动之所，所以作为书院的崖居一般都位于交通便利的九曲溪畔，周围环境幽僻，山水围绕。

从分布范围上看，书院建筑一般规模不大，限于石室内部与岩壁前的空间；从构建形态上看，书院崖居则与一般的崖居无异，多是木构与砖砌结构混合，因此多在岩壁上留有凿刻痕迹，石室内、岩壁前则有石砌的残垣。

3. "逃禅"、"避乱"与崖上民居

奇秀的山水不仅使武夷山成为儒释道等思想文化发展繁荣之地，也吸引了历代的文人墨客隐居山中，逃禅避世，于明代修建的青狮岩际虚灵洞窟、涵翠岩半活水洞、杜葛岩侧景阳洞天等地正是他们清修之所，一些宗教性的崖居建筑后也被文人士绅作为静养别院。

杜葛岩"景阳洞天"岩壁上的《明张元汴访同年吴中立赋诗勒石》描述道："元关夹长松，丹房架危壁。岩头露可餐，岩下芝可摘。猿鹤时为群，车马杳难即。"正是吴中立等结庐岩下的隐居生活。涵翠岩顶的"谢洞记"题刻也将活水洞的环境描绘成"缘縆下视，鸟坠云委，惊顾诧跃，谓是仙游"。一般的仙境，也因此活水洞"后为董司空别业，明末支刺史永昌亦栖遁于此"。明代金谷洞内的双仁书院，到清代也为儒士陈道炘改建为"静山别墅"。

武夷山水除了为文人士绅的"逃禅"生活提供理想之所，山中的危崖绝谷也为来此"避乱"的乡绅提供了修建寨堡的天然屏障，丹霞嶂天车架、嫚亭峰七十二板墙、杜葛岩"土国在"、金鸡洞古崖居等正是清代应"避乱"之需而修建的崖上民居，它们沿袭了武夷山崖居的建筑传统，建于崖半峰巅，或山涧要冲，具有独特的民间建筑风格。目前除少数建筑保存完好外，因年久失修，木构部分多已倾圮，尚存部分夯土残垣、石门、石墙等。

丹霞嶂的天车架崖居内的石壁上题刻："北斗峰旁有铸钱场焉。岩超壁立，虽戎马纷来，终攀援莫上。时发逆扰崇，予乃择险至此，架天车，开矿石，接饮泉。具门户厕居深广各计五丈有奇，生今世以为予乐土，后之人亦谁乎？予所爱泐石而为□□□。大清咸丰丁巳七年季春月，崇邑城南衷沂溪新镌。"这一题刻说明，"择险至此"的衷姓乡绅不仅仅将此作为一处避乱之所，也将这里作为生活的"乐土"，所以在其离开后，又先后有蔡、饶、鸿三姓或更多的乡绅居于此处，因此在石门"阜财解愠"的额书旁题有"咸丰九年春日吉旦"、室内石墙上题有"蔡义理智房，光绪二十六年立"等字样，说明了天车架的多次使用（图9）。①

---

① 赵爱玉：《丹霞嶂古崖居遗构——天车架的调查与收获》，《福建文博》2006年，第4期；福建省地方志编委会编：《福建省志·武夷山志》，方志出版社2004年。

图 9 天车架"寨门"遗存

幔亭峰七十二板墙的性质与天车架类似，据寨后的石碑记载，七十二板墙是三姑、兰汤二村在咸丰八年为避寇而修的一处军事寨堡，因"寇未到时反败"而未经使用，但是建筑内残存的生活遗迹说明，在这之后仍有山人将该处作为隐居之所使用。杜葛岩的"土国在"遗存性质也是一样，虽然在明代此处为"养恬庵"（景阳洞天）隐居所，但是"康熙五十七年岁次"修建的山门，以及后来在岩北修建的"不二门"关隘，扼守了入谷的两条要道，保证了岩下"土国在"寨堡的安全，具有军事防御的性质。

这些崖居民居借武夷山山势的特点，凭险而居，无论是建于崖罅内的天车架、活水洞、虚灵洞，还是筑于谷地间的七十二板墙、"土国在"等，都以崖居建筑为中心形成了一个相对封闭的小环境，既为居于其内的人提供了"与世隔绝"的隐居条件，又创造了易守难攻的避乱天险。

4. 崖居作坊与岩茶生产

岩茶文化作为武夷山多元人文因素中的一环，也与崖洞聚落联系在一起。唐宋至民国，在武夷山九曲溪流域的山地缓坡、谷底斜坡上遍布呈阶地状分布的茶园，而烘焙茶叶的作坊往往随茶园分布，建于茶园的附近，目前已发现建于明清至民国时期的茶叶作坊130多处，这些茶厂多依岩而建，或是利用岩边原有的庵、寺、旧宅遗迹，重修补筑，多为夯土建筑物，规模不大。现少数保存完好，多数已经倾圮，仅留有遗址或残垣。[①]

在实地调查中，我们发现多处崖洞聚落遗存都有晚期补筑、再利用的现象，早期凿岩而设的木结构已不复存在，仅留下岩上的凿孔和晚期补筑的简易夯土墙等残迹，遗迹内部则保留有与茶叶烘焙相关的设施，应是被改造的岩茶作坊类崖居，双乳峰石鼓道院旧址正是此类。从石鼓道院旧址现存的遗迹看，晚期使用的建筑为夯土墙、茅草顶，各单体建筑的大小、形态相似，而岩壁上的凿孔、岩顶凹槽中镶嵌的瓦片则是早期建筑的遗迹。石鼓道院原为宗教建筑，建筑单元包括殿址、僧房等不同的形态结构和功能单元，但是现存遗迹中各个单元建筑形态一致，室内除灶具外未见生活设施，部分房间内沿三面墙而建的夯土低台上整齐分布规整的圆形凹坑，似为放置器具的设施，所以推测石鼓道院旧址上现存的崖居遗迹多为晚期附近茶园的岩茶作坊残迹。

武夷山的崖洞聚落遗存是特殊地理环境与人文背景相融合的产物，在多元文化内涵的影响下，武夷山崖洞聚落的功能也体现出多元化的特点，包括宗教建筑、书院建筑、不同需求的民居建筑、岩茶作坊等，甚至是同一处崖居地点，因时代的不同，也呈现出不同的功能形态。这种多元化的人文内涵也是武夷山崖居文化遗产的特征之一。

四、武夷山崖居在华南及闽中土著聚落发展史上的地位

居住是人类生存的基础，也是人类文化发展的基础。建筑是居住文化的载体，往往与一定的地理环境相适应，体现着地域的特征。从进化论的角度看，洞居是人类居住文化发展的早期阶段，但是当我们把视线集中在洞穴聚落时，不难发现，在特定的区域内洞穴聚落本身也有其发展演变的过程，华南洞居聚落形态的分布与演变，就体现着这样一种特殊的历史，现存的武夷山崖居遗存正是华南土著崖洞聚落的发展与演变形态。

"洞蛮"、"溪洞（峒）"、"洞僚"，曾是中原华夏、汉民族的话语中对南方地区古代特殊的洞居聚落人文的称呼，从唐代开始出现在汉文史籍当中，并常与"蛮僚"、"苗僚"、"苗"、"蛮"等南方土著民族共出。所谓"洞蛮"、"溪峒"实际上就是华夏人文视野中南方的土著民族文

---

① 福建省地方志编委会编：《福建省志·武夷山志》，方志出版社 2004 年。

化。"以洞为家"是中原华夏视野中"南蛮"文化的重要特征之一。"南蛮"图腾祖先"盘瓠"就是典型的"洞蛮",《后汉书·南蛮传》记载:"时帝有畜狗,其毛五采,名曰盘瓠……帝不得已,乃以女配盘瓠。盘瓠得女,负而走入南山,止石室中。所处险绝,人迹不至。"①《隋书·南蛮传》中也写道:"南蛮杂类,与华人杂居,曰蜒,曰獽,曰俚,曰僚,曰㐌。俱无君长,随山洞而居,古先谓之百越是也。"②说明华南土著各族在史前、上古时期很可能都有逐洞而居的习俗。唐宋以来,"南蛮"后裔各族群的文化差异日益明显,但在华南广阔的丘陵与山地地带,"洞蛮"人文聚落"大分散、小聚居"地分布在华南山地。

随着中原王朝政治在华南社会的扩展,"溪洞(峒)"又发展为一种南方少数民族聚居区的一种特殊的军政单位,"洞蛮"、"溪洞(峒)"兼具了人文与社会的双重含义。《宋史·蛮夷传》载:"熙宁间,以章惇察访经制蛮事,诸溪峒相继纳土,愿为王民,始创城砦,比之内地。元祐初,诸蛮复叛,朝廷方务休息,乃诏谕湖南、北及广西路并免追讨,废堡砦,弃五溪诸郡县。崇宁间,复议开边,于是安化上三州及思广诸峒蛮夷,皆愿纳土输贡赋,及令广西招纳左、右江四百五十余峒。""淯水夷者,羁縻十州五囤蛮也,杂种夷獠散居溪谷中。庆历初,泸州言:管下溪峒十州。"③《明史·广西土司传》载:"太平,汉属交阯,号丽江。唐为羁縻州,隶邕州都督府。宋平岭南,于左、右二江溪峒立五寨。其一曰太平,与古万、迁隆、永平、横山四寨各领州、县、峒,属邕州建武军节度。"④可见,唐宋时期的羁縻州和元明清三代的土司都是建立在溪洞(峒)社会之上的,"溪洞(峒)"是"南蛮"社会的基层组织。汉文史籍的记载显示,洞居聚落正是"洞蛮"、"溪洞(峒)"人文社会形成的物质基础。

武夷山脉因其特殊的地理环境,有不计其数的天然崖洞,这些崖洞宽敞宏大,上覆下敛,风雨不侵,本身就是良好的天然遮蔽所。目前调查及文字记录中所见武夷山崖洞聚落的年代集中在宋代以后,尤以明清时期最为集中,文献中偶尔可见崖居始建于唐代的记载。这些崖居的形

---

① (南朝宋)范晔撰:(唐)李贤等注:《后汉书》卷一百十六,中华书局1965年。

② (唐)魏征撰:《隋书》卷八十二,中华书局2000年。

③ (元)脱脱等撰:《宋史》卷四百九十五、四百九十六,中华书局1977年。

④ (清)张延玉等撰:《明史》卷三百一十八,中华书局1974年。

态结构与功能内涵比较复杂，还具有一定的时代特征。例如从建筑形态上看，早期崖居以依崖构木、砖砌为墙为特点，到清代以后，夯土建筑逐渐增加；从功能上看，明代山中的隐居、宗教性聚落居多，清代以后则兴建、改建了许多具有防御功能的崖上建筑。

历史时期闽中及其附近地区的崖洞聚落在武夷山脉的分布并非孤例。闽西北石灰岩洞穴中常见宋元以来的洞中建筑：三明万寿岩史前遗址的上层堆积中就包含有大量的宋元、明清陶瓷片及建筑构件，是史志记载洞中淳化寺的遗存[①]；漳平奇和洞遗址上层发现的巨石墙基与建筑残件是明清娘娘庙建于洞内的遗迹[②]；宁化县境内多个石灰岩山洞中也发现了历史时期的建筑基址与生活遗存[③]。闽东南沿海的"石室"状岩阴、岩洞内，也常修建有宗教、文化等功能性建筑，如在厦门岛及其附近地区，唐代以来南下的汉人修建了多处以崖洞环境为依托的人文建筑：金榜山陈黯隐居石室、阮旻锡夕阳寮隐居处、白虎岩宫、寿石岩宫等，以及岛内万石山、金榜山、东坪山上多处类似遗迹。又如福州鼓山喝水岩、永泰方广岩、名山室等也是同类的崖洞聚落形态。

过去对华南崖洞聚落的研究多集中于史前洞穴遗址，对历史时期的传承发展与功能变迁很少有人关注。以丘陵、山地为主要地貌的闽中地区是华南崖洞聚落文化的主要分布区之一，而因特殊的地理与人文背景，武夷山又成为闽中地区历史时期崖洞聚落发展的中心。武夷山保留着历史时期以来丰富的崖洞聚落遗存，不仅从侧面反映了武夷山历史文化的繁荣景象，更为研究闽中、乃至整个华南地区崖洞聚落的传承与变迁提供了重要的线索。

---

① 福建省文物局、福建博物院、三明市文物管理委员会：《福建三明万寿岩旧石器时代遗址》，文物出版社 2006 年；历史时期遗物为笔者至万寿岩遗址及博物馆调查所获。

② 福建博物院：《福建漳平奇和洞遗址发掘取得重大收获》，《中国文物报》2012 年 3 月 2 日。

③ 福建博物院范雪春研究员在福建宁化县调查发现、介绍，资料未发表。

两幅清初藏画中的"福船"

平　力*

　　福建是我国东南沿海的门户，自古因军事、贸易运输而出入的船舶无数。明清以来，留下了一些有关福建海域的绘画作品，它们不但记载着历史，更是研究船舶文化和港口历史不可多得的珍贵资料。本文以两幅海外藏画《钦定平定台湾凯旋图》、《福州城台景观图》为线索，尝试解读图中传达的历史信息，着重对图中船舶的形态进行认知，试图复原这些船原本的面貌，以期能为中国海洋帆船的重建提供一些参考资料。

一、《钦定平定台湾凯旋图》与《福州城台景观图》

1. 《钦定平定台湾凯旋图》

　　1683 年，康熙帝派大将军施琅率军乘战船 200 余艘打败台湾的郑氏割据政权。《钦定平定台湾凯旋图》即描绘平定台湾后，施琅凯旋的画面（图 1）。该画四周用宫廷绘制云纹绢装裱，应出自康熙年间的宫廷画家之手。图的左上端有楷书题名"钦定平定台湾凯旋图"，左下角处有精楷"贮紫光阁"② 四字。长 124 厘米，宽 70 厘米。绘于收复台湾（1683）以后，雍正登基之前（1722）。该画由北京北纬四十度大成国际拍卖有限公司从海外征得，于 2010 年 11 月 28 日以 4015 万元高价拍出。

　　从图中可见波涛中海岛遍布，从台湾岛凯旋的战艇，扬帆破浪，战旗飘动，尽显胜利者的威武。图中所画海域应为福建沿海，很可能是厦

---

　　*　作者单位：厦门大学人文学院历史系。
　　②　紫光阁是皇帝殿试武进士和检阅侍卫大臣较射之所。

门海域。根据《厦门志·津澳》里记载："得胜渡，亦名提督路头，平台得胜故名。"① 这从某种程度上说明，施琅胜利凯旋在厦门登陆。

图1　《钦定平定台湾凯旋图》

2.《福州城台景观图》

《福州城台景观图》（图2）的原作系荷兰国立博物馆藏17世纪晚期的福州城彩墨画，由荷兰人所绘，作者已不得而知。画长100厘米，宽136厘米。馆方在1988年从一位私人收藏者手中购得。画的大致时间为1670～1700年。画面标注"De stad Hockzieuw（福州）en de stad Nanta"意为"福州一景"。2003年1月24日～5月14日，该画作借展于台北故宫博物院，参与特展"福尔摩沙：十七世纪的台湾、荷兰与东亚"，并收录于与展览同名的书中。其后，福州画家郑子端重绘了这幅图，起名"清康熙福州城台景观图"，刊载于2009年第4期《中国国家地理》福建专辑。这幅画的范围北部为牛头山、鼓岭、莲花峰、岭头等山；西部约从乌山风景区，顺白马路向南，到今天三县洲大桥的位置；东部大致到现在的六一路，南部为仓前（图2）。

从图中可见，清代初期的福州，城市建筑主要分布在南北两头，中间有大量的河、塘、稻田。北部福州府城基本延续明代的建制，从南门往南到楞严洲（今中亭街一带）大桥，形成一条街，即今八一七路，一直延伸到今解放大桥，即古时的万寿桥（较长）和江南桥（较短）。另外从水部门往东南通道直达新港河口（今南公园河口）一带形成一条

① ［清］周凯：《厦门志》，台北：成文出版社，1967年，第47页。

街，即今五一路。南部闽江边，楼房会馆林立，江中的小岛即中洲岛，未完全开发的苍霞洲与后洲一目了然，潭尾、上杭、下杭也已基本形成。

图2　《福州城台景观图》，荷兰国立博物院藏

二、"钦定平定台湾凯旋图"中的两种船只

画面中近处的19艘船船型较完整，本文主要对其进行分析。根据船的动力不同，将19艘船分为两型：A型船为船1～18，以风作用于帆为船的动力；B型船为船19，以人力划桨为动力。

1. A型船

成书于乾隆年间的《闽省水师各标镇协营站哨船只图说》（以下简称《闽省战船图说》）中记载："闽省舡制有赶缯、双篷、平底、花座、八桨之别……其船只所以各异者，闽安出五虎门，厦港出大旦门，台湾出鹿耳门海水最深，各汛俱近外洋，有风时多无风时少，顺则使风，逆则戗风，此赶缯、双篷所由设也。"故图中18艘A型船，从台湾胜利凯旋的战舰，应该是赶缯船或双篷船，但双篷船无船艏油彩狮头装饰，故图中所画应为赶缯船。赶缯船属于福船系统。

福船是一种航行于我国东南沿海及东南亚海域的尖底船型，多由福建地区制造，浙江、广东也有生产。我国东南海岸线曲折，面临台湾海峡，处于东北信风带寒暖流交错的海区，风向、风力多变，夏、秋两季还有台风频繁光顾。故尖底型船是适应南方风高、浪急、水深的自然环境而出现的船型。福船由独木舟两侧加舷板逐步演化而成。唐代，福建沿海造船工匠对船型瘦削的"了鸟船"加以改进，使其形成"艏艉尖高，当中平阔，冲波逆浪，都无畏惧"[1] 的船型。这种改良船型成为当时福建海船的主要船型，也是"福船"的早期雏形[2]。福船的形制和工艺在宋元进一步完善，到明代已在贸易运输和水师战舰中普遍运用。

（1）船体形态

18 艘 A 型船中，船 1～10 可见艏部形态；船 11～18 可见艉部形态。图中的帆船船体瘦长，艏部高昂，艉部高耸（见表 1）。作为战舰，福船艏高，"倭舟自来矮小，故福船乘风下压，如车碾螳螂"[3]。船的艏部均为方形，头部较艉部窄，可见椭圆形的托浪板。艉部宽大，形成虚梢。艉封亦成方形，并形成平台，台上设券洞式屋棚，棚顶包有色彩艳丽的缎面，一两位高官端坐其中。

表 1

	船身	桅和帆
船 1		

① ［宋］乐史：《太平寰宇记·江南东道》，中华书局，2007 年，第 2030 页。

② 福建省地方志编纂委员会编：《福建省志·船舶工业志》，方志出版社，2002 年，第 21 页。

③ 戚继光：《纪效新书》，中华书局，1996 年，第 253 页。

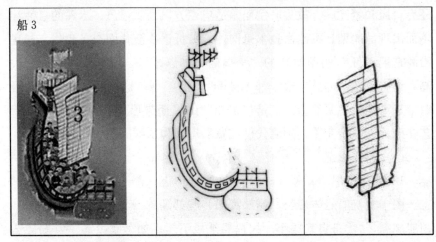

船 3

甲板上可观察到约坐有 30 位士兵，但这不是一艘船的全部载客量。《水师辑要》中记载："赶缯船中水兵三十五人，则当配战兵六十五人已足百数，或有多带余丁数人。"[1]《三才图绘》也说："福船高大如楼，可容百人。"[2] 可见一艘清代的外海战舰一般可运载上百人，他们分居于船的各层各舱。图中船的舷墙上部可看到垂直的支材把上部船舷分割成块。舷上有加厚船身的走马（福建方言中的造船术语，用十二生肖命名船的部件），"因水底板无可归宿，故以大杉木对开二条，以为走马束住"[3]。

从船 11～18 的艉部可看出，两舷向底部渐收，故船底应该是尖底。宋代徐兢《宣和奉使高丽图经》对福建客舟的介绍："上平如衡，下侧如刃，贵其可以破浪而行也。"[4] 尖底是福船最重要的特征。关于福船的底部结构，有考古发掘的实物可供参考。目前出水的沉船中，1974年发掘出土的泉州宋代古船是典型的福船。海船船体上部（即甲板以上）的结构已损坏无存，基本上只残留一个船底部，其结构即为 V 形尖底（图 3）。

（2）船的动力

---

① ［清］陈良弼：《水师辑要》，《续修四库全书·史部》（860），上海古籍出版社，1995 年，第 337 页。

② ［明］王圻、王思义：《三才图绘·器用四卷》，《续修四库全书·子部》（1234），上海古籍出版社，第 275 页。

③ 《闽省水师各标镇协营站哨船只图说》，乾隆年抄本，原书藏于德国马堡普鲁士国立图书馆。

④ ［宋］徐兢：《宣和奉使高丽图经》，商务印书馆，1937 年，第 117 页。

海洋帆船的前进主要是借助风力作用于帆来推进船体。戚继光说："夫福船高大如城，非人力可驱，全仗风势。"[2]

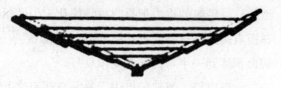

图 3　泉州古船横剖面图（第八舱）[1]

图中 18 艘船都立两桅，两桅都立在船体前半部。《天工开物》记载："凡舟身将十丈者立桅必两树，中桅之位，折中过前二位，头桅又前丈余。"[3] 意思是大桅一般在船的纵向舯点稍前，其距离大约为大桅直径的 2 倍，"折中过前二位"即由舯向前移动两个桅位。[4] 戗走的船，即准备逆风行船、要调戗的船，一般应当四六分舱，即船长在主桅前占 40%，主桅后占 60%。[5] 图中的船是符合这个比例的。而两桅之间保持适当的距离利于主帆和头帆配合受风而不互相干扰。

图中的船均挂有四角形平衡纵帆，上下均有帆桁。纵帆即与船身成纵向关系，可以逆风驶帆，帆篷的任何一面均可受风。[6] 帆的前缘在桅杆前的距离 1/6～1/3 左右，风压中心距离桅杆较近，在风力下转帆操作比较省力。[7] 帆用竹子与木条编成竹篾，再绑扎上撑条。《萍洲可谈》云："其樯植定而帆侧挂，以一头就樯柱，如门扇席帆。"[8] 宋人徐兢有云："风正则张布帆五十幅，稍偏则用利篷。大抵难得正风，故布帆之用不若利篷翕张之能顺人意也。"[9] 竹子质地轻、韧性和强度适合，而且在中国产量较大，是价廉物美的材料。绑上撑条的席帆具有巨大的空气动力学效应，可减小对其他动力的依赖。撑条还有诸多用途：它把帆绷紧，有助于保持帆面的竖向平整，省去了张帆索；精确的分级收缩帆

①　图片来源：转引自福建省泉州海外交通史博物馆编：《泉州湾宋代海船发掘与研究》，海洋出版社，1987 年，第 17 页。

②　戚继光：《纪效新书》，中华书局，第 253 页。

③　[明] 宋应星：《天工开物》，商务印书馆，1954 年，第 172 页。

④　辛元欧：《上海沙船》，上海书店出版社，2004 年，第 135 页。

⑤　周世德：《雕虫集——造船·兵器·机械·科技史》，地震出版社，1994 年，第 68 页。

⑥　李约瑟：《中国科学技术史》，第 4 卷"物理学及相关技术"，第 3 分册"土木工程与航海技术"，科学出版社，2008 年，第 642～644 页。

⑦　杨槱、陈伯真：《话说中国帆船》，上海科学普及出版社，2007 年，第 138 页。

⑧　[宋] 朱彧：《萍洲可谈》，《景印文渊阁四库全书》第一〇三八册，商务印书馆，1986 年。

⑨　[宋] 徐兢：《宣和奉使高丽图经》，商务印书馆，1937 年，第 117 页。

面积，可借帆的重力折叠收放，简化人力收帆的操作，可供水手当作绳梯横索爬到桅杆高处到达帆面的任何部位。[①] 最重要的是，帆篷即使破洞面积达到一半，仍然能受风良好。[②]

除帆以外，帆船的推进工具一般还有桨和橹，多在启程之初、减速停泊和无风时使用。图中的船正行驶在波涛汹涌的海中，不见桨和橹。

（3）航向的控制——舵

控制航向的属具通常有舵、招和桨，其中舵最重要，是船舶的方向盘，置于船艉。招是在掉头时配合尾舵的一种重要工具，外形似橹，用时置于船艏。[③] 桨作为航向控制的属具时，常用在艉部，是协助舵改变或保持航向的辅助工具。图中行驶的船不需要大幅度改变航向，看不到招和桨，但从船 11～18 的艉部可以看到舵的装置。福船通常使用升降不平衡舵，可以提起或放下。不需要舵时提起，可减阻，防触礁，防蚀，以延长寿命。需要时降下舵，入水深则舵效高，且有防摇、抗风浪作用。不平衡舵即舵叶全部在舵杆之后。福船用一两条绳子沿龙骨两侧把舵和船艏连接起来，舵工可以随时根据航道深浅，通过收放舵筋来操作船舵。

（4）船体装饰

《钦定平定台湾凯旋图》因处在平定台湾、祖国统一的特殊历史背景之下，图中的船富丽华美一望而知。首先映入眼帘的是船艏的油彩兽面，其次，飘扬的旗子也格外吸引眼球。

A. 船艏装饰

18 艘 A 型船船艏均画有色彩鲜艳的兽面。在船艏画兽面的传统由来已久，《晋书·王濬传》中记载："画鹢首怪兽于船艏，以惧江神。"[④] 但与《晋书》中画鸟头怪兽不同的是，这幅画中 A 型船装饰的是头狮。《闽省战船图说》："船头正面之头狮……惟赶缯船有之，其余花座、八桨、等船仅绘狮头形饰观……"[⑤] （图 4）。另外，从画面中还应注意到

---

① 辛元欧：《上海沙船》，上海书店出版社，2004 年，第 131～132 页。

② 李约瑟：《中国科学技术史》，第 4 卷 "物理学及相关技术"，第 3 分册 "土木工程与航海技术"，科学出版社，2008 年，第 598 页。

③ 许路：《清初福建赶缯战船复原研究》，《海交史研究》，2008 年第 2 期。

④ ［唐］房玄龄等撰：《晋书》，中华书局，1974 年，第 1208 页。

⑤ 《闽省水师各标镇协营站哨船只图说》，乾隆年抄本，原书藏于德国马堡普鲁士国立图书馆

两点，首先，《闽省战船图说》中的头狮绘于斗盖之上的头狮坪上（图5），而图中的头狮绘于斗盖之下的托浪板上。其次，船1、船2是绿色头狮，托浪板为竖椭圆（图7），船3～10（船11～18不可见，暂不讨论）是红色头狮，托浪板为横椭圆（图8）。船1、船2走在最前方，船艏装饰与之后的船有所区分，估计船1、船2是领航之舰。

为什么船艏装饰是狮子而不是其他？在 *Flags at Sea*（《海上之旗》）一书中，一幅在鸦片战争时所虏获的中国船上的"妈祖旗"（图6）可以给我们启示。在天后圣母右侧蹲着一头绿狮子，狮子也是妈祖的使者之一。[①] 可见画狮子于船首是人们祈求妈祖的保佑，对平安、顺利的期盼。

图4　船头正面分形图之"头狮"[②] 　　　图5　赶缯船船艏[③]

---

① 山形欣哉：《〈唐船图卷〉中的"台湾船"及其设计图之复原》，刘序枫主编：《中国海洋发展史论文集》第九辑，"中研院"人文社科研究中心，2005年，第281页。

Timothy Wilson, *Flags at sea*, Greenwich, London, National Maritime Museum, 1986.

② 图片来源：转引自《闽省水师各标镇协营站哨船只图说》，乾隆年抄本，原书藏于德国马堡普鲁士国立图书馆。

③ 图片来源：转引自《闽省水师各标镇协营站哨船只图说》，乾隆年抄本，原书藏于德国马堡普鲁士国立图书馆。

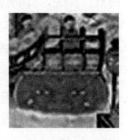

图 6　妈祖旗　　　　图 7　船 2 船艋　　　　图 8　船 3 船艋

B.　船身装饰——各色旗子

图中 18 艘船的旗子色彩艳丽，且各不相同（见表 2）。首先，船艏的旗子只有船 1、船 2 分别插有等高、等大、等样式的两面。其次，船艉的旗子，18 艘船均做同样的组合：5 面同样小旗一字排开，再在中间竖一根较高的旗杆，挂一面与小旗配套的较大的旗子，其中船 1、2、6、8、9、17 中间的大旗为方形，船 3、4、5、10、11、12、13、14、16、18 中间大旗为三角形。再次，每艘船的主桅上都挂有"一条龙"。在船上挂旗子，除了作装饰以外，还有定风向的作用。旗子各不相同，大概是因为各船主将级别、职务不同的缘故。

表 2

船只	船艉旗	一条龙	船只	船艉旗	一条龙
船 1	船艏		船 2	船艏	
船 3		不明确	船 4		
船 5			船 6		小旗不可见

船7	不可见		船8		
船9			船10		
船11			船12		
船13			船14		
船15	不可见		船16		
船17			船18		不明确

2. B型船

B型船（图9、10）较 A 型船形制简洁，身形小巧。船艏艉上翘，艏方艉方。艏部用油彩画以狮头。不见桅和帆，可能是被卸下收起，也可能本身未配置。见一侧有士兵划四桨，推测另一侧也有士兵在划四桨。艉部一士兵似在摇橹。该船似《闽省战船图说》中提到的八桨船："八桨舡篷桨兼用，风顺则扬帆，风息则摇桨。其桨设于船之两旁，艏尖艉方式，与渔舡仿佛……虽制与赶缯、双篷、花座、平底等船较简，然便捷迅速，用与小赶缯船同，惟形式狭小不能远出大洋。"① 推测该船是被派去迎接引航的船，由此也可以想见舰队已快抵达登陆。

---

① 《闽省水师各标镇协营站哨船只图说》，乾隆年抄本，原书藏于德国马堡普鲁士国立图书馆。

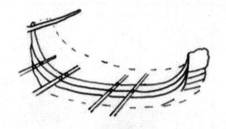

图 9　船 19　　　　　　　　　　图 10　船 19 线图

三、《福州城台景观图》中的福船

　　画中一共有船六十余艘，分中式海洋帆船、欧式帆船、江船三种。中式海洋帆船 15 艘，疑似为福船。船 1 停泊在靠台江区一侧的岸边。船 2、船 3、船 4 停泊在中洲岛旁。船 5 漂在江中，帆还没收起，似为刚刚进港，有一条小船牵引着它碇泊。船 6～15 停泊于万寿桥和江南桥下。欧式帆船一艘，为荷兰商船，在画面的最右上方，靠近中洲岛，正准备抛锚。江船 40 余条，散布于江面。以万寿桥为界，海船均分布在万寿桥以外、中洲岛周围，而江船可以通过万寿桥，在桥内外均有分布，它们基本都停在岸边。

　　图中所画的十五艘中式帆船，船 1～8 可见船身，船 9～15 只能看见桅杆，本文主要就船 1～8 进行分析。根据船艏装饰不同，把船 1～8 分为 A、B 两型。A 型船艏装饰头狮兽形，有船 1、船 2、船 3、船 4，B 型船艏无头狮兽形的装饰，有船 5、船 6、船 7、船 8。再根据船舷的差异，分别把 A、B 型船分为两式，A 型 I 式为船 1，船舷有两层窗孔，Ⅱ式为船 2、船 3、船 4，船舷有一层窗孔。B 型 I 式为船 5、船 7，船舷没有窗孔。B 型Ⅱ式为船 6、船 8，船舷有一层窗孔。

　　1. 船体形态

　　图中的中式帆船（见表 3）船艏艉高昂，起翘大，仔细观察还可看出 A 型船较 B 型船船艏昂起更多。船的整体形状是出于对鸭、鹅等水禽类动物身形的模仿。船艏部均为方形。从舯部到艉部层层升高，形成高耸的艉楼。艉封结构呈马蹄形，并形成带栏的平台。船头窄于船艉，船的最宽处在舯部偏后。船头小利于破浪和转向，船舯后部宽大则船稳，不易摆动。船的艏艉都是虚梢。虚梢虽不载货，但增加了水线以上的水密面积，还可减缓船舶航行时所产生的纵向波动。① 另外，艉部虚梢还提供了升降舵在水面上下活动的空间。从图中还可以看到白色的船底，这是为防腐和防止海生动物附着吃水线下的船板，在船底板外表刷涂一层石灰水。②

船身可看到有宽平的甲板，隐约可看见有人在船上忙碌。两舷向底部渐收，由此也可推知水线以下的船底应该是尖底。图中船的舷墙上可以清楚地看到垂直的支材，船1、船2、船4、船6、船8支材间的窗孔可能是炮孔，也可能是由战船炮孔演化而来的装饰。如果是炮孔的话，那这些船可能就是由战船改装而成的商船，这在史籍中有记载。《水师辑要》云："平台之后，将军施琅见海宇升平，空糜粮饷，奏请拆改赶缯，今无此式，只见商船尚有似之。"③ 船1由于身形较大，有两层"孔"。船1～8船舷中部都有一门，称"水仙门"，用于装卸货物、停靠脚船。

总体看来，这8艘福船符合《明史》中所说"福船底尖上阔，艏昂艉高，舵楼三重……傍护以板，上设木女墙及炮床"④ 的描述。

表3

船名	原图	船身线图	桅杆	舻旗柱
船1				
船2				

---

① 陈希育：《中国帆船与海外贸易》，厦门大学出版社，1991年，第146页。
② 泉州市科学技术志编纂委员会编：《泉州市科学技术志》，中国科学技术出版社，1994年，第174页。
③ ［清］陈良弼：《水师辑要》，《续修四库全书·史部》（860），上海古籍出版社，1995年，第337页。
④ 张廷玉等撰：《明史》，中华书局，1974年，第2268页。

船3、4				
船5				
船6				
船7、8				

2. 船的动力

图中15艘船都立两桅，一桅在船前部与龙目齐平的位置，一桅在甲板中部稍微靠前的位置，符合戗走的船四六分舱的比例。用两桅，这是因为清初有限制的开放海禁政策，限制船的大小及桅数，"康熙二十三年，听百姓以装载五百石以下船只，往海上贸易捕鱼"①。"出洋贸易商船，许用双桅，梁头不得过一丈八尺"②。桅尖的小旗是定风旗，从图中可看出当时正在吹西南风。定风旗下有桅笠，是桅上瞭望台。船1、3、4、5、13艉部立有"舻旗柱"，即旗杆。

图中仅船5挂有头篷，为竹篾帆，大篷已收起，它应该是刚刚进港，由小船牵引着，正准备碇泊。船5逆风行驶，帆与船的纵中线基本成直角，是横帆的位置，企图使船减速停止。其他推进工具，因图中的船绝大部分处于停泊状态，故桨和橹的配备不明确。惟见船5艉部有一根杆子插入水中，似橹或尾桨。

3. 碇泊工具

---

① 《清圣祖实录》，卷一一五，中华书局，1985年。
② 周凯：《厦门志》（上册），台湾大通书局，1984年，第167页。

帆船停泊时的属具，清人贺长龄在《江苏海运全案》中说："南泥性柔，铁锚易走，故有木碇之制。"故福船多用木碇碇泊。但《福州城台景观图》中无法看到木碇（或铁锚）的具体形制。从船1看，有3根锚缆伸入水中可知，船1至少用3个木碇（或铁锚）。船2、3、4、7、8可看得到船头1根锚缆，船6、船8看得到船艉1根锚缆，由此判断，船2～8有2个以上木碇（或铁锚）。

4. 船艏装饰

A型船艏有头狮的装饰，还为头狮挂上胡须。B型船船艏看不到头狮兽形装饰。在战船中，双篷船与赶缯船形制相同而无狮头装饰，另外双篷船较赶缯船头微低而口张。故A、B型船应分别是赶缯船和双篷船改制而成的商船。

A、B型船还可看到船艏两侧装有眼睛。部分福船船艏舷墙外侧安有一对大眼睛，称"龙目"，其大小形状都颇有讲究，龙骨每长一丈配龙目长四寸，渔船的眼睛往下看，意在寻找鱼群，商船的眼睛朝前看，意在识途。[①] 另，B型船整个艏部似鱼张着口，正是《三才图绘》中描述的"其首昂而口张"[②] 的形状。

5.《福州城台景观图》时代

清朝初期，为了困绝郑氏集团，清政府在东南沿海实行严厉的海禁政策。到17世纪晚期，三藩平定，台湾收复，国内大一统之际，康熙二十三年（1684）清朝停止海禁[③]，开放对外贸易，同时成立闽海关和粤海关，管理来往商船、负责征收赋税。[④] 闽海关分设于福州和厦门两地，福州衙署设在台江中洲岛上，故图中贸易海船皆在万寿桥外不得进港。画中出现了中式帆船和荷兰商船，正好可以证实南台作为闽海关分口的史实，同时也让我们看到福州港贸易繁荣的历史情景。

关于画的具体时间，原福州市文物局局长、文物考古专家曾意丹先生曾考证为康熙二十五年（1686）。[⑤] 首先画面中出现阿育王石塔（今

---

① 许路：《福船——领航中国风帆时代》，《中国国家地理》，2009年4月。
② ［明］王圻、王思义：《三才图绘·器用四卷》，《续修四库全书·子部》(1234)，上海古籍出版社，第275页。
③ 台湾文献史料丛刊·第四辑：《清圣祖实录选辑》，台湾大通书局，1984年，第134页。
④ 林仁川：《福建对外贸易与海关史》，鹭江出版社，1991年，第145页。
⑤ 曾意丹：《版图诉说的故事》，《福州晚报》，1999年4月24日。

南公园东南侧），该塔建于 1668 年，故该画只能绘于 1668 年之后。其次，画面中出现了荷兰船。据《清史稿》记载："（康熙）二十二年，和兰以助剿郑成功功，首请开海禁通市，许之。"① 可见荷兰船能驶进福州应在康熙二十二年（1683）之后。再据《连江县志》记载，康熙二十五年（1686），有四艘荷兰船在定海停留。② 故得出该画应作于1686 年。

　　笔者在曾先生考证的基础上，以荷兰船出现在福州港为线索，对画的时间进行再考证。首先明确一点，1689 年 9 月 30 日，荷兰东印度公司最高决策单位决定，从此不再派遣船只去中国贸易。③ 故该画的时间范围就应该在 1668～1689 年之间。经查阅史料发现，在 1668 年之后，除 1686 年以外，荷兰船在 1676 年、1679 年、1681 年、1689 年四次进入过福州港。尽管 1683 年之前还没有开放海禁，但这 3 次应看作是特殊情况。康熙十四年（1675），靖南王耿精忠的叔父派遣两名使者到巴达维亚，宣称欢迎荷商前来福州贸易。翌年，有荷兰船到达福州，其货物全被靖南王购买，之后两艘空船返回巴达维亚，另一艘留在福州等候货款。④ 1679 年 7 月，一艘荷兰船驶入福建境内之定海，欲协助清朝进攻东宁（台湾）。⑤ 1681 年 11 月，荷兰船三艘驶入定海，欲自福州往觐北京。⑥ 1689 年，有 4 艘荷兰船进入厦门港，他们带来大量白银，在泉州、漳州、厦门、福州购买大量丝织品。⑦ 故 1689 年荷兰船也有可能出现在福州港。综上所述，该画的时间可能为 1676 年、1679 年、1681年、1686 年或 1689 年所做。

　　① 赵尔巽：《清史稿·邦交志》，中华书局，1977 年，第 4650～4657 页。
　　② 连江县志编纂委员会整理：点校整理民国版《连江县志》，连江县人民政府印，1989 年，第 24 页。
　　③ Leonard Blusse, *No boat to China. The Dutch East India Company and the Changing Pattern of the China Sea Trade*，1635～1690，转引自张彬村：《十七世纪末荷兰东印度公司为什么不再派船到中国来?》，刘序枫主编：《中国海洋发展史论文集》，中研院人文社科研究中心，2005 年，第 169 页。
　　④ 李金明、廖大珂：《中国古代贸易史》，广西人民出版社，1995 年，第 386 页。
　　⑤ 《华夷变态》，第 342 页，转引自孙文：《唐船风说：文献与历史》，商务印书馆，2011 年，第 159 页。
　　⑥ 《华夷变态》，第 339～340 页，转引自孙文：《唐船风说：文献与历史》，商务印书馆，2011 年，第 160 页。
　　⑦ 福州港史志编辑委员会编著：《福州港史》，人民交通出版社，1996 年，第66 页。

四、与"唐船"对比对福船的再认知

江户时代的日本人称中国人为唐人、中国船为唐船。[①] 明清时期，日本国民多次绘制了前往日本贸易的中国船图，他们均以写实手法绘成，细致而合比例，且加以文字说明，是研究中国古船及航海的重要资料，《唐船之图》便是其中的一幅。该图为高 57 厘米、全长 982 厘米的画卷，时间推定为 1720 年左右，[②] 与本文所讨论《钦定平定台湾凯旋图》与《福州城台景观图》两幅图的时间较接近，因此三幅图中的船属于同一时代。图中绘制的福船有福州造南京发船、台湾船、福州造广东发船、厦门船各一艘，这些船尖底、尾部呈马蹄封、立两桅、挂竹篾帆等特点，跟《钦定平定台湾凯旋图》与《福州城台景观图》中的船类似。

船舶是一种海洋历史的见证，《钦定平定台湾凯旋图》和《福州城台景观图》中各类船的分析，管窥了康熙年间平定台湾的重大历史、清代初期福州港的港口风貌以及与欧洲资本主义国家的贸易往来。同时，船舶本身是海洋文化的重要组成部分。通过对图中船舶的认知，让我们知道了清代初期福船的样式。本文仅在形制上进行了一些初探，很多方面的问题亟待今后深入研究和不断完善。

---

① 大庭修对此的解释：从郑成功势力下的人们不屈从清的明人意识出发，称自己是唐王（南明唐王朱聿键于 1645 年闰 6 月于福州即帝位，建元隆武）支配下的唐人。在明末清初，郑氏集团基本垄断了中国东南沿海的对外贸易，因此，日本和"唐人"往来最多。见 ［日］大庭修著，徐世虹译：《江户时代中日秘话》，北京：中华书局，1997 年，第 17 页。

② ［日］大庭修著，朱家骏译：《明清的中国商船画卷——日本平户松浦史料博物馆藏〈唐船之图〉考证》，《海交史研究》，2011 年 01 期。

福建水下考古略谈

羊泽林*

福建位于我国大陆东南沿海，台湾海峡西岸，大陆海岸线 3000 多公里，位居全国前列。福建不仅海岸曲折，港湾众多，比较大的海湾有罗源湾、福清湾、兴化湾、泉州湾、厦门湾等，而且暗礁林立，水道蜿蜒艰险。作为海上丝绸之路的必经之地，在长达一千多年的历史长河中，福建海域埋藏了丰富的水下文化遗产，为福建水下考古事业的发展提供了良好的条件。

福建水下考古工作开始于 20 世纪 80 年代末期，基本上与中国水下考古发展同步。至目前为止，福建水下考古发展历程大致可分两个阶段。

第一阶段从 1989 年至 1999 年，这一阶段为福建水下考古的开始和发展阶段。主要工作为配合我国第一、二期水下考古专业人员培训提供实习地点，开展实习工作。

1989 年 9 月，国家文物局在山东青岛举办了首届全国水下考古专业人员培训班时，为了寻找学员们进行水下考古实习的地点，澳大利亚水下考古学家保罗·克拉克（Paul Clark）于 1989 年 11 月来到福建，在福建省连江县筱埕乡定海海域进行水下考古调查，并最终确定"白礁一号"沉船遗址为首届培训班学员们的水下考古实习地点[②]。1990 年在该遗址进行了水下考古实习。

---

* 作者单位：福建博物院文物考古研究所。

② 保罗·克拉克：《中国福建省定海地区沉船遗址的初步调查》，《福建文博》1990 年，第 1 期。

1999 年夏，连江县"白礁一号"沉船遗址又作为第二期全国水下考古专业人员培训班实习地点进行水下考古发掘实习。

第二阶段从 2000 年起，福建水下考古进入了系统发展时期。

2000 年初，东山县冬古湾海滩发现铁质凝结物，其中有弹丸、大小不一的手雷，并于退大潮时捞到铜铳、铁炮以及陶瓷器等。当地文物部门及时前往现场调查、采集遗物，并对该处地点加强保护。经对此地采集遗物的初步整理、现场情况的分析，认定这些遗物均来自当地的沉船遗址，初步判断该沉船遗址的内涵为明末清初木质战船①。

从 2001 年夏天开始对冬古湾明末清初沉船遗址进行考古调查和钻探。2004 年，结合第三期水下考古专业人员培训班的实习，对该遗址进行了大规模的考古发掘。共计发掘面积 292 平方米，出水一批陶瓷器、砚台、烟斗等日常生活用品以及铠甲、铜铳、弹丸、铁炮等反映沉船性质的遗物，并发现龙骨、船板等部分船体构件②（图1）。

图 1　东山县冬古湾沉船遗址出水的铜铠甲片

为了对福建水下文化遗存进行系统的调查，以冬古湾沉船调查为契

---

① 陈立群：《东山岛冬古湾沉船遗址初探》，《福建文博》，2001 年第一期。
② 鄂杰、赵嘉斌：《2004 年东山冬古湾沉船遗址 A 区发掘简报》，《福建文博》，2005 年增刊。

机，从 2002 年开始，国家博物馆水下考古研究中心开始进行"中国（大陆）沿海水下文物普查"项目，而福建沿海水下文物普查首先在前期工作开展较好的漳州地区展开。这一时期的工作主要由国家博物馆水下考古研究中心牵头，联合福建博物院文物考古研究所，福州市文物考古工作队以及泉州、漳州、宁德等地文物部门组织全国的水下考古专业人员组成福建沿海水下考古调查队，对福建沿海地区进行系统的调查①（图 2）。

图 2　水下考古队员下水调查

经过调查队 10 年辛苦工作，到目前为止，共发现和确认水下文化遗存 30 处，其中福州 9 处、莆田 10 处、泉州 2 处、漳州 9 处。期间，经国家文物局批准，还先后对一些沉船遗址进行了抢救性考古发掘，如 2005 年、2008 年先后两次对平潭碗礁一号清代沉船遗址进行二次发掘②，2007 年对平潭大练岛元代沉船遗址进行考古发掘③，不仅出水了大批珍贵的文物，还发现部分船体残骸。（图 3、4、5、6）

①　张威、赵嘉斌：《十五期间福建沿海水下遗址调查计划》，《福建文博》，2005 年增刊。

②　"东海平潭碗礁Ⅰ号"沉船遗址水下考古队：《"东海平潭碗礁Ⅰ号"沉船水下考古的发现与收获》，《福建文博》，2006 年第一期。

③　平潭大练岛元代沉船遗址水下考古队：《平潭大练岛Ⅰ号沉船遗址水下考古发掘收获》，《福建文博》，2008 年第一期。

图3　碗礁一号沉船遗址出水器物　　图4　平潭大练岛元代沉船遗址船体残骸

图5　平潭大练岛元代沉船遗址出水瓷器　　图6　平潭大练岛元代沉船遗址出水瓷器

纵观福建20年来水下考古工作历程，有以下3个特点：

1. 水下考古工作开展较早，并承担大量的培训实习任务。

福建水下考古工作与我国的水下考古事业发展基本同步，由于得天独厚的自然地理条件和历史积淀，福建有着丰富的水下文化遗产资源，为开展水下考古工作奠定了坚实的基础，福建也因此成为我国水下考古工作开展的重点区域。除了第一、二期水下考古专业培训班的实习在连江定海进行，第三、五期水下考古专业人员培训班的实习亦均在福建进行，因此，福建堪称中国水下考古的摇篮。

2. 水下考古开展较多，工作较为系统，成果丰硕。

自2000年发现东山县冬古湾明末清初沉船遗址之后，每年国家博物馆水下考古研究中心均会安排在福建开展水下考古工作。调查区域主要为福建沿海地区，北起宁德霞浦，南至漳州东山海域，并在平潭海域、莆田南日岛海域、湄洲湾海域、漳浦海域、东山海域发现一批年代序列完整、内涵丰富的水下文化遗存。如平潭分流尾屿五代沉船遗址、莆田北土龟礁一号宋代沉船遗址、龙海半洋礁一号宋代沉船遗址、平潭大练岛元代沉船遗址、平潭九梁明代沉船遗址、平潭碗礁一号清代沉船遗址、龙海深埕湾近现代战舰遗址等。在调查过程中，采集了一批标本，主要为陶瓷器，此外还有少量铜钱、碇石、漆器、木器、金属器等。从采集的陶瓷器来看，大部分为福建本省窑址产品，此外，还有浙江龙泉窑、越窑、江西景德镇的产品，有的水下文化遗存还保存有部分船体残骸。这些发现不仅对研究我国古代海外交通史提供了重要的实物资料，而且为我省水下文化遗产保护规划亦提供了翔实的第一手材料。

3. 在水下考古队伍人才培养方面，我省水下考古专业人员较多，年龄梯次较为合理。

由于我省开展水下考古工作较早，开展的工作亦较多，水下考古工作成为我省考古工作的一大特色，在全省文博系统影响亦较大。自1989年第一期水下考古专业培训班以来，我省共培训了约二十名水下考古专业人员，至今仍战斗在水下考古第一线的专业人员还有十几人，这在全国也是少见的。在这些人员中，专业结构和年龄梯次均比较合理，既有考古专业的，亦有文物保护、摄影摄像方面的人才，而且基本上为我省文博机构的骨干人员，专业素质较高，这些水下考古队员中，大部分亦为我国水下考古队伍的中坚力量。

这二十年来，福建水下考古工作不仅在水下文化遗产保护方面取得了很大成绩，在人才培养方面也硕果累累。但是随着时代发展，对水下文化遗产的保护也提出了更高的要求，这些也需要我省在以后的水下考古工作中不断改进和提高。

1. 在机构设置方面需要成立一个统一的水下考古业务机构。

虽然目前我省的水下考古专业人员较多，专业力量较强，而且大部分在国家水下考古队伍中都是中坚力量，但这些人员均分散于各文博单位和高校，全省缺乏一个统一的水下考古机构，用来指导和开展全省的水下考古工作。从这几年全国的水下考古机构设置情况来看，与我省相邻的广东、浙江均已成立水下考古基地或研究所，海南省与山东省也已成立水下考古研究中心或基地，这些省的水下考古中心或基地在指导和开展全省的水下考古工作方面发挥了巨大作用。作为我国水下文化遗产大省，我省也应尽快成立这样一个专门的业务机构，在省文物局的统一领导下，对内可以更好地协调、整合全省的水下考古人力、物力资源，开展我省的水下考古事业；对外则可以和其他文物考古研究单位、机构开展水下考古项目的合作、交流，壮大我省的水下考古力量。

2. 在出水文物保护方面，亦有待加强。

文物保护不属于考古学的范畴，但却是田野考古操作中必须涉及的重要方面。水下文物出水后处于完全不同的环境中，如不予以及时和有效的保护就会发生不同程度的质与量的变化，因此对出水文物保护就具有很强的紧迫性。而文物保护是一项专业性很强的领域，考古与文物保护必须密切配合，没有文保学家的工作，考古学家的目的就会丧失，许多器物文化属性的信息会在不恰当的保护处理中流失。而出水文物的保护又是一项长期的工程，需要较多的资金、设备和足够的场所来开展。目前我省虽有出水文物保护方面的人才，但缺乏相应的场地、设备和经费开展出水文物保护工作。因此，一些出水文物保护就成了一个比较棘手的问题。

3. 水下考古工作开展不平衡。

虽然这二十余年，我省水下考古工作开展较多，但各地区之间开展不平衡，还存在不少薄弱环节。如目前已确认的 30 处水下文化遗存，作为海上丝绸之路南下北上的交通要冲——宁德、厦门海域至今还未能确认水下文化遗存。作为宋元时期世界最大港之一的泉州港附近的海域，亦只确认 2 处水下文化遗存。这其中有多方面的原因，但最主要的应该在这几个地区的工作还有待加强。一方面，要加强这几个地区的资料搜集工作，包括文献资料、海图资料以及各种档案资料。另一方面要加强信息搜集，包括走访当地渔民、潜水员、船员等相关人员，搜集水下文化遗存的相关信息、线索，并仔细甄别，进行确认。这些信息资料的搜集仅依靠水下考古专业人员的力量是远远不够的，需要动员全体文物工作者参与进来，深入基层走访调查，才能掌握可靠的第一手资料。

除了沿海地区水下考古工作有缺环以外，福建内陆水域地区的水下考古工作亦还未着手开展，如古田翠屏湖水下旧城遗址，还有众多古代内河湖泊的码头港口遗址等还未进行系统的调查。

4. 水下文化遗存破坏严重，亟待加强保护。

2005 年，平潭碗礁一号被盗捞之后，受经济利益的驱使，一些不法分子觊觎沉船遗址的精美船货，千方百计采取各种手段对沉船遗址进行盗捞，这种状况在福建尤其严重。据公安边防统计数据显示，仅 2005 年到 2006 年，福建省公安边防总队查获非法打捞、倒卖文物案件 46 起，查获涉案船只 50 艘、人员 516 名，依法收缴元、明、清各个时期的古瓷器 7372 件。

由于水下文化遗存的特殊性，在保护方面有着异乎寻常的困难。不仅在公安边防的取证、办案程序存在很大的困难，而且随着盗捞团伙的设备和手段也日益升级，开始有组织化、公司化趋势。这些对远离海岸线的沉船遗址的保护、监控难度非常大。

从我省目前发现的水下文化遗存来看，大部分都被不法分子盗捞破坏过，遗址表面到处散落着被破坏的船货，有的甚至连船体残骸都遭到毁灭性的破坏，水下考古队伍很多时候都是跟在盗捞分子后面收拾残局。当然要切实有效地对水下文化遗存进行保护，单纯依靠文物部门的力量无法做到，必须与公安、海监、海事、渔政等多个部门建立联动机制，开展水下文物监控、日常巡护等。所幸的是，"十二五"期间，国家选择福建作为水下文物安全监控试点。目前正在福建漳州龙海半洋礁海域进行水下文化遗址安全监控试点工作，这将为有效地打击水下文物犯罪，为水下文化遗存实行全面监控探索经验。

二十年来，福建水下考古事业从无到有，不断发展，既离不开老一辈水下考古工作者的奋斗，也有赖于水下考古队伍新生力量的注入。随着国家海洋战略的提升，国家对水下文化遗产的保护和发展愈加重视，水下考古的内涵和外延亦不断拓展，如今的水下考古已不仅仅是一门技术、一种方法，其涉及的学科、研究的内容早已突破潜水加考古的模式，并扩展到出水文物保护、水下文化遗存保护等多个领域。福建的水下考古事业也应当与时俱进，充分利用当前的有利政策，发挥自己的地理、资源优势，在以往工作基础上，不断积累工作经验，加强科研能力，使福建的水下考古工作取得更大的成就。

六 读后有感

均衡性的人际关系

——《安达曼岛人》读后感

王世伟[*]

拉德克利夫-布朗（A. R. Radcliffe-Brown，1881～1955），英国现代社会人类学的奠基人之一，结构功能主义的创始人。1906 至 1908 年，在赴安达曼（Andaman Is.）进行田野工作的基础之上，拉德克利夫-布朗发表其第一部专著《安达曼岛人》（The Andaman Islanders，1922）。此书与马林诺夫斯基同年出版的《西太平洋的航海者》一同被认为是英国功能学派诞生的标志。

与古典人类学关注人类社会文化的历史发展进程不同，现代人类学将自己的研究意趣与主旨转向对现实生活的关注与解读。处于英国上升时期的早期英国现代社会人类学家倾向于从关注现实的法国社会学家杜尔干借用概念，并偏好"功能整合"、"社会团结"、"文化一致性"、"结构均衡"等阐述社会现象的概念。拉德克利夫-布朗即是功能学派这样的代表人物之一。布朗一生倾心于杜尔干，其许多命题与思想均与杜尔干有关。布朗遵循杜尔干用社会事实来解释文化现象的做法，因而同站在人类心理视角的进化论，以及关注于文化区和民族史的传播论有着很大的区别。从一定程度上讲，《安达曼岛人》与杜尔干所著《宗教生活的基本形式》一书也有着相同的终极关照，即对社会与个人关系的探讨。

《宗教生活的基本形式》一书中，杜尔干在分析澳大利亚和北美洲一些土著资料的基础上，提出"图腾崇拜"才是真正的宗教存在形式，并指出崇拜对象和献祭仪式是组成宗教生活基本形式的两个要素；宗教

---

[*] 作者单位：厦门大学人类学系。

源于社会，宗教只是社会本身的变形。个人离不开社会，个人通过崇拜对象和仪式感受社会的存在，社会则通过宗教的形式团结个人、维持社会的存在和发展。杜尔干认为，神乃是社会的自我神化，宗教通过一整套信仰体系和仪式实践，象征了超越个体的社会本身。社会通过各种象征和仪式，尤其是较为规律的"集体欢腾"恢复自身的力量；同时社会也通过这种"集体欢腾"在个体心理中激发出超越性感受，让个体感到自己的存在。布朗在《安达曼岛人》中亦通过对与信仰、仪式、神话等相关的社会行为的分析，探讨了个人与社会的关系。布朗认为在社会与个人之间，（1）社会的存在依赖于社会成员思想观念中存在的某种情感体系（system of sentiments），这种情感体系依据社会的需要规范个人的行为；（2）社会体系本身的每一个特征，以及影响到社会安宁或凝聚力的每一个事件或者事物，不管它是以何种方式来影响，都是这个情感体系的对象；（3）在人类社会中，此处所说的情感并非与生俱来，而是社会通过对个人的行动才发展出来的；（4）社会仪式习俗是此处所说的情感在适当的场合得到集体表达的一种手段；（5）任何情感的仪式性（集体性）表达，既维持了它在个人思想中的必要强度，又使得它能够世代相传。没有这些表达，这些情感就无法存在。[①] 布朗与杜尔干都认为，社会是一个自成体系的有机整体，生活在社会中的个体，其行为受到社会规范和行为准则的约束。社会通过仪式等集体性行为团结个人、凝聚社会；个人也依赖于社会才得以生存。

拉德克利夫-布朗明显不同于以往用某些器物、制度、工艺等事项建立人类发展序列方法的人类学家，他在《安达曼岛人》一书中始终关注仪式等土著行为的含义和功能，注重探讨这些土著行为背后复杂的社会关系。他用土著的社会关系阐发了人类学的理论，这是其为后来人类学所带来的重要启迪之一。但在此书中，也存在一些不足之处。例如，过分强调社会文化的静态关系及其现实意义，忽视了它的过程和历史；过分强调个人对社会的服从，各个文化事项之间功能的协调，也即过分强调社会文化的整合适应，忽视对社会冲突的研究等。

拉德克利夫-布朗认为，对未知过去进行假设的构拟没有任何实际价值。因此，他否定对研究对象做历史性的探讨。在 19 世纪末 20 世纪

---

① 拉德克利夫-布朗著，梁粤译：《安达曼岛人》，广西师范大学出版社，2005年第 176 页。

初的人类学界，进化论、传播论和历史具体论都倾向于采用追溯文化现象起源的方法，或拟建立制度起源的假说，或尝试对文化历史的细节进行假说性的构拟。布朗认为，此种方法含有推测历史的成分，其理论基于假定，结论不能够检验，缺乏实证意义。"在工作过程中，对学者们用来构拟未知历史的现有方法进行系统推究之后，我断定：采用这些方法不大可能得出可论证的结论，而且从推测的历史中，得不出真正重要的结果来帮助我们理解人类的生活和文化。"① 正是基于这样的史学态度，在《安达曼岛人》一书中，布朗虽在正文之后附上了安达曼岛人的技术文化与语言以试图对安达曼岛人的历史做出构拟，但他却非常谨慎，在对正文核心主题——社会与个人关系的探讨方面始终坚持从仪式与信仰等的"含义"与"功能"出发，关注它们的现实意义。在具体的研究方法上，布朗也因此倾向于采用共时性研究。

在《安达曼岛人》一书中，日后构成拉德克利夫-布朗学说基础的"社会结构"概念还没有发展出来，他的"结构——功能主义"仅仅具备功能部分。布朗认为，"原始社会每一种习俗和信仰在社区生活中都起到某种特定的作用，就像活体的每一个器官，在这个有机体的整体生活中都起着某种作用一样。诸多制度、习俗和信仰构成了一个单一的整体或体系，左右着社会生活，而社会生活与有机体一样，是实实在在的，同样受到自然规律的制约"②。布朗的功能论过分强调社会各文化事项之间的协调与整合，强调个人对社会的绝对服从，忽视社会冲突等的研究。

在《安达曼岛人》一书中，仪式和神话传说都是极为重要的焦点。布朗不仅对各种各样的仪式，包括初入礼仪式习俗、葬礼仪式习俗、媾和仪式习俗等进行了描述，更为重要的是对这些仪式的"含义"与"功能"进行了分析。他在书中首先通过观察仪式习俗等对个人所产生的影响，进而关注其对社会凝聚力和延续性等方面产生的作用。布朗将仪式作为特定文化背景中的一种行为模式，它的整个程序和内容体现了社会对个人的要求。仪式习俗是社会借以影响其个人成员、将某种感情体系

---

① 拉德克利夫-布朗著，梁粤译：《安达曼岛人》，广西师范大学出版社，2005年，第1页。

② 拉德克利夫-布朗著，梁粤译：《安达曼岛人》，广西师范大学出版社，2005年第173页。

在他们思想中保持活跃的手段。没有仪式，那些情感就不会存在；没有那些情感，社会组织就不能以其目前的形式存在。仪式意味着一套称之为"力量"的复杂信仰体系，它是社会直接或间接作用于个人，并为个人在其整个人生中以不可胜数的方式感受到的道德力量（moral power）。① 在布朗的眼里，作为社会成员的个人就在这些社会规范和道德力量等的约束下，类似于木偶一般绝对服从于社会生活着。在所有的行为中，如食物的获取和加工、各种工具和武器的制作等，在要求遵守的道德和仪式中，土著都是按传统形式。假如他想做出与传统不符的行为，他就会发现自己与一股强大的强制力量相冲突。因此，个人在传统中感觉到一种比自己强大的力量，不管自己是否愿意，都必须服从于它。只要他按照传统来行事，他就能够享受安全和幸福，因为他所依靠的是比自己思想和身体素质强大得多的东西。简而言之，个人觉得自己和一个有秩序的体系——社会秩序——联系在一起，自己必须去适应它。个人对社会秩序的情感态度有两个主要方面：一是意识到自己依赖于社会秩序，一是意识到自己需要使自己的行为符合社会秩序的要求②。哪怕是像在丧葬仪式中个人成员的哭泣，都被布朗更多地看做一种社会规范个人的义务，是必须履行的。

　　布朗认为，神话传说与仪式有着同样的功能，它们都是社会价值的表达方式，对个人起到规范作用。安达曼的传说把社会秩序，包括可以说是属于社会秩序一部分的自然想象，说成是一种具有某种特殊性质的力量的相互作用而在社会的开初产生的，并且从那以后就一直始终如一地作用至今。通过这种方式，这些传说表达了两个最重要的观念：一是关于一致性（或规范）的观念，一是现在依赖于过去的观念。安达曼的传说的功能正是出自表达这两个观念的需要，这两个观念不仅仅是理论上的原理，而且还是非常具有实用性的。一致性意味着，如果要使生活顺利进行的话，有些行为一定要做而有些一定不能做；任何不符合一致性要求的行为都是危险的，而且违背宇宙的制约规范。怎样的行为该做，怎样的行为不该做，早在过去的秩序开始形成的时候就彻底确定下

---

　　① 拉德克利夫-布朗著，梁粤译：《安达曼岛人》，广西师范大学出版社，2005年，第240～241页。
　　② 拉德克利夫-布朗著，梁粤译：《安达曼岛人》，广西师范大学出版社，2005年，第283页。

来了。关于什么该做、什么该避免的知识构成了社会的传统，而传统要求每个人都遵循。[①] 仪式作为神话的具体行为操作，神话作为仪式的语言表达，它们二者共同约束着每个社会成员严格按照社会的要求行事，也维护着一个社会的协调及永世长存。

总而言之，布朗在书中将社会视为一个独立的实体，它凌驾于个人之上，无影无形，却又通过仪式与传说等文化事项把自己落到实处。所有这些文化事项的功能就在于维护社会整体的协调与整合。布朗的功能论有些简单和粗糙，他过分强调社会各文化事项之间的协调与整合，强调个人对社会的绝对服从，忽视了对社会冲突及个人在现实生活中对社会文化传统的反叛等的研究。但是应当看到，这些缺陷不足以掩盖拉德克利夫-布朗的学术贡献。他对仪式与传说等行为和思想背后深刻的社会涵义的关注，拓展了人们对它们的研究思路和视角。马林诺夫斯基的弟子利奇通过对神话和仪式的再度研究，指出如果仪式有时是一种整合的机制，就会有人争辩它也是一种分裂的机制。利奇的这种再度诠释使得人们对仪式等的研究更加丰富和完善。

[①]　拉德克利夫-布朗著，梁粤译：《安达曼岛人》，广西师范大学出版社，2005年，第286页。

利奇的文化交流观

——读《文化与交流》一书

谢　菲[*]

　　20 世纪 60 年代，随着结构主义流派的盛行，该理论学派忠实的倡导者——列维-斯特劳斯的作品竞相成为诸多学者解构的对象。埃德蒙·利奇（Edmund Ronald Leach，1910~1989）是众多学者中能全面把握列氏思想精髓，并对其理论进行延伸发展的佼佼者，因而成为了新结构主义社会人类学的主要代表人物之一。《文化与交流》（Culture and Communication. Cambridge University Press，1976）便是其思想学说的代表力作之一，既阐述了列维-斯特劳斯的思想，也提出了自己独到的理论见地。

　　作为结构主义理论的奠基者，列维-斯特劳斯最关心的是人类思想的深层结构。基于弗洛伊德的有意识与无意识理论，他将人类与自然的区别看成是文化与自然的区别，即人性与非人性的区别。利奇认为，这种假设的基点与其试图建立"人类心理"普遍真理的理论野心是自相矛盾的，即人性既然是非自然的，那么它又怎么能是自然的普遍真理呢？因而列维-斯特劳斯所揭示是特殊社会下个人的无意识心理过程，并不具有人类社会共有的属性。在他看来，文化不应当看做是特殊存在的社会事实的集合物，而应当被看做是人类交往系统，这一思想在《文化与交流》一书中得到深刻的阐释。

　　在《文化与交流》开篇中，利奇开宗明义表明了学术立场：经验主义（功能主义）与理性主义（结构主义）是互为补充而不是彼此矛盾的，只是表达形式不同罢了，因为两者都同意"文化细节要从场合

452　　　　* 作者单位：厦门大学人类学系。

（context）中衡量，任何事物都与其他事物相互关联"[1]。在利奇看来，文化孕育于具体的公共符号之中，基于同一文化背景人们能够依据这些公共符号交流世界观、价值观和社会情感。文化交流就是文化事物复杂的相互关联。

为了更好地理解文化交流过程，利奇提出了一个具体的理论分析框架，藉以窥探复杂事物之间的关系，寻找符号背后深层的结构与意义。

一是任何交流事件存在着两方的意义，即"发送者"：行动的产生者和"接受者"：行动的理解者。表达行动本身永远具有两面，一方面为行动本身的产物，另一方面为由发送者发出并由接收者理解的信息。

二是人们相互交流的方式和途径是复杂多样的，可以通过信号（signals）、代号（signs）、象征符号（symbols）等表达方式实现。信号是能动的、表示原因的，它是以文化习俗为联系的事物。符号与代号是信号的从属类别。判别符号与代号的关键点在与：（1）代号不分离出现，一个代号永远是作用于特定的文化背景中的一系列相互对照的代号中的一个；（2）只有在与同一系统中的其他代号和符号结合时，一个代号才能输送信息。换而言之，代号与事物存在内在关系，是部分与整体的关系；而符号与事物属于不同的文化场合，是接近的关系。这两者的内涵分别对应雅各布森关于语义转喻与隐喻的概念。简而言之，人们利用符号与代号进行信息的交换。转喻与隐喻是人类交流的两种基本方式。

然而在人们实际交流过程中，代号与符号、转喻与隐喻具有相对性，是可以互相转化的。为了说明这一点，利奇引入了转换（transformation）的概念。

转换，又称置换，是结构人类学理论一个非常重要的概念，来源于结构语言学。后经列维-斯特劳斯的继承发扬，提出了著名的神话解释技巧。借用至文化交流的分析，利奇认为，交流的关键不在于隐喻与转喻，纵聚合联系与横组合链的混合，而在于"意义"有赖于从一种方式到另一种方式的转换，反之亦然。

在铺设整个理论架构后，利奇通过引入客体、感觉—意象、概念一组范畴，梳理外部世界可观察的模式与"大脑中"不可观察的模式之间的关系，从而将整个交流过程表述为：

---

① 埃德蒙·利奇著：《文化与交流》，上海人民出版社 2009 年，第 4 页。

x(感觉、意象)　　　　　　　　　　y(大脑中的概念)

z(外部世界的客体和事件)

x 与 y 存在交流。x 为了把自己的感觉、意象传达给 y，他借助于外部世界的客体和事件，将其实体化。y 通过实体化事物的阅读，理解其背后所隐藏的意义或情感，大脑中的概念与 x 的感觉、意象获得了高度的统一，整个交流事件顺利、通畅。仔细分析这一交流过程存在着两次转换过程，即信息发出者 x 通过隐喻与转喻解释方式将内在的感觉、意象转化为外部世界的客体和事件，信息接收者将外部世界的客体和事件再次通过转喻与隐喻推理方式进行阅读。一言以蔽之，实现了从编码（encoding）、传输（channel）到解码（decoding）的诠释解析。但需注意的是其转换的先决条件就是两者必须存在共享的情境语境（context of situation）和文化语境（context of culture）。

在接下来的章节中，利奇利用较大篇幅，对巫术、妖法、社会空间和时间、仪式、管弦乐演奏、等级秩序、服装、颜色、烹调、割体、闹和静、择偶、神话、宇宙论、过渡仪式、献祭等文化事象逐一进行了分析和探讨，重申了其文化交流观的中心思想：代号和符号复合传达信息，不仅仅按照线性排列的二元代号体系后者范例联想的隐喻符号系列的发生进行的，还必须懂得许多有关的文化场合和背景知识。

重新回到文章的开头，从以上利奇的文化交流观的表述中，我们触摸到其理论的偏向：以唯理与经验的方式，在抽象与实体之间转换中考察文化细节。在整个人类学的发展脉络中，从功能主义、结构-功能主义的角度而言，利奇放弃了将结构理解为社会实体的观点，将其视为一种较为独立的抽象的概念，倾向于结构主义的主张；同时，他又不是结构主义的同义反复，而是强调事物的相互关联性与事物分析的情境性。

这一学术主张对于一个民族学者进行田野调查工作具有积极的指导意义。从某种意义上而言，进入田野就意味着民族学者以自身的母体文化与他者文化的比较过程。这种跨文化不仅仅牵涉到符号（语言和非语言系统），同时涉及具体的文化语境。"文化细节要从场合（context）中衡量，任何事物都与其他事物相互关联。""不管是从符号还是从语境功能角度来审视跨文化交流，它们应是互为补充而不是彼此矛盾的，只是表达形式不同罢了。"[1] 在具体语境中，我们才能深刻体会其文化因素对文化主体的行为的规范与约束作用，正确解读信息。当然，这种解读需要在其文化系统中有整体性（holistic）的思考与把握。这一主张在《文化与交流》一书中，得到一再的重申与强调，"习俗的每一个细节都必须看做是一个复杂整体的部分"；"孤立的考虑的细节就和字母与细节的类似情况"。[2] 人类学是一门独一无二的比较性与整体性的学科（Conrad Phillip Kottak，2008）。同时，这也是学科对民族学者的规范和要求。

然而，深究一下，利奇在书中虽然强调了文化与交流的整体性，但其立论是建立在将交流事件看成一个剖面上的点上，忽视了人类文化交流的过程性与变迁性。因而，其整体性只是部分的整体性，通过交流机制所获得信息的真实性与准确性就大打折扣了。笔者认为，这是利奇文化交流解说模式的一个缺陷之一。

其二，尽管利奇注意到了人们选择交流途径与方式的场景性，但忽视了不同文化之间交流的差异性，不能圆满地回答各文化内部交流的各自特征，因而其文化交流观终究不能逃离"人类心理一致性"的质疑。

其三，在整体性的框架下，其赋予文化交流事项的关系是丰富、具体、复杂的。这些内容的关系是怎样的？利奇在忽略"社会结构"关系的前提下，没有做出令人满意的回应。

尽管利奇本人一再强调与英国功能学派之间的渊源，但在《文化与交流》一书中，我们看到的更多的是结构主义思想对其学术观点的影响。与结构主义相比，他在肯定分类系统二元性的同时，在二元之间设置了处于媒介地位的第三元，使得整个交流事件能够处于一个相互整合的流动状态，而不是一个机械对立的固定结构。在某种程度上，这也是利奇与以列维-斯特劳斯为代表的结构主义的分野之处：施特劳斯注重把社群之间的交流（communication）视为关系与界限（boundaries），而利奇则更倾向于把它看成一种具有社会学意义的元素[3]。这也是利奇继承了英国功能主义社会人类学对社会的关注与强调，并有别于结构主义，成为了新结构主义的代表人物之一的症结所在。

---

① 埃德蒙·利奇著：《文化与交流》，上海人民出版社，2009年，第5页。
② 埃德蒙·利奇著：《文化与交流》，上海人民出版社，2009年，第97页。
③ 王铭铭著：《西方人类学思潮十讲》，广西师范大学出版社，2005年，第53页。

定海湾沉船考古与东南海洋社会经济史

——读《福建连江定海湾沉船考古》

潘国平*

一、重建海洋社会经济史背景下的我国水下考古初创

近几十年来，学界对于中国历史与文化海洋性的关注越来越密切，然而由于重陆轻海的传统思维定式造成的"海洋迷失"，中国海洋发展的历史在传统史学体系中一再被忽视、曲解与误写。为此，杨国桢等先生倡导的以海洋为本位，借助多维视野的"科际整合"，厘清中国海洋经济、海洋社会、海洋文化发展的历史脉络的学术理念逐渐成为海洋社会经济史研究领域的共识[1]。其中，以海底沉船考古为代表的海洋考古发现与研究，是重新发现中国海洋历史记忆，还原海洋历史发展场景，寻求海洋社会经济史学研究多维视野的重要环节[2]。

在这种学术背景下，20世纪80年代以来，随着西方水下考古技术的传入，中国的海洋考古逐渐由近海淤陆的偶然发现转向海底沉船等水下文化遗产的主动调查与发掘，海洋考古学研究得以全面开展。近20年来，中国水下考古工作者在环中国海北自辽宁绥中三道岗，南至福建连江定海、平潭，广东阳江、南澳以及西沙群岛等海域，开展了一系列卓有成效的水下考古工作，调查与发掘了多处沉船遗址，从实物资料层

---

* 作者单位：厦门大学人文学院历史系。

① 杨国桢：《海洋迷失：中国史的一个误区》，《东南学术》1999年第4期。

② 吴春明：《试说海洋考古与社会经济史学的整合》，《中国社会经济史研究》1999年第1期。

面展现了环中国海海洋文化繁荣发展的历史记忆[1]。其中，福建连江定海湾水下考古起于1989、1990年中澳合作首届水下考古专业人员培训班的水下调查发掘实践，又历经1995年中澳合作的水下考古以及1999～2000年第二届水下考古专业人员培训班的水下调查实践，是中国水下考古事业初创期最重要的实践基地，可以说是中国水下考古的摇篮，在中国海洋考古学学科成长史上写下了浓墨重彩的一笔。新近出版的《福建连江定海湾沉船考古》是1989年以来定海湾历次水下考古工作的综合性研究报告，也是海洋社会经济史领域海洋考古与社会经济史整合的有益尝试。

福建连江定海湾地处闽江口与敖江口交汇处，扼守由闽江口东北进出福州港海上门户，古今航运繁忙。由于该海域特殊的海陆地理与岛礁形势、气候与海水状况等环境因素的影响，导致沉船事故频发，定海湾及周边海域海底埋藏有不少古代沉船。定海湾海域历年水下调查、发掘出水了丰富的文化遗产，时代从宋元至明清，包含黑釉瓷、青瓷与青白瓷、青花瓷及其他陶瓷器类，还有古代沉船凝结物与金属物品等，这些沉船线索是定海湾海域古代海洋文化繁荣发展直接、形象、真实的历史记忆，为该海域海洋社会经济与人文发展史重建提供了重要的实物资料。

二、东南海洋社会经济史的考古新发现

《福建连江定海湾沉船考古》全面综合了定海湾历次水下考古工作的收获，是东南沿海海洋社会经济史研究上重要的考古新发现。全书分正文与附录两部分。

正文第一章绪论介绍定海湾海域的自然环境与人文背景以及历年水下考古工作简史。第二章至第七章是报告的主体内容，按单位详细公布了不同沉船遗址或地点的水下调查、勘测、发掘过程与收获。第二章介绍了2010年对白礁一、二号遗址开展浅地层剖面、旁侧声纳以及多波束声纳等多种遥感物探手段对水下遗址埋藏状况的勘测成果。第三章、第四章详细介绍了白礁一号沉船遗址的调查、勘测与发掘过程，沉船遗物的空间分布与堆积状况，以及出水遗物的分类研究。第五章、第六章介绍了白礁二号遗址以及大埕渣遗址、龙翁屿、金沙岛海域沉船遗址或

---

① 吴春明：《水下考古的中国化》，《中国社会科学报》第218期。

沉船线索的水下调查发现情况，并分析了连江县博物馆征集的定海村民"扒壳"作业打捞出水的文物内涵。第七章是对白礁一、二号遗址出水陶瓷附着海洋生物种属鉴定与分析。

第八章是对历年定海湾沉船考古发现的研究与总结，也是报告的点睛之笔。为补订定海湾沉船遗存背后航海史认知之不足，作者钩沉了《郑和航海图》、《古航海图》、《两种海道针经》等船家"水路簿"航路指南中有关闽江口海域航线的记载，揭示了定海湾在闽江口航运上的重要地位。结合沉船遗址的埋藏环境、遗迹现象的空间分布与堆积层次、出水遗物的内涵，作者也对白礁一号的船体结构、沉没过程、船货来源进行了推定，认为白礁一号是一艘宋元时期的沉船，其搭载的黑釉瓷、青瓷及青白瓷船货可能来自闽江口附近窑口的产品，其销往市场可能是日本。白礁二号遗址出水的瓷器品种单一，具有沉船船货的特点，其年代大致在明晚期至清初，由于白礁二号遗址没有进一步进行系统调查与发掘，其具体内涵的揭示还有待将来水下考古工作的开展。此外，龙翁屿二号调查打捞出水的"国姓府"铭文铜铳，应该与明末清初郑成功集团在闽江口的海洋活动有关。

作为附录部分，报告还收录了定海湾沉船遗址已发表的1989、1990、1995年度水下调查、试掘与发掘报告或简报，以及相关的定海湾沉船陶瓷与外销、古代航路与海外贸易史等方面的论文多篇，这有利于读者回顾、了解定海湾沉船历次考古发现与研究的学术脉络。

通读《福建连江定海湾沉船考古》，对笔者启发最大的有，以海洋本位的宏观学术视野、"透物见人"的新考古学方法，以及多学科协作背景下，区域海洋社会经济史的新成果。

首先，以海洋为本位的海洋整体史视野。报告绪论部分对定海湾区域人文背景的介绍，作者将扼守由闽江口东北进出福州港海上门户的定海湾视作以福州港市为背景的海洋社会经济文化体系的重要环节，系统梳理了以闽江下游为中心的闽东沿海自史前以来的海洋人文发展历程。以往在陆性思维定式的影响下，以中原为中心的王朝史学话语，总是将汉唐以来东南沿海港市发展视作随北方汉人的大规模南迁而来的先进社会经济文化"移植"的结果，忽视了东南沿海海洋文化发展的历史延续性，割裂了传承海洋文化土著生成、汉人传承的历史脉络①。而考古学长时段的学科视野无疑有助于重新审视东南沿海海洋发展的历史变迁。另一方面，正是在这种宏观的海洋整体史视野的映照下，定海湾水下考古发现的历代沉船遗址重建具体时空的海洋文化史的学术价值也得到凸显和拓展。

其次，"透物见人"，重建海洋社会经济史的问题意识。潜藏于海底的沉船等物质遗存是古代海洋文化繁荣发展直接、形象、真实的历史记忆，"透物见人"，挖掘与解读这些物质遗存蕴含的多方面、多层次的海洋社会经济史信息，正是海洋考古学研究的要旨所在。

如对出水遗物的类型学分析，研究沉船船货的内涵，追述其腹地生产、港市集散、海外流通的海洋经贸体系，如上文提到的对白礁一号沉船遗址性质的推断。遗憾的是定海湾海域调查与发掘各地点的沉船遗址保存状况都不理想，发现的沉船船体破坏严重，如白礁一号仅大型凝结物底部叠压的疑似龙骨部分残存下来。根据白礁一号遗址中心堆积区大致平行的凝结物块、"龙骨"、瓷器船货成摞堆积的迹象，推定沉船是将不同类型的货物分舱堆放的，而且据沉船中心遗迹带的规模、内在结构，推测该沉船是全长 19～20 米，宽 5～6 米，具有 9 个或 11 个隔舱的中型海船。再有就是结合船家"水路簿"等民间航路指南对闽江口海域航路的复原与水下考古发现的沉船遗址相对照，展现了历史上该海域航运繁忙的形象图景。

最后，多学科协作的方法。为了尽可能挖掘提取水下沉船遗存的考古学信息，需要有高质量的田野工作，由于水下环境的特殊性与复杂性，水下考古工作有一套不同于陆地考古的技术体系，我们在《福建连江定海湾沉船考古》报告的相关章节中可以看到水下考古工作者科学、系统、严谨的工作过程，正是这种专业态度与敬业精神保证了获取的水下考古资料的科学性与完整性。《福建连江定海湾沉船考古》第七章是"定海湾沉船陶瓷海洋生物附着分析"，通过对陶瓷表面附着的海洋生物进行观察、鉴定，对于了解定海湾古代沉船埋藏环境、分析古代船舶航行区域都有着重要意义。

① 吴春明：《"环中国海"海洋文化的土著生成与汉人传承论纲》，《复旦学报（社会科学版）》2011 年第 2 期。

三、定海湾沉船考古在中国水下考古史的地位

　　定海湾沉船考古的另一重大学术贡献在于，定海湾沉船考古训练了我国最早的两批水下考古专业人员，为我国水下考古事业的健康、快速发展奠定了坚实的人才基础。正如中国国家博物馆副馆长张威先生在《福建定海湾沉船考古》一书序言所说："定海这个闽东小镇不愧为我国水下考古事业的摇篮。"① 该书留下了我国水下考古事业初创期的诸多珍贵历史记忆，见证了迄今我国通行的诸多水下考古"准操作规程"在中澳合作背景下引进来并"中国化"的历史。

　　1989 年 9 月，国家文物局正式委托中国历史博物馆与澳大利亚阿德莱德（Adelaide）大学东南亚陶瓷研究中心联合举办我国"第一期全国水下考古专业人员培训班"，即澳方所称的"中澳合作海洋考古学培训项目"，俞伟超馆长担任班主任，阿德莱德大学东南亚陶瓷研究中心主任彼得·伯恩斯（Peter Burns）博士担任副班主任，担任教学、教练工作的是西澳大利亚博物馆海洋考古部主任吉米·格林（Jeremy Green）带领的团队，包括水下考古学家保罗·克拉克（Paul Clark）、潜水教练卡瑞恩·米勒（Karen Millar）等。吉米·格林是"水下考古之父"乔治·巴斯（George Bass）的学生，1972～1988 年间，他的队伍先后调查发掘了西澳大利亚的若干荷兰东印度公司沉船、泰国湾的几处中国明清时期沉船、菲律宾海域的中国宋元沉船和西班牙的"马尼拉帆船"等，他们是当时在亚太海域最活跃的水下考古团队。经过筛选并获得国家文物局批准，福建省博物馆栗建安，福州市文物考古队林果，广东省文物考古研究所崔勇、刘大强，深圳市文物管理委员会彭全民，广西壮族自治区博物馆李珍，青岛市文物局邱玉胜，中国历史博物馆刘本安、田丰、李滨，厦门大学人类学系吴春明等成为第一期培训班的11 名学员，他们在青岛完成了严格的潜水训练和水下考古学理论、方法学习之后，于 1990 年 2～5 月间来到定海湾进行水下考古实习，这是在我国水域第一次开展的较大规模的水下考古工作，为我国水下考古事业培养了第一批专业队伍，标志着我国水下考古事业的起步。

　　1995 年 5～6 月，中国历史博物馆水下考古研究室与西澳大利亚博

---

　　① 中国国家博物馆等：《福建连江定海湾沉船考古·序》，科学出版社，2012年 5 月。

物馆海洋考古部再次合作开展的定海湾水下考古工作，对于进一步了解白礁一号遗址等定海湾水下遗址的内涵、性质和埋藏情况有着重要意义，也是中外合作开展水下考古的一次有益尝试。

1999 年 5～6 月间，国家文物局委托中国历史博物馆举办的"第二期全国水下考古专业人员培训班"，由第一副馆长孔祥星教授担任班主任，来自中国历史博物馆、福建省博物馆、福州市文物考古工作队、厦门市博物馆、泉州市海外交通史博物馆、广东省文物考古研究所、阳江市博物馆、新会市博物馆、浙江省文物考古研究所、宁波市考古研究所、奉化市文管会、海南省文物保护管理办公室、三亚市文体局、广西壮族自治区文物工作队、辽宁省文物考古研究所等单位的 16 名学员参与培训。他们也在定海湾白礁一号遗址的水下调查、勘测与发掘中，完成了水下考古方法的系统训练，他们中的许多人已成为我国水下考古事业的中坚力量。

《福建连江定海湾沉船考古》的第二至七章详尽记录、描述了定海湾诸沉船遗址水下考古工作程序，包括开展浅地层剖面、旁侧声纳以及多波束声纳等多种遥感物探基础上的水下调查、勘测与发掘，即调查与定位、水面工作平台的设立、水下勘测发掘的探方控制网络的设定、表面二维勘测与表面采集、表面三维勘测、水下分区抽泥发掘、沉船遗迹的摄影拼接等。我们注意到，除了前几年广东阳江"南海一号"沉船实施整体打捞是个例外，定海的这套程序为迄今我国境内所有水下考古工作所遵循，几乎成了"标准"的作业程序。实际上，这一程序也是中澳合作海洋考古培训班上澳方的吉米·格林与保罗·克拉克教学的内容，完整地体现在格林的理论著作《海洋考古学——技术手册》一书中。[①]因此，《福建连江定海湾沉船考古》所展示的个案遗址的水下工作方法，实际上是中澳合作背景下国外水下考古技术"中国化"的体现。

---

① Jeremy Green, *Maritime Archaeology——A Technical Handbook*, Academic Press Limited, 1990。

图书在版编目（CIP）数据

西岸文史集刊. 第 1 辑/陈健鹰主编. —福州：福建
教育出版社，2012.11
ISBN 978-7-5334-5962-8

Ⅰ.①西…　Ⅱ.①陈…　Ⅲ.①社会科学－文集
Ⅳ.①C53

中国版本图书馆 CIP 数据核字（2012）第 228134 号

西岸文史集刊　第一辑

陈健鹰　主编

出版发行	海峡出版发行集团	
	福建教育出版社	
	（福州梦山路 27 号　邮编：350001　电话：0591－83706771　83733693	
	传真：83726980　网址：www.fep.com.cn）	
出 版 人	黄　旭	
发行热线	0591－87115073　83752790	
印　　刷	福州晚报印刷厂	
	（福州市仓山区建新北路 151 号 邮编：350082）	
开　　本	720 毫米×1000 毫米　1/16	
印　　张	29.5	
字　　数	482 千	
插　　页	2	
版　　次	2012 年 11 月第 1 版　2012 年 11 月第 1 次印刷	
书　　号	ISBN 978-7-5334-5962-8	
定　　价	68.00 元	

如发现本书印装质量问题，影响阅读，
请向本社出版科（电话：0591－83726019）调换。

稿　约

　　1. 本刊是中国闽台缘博物馆主办的学术交流平台，竭诚欢迎海内外专家、学者不吝赐稿。

　　2. 本刊每年正式出版两期，上、下半年各一期。

　　3. 本刊刊发与两岸（尤其是闽台区域）社会、历史、民俗、宗教、文物等相关的学术论文、田野报告以及书评、译稿、综述等文章。

　　4. 本刊稿件采用中（华）文形式，字数一般以20000字以内为宜；学术书评原则上不超过6000字。

　　5. 本刊来稿以电子文稿为主，敬请注明篇名以及作者姓名、所属机构、职位、地址、电话、传真和电子邮箱。

　　6. 本刊来稿注释体例敬请参照本刊已发表文章，文责自负。

　　7. 本刊来稿文字务请简练，编者有权就此删繁就简。

　　8. 本刊来稿一经采用，即致薄酬并寄赠该刊2册。

　　9. 本刊联系地址：福建省泉州市北清东路212号中国闽台缘博物馆《西岸文史集刊》编辑部，邮编：362000。电话：0595－22751811。传真：0595－22751801。电子信箱：mtybwg@163.com。